2023年辽宁省科学事业公益研究基金（软科学研究计划）资助项目
“健康辽宁视域下整合型区域数字健共体路径构建和制度创新研究”
（2023JH4/10700002）成果

从智慧医院到智慧健康养老

推动卫生健康和养老服务体系高质量发展的新动力

主 编 陶庆才 陈 阳 赵 丽

中国协和医科大学出版社
北 京

图书在版编目（CIP）数据

从智慧医院到智慧健康养老：推动卫生健康和养老服务体系高质量发展的新动力 / 陶庆才，陈阳，赵丽主编. —北京：中国协和医科大学出版社，2024.2（2025.6重印）.

ISBN 978-7-5679-2308-9

Ⅰ.①从… Ⅱ.①陶… ②陈… ③赵… Ⅲ.①养老－社会服务－研究－中国 Ⅳ.①D669.6

中国国家版本馆CIP数据核字（2023）第208526号

主　　编　陶庆才　陈　阳　赵　丽
策划编辑　张　凌
责任编辑　高淑英
封面设计　邱晓俐
责任校对　张　麓
责任印制　张　岱
出版发行　**中国协和医科大学出版社**
（北京市东城区东单三条9号　邮编100730　电话010-65260431）
网　　址　www.pumcp.com
印　　刷　北京中科印刷有限公司
开　　本　710mm×1000mm　1/16
印　　张　15
字　　数　260千字
版　　次　2024年2月第1版
印　　次　2025年6月第2次印刷
定　　价　68.00元

编者名单

主　编　陶庆才　陈　阳　赵　丽

编　者（按姓氏汉语拼音排序）

陈　阳　李继海　刘　昕

刘东祺　牛淑媛　陶庆才

赵　丽

主编简介

陶庆才，二级教授、硕士研究生导师。现任沈阳市政府参事、中国职业技术教育学会康养康育专业委员会副主任委员、医药卫生教育专业委员会副主任委员、辽宁省生物医学人才创新发展研究会副理事长。辽宁省劳动模范、沈阳市劳动模范。获辽宁省本科教学成果奖1项、沈阳市组织系统调研成果奖1项，主持省市课题4项，主编学术著作5部，发表论文10余篇。

陈阳，副主任医师，国家二级心理咨询师。现任辽宁省中西医结合学会实验医学专业委员会常委、辽宁省中西医结合学会心病经方专业委员会常委、沈阳医学院兼职硕士研究生导师、沈阳市劳动能力鉴定专家。获国家实用新型专利4项、辽宁省科技进步三等奖1项、沈阳市科技进步二等奖1项，发表论文10余篇。

赵丽，中国老年医学学会医养结合促进委员会常委、院校教育分会常委，辽宁省医疗保障标准化专家组组长，辽宁省医养结合标准化技术委员会副主任委员，沈阳市医养结合人才培训中心副主任。主持和参与国家、省市级课题8项，参编学术著作5部，参编规划教材1部，参与制定医养结合标准3项，在国内外学术期刊发表论文10余篇。

前　言

随着科技的进步和社会的不断发展，智慧医院和智慧健康养老正逐渐成为推动社会进步、改善人民生活质量的重要手段。数字赋能医疗健康和养老服务是当前理论研究和实践探索的热点领域，也是我国卫生健康和老龄产业转型升级的必然趋势。

在划时代变革的历史背景之下，沈阳市提出了“打造数字智能的管理环境、精准高效的服务环境、文明和谐的人文环境”的智慧医院建设思路。按照市政府建设“智慧沈阳”的整体部署，把推进智慧医院建设这一项关乎百姓切身利益的惠民工程作为重要抓手和切入点，推动与平台建设互联互通，着力实现精益医疗服务。参考国内十余项相关标准要素，2015年沈阳市率先于全国副省级城市前瞻性召开卫生健康系统智慧医院建设推进大会，创新性组织制定智慧医院评审标准，并多次组织座谈讨论、专家论证加以完善，形成了以数字化医院标准为基础，融入智慧应用理念，涵盖组织管理、基础设施、应用系统、应用集成、信息安全、信息利用、智慧应用七方面的评审内容。通过全面梳理智慧医院建设路径，旨在推动优化就医流程、改善患者就医体验，让信息多“跑路”，患者少操心，打通堵点、消除痛点、解决难点，以信息化助力改善民生、破解医改难题。同时，研究团队结合近年来在智慧健康养老领域的思考和实践，对智慧健康养老的产品供给和服务模式进行了深入研究，对我国智慧健康养老的人才培养体系、标准化体系进行了详细探讨，形成了提升智慧健康养老的服务质量、推动行业发展的理论体系和建设思路。

本书是智慧医院和智慧健康养老领域的实用学术著作，系统梳理了相关领域知识体系，全面介绍了智慧医院和智慧健康养老的核心理念、政策沿革、技术支撑、建设实践等内容，深入阐述智慧医院和智慧健康养老的政策体系、人才体系、标准化体系的应用策略和实践方法。不仅提供了丰富的理论知识，也展现了未来的发展趋势，具有很强的实用性，为相关领域管理者、研究者和从业人员提供了重要参考和借鉴。

在全球化和信息化的今天，本书的出版恰逢其时。希望本书能为推动卫生健康和养老服务体系高质量发展提供智力支持，也希望智慧医院和智慧健康养老行业能够把握时代发展契机，为更多的人民群众提供优质、便捷、高效的医疗服务，为积极应对人口老龄化、构建和谐社会做出更大的贡献。

编　者

2023年9月

目　录

上篇　智慧医院

下篇　智慧健康养老

上篇

智慧医院

第一章　智慧医院概述

在数字经济时代，智慧化已经成为各行业的大势所趋并逐渐普及。在医疗行业，智慧医院的出现已经为患者和医疗机构带来了很多变化和便利，同时也为患者和医护人员提供了更好的医疗保障和服务支撑。随着人工智能和物联网技术的发展，卫生健康行业也在不断地向着更智能化、更数字化的方向发展。在这个背景下，智慧医院的建设已经成为医疗行业发展的趋势之一。从医疗机构的服务质量、医疗科技的应用、医患关系的改善等方面，智慧医院建设都能够带来极大的优化和提升。如何评估和标准化智慧医院建设的质量和效果，仍然是一个值得探讨的问题。智慧医院建设任重道远，在现行政策体系框架和现有的技术成熟度下，智慧医院的建设实践应关注智慧医院相关标准的研制，关注互联网医院建设，关注支撑其运行的信息系统体系与传统的医院信息系统的融合问题，关注信息安全建设。本章主要分析智慧医院的概念和原则，说明相关技术和系统的应用以及评价标准等。

第一节　基本概念和建设原则

一、基本概念

（一）信息化

1. 信息化　信息化的概念起源于20世纪60年代的日本，首先是由日本学者梅棹忠夫提出来的。西方社会在20世纪70年代后期才开始普遍使用“信息社会”和“信息化”的概念。首届全国信息化工作会议于1997年召开，会议上提出的信息化定义为：“信息化是指培育、发展以智能化工具为代表的新的生产力并使之造福于社会的历史过程。”广义的信息化，是指涵盖信息资源开发和信息技术得到广泛深入应用的一个较长的历史阶段，包括数字化、网络化、智能化、智慧化等。狭义的信息化，主要强调信息资源被充分应用到社会各个领域。构筑信息化体系的要素包括开发利用信息资源、建设信息网络、推进信息技术应用、发展信息技术和产业、培养信息化人才、制定和完善信息化政策等。

2. 智慧化　从感觉到记忆再到思维的过程称为智慧。智慧化由现代通信与信息技术、计算机网络技术、行业技术、智能控制技术汇集而成，能够根据系统提供的数据、场景等作出推理、比较、判断，并根据判断结果作出适宜的人性化的反应，使人机环境系统之间的交互角色最优化。

（二）卫生信息化

1. 医院信息化　医院信息化是指利用网络技术、计算机技术和数字技术有机整合医院业务信息和管理信息，实现医院所有信息最大限度地采集、传输、存储、利用、共享，达到医院内部资源最有效的利用和业务流程最大限度的优化。20世纪80年代，我国一些大型医疗机构开始探索“单机版”医院信息系统。随后，电子病历逐渐应用于临床，实现了患者信息的采集、存储、处理以及医务人员开立和执行医嘱的信息化。近年来，互联网、物联网、大数据等信息技术与医疗相融合，医院信息化建设进入新阶段。

医院信息化的产出是管理水平的提升、运行效率和效益的提高、业务流程的优化、医疗资源的共享、患者就医感受与满意度的改善。医院信息化可分为医院临床信息体系、医院运营管理信息体系、医院患者服务信息体系、医院知识管理信息体系、医院后勤保障信息体系、区域医疗协同信息体系、物联网应用信息体系等。每个体系涉及一系列应用系统，如医院运营信息体系主要是围绕医院人流、物流、资金流管理和日常运营相关的子系统，包括HIS、HRP、OA等一系列子系统。

2. “互联网＋医疗”　“互联网＋医疗”是一种新型的医疗健康服务体系，它借助大数据、云计算、物联网、人工智能等技术，将传统医疗产业与互联网信息技术应用紧密结合，形成诊前咨询、诊中诊疗、诊后康复保健、慢性病管理、健康预防等大健康生态深度融合系统。通过互联网医疗这种服务模式，个体可以享受到医疗咨询、诊疗、保健、预防等医疗相关服务，实现利用互联网对个体健康进行全过程跟踪记录的新型业态医疗健康服务体系。“互联网＋医疗”在支付方式方面也有所创新。目前，传统医疗模式和互联网医疗正在走向融合，医疗机构的部分医疗服务走向远程化、互联网化。“互联网

＋医疗”是一种方便快捷、高效安全的医疗服务模式，能够为患者提供更加优质的医疗服务体验。

互联网医院包括作为实体医疗机构第二名称的互联网医院，以及依托实体医疗机构独立设置的互联网医院。互联网医院可以使用在本机构和其他医疗机构注册的医师开展互联网诊疗活动，可以为患者提供部分常见病、慢性病复诊和家庭医生的签约服务。此外，当患者到实体医疗机构就诊时，由接诊的医师通过互联网医院邀请其他医师进行会诊时，会诊的医师可以直接出具诊断意见并开具处方。

（三）智慧医院

智慧医院的概念演变是一个内涵不断优化、由理论创新向政策探索不断发展的过程。20世纪80年代末至90年代初，国外学者就开始以互联网医院为主题讨论医院的环境和领域，研究重点在于医院信息化建设，但仅限于概念层面，拉开了智慧医院探索和讨论的序幕。2009年，IBM的高管首次提出“智慧地球”的概念，之后IBM又提出了“智慧医疗、智慧金融、智慧教育、智慧制造、智慧城市和智慧商业”六大应用场景。同年，美国医疗健康论坛上首次出现智慧医院概念，这标志着智慧医院理论的正式提出。2016年，欧盟网络和信息安全机构发布了智慧医院报告，认为智慧医院是基于信息通信技术环境，尤其是基于物联网的优化和自动化流程，改善现有患者护理程序并引入新功能的医院。

智慧医院的含义是以云计算、大数据、物联网、移动互联网和人工智能等新一代信息技术为支撑，在医院建立线上线下相融合的医疗服务模式。通过提供互联、物联、感知、智能的医疗服务环境，打造具有临床辅助决策支持功能的以电子病历为核心的临床信息系统体系，实现高效贯通院前、院中、院后医疗服务和健康管理。建立规范化、精细化、智能化的经济运营、综合管理、后勤保障、临床科研和医学教育信息平台体系，实现提质增效、优化流程、降低成本。建立基于“互联网＋”的医疗协同体系及信息安全体系，可实现整合医疗资源，实现患者就医便利化、医疗服务智慧化、医院发展线上化，从而为患者提供更加便捷、高效、优质的医疗服务。

当前，我国医疗服务正从“信息化”向“智慧化”过渡，是医院信息化转型升级发展的重要阶段。在医院信息化基础上，运用现代通信与信息技术、计算机网络技术、行业技术、人工智能控制技术，以数据为基础，以服务为导向，融合基础设施服务、平台服务和软件服务，将人工智能技术、互联网技术等逐步结合，对医院的各项业务实时感知的服务体系，如网络通信系统、安全防范系统、多媒体音视频系统、楼宇自控系统、机房工程等进行智慧化升级。在医疗服务系统方面，主要对呼叫系统、预约分诊排队系统、整体数字化手术部及手术示教系统、探视系统、母婴匹配与婴幼儿防盗系统、病患定位系统、一卡通系统等应用系统进行智慧化升级，从而提升医疗质量和效率、优化区域间医疗资源配置、改善人民群众看病就医感受。

二、建设原则

（一）建设目的

智慧医院建设坚持以人为本，使患者就医感受更佳，医疗服务能力更强，医疗服务效率更高，医疗服务质量更好，医疗服务范围更广，医院运营管理更精，从而满足人民群众的卫生健康需求，促进公立医院高质量发展。

1. *患者更满意*　智慧医院建设围绕以患者为中心，为优化就医流程提供了一条革新式的途径。通过实现“四个减少”，即减少往返医院次数、减少在医院内重复排队次数、减少门诊全程候诊时间、减少平均住院日，从而让患者看好病，解决实际问题，提高患者满意度。

2. *服务更高效*　通过现代化信息与医疗技术的深度交叉融合，医务人员使用移动查房、移动医嘱、移动护理设备和智能化、动态无线监控设备，减少医疗服务的空间限制。在诊疗过程中通过使用语音输入病历、综合预警提醒、智能化诊疗决策支持等技术，提升医务人员生产力，找到医疗质量与效率的最佳平衡点，推动诊疗效率与质量双提升，获得最佳医疗服务绩效。

3. *管理更精细*　通过建立综合运营管理系统、医疗废弃物管理系统、智能被服管理系统、智能设备监控系统、智能能源管控系统等模块，强化工作流程的闭环管理，提高医院管理的科学水平。通过应用大数据、物联网、人工智能等技术，推动医院的设施设备互联互通、便捷可视化操作，打通物理设备与运维管理空间上的技术壁垒，从而推动医院合理配置资源、转型升级发展、实现弯道超车，提高医院运营效能和管理水平。

（二）建设内容

智慧医院建设涵盖电子病历、智慧服务、智慧管理“三位一体”的建设，以顺应医疗机构信息化、智能化的时代潮流，为就诊患者提供便捷服务，提高医疗服务质量和效率，增强群众就医安全感和获得感，提供更高质量、更高效率、更加安全、更加体贴的医疗服务。

1. *智慧医疗* 智慧医院建设的第一个关键领域是面向临床医务人员的智慧医疗，其中电子病历是核心。电子病历不仅是一个简单的医疗记录工具，它是医疗服务过程中最重要的信息载体，直接影响医院的医疗质量、患者安全和医疗服务效率。2018年，国家卫生健康委制定了《电子病历系统应用水平分级评价管理办法（试行）》，将电子病历的应用水平分为8个级别，并为各级别的功能和应用场景做出了明确的定义。根据该管理办法，所有三级医院2019年要达到分级评价3级以上，2020年要达到4级以上；所有二级医院2020年要达到3级以上。这一目标不仅体现了国家对电子病历系统应用的重视，也对医院提出了更高的要求。在实际应用中，电子病历可以实现多种智能化功能。通过自然语言处理技术，电子病历可以自动提取病历中的关键信息，为医生提供快速、准确的诊断参考。通过数据挖掘和分析技术，电子病历可以帮助医生发现疾病的潜在规律和治疗方法。通过患者画像技术，电子病历可以为医生提供个性化的诊疗建议，提高治疗效果。此外，电子病历还可以实现与其他医疗系统的无缝对接，如影像系统、实验室系统、药事管理系统等。这些系统的集成可以实现医疗数据的共享和互通，提高医疗服务的协同性和效率，为临床医务人员提供更加便捷高效的工作方式。

2. *智慧服务* 智慧医院建设的第二个关键领域是以患者为对象的智慧服务。智慧服务主要针对医院（特别是三级医院）利用互联网、物联网等信息化手段，为患者提供一系列便捷、高效的服务。2019年，国家卫生健康委发布了《医院智慧服务分级评估标准体系（试行）》，将医院的“智慧服务”分为5个级别。在诊前阶段，智慧服务可以提供预约诊疗功能，患者可以通过手机或其他终端设备轻松预约挂号，减少了到医院现场排队的烦恼。此外，候诊提醒功能可以确保患者在约定的时间内到达医院，避免长时间等待。在诊中阶段，智慧服务可以提供院内导航功能，帮助患者快速找到所需的科室或检查室。此外，智慧服务还可以提供电子病历查询功能，患者可以随时了解自己的病史和诊疗记录。在诊后阶段，智慧服务可以提供随访提醒和康复指导功能，帮助患者更好地康复和恢复健康。此外，智慧服务还可以提供在线咨询和健康管理功能，患者可以随时向医生咨询健康问题，获得个性化的健康建议和管理方案。除了以上服务，智慧服务还包括基础安全功能，如患者身份验证和信息保护等，确保患者的个人信息安全和隐私得到保障。总体来说，智慧服务通过利用信息化手段为患者提供便捷、高效的服务，改善了患者的就医体验，提高了医疗服务的质量和效率。

3. 智慧管理　智慧医院建设的第三个关键领域是面向医院管理者的智慧管理。2021年，国家卫生健康委发布了《医院智慧管理分级评估标准体系（试行）》，旨在科学、规范地引导医疗机构进行智慧医院建设，进一步提升医院管理的精细化和智能化水平。智慧管理主要利用物联网、大数据等前沿技术，对医院内部管理进行全面优化。这包括但不限于后勤、运营等核心领域。如智慧用电系统能够实时监测医院的电力使用情况，预防潜在的电力问题，确保医院电力的稳定供应。能耗在线监测系统则可以实时监控医院的能源使用情况，帮助医院管理者了解和分析能源使用状况，从而有针对性地制定节能减排策略，降低运营成本。此外，智慧管理也涵盖了科研和教学方面的智慧化管理内容。通过引入智能化管理系统，医院可以更高效地进行科研项目管理和教学资源分配，从而为医护人员提供更好的学习和研究环境，推动医院的科研和教学水平不断提升。智慧管理相当于为医院配备了“智能管家”，能够帮助医院管理者更好地把握医院的运营状况，促进医院管理的精细化。

（三）建设策略

以公立医院高质量发展要求来建设智慧医院，应当在多个方面进行深入探索，充分发挥出智慧医院在医疗服务上的优势，为医院发展提供更为强大的支撑。

1. 提高认识　在区域层面，政府要有统筹，做好顶层设计，制定科学规划，强化职能部门配合。从医院层面，要明确国家当前的智慧医院发展趋势，深刻体会智慧医院功能优势，树立智慧医院建设意识，看齐智慧医院建设典范。

2. 摸清底数　智慧医院建设是一个由诸多子系统、子功能组成的超级系统化的工程。它涉及全医疗流程中的各个方面，这些方面又存在各种关联，较为复杂，长期处于“家底”不清的状态。在建设之初，要对既往的情况进行全盘梳理，并理清各应用部门、场景、板块的联系与逻辑关系。

3. 统筹协调　医疗活动的利益相关方，包括患者、医务人员、医院、设备厂商、药企、信息服务机构、公共卫生部门等相互影响、彼此联系，形成了相对稳定的动态医疗生态系统。在智慧医疗、服务、管理需求的三位一体智慧医院建设实践中，围绕智慧项目组织并协调各方的利益关系，才能使参与者真正发挥系统作用、实现自我价值，进而发挥智慧医院系统最优功能。

4. 整合资源　优化医院资源配置在智慧医院建设过程中，不能只进行简单的数据收集与设施设备的更新换代，而是要对医院人力、物力、财力进行集约整合，对医院管理体系进行优化升级与配置。只有合理地整合资源，优化配置，才能让管理更加科学化、精细化、规范化，从而激发医院内在活力，推动医院信息数字化，加强医院医疗、管理、服务间的智慧连接，从而提高医院整体运营效率，减少资源浪费，促进医院平稳健康发展。

5. *以评促建*　以智慧项目为抓手，以满足评审需求作为考核目标，以解决临床科室与管理部门的痛点为核心，实施“精准化”项目管理，夯实智慧医院建设基础，助力智慧医院健康高效发展。

6. *循序渐进*　“因院制宜”发展智慧医院，制定建设框架体系，不断维护，不断升级，推动智慧医院建设应用场景逐渐多样化、标准化、体系化，使之更好地适用于医院各个场景。针对医院设备更新速度与信息化发展速度之间的时间差，需要医院与第三方承建商加强合作，制定统一对接标准及设备设施运维紧急应对预案，推动院、所、企、研一体化的产业新格局。

7. *确保安全*　严守信息网络安全。信息安全是智慧医院建设的重中之重，医院数据是整个医院运维管理的信息，关系到医院设施设备、医疗数据、人员信息等，保证这些信息的安全性与私密性是智慧医院建设应当解决的重要问题。应该建立健全网络安全管理机制，切实立足信息安全性，加强数据管理，防止外部网络威胁。同时，要加强医护人员的信息安全意识培训和教育，提高他们对信息安全的重视程度和风险的防范能力。

第二节　智慧医院技术体系

智慧医院技术体系是由各种分散式的服务体系有机组成的，能够形成从数据感知到智能处理的技术体系结构。智慧医院信息化体系的构建注重以数据为基础，以服务为导向，融合基础设施服务、平台服务和软件服务的基础，将人工智能技术、互联网技术等有效结合，并着重强化安全体系构建，对医院的各项业务实时感知形成一套完善的医疗服务体系。

一、基础设施体系

1. *数据存储*　数据内容和类型的不断增长，智慧医院平台存储的数据量越来越大。主要使用SSD高性能存储、对象存储和文件共享存储等存储模式，基于数据信息特征，对数据信息进行深度挖掘，对运营情况和诊疗行为进行研判。

2. 资源计算　对于智慧医院各种任务存在的特性，需要通过部署不同计算节点进行对医学的计算分型设计，对获取的信息资源进行计算，从而实现对大数据信息的有效处理。

3. 系统架构　强化网络与安全系统的构建，搭建混合云架构创建统一安全数据中心网络系统，通常使用VPN或专线将本地连接到公有云，通过路由器配置和防火墙技术等做好网络安全隔离，做好加密确保数据通信安全。

二、平台服务体系

智慧医院技术体系的建设主要是以IT基础架构为基础，融合智能化和信息化系统的大数据平台，实现对数据信息的有效获取。以中台思维构建的医疗数字化转型平台通过打造决策层、管理层、业务层、服务层、患者层等技术体系，支持临床医疗、医院管理、患者服务、区域协同、三医联动、院内外医疗健康服务融合等应用。针对不同场景，利用平台标准组件或微服务进行动态配置以建立满足不同需求的应用场景。

1. 实现数据的集成和管理　通过大数据存储与分析，使各项临床数据在医院层面实现互联、互通，门诊、住院、体检、随访业务等数据安全流通，完成资源配置、资产管理、质量分析、科研应用、绩效分析等功能。

2. 强化数据采集规范　建立临床专科专病数据库，存储患者病历文档、临床数据库及影像库，为各类专科疾病的诊断、治疗与随访奠定数据化基础，确保各项数据的真实、可用、可溯源。融合医疗信息化、临床信息化等系统数据的信息化集成平台是智慧医院建设的核心技术，是智慧医院大数据平台的高质量数据的基础来源。

3. 注重人工智能和物联网应用　物联网对数据信息的收集需要通过互联网技术实现，人工智能和物联网密切相关，通过数据存储、数据分析，推进物联网生态系统的增长。融合工程建设、后勤管理、资产管理等内部数据，可建设医院后勤指挥管理平台。融合消防和安防等智能化系统数据，可建设智慧医院安全保障平台。同时，加强对数据库进行清理，对数据库中不准确和不完整的数据信息及时进行更改，以安全有效的方式提供数据。

三、应用体系

智慧医院应用体系是一种智能化、信息化的医疗服务体系，其发展将成为医疗体系中的一个重要趋势。随着数据信息的不断积累和人工智能技术的不断发展成熟，智慧医院应用体系将更加完善和丰富。

1. *智慧节点*　智慧病房、ICU单元、门诊科室等各个节点的智能化将极大地提高医疗服务的质量和效率。智慧病房可以通过智能设备监测病患生命体征，自动调节病房温度、湿度、光线等环境因素，保障病患舒适和健康；ICU单元可以通过人工智能技术对病患病情进行精准诊断和治疗，提高治疗效果。这些节点的智能化将使医疗服务更加智能化和人性化。

2. *智慧单元*　智慧门诊、急诊、手术室等医疗业务单元将更加高效和便捷。智慧门诊可以通过智能设备快速获取病患病历和医学数据，自动推荐医疗方案和药品，提高医疗服务的精准度和效率；智慧手术室可以通过虚拟现实技术为医生提供更加直观、真实的手术操作场景，从而提高手术效果。这些智能化的医疗业务单元将更好地满足病患的医疗需求。

3. *智慧流程*　智慧门诊业务流程、医技业务流程等服务流程的智能化将更加精准和高效。智慧门诊可以通过人工智能技术自动识别病患病情，推送相应的医生和科室，提高医疗服务的响应速度和效率；医技业务流程可以通过智能设备自动化完成检查和诊断流程，提高医疗服务的准确性和效率。这些智能化的服务流程将更加贴近病患需求，提高医疗服务的便捷性和智能化程度。

四、信息发布体系

信息发布和服务平台借助运营商通信网络，通过短信、APP等形式，实现医院信息的发布以及部分服务功能的在线预约。医院信息的发布由医院、科室、医生负责，主要向全人群推送医疗信息和保健知识，并有针对性地向患者推送复诊通知、用药医嘱、检测结果等信息。可在线预约的服务功能包括个人医疗信息查询、预约就诊、医师咨询等。在线沟通和查询平台构建基于互联网的网络信息平台，打通与政府卫生部门、医院、患者、社会公众的沟通渠道。前台展示形式包括微信服务号、医院APP等，用户可在接受推送信息后实现在线反馈、个人信息查询、医疗政策查询等，平台后台存储于专有服务器，服务器搭载基于大数据的反馈计算系统，实时分析用户最常查询的功能与最多询问的问题，技术人员根据分析结果不断优化平台功能。

五、数据安全体系

在智慧医院建设中，数据安全是至关重要的底线，需要形成常态化的网络安全保障机制。许多医院仅在遭遇重大攻击或大型网络安全检查时才会采取措施，这样做无法做到未雨绸缪，也会逐渐形成安全隐患，进而造成无法挽回的损失。对于高度依赖数据信息的智慧医院而言，数据安全是其生命线。由于智慧医院具有更大的信息量和更多的数据处理终端，因此更容易成为攻击目标。因此，对于智慧医院而言应该具备良好的信息风险防范意识，提升风险识别能力、安全监测能力和综合数据治理能力，以保障数据安全。完善系统的安全性，以满足物理环境安全、网络安全、主机安全、数据安全和应用系统安全等多方面的要求，以确保系统的安全性和可靠性。

1. 物理环境安全　在机房温湿度控制方面，需要确保机房内部的温度和湿度都维持在一个适宜的范围内，以避免因环境变化而引起的设备运行异常，可采用专业的环境监控系统，对机房内的温湿度进行实时监测和调控。机房场地环境安保则需要严格控制人员的进出，并定期对场地内的设备进行检查和维护。同时，需要对场地内的安全设施进行有效管理，如门禁系统、监控系统和报警系统等，以确保场地内的安全。消防及设备抗磁抗辐射也是非常重要的安全措施，需要定期对设备进行检查和维护，采取专业的消防措施和设备抗磁抗辐射措施，以避免因火灾或电磁干扰而引起的设备故障。系统灾难备份是指对系统进行备份，以确保在系统故障或灾难发生时，能够快速恢复系统的正常运行。需要采用专业的备份软件和技术人员，对系统进行定期备份和测试，以确保备份的完整性和可用性。防止非法入侵是保障物理设备安全的重要措施，需要建立完善的安全管理制度和防范体系，如访问控制、密码管理和安全审计等，以确保设备安全性和稳定性。

2. 网络安全方面　身份识别是网络安全的第一道防线，通过加强身份识别技术，可以有效地防止未经授权的用户访问敏感信息。访问控制机制则能够限制用户对特定资源的访问权限，从而减少潜在的安全风险。此外，安全审核也是必不可少的，它可以监控和记录网络活动，及时发现并应对安全威胁。

3. 主机安全　实施严格的访问控制策略和定期更新密码来确保系统的

安全性，防止未经授权的访问和潜在的攻击。在系统上安装可靠的安全软件、定期更新防病毒库和防火墙规则，并定期进行安全漏洞扫描和修复工作，从而及时发现并修复潜在的安全隐患，防止恶意软件和黑客的入侵。资源控制也是保障主机设备安全的重要措施之一。对于系统资源，应采取合理的控制措施，防止用户非法获取系统资源或者过度占用资源导致系统崩溃或变慢。

4. *数据安全*　采用加密算法和安全协议来确保数据的机密性，使用数据备份和恢复技术来防止数据丢失和灾难性损失。建立完善的安全管理体系，包括物理安全、网络安全、系统安全、应用安全等方面。同时，制定严格的数据安全政策、流程和规范，并加强员工培训，增强员工的数据安全意识和技能水平。采用数据校验来确保数据的完整性，及时更新系统和应用程序，以防止漏洞和攻击。

5. *应用系统安全*　确保系统的架构设计严谨、模块间数据传输安全可靠、数据存储方式合理以及访问控制机制严密，提高应用系统的安全性，防止潜在的安全威胁和攻击。以保障系统的安全性为目标，采用最合适的技术和措施来确保系统的稳定性和可靠性。应用系统应该具备数据加密、访问控制、身份验证等功能，从而有效地保护系统的数据安全和用户的隐私。

第三节　智慧医院评价标准

开展成效评价是任何卫生管理干预的必要步骤，医院管理者需要了解他们的干预是否在实践中产生了预期的效果，以便调整策略或提高干预的质量。对于智慧医院建设的成效评价来说，进行科学、细致、客观的效果评价是非常必要的。智慧医院标准是对建设内容、建设流程、建设效果等方面提出的具体要求和指标。近年来，我国就医院信息化和智慧医院建设发布了多项建设标准与规范。针对方兴未艾的智慧医院，积极探究相关建设项目在医疗质量与效率、卫生经济性、医患满意度等方面的成效评价，才能更好地提高医疗服务的质量和效率，满足人们日益增长的医疗需求，推进医疗事业的可持续发展。

一、评价原则

开展智慧医院评价，目的是以评促建、以评促进、以评促改，评估过程中，应遵循以下原则。

1. *科学性原则* 在进行医院评估时，应该强调科学性。评估指标和要求应该基于医疗知识和实践经验，以确保评估结果具有科学性和经验性。评估结果应客观反映被评估对象的实际情况。为了实现这个目标，我们可以利用最新的医学研究成果和技术手段，加强评估指标的科学性和经验性，从而提高评估结果的准确性和可靠性。此外，在系统的设计过程中，应该充分考虑到应用场景的需求，以确保评估指标的科学性和实用性。

2. *客观性原则* 评估结果不应受任何特定利益团体或个人的影响。评估过程应严格遵循规定程序和标准，以确保评估结果的公正、严谨和权威性。为了实现这个目标，我们应该建立独立的评估机构，确保评估过程的公正性。评估结果的监督和审查也应该加强，以确保评估结果的权威性和可信度。此外，公开透明的评估机制也可以增加评估过程的客观性。

3. *综合性原则* 在进行医院评估时，应该从横向和纵向两个方面进行评估。在横向方面，应该为面向公共服务、临床业务、科研教学、运营管理决策和外部信息交互的智能服务提供支持和保障。在纵向方面，应该实现起点、过程和结果的公正。为了实现这个目标，我们可以采用多元化的评估方法，涵盖广泛的评估内容，确保评估结果的全面性和客观性。此外，与其他医院和专业机构的交流也可以加强综合性评估。

4. *可操作性原则* 在进行医院评估时，评估应该可操作，基于医疗知识和实践经验，以确保评估结果具有经验性。评估结果应客观反映被评估对象的实际情况。可操作性是智慧医院系统可持续发展的关键。为了实现这个目标，我们可以加强评估工具的研究和应用，提高评估的可操作性和经验性，从而更好地推动智慧医院系统的发展。在评估过程中，我们还可以与医务人员和患者进行交流，以便更好地了解实际情况，从而更好地提高评估的可操作性。

5. *先进性原则* 在进行医院评估时，评估应该重点关注智慧医院建设的先进性，促进发展模式从规模扩张到质量提升的转变。通过开展面向运营管理、临床应用、服务管理和资源管理的系统化应用，全面提供面向公共服务、临床业务、科研教学、运营管理决策和外部信息交互的智能服务，为智慧医院建设提供支持和保障。为了实现这个目标，我们可以引进先进的技术和管理理念，加强智慧医院的管理和运营，提高整个系统的效率和水平。此外，与其他医院和专业机构的合作也可以推动智慧医院建设的先进性。

二、医院信息化评价标准

2012年，卫生部统计信息中心开始组织开展国家医疗健康信息互联互通标准化成熟度测评试点工作，依据电子病历基本数据集、电子病历共享文档规范、基于电子病历的医院信息平台技术规范等标准建立了多维度的测评指标体系，从数据资源标准化建设情况、互联互通标准化建设情况、基础设施建设情况和互联互通应用效果等方面进行综合测评，评定医院信息互联互通标准化成熟度。

2018年4月13日，国家卫生健康委办公厅发布了《全国医院信息化建设标准与规范（试行）》的通知，从软硬件建设、安全保障、新兴技术应用等方面规范了医院信息化建设的主要内容和要求，包括业务应用、信息平台、基础设施、安全防护、新兴技术5个领域、22类、262项具体内容。

2020年7月，国家卫生健康委统计信息中心印发了《国家医疗健康信息医院信息互联互通标准化成熟度测评方案（2020年版）》（国卫统信便函〔2020〕30号）。强化了分级管理机构职责，明确建立定量测试和定性评价两支专家队伍。通过对电子病历和医院信息平台为核心的医院信息化项目进行标准符合性测试以及互联互通实际应用效果的评价，构建了一套科学的、系统的医院信息互联互通标准化成熟度分级评价技术体系、方法和工具，为医疗卫生机构之间标准化互联互通和信息共享提供技术保障。医院信息互联互通测评的应用效果评价分为7个等级，由低到高依次为一级、二级、三级、四级乙等、四级甲等、五级乙等、五级甲等（表1-1）。

表1-1　医院信息互联互通标准化成熟度分级

测评指标	一级	二级	三级	四级乙等	四级甲等	五级乙等	五级甲等
2.1　数据集标准化情况	10	15	15	15	15	15	15
2.2　共享文档标准化情况	—	—	13	14	14	14	15
3.1　技术架构情况	—	—	6	7.4	8.1	9.8	10
3.2　互联互通交互服务情况	—	—	10.5	12.5	19.1	25	25
3.3　平台运行性能情况	—	—	—	—	—	—	—
4.1　硬件基础设施情况	—	—	3	3.9	4.3	4.6	6
4.2　网络及网络安全情况	—	—	4.5	5.3	5.48	5.49	5.5

续 表

测评指标	一级	二级	三级	四级乙等	四级甲等	五级乙等	五级甲等
4.3 信息安全情况	—	—	1.8	2.9	3.07	3.21	4.1
4.4 业务应用系统建设情况	—	—	1.2	1.5	1.8	2.1	2.4
5.1 应用建设情况及利用情况	—	—	4	5.1	6.2	7.2	7.7
5.2 平台联通业务范围	—	—	1	2.4	2.95	3.6	4.3
等级分数	10	15	60	70	80	90	95

2022年12月，国家卫生健康委员会组织制定了《三级医院评审标准（2022年版）》及实施细则，其中与信息化建设相关的要求包括：建立以院长为核心的医院信息化建设领导小组，有负责信息管理的专职机构，建立各部门间的组织协调机制，制订信息化发展规划，建立与信息化建设配套的相关管理制度；医院信息系统能够系统、连续、准确地采集、存储、传输、处理相关的信息，为医院管理、临床医疗和服务提供包括决策支持类的信息技术支撑，并根据国家相关规定，实现信息互联互通、交互共享；落实《中华人民共和国网络安全法》，实施国家信息安全等级保护制度，实行信息系统按等级保护分级管理，保障网络信息安全，保护患者隐私；推动系统运行维护的规范化管理，落实突发事件响应机制，保证业务的连续性；根据《中华人民共和国统计法》与卫生健康行政部门规定，完成医院基本运行状况、医疗质量安全、医疗技术、诊疗信息和临床用药监测信息等相关数据报送工作，确保数据真实可靠、可追溯。

各地区依据国家三级医院等级评审标准制定了本地区评审标准，如四川省、河南省、江苏省等，将电子病历、互联互通、智慧服务、公立医院绩效考核水平纳入三级医院等级评审标准，作为前置条件或者评分项。如四川省将电子病历应用水平四级作为前置条件，电子病历五级作为评分项。

三、基于电子病历的医院智慧医疗分级评价标准

2018年12月，国家卫生健康委制定了《电子病历系统应用水平分级评价管理办法（试行）及评价标准（试行）》，全面评估各医疗机构现阶段电子病历系统应用所达到的水平，建立适合我国国情的电子病历系统应用水平评估和持续改进体系。评价范围包括10个角色、39项应用，分为0～8级共9个

级别。评审周期1年，结果当年有效，每年随机抽查。等级0～4级，经省级卫生健康行政部门审核生效，等级5级及以上的，由省级卫生健康行政部门初核真实有效，国家卫生健康委复核。初次申报机构最高从四级开始申报评级工作。专科医院因专业设置缺少部分电子病历系统功能，可在上报时填写专科医院未开展业务申明。目前国内有多家地方医院通过电子病历5级、6级评价，部分医院还通过了7级评价。要求2019年所有三级医院要达到分级评价3级以上；2020年所有三级医院要达到分级评价4级以上，二级医院要达到分级评价3级以上。

为推动信息化在临床的应用和在患者智慧服务的应用平衡发展，国家卫生健康委要求将电子病历分级评价结果与智慧服务分级评估工作挂钩。患者服务信息系统需要电子病历系统提供相关信息共享才能实现所需功能，没有良好的院内信息化基础环境和完整的数据采集与使用管理，无法向患者端推送高质量数据，智慧服务的功能也会受到限制。电子病历分级评价未达到4级及以上，不能申报智慧服务分级评估3级及以上级别，即不实现院内系统整合和数据统一管理，就不能申报智慧服务分级评估的高级别。

四、医院智慧服务分级评价标准

在医疗服务行业中，患者的就医体验、医疗服务的质量和效率一直是备受关注的重要目标。为了实现这一目标，国家卫生健康委办公厅于2019年3月制定了《医院智慧服务分级评估标准体系（试行）》。这一标准体系的出台，旨在指导医疗机构科学、规范地开展智慧医院建设，并提供智慧服务。该标准体系针对患者的医疗服务需求，涵盖了患者诊前、诊中、诊后各环节，以及技术基础环境与信息安全状况。具体评价内容包括5大类、17个评估项目。这些评估项目主要从医院信息化应用提供给患者的功能和患者感受到的效果两个方面进行评估，主客观结合将医院智慧服务信息系统整体应用情况划分为0～5级共6个等级（表1-2）。

其中，0级是纯人工服务，患者能够通过信息化手段获取的医疗服务信息较少；1～2级应用信息化手段实现医院内部的医疗服务流程优化，为患者提供预约服务、自助服务等，就医体验有所提升；3～4级通过互联网实现院内外信息实时共享，为患者提供线上线下一体化的医疗服务，患者就诊更加便利；5级通过区域医疗协同，实现不同医疗机构之间信息互通，服务互相衔接，为患者提供全生命周期、精准的智慧医疗健康服务。该标准体系的评估对象为二级及以上医院，最低申报级别没有限制，可从二级申报，之后需逐级申报。这一规定鼓励医院不断提高自身的智慧服务水平，以满足患者的医疗服务需求。

表1-2　医院智慧服务分级

等级	内容	基本项目数	选择项目数	最低总分
0级	医院没有或极少应用信息化手段为患者提供服务	—	—	—
1级	医院应用信息化手段为门急诊或住院患者提供部分服务	4	8/13	10
2级	医院内部的智慧服务初步建立	6	6/11	20
3级	联通医院内外的智慧服务初步建立	8	4/9	30
4级	医院智慧服务基本建立	9	3/8	41
5级	基于医院的智慧医疗健康服务基本建立	9	3/8	51

以全程服务的智能导医项目为例，不同级别要求支持患者使用移动设备查询科室、医师、出诊信息等。3级要求系统能够支持患者使用移动设备查询科室、医师、出诊信息等；4级则要求系统能够根据患者历史诊疗情况、检查、治疗安排等，给出分诊建议；5级进一步要求系统能够根据患者病情及区域多发病、流行病情况等，给出患者分诊建议。这些要求不仅体现了医院对患者个性化需求的关注，也反映了医疗服务向智能化方向发展的趋势。

在诊前服务方面，预约诊疗项目也对预约挂号或检验、检查的时间提出了要求。3级要求分时段预约时间精确到1小时以内，而5级则进一步细化到30分钟以内。这不仅可以减少患者的等待时间，提高医疗服务效率，还能够更好地满足患者的个性化需求。

诊前服务的急救衔接项目也对医院提出了更高的要求。3级要求实现患者院前信息能及时通知到医院应急值守人员；4级要求院内与院前系统的数据对接，并可将急救信息上传至区域急救平台；5级进一步要求医院与区域急救平台对接，患者病情可实时传递给医院。这些要求不仅体现了医院对患者生命的重视，也反映了医疗服务向区域化、协同化方向发展的趋势。从院前、院内到区域急救平台，从上传到实时传递，在患者信息共享方面，要求智慧服务系统应用的范围逐步扩大，功能实现方式更加人性化。这不仅需要医院加强信息化建设，还需要不断引入新技术、新模式，提高医疗服务的智能化水平。只有这样，才能更好地满足患者的个性化需求，提高医疗服务的质量和效率。

随着医疗行业的快速发展，智能化已成为智慧服务的重要组成部分。该标准体系的实施带来了一系列积极的影响。首先，有助于提高医疗服务的质量和效率。通过智慧医院建设，医疗机构能够更好地满足患者的需求，提高患者满意度。其次，有助于提升医疗行业的整体竞争力。智慧医院建设将促使医疗机构不断创新和改进服务，通过获取患者信息，智能地向患者提供诊疗辅助服务，提高医疗服务的水平和质量，从而增强自身的竞争力。最后，有助于推动医疗行业的可持续发展。推动医院提高信息化水平，不断结合人工智能、大数据等新技术，提高医疗资源的个性化服务能力。

五、医院智慧管理分级评估标准

2021年3月，国家卫生健康委办公厅发布了《医院智慧管理分级评估标准体系（试行）》（表1-3）。这一标准体系的出台，旨在针对医院管理的核心内容，从智慧管理的功能和效果两个方面进行评估，加强智慧医院建设的顶层设计，提升医院管理精细化、智能化水平。该标准体系涵盖了医疗护理管理、人力资源管理、财务资产管理等十大方面，全面评估医院管理智能化水平。这些评估内容包括但不限于：医疗护理管理的智能化，如电子病历、智能医嘱等系统的应用；人力资源管理的智能化，如人力资源信息系统、智能排班等系统的应用；财务资产管理的智能化，如智能财务系统、资产管理系统等的应用。通过这一标准体系的评估，医院管理者可以及时掌握医院运营细节信息，从而更好地进行精细化管理。例如，通过医疗护理管理的智能化，医院可以更好地监控患者的病情和治疗效果，提高医疗质量；通过人力资源管理的智能化，医院可以更好地优化医护人员的工作流程，提高医护人员的工作效率和满意度；通过财务资产管理的智能化，医院可以更好地掌握医院的财务状况和资产情况，提高医院的运营效益。

此外，该标准体系还强调了医院信息安全的重要性。医院需要建立健全信息安全管理体系，保障患者信息和医疗数据的安全性和可靠性。这也是智慧医院建设的重要组成部分，有助于推动医疗行业的数字化转型和智能化升级，提升医疗质量和运营效益。未来，随着医疗行业的不断发展，智慧医院建设也将不断深入。我们期待更多的创新技术和应用能够应用于医疗服务中，为患者提供更加优质、高效的医疗服务。

表1-3 医院智慧管理分级

分级	等级	内容
初级 数据采集	0级	无医院管理信息系统，手工处理医院管理过程中的各种信息
	1级	开始运用信息化手段开展医院管理，单机系统信息不互通
	2级	初步数据共享，部门内部信息互通共享
中级 信息共享	3级	初级业务联动，集成界面或调用系统实现不同部门数据共享
	4级	中级业务联动，数据全院共享，数据可交互；业务数据有核查
高级 智能支持	5级	高级业务联动与管理决策支持，平台数据交互，统一系统展示指标数据与管理业务，数据有核查

智慧是医院评价一项系统工程，旨在将错综复杂的要素有机地整合起来，以最大限度地发挥医院的功能。医院信息互联互通标准化成熟度指标被纳入三级医院等级评审（区域性）、智慧医院评价（区域性）中。电子病历应用水平评价指标被纳入二、三级公立医院绩效考核（含中医）、三级医院等级评审（区域性）、公立医院高质量评价、智慧医院评价（区域性）中。智慧服务评价指标被纳入公立医院高质量发展、三级医院等级评审（区域性）、智慧医院评价（区域性）中。

在国家政策、需求、技术、环境影响等多方面的驱动下，当前新一代信息技术应用和医院管理信息系统建设已经步入了新的高速发展阶段。尤其是人工智能技术的迅速发展，为医疗服务带来了革命性的变革。首先，人工智能技术在医疗运营和服务中的应用，极大地提高了医疗服务的质量和效率。例如，通过人工智能辅助诊断系统对医学影像数据的分析，医生可以在短时间内快速准确获得患者详细的病情信息和诊断建议，从而减少了误诊和漏诊的可能性。此外，人工智能还可以应用于患者管理和随访中，通过自然语言处理技术自动提取患者病历信息，为医生制定个性化治疗方案提供依据。其次，人工智能技术的应用也为患者提供了更好的就医体验。例如，通过智能导诊系统，患者可以在医院内快速找到所需的科室和医生，减少了不必要的等待和奔波。人工智能还可以通过自然语言处理技术自动回答患者的咨询问题，为患者提供更加便捷和高效的医疗服务。人工智能技术的应用还可以实现医疗资源的合理分配。通过人工智能算法对医疗数据进行分析和预测，可以更加精准地调配医疗资源，使医疗资源能够得到更加合理的利用。人工智能技术可以促进医学研究和教育，通过对大数据的分析和挖掘，为医学研究和教育提供有力的支持和帮助。例如，人工智能可以通过对大量病例数据的分析，发现疾病的发病规律和治疗方法，从而为医学研究和教育提供有价值的参考。当然，在加快推进智慧医院建设的同时，智慧服务体系还需进一步改进。特别是患者线上就诊的信息安全和隐私保护问题，需要按照新形势下更高的安全保护要求加以解决。例如，可以通过加强数据加密和隐私保护技术，确保患者信息的安全性和可靠性。总之，只有进一步关心医生和患者的感受和需求，才能实现智慧医院的全面发展并进一步提高医疗服务的质量和效率。不远的将来，随着人工智能技术的不断发展和完善，相信智慧医院建设将会更加成熟和完善，为医疗服务行业带来更加美好的明天。

第二章　智慧医院政策分析

推进智慧医院政策建设是我国实施健康中国总体战略，落实积极应对人口老龄化战略的重要前提和必要基础，对于优化智慧医院管理、提升诊疗能力、提高服务效能具有积极意义。近年来，国家不断出台鼓励发展智慧医院的法律法规及政策文件，为智慧医院的建设和落地提供了有效指引和参照标准。本章对我国智慧医院政策进行梳理，借鉴用户画像和企业画像的构建方法，对智慧医院政策的发展阶段和特征进行分析，对优化智慧医院政策体系提出建议。

第一节　智慧医院政策概述

我国坚持从信息化、网络化和数字化的角度推进国家治理体系和治理能力现代化建设，作出了“大数据”引领未来产业发展、“互联网+”行动、建设“数字中国”等一系列重大部署。智慧医院建设持续加快，数据共享和利用取得了积极的进展，智慧医院在医疗护理实践、预防保健服务、抗击新冠疫情等方面发挥的作用不断显现。推进医院高质量发展，对不断推动数据的汇聚共享、数字化技术的应用和智慧医院的创新等方面都提出了更高的要求，必须系统梳理相关政策，综合运用新技术、新理念、新模式提升智慧医院建设水平。

一、我国智慧医院政策基本情况

我国智慧医院政策从无到有，由线到面，由面到体。其政策发展阶段共经历了政策萌芽期（2009—2013年）、政策发展期（2014—2020年）和政策成熟期（2021—2023年）三个历史分期。2013年以前，智慧医院政策总体上还处于探索阶段。国家层面明确提出智慧医院建设要求始于2014年，国家发改委等八部委在《关于促进智慧城市健康发展的指导意见》中提出，要推进智慧医院、远程医疗建设，普及应用电子病历和健康档案，促进优质医疗资源纵向流动，这是我国首次在国家部委层面明确提出建设智慧医院。2017年，国务院《新一代人工智能发展规划》明确提出探索智慧医院建设的发展规划。同年12月，国家卫生计生委和国家中医药管理局印发《进一步改善医疗服务行动计划（2018—2020年）》，明确提出利用互联网技术、可穿戴设备和大数据信息技术等技术建设智慧医院，围绕“互联网＋”建设智慧医院。以患者的医疗需求为核心，用信息化手段提升服务质量，补充服务内容，进行医疗全过程流程改造。2020年来，我国在逐步落实前期出台的大量政策，并且在前期政策的深入政策及具体领域细化政策上不断提质增效，在提高智慧医院政策质量上重点发力，智慧医院政策体系基本完善。

智慧医院政策制定工作主要在国务院的组织下，以国家卫生健康委和工信部为主导开展。现有智慧医院的政策主要集中在智慧医院体系建设、智慧医院运营、智慧医疗、智慧服务、智慧管理、卫生信息化建设、智慧医院应用场景、智慧医院平台建设等方面。在智慧医院体系架构方面，出台了基于患者安全的智慧医院政策、基于区块链等人工智能技术赋能智慧医院建设的政策等，在管理和运行机制方面，注重智慧医院政策的顶层设计和社会协同治理，以顶层设计指导场景落地，以场景落地助力社会协同治理。

二、政策画像方法

（一）政策画像概述

用户画像是用户信息的标签化，根据用户的社会属性、生活习惯和消费行为建立的用户模型。企业画像是把企业信息标签化，将企业的具体行为属性进行归类，建立标签模型体系，最终形成一个多元化的标签对象。当前，国内外以政策为对象，构建政策画像的研究比较少。

政策画像可以定义为把政策的基本属性、政策之间的关系、执行情况等信息标签化，通过打标签、聚类等方式，形成一个多维度的政策模型，包括政策基本信息、政策关系图谱、政策执行情况。政策基本信息主要展示政策的基本属性，包括标题、发文字号、发文单位、联合发文单位、发布时间、实施时间、是否公开等。政策维度图谱主要展现政策维度，通过解读文件等之间的关系，包括政策的依据、政策的相关政策、政策的前续政策和上位政策、补充说明等，对政策隶属维度进行划分。

（二）数据来源

智慧医院政策文本资料和补充数据来源于政府部门官网、法律法规政策网站、专业文献网站、互联网四类途径。一是政府门户网站。通过我国政府官网、国家政府部门单位、地方政府官网及其部门网站（主要包括中国政府网、国务院政策文件库、国家卫生健康委官网等其他有关地方政府及其部门网站），进入官方网站的政务公开栏目查找有关智慧医院关键词的政策。二是法律法规政策网站。通过专门的法律法规政策网站，如北大法意、北大法宝、法律法规数据库、法律之星等专业网站，以搜索关键词的形式检索相关政策文本。三是专业文献网站。通过知网、万方和维普等专业中文文献网站，检索有关智慧医院或互联网医院等相关政策文本，检索智慧医院政策的内容。四是充分利用互联网数据，收集整理在互联网中的数据及配套政策数据。

考虑到国内不同路径和学术界的文字表述和检索语法表达的差异，在检索时以主题词、关键词、检索语法表达式方式检索，检索时间设定为2009—2023年，通过以上4类渠道共收集到2014—2023年间的智慧医院政策472项，通过收集、整理、清洗，其中记录完整、有分析价值的数据，最终获取中央及国家机关单位层面政策40项。

（三）分析方法

本文主要借鉴数据画像方法将医疗卫生领域的智慧医院政策作为对象开展政策画像研究。基于数据挖掘技术的数据画像方法，重点围绕我国智慧医院政策文本的阶段特征和外部特征对我国2014—2023年发布的与智慧医院密切相关的政策文件进行归纳整理，分析相关政策框架、政策的特点、维度构成等。

在阶段分析中，主要通过对政策发布时间进行阶段特征描述，进而探索智慧医院政策发展的阶段性规律，对相关政策重点资料进行汇总。在特征分析中，重点分析智慧医院政策的时间维度特征、空间维度特征和发布主体维度特征，进而挖掘政策的外部特征。重点通过对政策工具和政策文本进行统计分析，能够以政策文本数据画像的形式直观地体现我国智慧医院政策的内在机理，寻找出我国智慧医院政策的规律、趋势。通过阶段分析、特征分析的方式对所搜集到的智慧医院政策进行多维度、全景化的画像呈现，为后续制定与优化智慧医院政策提供参考，以期对未来我国智慧医院政策建设提供思路借鉴。

第二节　我国智慧医院政策的阶段分析

我国智慧医院政策的发展经历了萌芽期、发展期和成熟期三个阶段（图2-1）。在这个过程中，国家卫生健康委和相关部门相继发布了一系列政策文件，推动智慧医院建设和管理的标准化和规范化，提高其智慧医院建设和运营的能力，为患者提供更优质的医疗服务。

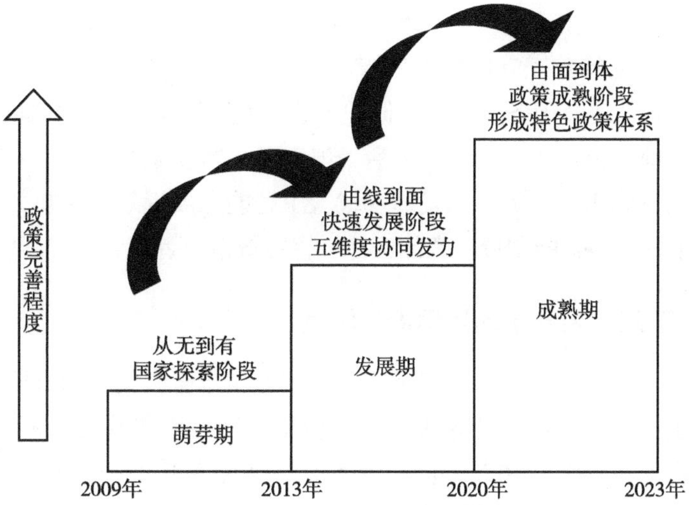

图2-1　智慧医院政策阶段分析图

一、智慧医院政策萌芽期（2009—2013年）

2009—2013年，我国的智慧医院政策总体上处于萌芽阶段。在这段时期，没有出台关于智慧医院的相关政策，但是新医改尤其是医疗保障制度改革和公立医院改革为后续智慧医院政策的形成奠定了坚实的制度基础。

二、智慧医院政策发展期（2014—2020年）

2014年，国家发改委、发展改革委、工业和信息化部等八部委在《关于促进智慧城市健康发展的指导意见》中提出，要推进智慧医院、远程医疗建设，普及应用电子病历和健康档案，促进优质医疗资源纵向流动。这是我国首次在国家政策层面明确提出建设智慧医院，是我国智慧医院政策建设迈出的第一步。同时也表明了智慧医院在政策层面是伴随着智慧城市政策的发展而诞生的。之后，智慧医院政策便如雨后春笋，政策发文量不断增加，政策覆盖范围和覆盖领域逐步扩大，智慧医院政策步入快速发展期（图2-2）（表2-1）。

（一）智慧医院政策的顶层设计维度

2015年，国务院出台《关于积极推进“互联网＋”行动的指导意见》，明确提出要加快发展基于互联网的医疗、健康、养老、教育、旅游、社会保障等新兴服务。随后，国务院出台《促进大数据发展行动纲要》中提出在公用事业、市政管理、城乡环境、农村生活、健康医疗等领域全面推广大数据应用。2017年，国务院出台《关于印发新一代人工智能发展规划的通知》，提出推动新一代人工智能在智能制造、智能医疗、智慧城市、智能农业等领域应用。

（二）智慧医院政策的协同治理维度

2014年，国家发改委印发《关于促进智慧城市健康发展的指导意见》，提出推进智慧医院，远程医疗建设，普及应用电子病历和健康档案，促进优质医疗资源纵向流动。2020年，国家发改委出台《关于进一步加强远程医疗网络能力建设的通知》，明确指出增强各级各类医疗卫生机构的网络能力，丰富远程医疗网络技术手段和服务模式的举措。

（三）智慧医院政策的整体统筹维度

2016年，国务院印发《深化医药卫生体制改革2016年重点工作任务》，提出加快建设公共卫生、计划生育、医疗服务、医疗保障、药品管理、综合管理等业务应用信息系统并实现互联互通。2016年，《“健康中国2030”规划纲要》中明确指出加快转变健康领域发展方式，全方位、全周期维护和保障人民健康。围绕公立医院高质量发展、助力医药卫生体制改革等核心工作，推进智慧医院建设。

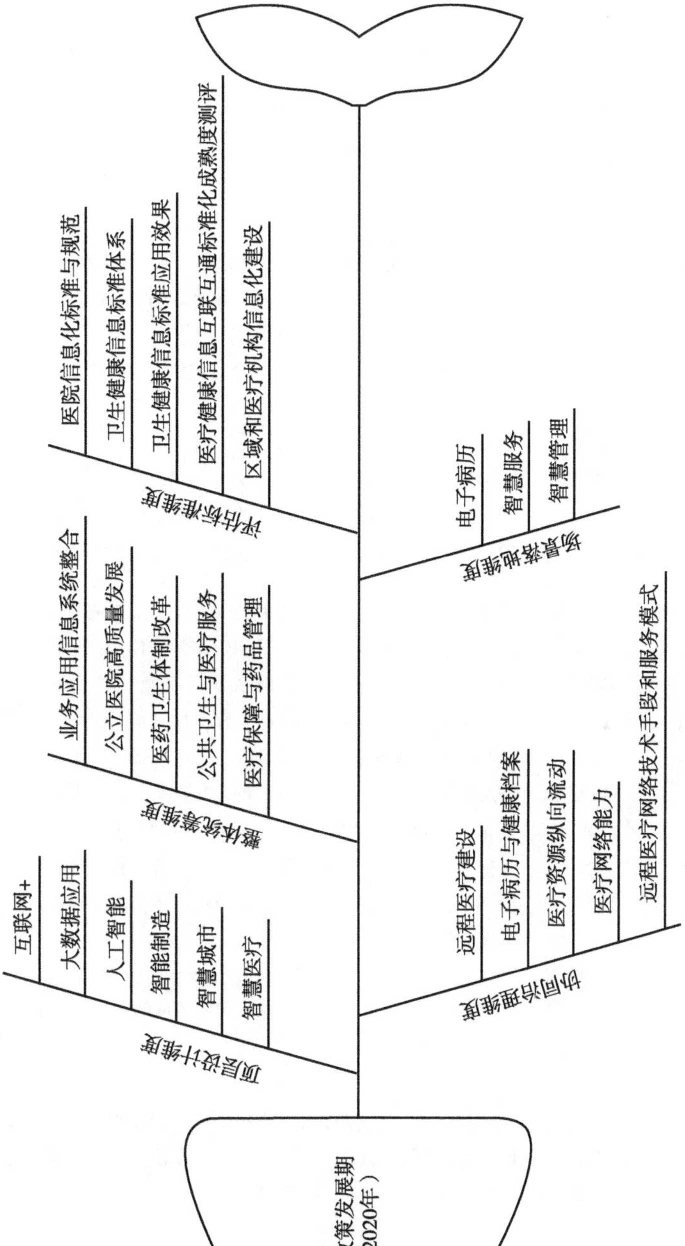

图 2-2　智慧医院政策各维度鱼骨图

表2-1　智慧医院政策发展期和成熟期相关重点政策汇总表

政策维度	发布时间	发文字号	政策名称	重点内容
顶层设计维度	2015.07	国发〔2015〕40号	关于积极推进“互联网＋”行动的指导意见	提出“互联网＋”益民服务等11行动，大力发展线上线下新兴消费和基于互联网的医疗、健康、养老、教育、旅游、社会保障等新兴服务
	2015.08	国发〔2015〕50号	促进大数据发展行动纲要	在公用事业、市政管理、城乡环境、农村生活、健康医疗等领域全面推广大数据应用
	2017.07	国发〔2017〕35号	关于印发新一代人工智能发展规划的通知	新一代人工智能在智能制造、智能医疗、智慧城市、智能农业、国防建设等领域得到广泛应用
	2021.03	无	国民经济和社会发展第十四个五年规划和2035年远景目标纲要	加快数字社会建设步伐。聚焦教育、医疗、养老、抚幼、就业、文体助残等领域，推动数字化服务普惠应用
协同治理维度	2014.08	发改高技〔2014〕1770号	关于促进智慧城市健康发展的指导意见	推进智慧医院，远程医产建设，普及应用电子病历和健康档案，促进优质医疗资源纵向流动
	2020.04	发改高技〔2020〕552号	关于推进“上云用数赋智”行动培育新经济发展实施方案	开展互联网医疗医保结算、支付标准、分级诊疗，远程会诊、线上生态圈接诊等改革试点、实践探索和应用推广
	2020.07	发改高技〔2020〕1157号	关于支持新业态新模式健康发展活消费市场带动扩大就业的意见	积极探索线上服务新模式，激活消费新市场。规范推广慢性病互联网复诊、远程医疗、互联网健康咨询等模式
	2020.10	工信厅联通信函〔2020〕261号	关于进一步加强远程医疗网络能力建设的通知	增强各级各类医疗卫生机构的网络能力，丰富远程医疗网络技术手段和服务模式
	2021.03	工信部通信〔2021〕34号	“双千兆”网络协同发展行动计划（2021—2023年）	面向民生领域人民群众关切的问题，推动“双千兆”网络与教育、医疗等行业深度融合
整体统筹维度	2015.03	国办发〔2015〕14号	关于印发全国医疗卫生服务体系规划纲要（2015—2020年）的通知	推动惠及全民的健康信息服务和智慧医疗服务，到2020年实现全员人口信息、电子健康档案和电子病历三大数据库基本覆盖全国人口并信息动态更新

续 表

政策维度	发布时间	发文字号	政策名称	重点内容
整体统筹维度	2016.04	国办发〔2016〕26号	深化医药卫生体制改革2016年重点工作任务	加快建设公共卫生、计划生育、医疗服务、医疗保障、药品管理、综合管理等业务应用新系统并实现互联互通
	2016.10	无	“健康中国2030”规划纲要	加快转变健康领域发展方式，全方位、全周期维护和保障人民健康
	2018.08	国卫医发〔2018〕29号	关于坚持以人民健康为中心推动医疗服务高质量发展的意见	创新运用信息网络技术开展预约诊疗缴费等，运用互联网、人工智能、可穿戴设备等新技术，建设智慧医院
	2019.04	国卫办医函〔2019〕371号	关于启动2019年全国三级公立医院绩效考核有关工作的通知	在总结三级公立医院绩效考核工作经验的基础上，加强二级公立医院绩效考核工作
	2019.07	无	健康中国行动（2019—2030年）	采取有效干预措施，努力使群众不生病、少生病，提高生活质量，延长健康寿命
	2019.12	国卫办医发〔2019〕23号	关于加强二级公立医院绩效考核工作的通知	在总结三级公立医院绩效考核工作经验的基础上，加强二级公立医院绩效考核工作
	2020.03	无	中共中央、国务院关于深化医疗保障制度改革的意见	建立监督检查常态机制，实施大数据实时动态智能监控
	2021.05	国办发〔2021〕18号	关于推动公立医院高质量发展的意见	推动云计算、大数据、物联网、区块链、第五代移动通信（5G）等新一代信息技术与医疗服务深度融合。大力发展远程医疗和互联网诊疗。推动手术机器人等智能医疗设备和智能辅助诊疗系统的研发与应用
	2021.05	国办发〔2021〕20号	深化医药卫生体制改革2021年重点工作任务	加强智慧医院建设，推动人工智能、第五代移动通信（5G）等新技术应用
	2021.09	国卫医发〔2021〕27号	关于印发公立医院高质量发展促进行动（2021—2025年）的通知	推进智慧医疗、智慧服务、智慧管理三位一体的智慧医院建设。到2022年，全国二级和三级公立医院电子病历应用水平分别达到3级和4级，智慧服务平均级别达到2级和3级，智慧管理平均级别达到1级和2级，能够支撑线上线下一体化的医疗服务新模式。到2025年，建成一批发挥示范引领作用的智慧医院，线上线下一体化医疗服务模式形成，医疗服务区域均衡性进一步增强

续 表

政策维度	发布时间	发文字号	政策名称	重点内容
整体统筹维度	2022.07	国卫办医发〔2022〕9号	关于印发公立医院高质量发展评价指标（试行）的通知	将智慧医院建设成效纳入创新增效维度指标
场景落地维度	2016.06	国办发〔2016〕47号	促进和规范健康医疗大数据应用发展的指导意见	推动智慧医疗发展，发展智慧健康医疗便民惠民服务
	2017.02	国卫规划发〔2017〕6号	关于印发“十三五”全国人口健康信息化发展规划的通知	基本建成健康医疗大数据国家中心及区域中心、100个区域临床医学数据示范中心，基本实现城乡居民拥有规范化电子健康档案和功能完备的健康卡
	2018.01	国卫医发〔2017〕73号	关于印发进一步改善医疗服务行动计划（2018—2020年）的通知	利用互联网技术、可穿戴设备和大数据信息技术等，建设智慧医院。医疗机构加强以门诊和住院电子病历为核心的综合信息系统建设
	2018.04	国办发〔2018〕26号	关于促进“互联网＋医疗健康”发展的意见	推动互联网与医疗健康服务融合发展，二级以上医院、普遍提供智能导医、移动支付等线上服务，三级医院实现院内医疗服务信息互通共享
	2018.07	国卫医发〔2018〕25号	卫生健康委中医药局关于印发互联网诊疗管理办法（试行）等3个文件的通知	规范互联网诊疗行为、保障互联网医疗质量和医疗安全，发挥远程医疗服务积极作用，提高医疗服务效率，促进“互联网＋医疗健康”健康发展
	2018.08	国卫办医发〔2018〕20号	关于进一步推进以电子病历为核心的医疗机构信息化建设工作的通知	通过电子病历信息化建设，探索建立健全智慧医院标准、管理规范和质量控制方式方法
	2018.09	国卫医发〔2018〕25号	互联网诊疗管理办法（试行）、互联网医院管理办法（试行）、远程医疗服务管理规范（试行）	明确互联网医院性质及与实体医疗机构关系、互联网诊疗活动准入程序和监管，以及互联网医院的法律责任关系

续 表

政策维度	发布时间	发文字号	政策名称	重点内容
场景落地维度	2020.05	国卫办医函〔2020〕405号	关于进一步完善预约诊疗制度加强智慧医院建设的通知	建立医疗、服务、管理“三位一体”的智慧医院系统，进一步发挥信息技术在现代医院建设管理中的重要作用，不断提高医院治理现代化水平，形成线上线下一体化的现代医院服务与管理模式，为患者提供更高质量、更高效率、更加安全、更加体贴的医疗服务
	2020.08	国卫办医发〔2020〕11号	关于进一步加强医疗机构护理工作的通知	推进信息化建设和创新发展智慧医院，大力推进护理信息化建设，推动信息技术与护理工作深度融合
	2020.12	国卫规划发〔2020〕22号	关于深入推进“互联网＋医疗健康”“五个一”服务行动的通知	坚持线上线下一体融合，提升便捷化智能化人性化服务水平
	2022.11	国卫规划发〔2022〕30号	关于印发“十四五”全民健康信息化规划的通知	健全全民健康信息化标准体系、“互联网＋医疗健康”服务体系、健康医疗大数据资源要素体系等8个体系。实施智慧医院建设示范行动、“互联网＋中医药健康服务”行动、数据安全能力提升行动等8个优先行动
	2023.07	国卫办医函〔2023〕268号	关于印发医疗机构临床决策支持系统应用管理规范（试行）的通知	促进智慧医院建设发展，适应医院信息化工作需要，规范医疗机构临床决策支持系统应用管理，组织制定了《医疗机构临床决策支持系统应用管理规范（试行）》
评估标准维度	2018.04	国卫办规划〔2018〕4号	全国医院信息化建设标准与规范（试行）	对智慧医院建设核心技术，如大数据、云计算、人工智能和物联网的建设要求作出明确规定，对医院信息化建设起到了积极的、有效的引导作用
	2018.11	国卫办医函〔2018〕894号	进一步改善医疗服务行动计划（2018—2020年）绩效考核指标	对智慧医院设定了明确的考核标准，智能导医分诊服务系统、开展智能医学影像识别、患者生命体征集中监测、可穿戴设备远程监测/指导等成为重要指标

续 表

政策维度	发布时间	发文字号	政策名称	重点内容
评估标准维度	2018.12	国卫办医函〔2018〕1079号	电子病历系统应用水平分级评价管理办法和评价标准（试行）	从4个维度对电子病历系统应用水平分级评价，即电子病历系统所具备的功能、系统有效应用的范围、电子病历应用的技术基础环境、电子病历系统的数据质量。将电子病历系统应用水平划分为9个等级，每一等级的标准包括电子病历各个局部系统的要求和对医疗机构整体电子病历系统的要求
	2019.03	国卫办医函〔2019〕236号	医院智慧服务分级评估标准体系（试行）	分为0级至5级，涵盖诊前服务、诊中服务、诊后服务、全程服务、基础与安全5个维度。确定5个类别共17个评估项目，综合评估医院智慧服务信息系统具备的功能、有效应用范围、技术基础环境与信息安全状况等
	2020.07	国卫统信便函〔2020〕30号	医院信息互联互通标准化成熟度测评方案（2020年版）	将医院信息互联互通测评的应用效果评价分为7个等级，内容涵盖医疗机构基本情况、数据资源标准化建设情况、互联互通标准化建设情况、基础设施建设情况、互联互通应用效果5个方面
	2021.03	国卫办医函〔2021〕86号	医院智慧管理分级评估标准体系（试行）	评估结果分为0级至5级，评估范围包括医疗护理管理、人力资源管理、财务资产管理、设备设施管理、药品耗材管理、运营管理、运行保障管理、教学科研管理、办公管理、基础与安全10个方面内容
	2022.01	国卫法规发〔2022〕2号	关于印发“十四五”卫生健康标准化工作规划的通知	健全卫生健康信息标准体系，完善基础类、数据类、应用类、技术类、管理类、安全与隐私类等6类信息标准的制定，加强卫生健康信息标准应用效果评价，促进信息共享互认和互联互通。以国家医疗健康信息互联互通标准化成熟度测评为抓手，对区域和医疗机构信息化建设整体水平进行测评

（四）智慧医院政策的场景落地维度

2016年，国务院出台《促进和规范健康医疗大数据应用发展的指导意见》，旨在推动智慧医疗发展，发展智慧健康医疗便民惠民服务。2020年，国家卫生健康委出台《关于进一步完善预约诊疗制度加强智慧医院建设的通知》，具体指出要加快建立完善预约诊疗制度，创新建设完善智慧医院系统。

（五）智慧医院政策的评估标准维度

2018年，国家卫生健康委出台《全国医院信息化建设标准与规范（试行）》，对智慧医院建设核心技术，如大数据、云计算、人工智能和物联网的建设要求作出明确规定，对医院信息化建设起到了积极、有效引导作用。2022年，国家卫生健康委关于印发《"十四五"卫生健康标准化工作规划》的通知，提出健全卫生健康信息标准体系，完善基础类、数据类、应用类、技术类、管理类、安全与隐私类等6类信息标准的制定，加强卫生健康信息标准应用效果评价，促进信息共享互认和互联互通。以国家医疗健康信息互联互通标准化成熟度测评为抓手，对区域和医疗机构信息化建设整体水平进行测评。

总体来说，这一时期我国智慧医院政策呈现出快速发展、由"线"到"面"的特征，政策数量倍增且政策质量不断提升，而且不再是国家卫生健康委单一部门的"一枝独秀"，其他部门如国家发改委、工信部等部门也都出台了类似政策，表明智慧医院问题已经引起了多部门的广泛关注。

然而，在这一时期我国智慧医院建设还存在着一些问题。一方面，由于政策缺乏统一的标准和规范，各地智慧医院建设呈现出各自为政的现象。不同地区、不同医院之间的智慧医疗系统难以相互兼容，给患者带来了一定的不便。另一方面，智慧医院建设需要大量的资金和技术支持，一些基层医疗机构存在着资金和技术不足的问题，难以开展智慧医院建设。

针对这些问题，未来我国智慧医院政策应更加注重标准的统一和规范，推动建立全国性的智慧医院标准体系，促进各地智慧医院建设的协同发展。同时，政策还应加大对基层医疗机构的支持力度，提高其智慧医院建设和运营的能力，为患者提供更加优质的医疗服务。

三、智慧医院政策成熟期（2021—2023年）

2021年，《中华人民共和国国民经济和社会发展第十四个五年规划和2035年远景目标纲要》中指出要加快数字社会建设步伐。重点聚焦教育、医疗、养老、抚幼、就业、文体助残等领域，推动数字化服务普惠应用，集多领域合力为智慧医院政策的成熟发展奠定了良好的制度基础。

这一时期，智慧医院评估标准维度基本成熟。2021年，国家卫生健康委公布《医院智慧管理分级评估标准体系试行》，提出要指导医疗机构科学、规范开展智慧医院建设，提升医院管理精细化智能化水平。2023年，国家卫生健康委再次发文公布《医疗机构临床决策支持系统应用管理规范（试行）》，指出促进智慧医院建设发展，适应医院信息化工作需要，规范医疗机构临床决策支持系统应用管理，之后又组织制定了《医疗机构临床决策支持系统应用管理规范（试行）》。国家卫生健康委针对智慧医院两次发文为目前智慧医院管理和服务的标准化建设以及智慧医院的场景落地建设奠定了政策基础。

总体来看，这一时期我国智慧医院政策的显著特点是由“面”到“体”，经过萌芽期和发展期两个阶段的持续发力，初步形成了我国智慧医院特色政策体系。可以说，本时期我国智慧医院政策的发展迈入了一个新的历史阶段，不仅仅体现在发布主体的层级来源于国务院，以及发文机构覆盖中央大部分部门机构，而且相关政策对地方政府及相关科研部门都产生深远的影响（表2-1）。

第三节　我国智慧医院政策的特征分析

智慧医院政策在中国的发展经历了不同的阶段，根据政策发布时间特征和政策发布主体，可对智慧医院政策外部特征进行梳理分析。从政策工具角度看，智慧医院政策工具可分为顶层设计型、协同治理型和场景落地型工具。

一、政策发布时间特征分析

2014年国家发改委等八部委出台《关于促进智慧城市健康发展的指导意见》，首次明确推进智慧医院、远程医疗建设，普及应用电子病历和健康档案，促进优质医疗资源纵向流动。

2014—2016年，我国每年发布的有关智慧医院政策数量不超过3项，其间虽然逐年缓慢增长，但是总体情况相对稳定。

2018—2020年，我国出台的智慧医院政策达到了21项，比以往历年出台的政策数量都要多，体现出国家对智慧医院问题的重视程度得到空前提高。

自2018年到2021年，我国出台的智慧医院政策呈现井喷增长趋势，并且在2020年达到了第二个峰值，为8项。

截至2023年8月，2023年智慧医院政策仅出台1项，表明我国仍在逐步落实2018—2022年出台的大量智慧医院政策，而且从内容上看相关政策仍然是2018—2022年政策的深入政策或具体领域的细化政策，这表明我国在不断提高智慧医院政策落地质量上重点发力，通过不断细化政策领域和政策内容逐步落实责任，推进智慧医院政策不断发展（图2-3）。

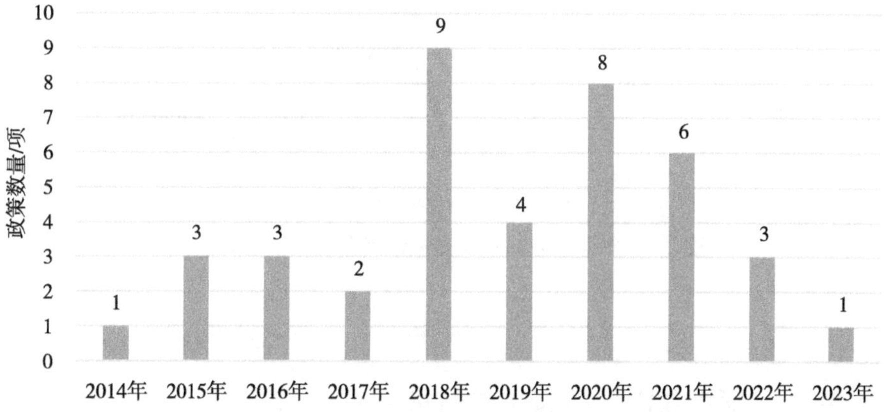

图2-3　智慧医院政策出台时间分布

二、政策发布主体特征分析

我国智慧医院政策一般是由政府及其职能部门或者各单位进行发布的，不同主体发布的政策代表了该政策的层次高低以及该政策的涉及领域。

在发文主体中，出台政策最多的为国家卫生健康委，政策数量达到了22项，是所有发文主体中发文数量唯一超过20项的，占比达到了55%，这与国家卫生健康委自身的职能直接相关。作为医院的主管部门，同时医院又是开展智慧医院建设的应用场景，出台相关智慧医院政策是国家卫生健康委的主要责任。

在部门联合出台政策方面，联合出台的政策共4项，占比仅为10%，数量上排名第三，但与国家卫生健康委出台政策数量相差甚远，这体现出我国在出台智慧医院政策方面联合发文也占一定比重。

国家发改委和工信部出台政策的数量分别为3项和2项，数量排名第四和第五，这也和工信部主管信息化事业有关，而且在联合出台的政策中，工信部参与出台的政策数量达到了3项，说明了信息化政策对于智慧医院建设的重要意义（图2-4）。

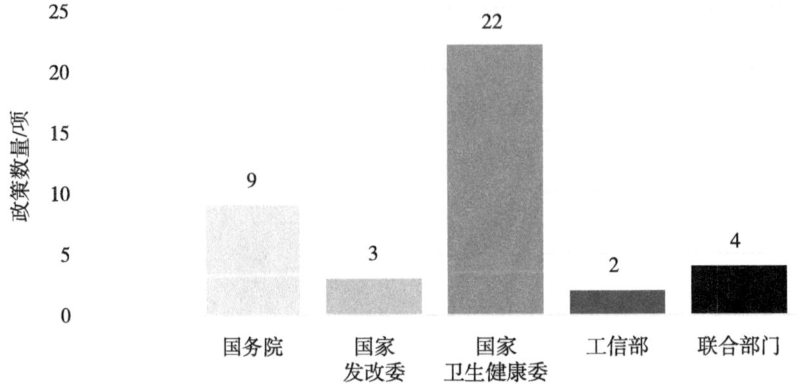

图2-4　智慧医院政策发布主体出台政策数量分布图

三、我国智慧医院政策工具特征分析

政策工具是政策研究领域的重要组成部分，其伴随着政策科学的兴起而发展，并在政策动态分析的基础上，进一步细化与深化。政策工具的合理与科学运用，对于未来开展智慧医院政策研究具有举足轻重的意义。智慧医院政策研究是一个复杂的过程，在此过程中，政策工具的应用为研究提供重要的理论依据和实践指导。通过对政策工具的深入研究和科学运用，可以更好地理解智慧医院政策的制定背景、实施过程和效果，进而为政策优化和改进提供参考。

根据智慧医院不同层面的不同标准，智慧医院公共政策工具可以被划分为多个类别。首先，本文从工具设计理念上对相关政策工具家族进行分类，主要包括顶层设计型工具、协同治理型工具和场景落地型工具。其次，本文从工具性质特征对相关政策工具家族进行分类，主要包括管制型工具、激励型工具和信息传递型工具。最后，本文从工具的应用属性对相关政策工具家族进行分类，主要包括业务实践型工具、技术赋能型工具和理念指导型工具（表2-2）。

表2-2　智慧医院政策工具及释义

政策分类维度	政策工具	政策工具释义
设计理念	顶层设计型政策工具	从整体和长远的角度出发，对政策进行总体设计和规划，以实现政策的整体效果和协同发挥作用
	协同治理型政策工具	通过多部门协同合作，共同推动政策的实施和效果的发挥
	场景落地型政策工具	将政策直接落地到具体的场景
性质特征	管制型政策工具	通过设立各种管制措施，来限制和规范市场行为和社会活动，以保障政策运行
	激励型政策工具	通过提供各种激励措施，来鼓励和促进市场主体和社会各方面积极参与和配合政策的实施，以达到政策的目标和效果
	信息传递型政策工具	通过多种信息传递形式促进政策的实施
应用属性	业务实践型政策工具	开展政策实践、政策的操作性和可行性
	技术赋能型政策工具	数字化政策、数据驱动政策、人工智能政策、区块链政策
	理念指导型政策工具	政策的价值取向和理念引导

根据政策内容进行归类，通过对政策样本的政策工具情况进行归类与比较，进一步了解我国智慧医院政策中政策工具的使用情况（图2-5）。

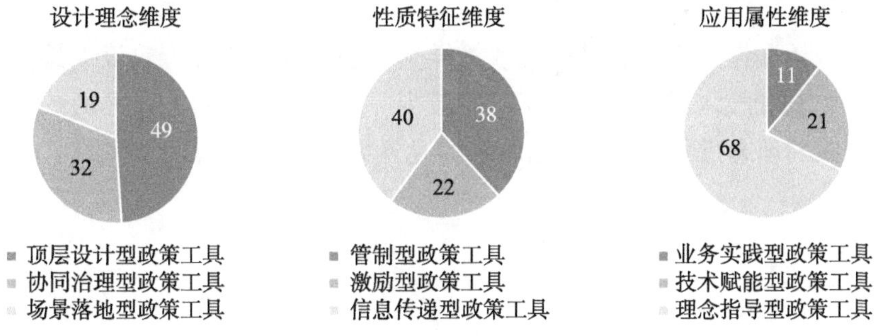

图2-5　智慧医院政策工具分布结构

（一）政策设计理念维度

在政策设计理念维度，智慧医院政策样本较多为顶层设计类政策推进智慧医院的建设，而场景落地型工具则较少使用。这说明截至目前的政策更偏向于政策的顶层设计，相对忽略政策的场景落地。这体现了我国当前的智慧医院仍处于政策体系完善阶段，具体的智慧医院建设实践仍任重道远。

（二）政策性质特征维度

在政策性质特征维度，智慧医院政策样本较多使用了信息传递型工具来推进智慧医院的建设，而激励型工具则较少使用。另外，管制型政策工具的使用情况相对来说处于一个适合的位置。信息传递型工具的大量使用表明，我国主要通过先发布相关政策规定的形式来建设智慧医院。不过，激励型政策工具的相对缺失，反映了我国政策工具使用的不合理，同时也不利于智慧医院的长远发展，因为仅仅依靠信息传递型政策工具难以有效提升智慧医院具体项目的真正落地。

另外，管制型政策工具使用频率远远高于激励型政策工具，这在一定程度上反映出我国的智慧医院建设缺乏一定的标准化规范，即智慧医院建设仍需要政府以管制的形式对具体实践进行约束且缺乏国家级统一标准的统筹整合，也体现了我国的智慧医院建设在组织和宣传上的缺位。分析表明，我国智慧医院政策的制定应增加激励型政策工具的使用，改善智慧医院建设的基础客观条件，优化智慧医院建设组织不到位的现状。同时，应加强有关智慧医院相关政策的宣传力度，为激励型政策工具的使用提供良好的基础。

（三）政策应用属性维度

在应用属性维度，智慧医院政策样本较多为理念指导型政策工具，业务实践型工具和技术赋能型政策工具均较少。这说明截至目前我国的政策更偏向于政策的理念指导，相对忽略政策的业务实践和技术赋能。

第三章　沈阳市智慧医院建设实践回顾和政策思考

沈阳市于2015年率先于全国副省级城市前瞻性开展了智慧医院建设工作，以沈阳市区域人口健康信息平台为核心和枢纽，以智慧医院为基础和载体，以“互联网＋医疗”为补充和延伸，打造了协同、便捷、高效、安全、一流的智慧医院体系。召开了全市卫生系统智慧医院建设推进大会，创新性组织制定了智慧医院评审标准，平台、智慧医院、互联网＋“三驾马车”齐头并进，智慧医院“沈阳模式”走在全国副省级城市前列。虽历经多年，仍具一定的参考价值和借鉴意义。本章回顾沈阳市智慧医院建设历史，总结典型经验，为持续加强智慧医院管理、优化医疗流程、改善就医体验、提高运行效率提供参考。

第一节　关于推动沈阳市智慧医院建设的实践与思考

统计显示，沈阳市居民到医疗机构就诊的门（急）诊诊疗人次和住院人次每年均以可观的水平增长，与快速增长的医疗服务需求相比，医疗服务能力增长相对滞后。智慧医院是沈阳智慧城市建设的重要抓手，也是卫生行业的一次自我革命。沈阳市深入推进智慧医院建设，以问题为导向、以信息化手段改善民生、破解医改难题。

一、建设思路

1. 深入调研论证　围绕“智慧医院”网络建设和智慧医院建设等内容开展调研。形成了智慧医院建设的基本思路，即以切实有效缓解“看病贵、看病难、看病烦”等问题为导向，以打造“智慧医院三大环境”，即数字智能的管理环境、精准高效的服务环境和文明和谐的人文环境为目标，打造协同、便捷、高效、一流的智慧医院服务体系，智慧医院综合服务能力达到国内领先水平。

2. 健全组织体系　建立智慧医院建设工作领导小组，制定了信息化近中长期发展规划，确立时间表、路线图，并抓紧实施，全力营造智慧医院建设的浓厚氛围。成立“智慧医院”建设办公室，并选调精兵强将负责此项工作。各医院建立相应的组织机构，研究制定智慧医院建设的配套政策，解决并落实工作推进中存在的困难和问题，确保智慧医院建设工作顺利开展。各相关部门协调配合，加强服务队伍建设，为智慧医院建设提供政策、技术支撑服务。

3. 制定建设方案　照沈阳市“智慧城市”建设实施方案，研究制定卫生信息化建设推进方案。结合实际，起草制定了沈阳市“智慧医院”建设实施方案。以实施方案为指南，积极应用信息化、自动化、智能化新技术，完善便民硬件设施和软件应用系统，满足百姓就医需求。

4. 制定评审标准　由省市知名的信息技术专家和学者组成信息化建设专家委员会，为加快推进卫生信息化建设提供有力的技术支撑，组织专家进行论证，形成智慧医院建设评审标准。于2015年率先于全国其他省级城市中创新性制定“智慧医院”评审标准，并多次对标准加以完善。以数字化医院标准为基础的融入智慧应用理念所形成，涵盖了组织管理、基础设施、应用系统、应用集成、信息安全、信息利用、智慧应用等评审内容。

5. 全面调度推进　沈阳市围绕建设全国一流的人口健康信息化，以智慧沈阳建设为契机，服务“人民更健康，生活更幸福”目标，建立健全从“负一岁”至终老的全生命周期医疗健康管理服务体系。市政府召开智慧医院建设推进大会，有力推进“智慧医院”建设。建立工作机制，明确职责分工，进行任务分解，并将此项工作推进情况纳入绩效考核体系。建立部门联席会议制度，制定相应的智慧医院工作规范，做好相关信息和数据保存整合、保密、共享工作。建立智慧医院建设考核机制，对督导、考核中发现的问题，认真研究，及时整改。

6. 营造良好氛围　充分利用报纸、电视、电台、网络等多种形式，广泛宣传智慧医院服务工作和相关政策，为智慧医院建设营造良好的舆论氛围，促进社会参与。

二、建设步骤

（一）规划建设阶段

市属各医疗机构围绕沈阳卫生计生信息化建设的总目标，结合各自实际，制定各自智慧医院规划方案，并明确时间表、路线图。在详细调研、需求确认的基础上，从质量、服务、环境、管理多层面进行整体规划，由智慧医院办公室组织专家完成论证和确认工作。

（二）夯实基础阶段

市属各医疗机构抓紧提升医院电子病历系统功能的应用，同时确保完成医院信息数据平台建设，做好与区域人口健康信息平台高度融合、信息共享的各项准备工作；对信息化建设基础较好的医疗单位，可根据建设现状，超前快速启动智慧医院建设项目，真正形成百舸争流的智慧医院建设态势。

（三）整体实施阶段

市属各医疗机构根据规划方案，制定阶段性目标和任务，推进具体项目的实施建设。

1. *提升医疗服务质量* 完善以电子病历（EMR）为核心的质控体系，借助PACS（医学影像信息系统）、LIS（实验室信息系统）、RIS（放射影像信息系统）、PIS（病理信息系统）、合理用药管理系统、临床路径系统等应用系统，形成全流程闭环质控管理。通过移动医护（移动查房等）、手术室管理（手术室麻醉、器械、耗材、设备智能管理、手术视频观摩、人员身份识别等）、诊疗过程监控（输液、无线生命体征监控、危急值智能管控、婴儿防盗等）、智能消毒供应室管理（器械、高值耗材智能管控等）、智慧物流服务（药品自动分拣、投送、包装，标本物流传输等）智慧应用，使之成为减少人为差错的工具，提高工作效率的利器。

2. *优化再造诊疗流程* 在实现临床管理信息化的基础上，结合“互联网＋医疗”，通过手机APP、微信公众号、网站、健康卡等多路径实现预约诊疗；通过自助设备和智能终端实现化验结果、检查报告、诊疗记录、体检报告、健康档案、医疗费用等诊疗信息实现自助查询、自助打印、自动推送；利用信息化手段提供咨询、随访、健康教育、慢病管控、满意度测评、院内导航服务；提供诊间结算和床头结算服务，为百姓提供更加便捷的医疗、预防、保健、康复服务，进一步提高群众对医疗卫生服务的满意度。

3. 打造智能保障体系　打造智能楼宇（包括安防、门禁、照明、空调、消防等智能化、自动化）、智慧病房（包括智能监控温度、湿度、气压、多功能智能查询触摸屏、可视电话、视频点播）、智能后勤服务（包括智能车辆管理，动态车位占用显示及查询、物联网物资管理、医疗垃圾等的溯源、追踪、统计，移动点餐、后勤服务评价）等智能系统，为百姓提供温馨、舒适、智能的就医环境。

4. 加强机构运营管理　打造智慧管理者服务，依托办公自动化OA（通过手机等移动智能终端进行智慧移动办公、信息共享）、数据挖掘与分析（绩效数据、医保数据、病种数据分析等）、人力资源管理、经济运营决策分析、全成本核算等管理系统，全面提高医院管理水平和经营效率。

（四）验收总结阶段

随着沈阳智慧医院各项智慧应用系统的完善，进一步打造具有沈阳特色的协同、便捷、高效、一流的智慧医院服务体系。

三、建设成效

1. 便民利民　智慧医院建设切实提升了服务效能，节约患者就诊时间。通过手机APP、微信公众号、健康卡等多路径实现了预约诊疗、诊间结算，实现了医疗费用、化验结果、检查报告自助查询和自动推送，影像自助打印及自动发药等便民应用功能，达成就医流程再造的目的。市属医院智慧医院软件和硬件全面更新，较为完善的智慧医院体系已经基本建立。市属医院逐步实现微信在线办理挂号、缴费等业务，方便患者就医。

2. 优质高效　医务人员工作方式的新变革，管理决策的新思路，促进优质医疗效率最大化。各医院通过完善以电子病历（EMR）为核心的质控体系，规范诊疗行为，形成全流程闭环精细化质控管理，达成管理优质高效的目的。通过快捷完善的数字化信息系统，实现医院的信息化、医疗信息的互联网化、医疗设备的物联网化，进而促进医疗行业管理的“智能化”，全面提升医疗机构信息化水平。

3. 远程协同　积极创新医疗资源共享模式，依托市级医院重点学科资源优势，将优质医疗资源共享到基层卫生服务机构，医、教、研结合进行远程诊断和业务指导，实现大医院专科医生和基层医生工作协同，为基层百姓提供高水平远程医疗服务，同时不断提升基层医务人员队伍的建设和业务水平。有效缓解百姓看病难问题，促进分级诊疗模式形成。

第二节 关于推动沈阳市“互联网＋医疗健康”服务体系建设的实践与思考

“互联网＋医疗健康”工作是健康中国建设、深化医改工作重要支撑，是“智慧城市”建设的重要组成部分，也是基础性、战略性的民生工程。沈阳市在推进“互联网＋医疗健康”开展了积极探索。借助沈阳市本地企业优势资源，通过“互联网＋医疗”手段，借鉴B2C和O2O模式，解决医疗卫生服务“最后一公里”问题。使医疗资源通过信息化手段贴近百姓，延伸到基层、延伸到社区、延伸到家庭。试点地区广泛覆盖，实现纵向上联北京、下联村卫生室，横联区域养老机构，目前初见成效。“互联网＋医疗”模式实现了远程心电、家庭医生签约、特色云诊室、医养结合、动态健康管理、远程用药指导、远程健康教育等服务功能。“互联网＋医疗”格局已初步形成。

结合“互联＋医疗”前期工作成果和工作实际，制定了沈阳市推动“互联网＋医疗健康”发展实施方案，着力解决百姓“看病就医难、服务体验差”等问题。积极为“云医院”等互联网企业搭建平台，支持开展远程协同医疗、健康咨询、健康管理服务。通过健康一体机、便携式心电图机等数字化设备开展远程健康数据采集、存储、分析。对百姓开展健康监测和管理服务，推动“互联网＋医疗”的进一步深入应用。通过建设实践，从“摸着石头过河”到清晰的“顶层设计”，从概念论证到初具规模，从理念创新到模式创新，取得显著成效。

一、助推医联体建设

市属医院在全省率先建立信息化医联体。通过搭建卫生信息化医联体平台，将部分市属、区属综合医院、专科医院、社区医疗中心的信息系统、业务数据进行了互联互通、有效整合。利用这些数据，上级医院的技术专家可以对下级医院医生进行临床指导，危重病患转诊到上级医院可以得到精准、及时救治。实现了优质医疗资源下沉，提升了基层医院诊疗水平，促进了公立医院改革分级诊疗顺利落地。

二、完善急诊急救服务体系

通过移动互联网、5G、云计算、大数据等新技术手段，加强急诊急救服务体系建设。以基层首诊、院前院内结合，积极推进五大救治中心（胸痛中心、卒中中心、创伤中心、危重孕产妇救治中心、危重儿童和新生儿救治中心）急诊急救体系建设。系统建成后，有效提升了区域人口平台、急救中心、市区院前急救网络分站、市区各救治医院及其五大救治中心之间提升互联互通、资源共享能力。

三、建设国家数字化病理诊断分中心

市属医院与专业公司合作，建立中国数字病理远程诊断中心沈阳分中心。有效整合病理资源，运用国家病理远程会诊平台及全国顶尖病理专家团队资源，服务全市数百家医疗机构，让全市患者通过该平台享受全国顶级专家的诊断服务。通过医联体、病理科共建、委托诊断服务等多种合作形式，快速提升全市二级医院病理科诊断水平。运用智能化DNA肿瘤早期检测技术，通过肿瘤的早诊早治，提高患者的存活率和生存质量。

四、推进健康影像云

依托健康辽宁“影像云”平台，建立远程影像诊断中心。做好医共体建设，该平台融合影像医生签约服务模式，实现基层检查、上级诊断。随着“影像云”推广使用，综合电子影像服务，将逐步替代传统塑料胶片。基层患者“足不出镇”就能享受二、三级医院的影像服务。

五、开展5G试点工作

新一代信息通信技术5G，具有高速率、低时延、大容量等特点，为移动化就诊需求，提供了多样的应用场景。积极创新、大胆尝试，在省内率先启动5G建设试点工作，开展远程医疗服务，医院通过5G网络，对手术高清视频与图像进行实时交互，对患者进行远程诊治，进一步提升了医疗水平。

六、建设互联网医院

在实体医院基础上，运用互联网技术提供安全适宜的医疗服务，允许医师掌握患者病历资料后，在线开展部分常见病、慢性病复诊，开具部分常见病、慢性病处方。

七、推进“云医院”在基层布局

开展“云医院”建设试点，通过项目的实施将为试点地区居民提供集健康信息、诊疗信息、随访信息、用药信息、体检信息、生活方式保健、主要疾病防治建议和疾病风险评估为一体的居民健康评估报告和健康指导服务。通过健康服务将有效改善居民健康情况，提升健康水平，提高生活满意度。

八、发展远程会诊中心

市级医院重点学科资源优势，逐级建立“远程会诊中心”，将优质医疗资源共享到基层卫生服务机构，进行远程诊断和业务指导，实现大医院专科医生和基层医生工作协同，为基层百姓提供高水平远程医疗服务，同时能不断提升基层医务人员业务能力和水平。有效缓解基层百姓看病难，促进分级诊疗模式形成。对上建立与北京、上海等地三级医院实现远程连接，进行远程会诊、指导及示教；对下建立与区属医院技术合作，为患者提供高水平诊疗服务；横向建立与东北三省及内蒙古地区、新疆塔城、西藏安多及青海等地的远程会诊业务。

九、建立区级影像会诊中心和检验中心

提升区属社区卫生中心服务能力和水平。部分区属医院建立区域影像、检验、心电中心，检验报告可通过平台下传到社区卫生服务中心，为医生签约、基层首诊提供方便，有效促进“大病在医院、小病及康复在社区”分级诊疗的实施。

第三节　关于推动沈阳市区域人口健康信息平台建设的实践与思考

沈阳市区域人口健康信息平台是严格按照国家卫生信息化“46312”建设内容要求，为有效解决卫生信息化“信息孤岛”“信息烟囱”现状，创新思维，利用先进的信息技术，顶层设计，统一规划，采用政府与社会资本合作（PPP）建设模式，建设沈阳市区域人口健康信息平台。平台达到上下互联，横向互通，业务协同，功能完备，资源共享，形成了从“负一岁到终老的全生命周期健康管理”的具有沈阳特色的区域人口健康信息平台建设模式。

一、建设思路

充分把握智慧沈阳建设发展的难得机遇，迎势而上，积极作为，把卫生信息化建设作为加快事业发展的重要载体。2015年，以区域人口健康信息化平台为核心，全力服务于“智慧沈阳”发展大局，努力实现让城市更美好、人民更幸福。

1. 设计理念　严格按照国家卫生信息化“46312”建设内容的要求，邀请国内医疗信息化领域的知名院士参与设计，汇聚了多部门的专家意见，广泛采纳了IT、网络运营等企业提出的合理化建议，在吸取国内外先进经验的基础上，结合沈阳实际，形成了“全生命周期健康管理”的设计理念。平台项目汇聚各种健康大数据，包括电子病历、居民健康信息、医保信息、人口健康档案等，为打造“基层首诊、分级诊疗、双向转诊”的科学诊疗体系奠定了基础。

2. 应用技术　平台项目融合了最新技术手段，支持沈阳市卫生事业可持续发展。在专网部署和网络承载技术上，应用了大冗余、高带宽的IPRAN环状网络架构，契合医疗卫生行业数据传输的高可靠性和高弹性的需求。在应用上采用云计算和虚拟化技术，使资源部署更灵活，为用户提供更为优质高效的服务。在管理上利用大数据分析使个性化、精准化医疗服务成为可能。利用物联网技术可实现医疗物品可追溯，成为保证医疗安全的重要手段，以及利用云存储、IPV6、最小数据集等新一代高规范、高标准的先进技术。可以确保IT建设不断迭代，进而促使智慧医疗建设不断发展。

3. 建设模式　采用PPP模式建设的必要性体现在创新和促进政府改变管理模式和投资模式。首先是建设资金有保障，可有效缓解政府投资压力，促进政府在投融资和经济管理职能方面的转变，并合理分担项目风险。其次是建设周期快，PPP融资模式可以使社会资本更多参与到项目设计和可行性研究等前期工作中来，较好保障国家与社会资本各方利益。再次是促进医疗卫生事业可持续发展。平台项目拥有良好医疗信息化建设基础和技术保障，投入运营后，可保证有较好的公益性、增值性和经济效益，不断推动卫生事业的可持续发展。

4. 便民载体　依托区域人口健康信息平台推进与大型IT公司的深度合作。针对医疗卫生信息化建设存在的信息资源分散、互联网服务能力不足、数据共享程度弱等问题，与大型IT公司开展合作，先行先试，启动建设沈阳市“智慧医疗”统一便民服务平台项目，有效缓解信息化建设存在的问题和矛盾，平台建成后，将为百姓提供院内、院外、线上、线下的全场景、全方位便捷医疗服务。推进互联网便民统一服务平台建设，推广卫生系统独立门户微信公众号的使用。

二、建设内容

平台建设既是国家信息化工程的重要内容，也是互联网＋卫生信息化的基础工程。以建设全国一流的卫生信息化为目标，全面提升沈阳医疗服务保障水平，真正满足人民群众的健康需求，助推“智慧沈阳”建设大发展、快发展。

打造1张专网（卫生信息专网）、2个体系（标准规范体系和信息安全保障体系）、7个数据库（电子健康档案库、电子病历库、人口信息库和卫生资源库、区域影像库、区域心电库和区域病理库）和6大业务应用系统（公共卫生、医疗服务、医疗保障、药品管理、计划生育、综合管理）等功能。规划设计100条专线，其中政府各委办局57条，委属医疗机构、公共卫生机构和区县（市）卫健局43条。通过建成沈阳市医疗卫生信息化专网，建立基础数据库，上联国家和辽宁省卫生计生信息化平台，下接区（县、市）平台及委属“智慧医院”，横向与相关部门预留接口，整体规划、迭代推进，实现平台数据交换、互通共享、连接信息“孤岛”，整合现有资源，打造“横向到边、纵向到底、信息互通、资源共享、高效协同、服务便捷”的智慧卫生服务体系。

三、建设成果

1. *形成服务体系* 紧紧围绕“以人民健康为中心，打造便民、利民、惠民的高品质医疗卫生服务”的工作主线，着力解决“百姓看病就医难、健康管理能力弱”等问题。采取顶层设计，形成了以“区域人口健康信息平台”为核心和枢纽，以“智慧医院”建设为基础和载体，以“云医院”和“远程会诊”等拓展服务为补充和延伸的新模式。

2. *打通信息壁垒* 建成互联互通的省、市、县三级健康信息平台，使医疗健康信息在政府、医疗卫生机构、居民之间协同共享，区域内各医疗机构电子病历、检查结果数据互联互通。疾控部门登录平台对医疗机构上传电子病历中传染病诊断汇总分析，能够做到相关疾病的早发现、早控制，发挥了平台对相关疾病的预警和监控作用。监督部门可实现个人健康体检合格证和市管公共场所卫生许可的到期提醒和监管。通过与政府的民政、医保、财政、公安等部门之间的联通，应用区块链技术，逐步完善治理监督体系管理平台建设，使沈阳市区域人口健康信息平台发挥更大的作用。

3. *集成医疗数据* 各医院集成数据平台建设，整合院内各类系统资源，实现各数据源互联互通和共享应用。推进完成沈阳市各级各类医疗卫生机构与区域人口健康信息平台互联互通，逐步实现全数据实时交换。加强医疗机构与公共卫生机构的信息共享与业务协同。通过对大数据统计分析，为医院的经营管理和政府决策提供有力的数据支撑。

4. *方便百姓就医* 建设处方流转平台，方便百姓就医和购药，医疗健康服务更加精准。通过远程会诊系统，实现了医改提出的分级诊疗、优质资源下沉的功能，真正使百姓少跑腿，信息多跑路。随着医疗健康、公共卫生数据的不断汇聚，通过大数据应用，有效地减少患者重复检验检查，节约患者看病成本，让百姓真正体会到信息的惠民、便民。为市民提供从“负一岁”至终老的全生命周期医疗健康管理服务，着力打造“保健在家中、小病在社区、大病进医院、康复回社区”的就医新格局。

5. *提供决策参考* 随着医疗健康、公共卫生数据的不断汇聚，该平台在大数据分析应用、跨机构医疗协同、检验检查结果共享、电子病历健康档案归集管理等方面正在逐步发挥作用。市属医院和县医院数据上传后，基本实现数据相互调阅、区域共享，形成了“在法制自由的‘信息化高速公路’上，实现从负一岁到终老的全生命周期健康管理”建设理念的顶层设计架构。进一步完善区域人口健康信息平台功能，提高数据质量。在临床应用、科研中心、治理体系方面，充分发挥平台大数据分析功能，挖掘其蕴含的高价值为市委、市政府决策，为医院高效管理提供数据支撑。

第四章　沈阳市智慧医院评审标准（2015年版）

智慧医院评估是对智慧医院建设的质量、效益、安全等多个方面进行综合评价，帮助医院了解自身的优势和不足，从而提高医院的医疗服务水平、优化医疗流程、提高患者满意度。参照国家系列政策文件和制度规范，以及国内医院信息化建设评审经验，沈阳市结合自身实际，会同省市医疗卫生信息化专家，于2015年制定了《沈阳市智慧医院评审标准》（一级医院、二级医院、三级医院）。随着时代发展和科技进步，标准与当前日新月异的医疗医保政策优化、相关信息技术迭代，特别数字经济和人工智能方兴未艾的现实情况存在一定差距，但仍具有重要参考价值。

《沈阳市智慧医院评审标准》制定依据包括《关于加快推进人口健康信息化建设的指导意见》《关于印发人口健康信息管理办法（试行）的通知》《一级综合医院评审标准（2012年版）》《二级综合医院评审标准（2012年版）》《三级综合医院评审标准（2011年版）》《医院信息互联互通标准化成熟度测评方案（试行）》《全国卫生综合统计调查制度》《中国医院信息系统标准代码》《医院信息系统基本功能规范》《医院会计制度》《医院财务制度》《卫生事业单位固定资产管理办法》《全国卫生统计工作管理办法》《病案首页标准和病案填写标准》《病历书写基本规范》《中医、中西医结合病历书写基本规范》《医院护理质量管理要求及标准》《医院信息系统互联接口标准HL7》《医学数字影像通讯标准DICOM3.0》《国际疾病分类编码ICD-10》《医院信息互联互通标准化成熟度测评方案（试行）》等。评审标准分为组织管理、基础设施、应用系统、应用集成、信息安全、信息利用和智慧应用7大部分。

第一节　沈阳市智慧医院评审标准（一级医院）

一、组织管理（总分10分）

评审项目	评审指标	分值	评审标准	评审方法
组织机构建设、制度建设、信息资金投入和使用情况、人员配置、培训	人员配置、规章制度、满意度等	10	1. 一级医疗机构须配备一名信息工作人员（软硬件维护），不符合要求扣2分	检查相关文件
			2. 现场考核系统管理人员对医院信息系统、规章制度、业务流程的熟悉程度，未达到要求的扣2分	现场考核
			3. 有保障医院信息化系统建设、管理和信息资源共享的相关制度（计算机网络系统安全管理制度、信息保护制度、信息使用制度、系统和网络日常维护管理制度、数据备份工作制度、技术文档管理制度、工作站操作制度、应急预案和恢复工作制度、网络登录操作规程、网络操作注意事项、信息修改规定等制度），缺少一项制度的扣0.3分；要求各种制度与医院的实际工作相一致，并根据需要进行及时修订，有一项制度与实际工作不一致扣0.2分，扣完5分为止	现场检查相关制度文件
			4. 信息化建设管理规范，信息系统运行良好，各部门对信息工作满意。满意不扣分，不满意扣1分	问卷调查

二、基础设施（总分15分）

评审项目	评审指标	分值	评审标准	评审方法
一、网络系统（7分）	1. 网络设计合理：网络的可用性、可靠性	3	要求有网络设计图、弱电设计文件、信息点分布图和网络验收报告（至少包括信息点阻抗、串扰、回波损耗、衰减和传输时延测试），配有关键网络主干线、关键网络设备冗余和安全无线接入设施，缺一项扣0.4分，扣完3分为止	查看设计文件、验收报告和设备

续　表

评审项目	评审指标	分值	评审标准	评审方法
一、网络系统（7分）	2. 网络管理规范	2	查看网络管理情况，包括网络节点IP地址记录、网络设备的配置文件记录、网络事故处理记录、网络设备巡视记录、网络设备标识记录，缺一项记录扣0.4分，扣完2分为止	检查文件记录
	3. 外网及内外网WiFi建设	2	覆盖医院WiFi网络，能够满足无线终端接入，未实现WiFi覆盖扣1分，内网、外网WiFi安全隔离，未实现安全隔离扣1分	实地检查
二、服务器管理（2分）	服务器管理	2	无服务器管理记录（若为专业软件管理，需要检查管理日志）扣1分；未与专业厂商签订相应的维护合同，扣1分（采取服务器托管的不在此列）	查看管理记录和维护合同
三、系统安全（6分）	1. 备份	1	无数据库数据导出备份扣1分	查看设备和备份文件
	2. 防病毒	2	检查服务器防病毒情况，无防病毒软件或病毒库半月未更新扣1分，使用非网络版防病毒软件扣1分	现场查看防病毒软件和病毒库到期日期
	3. 防入侵	3	检查服务器防入侵情况，无网络安全审计系统扣1分，无防火墙扣1分，无内外网入侵检测策略（如网闸）扣1分	现场检查

三、应用系统（总分35分）

评审项目	评审指标	分值	评审标准	评审方法
一、门诊业务系统（6分）	1. 门诊挂号系统，实名就医	2	支持“居民健康卡”和“二代身份证”识别功能、患者基本信息录入和注册功能、支持医生排班功能、支持预约挂号功能、支持门诊患者统计，缺一项功能扣0.4分，扣完2分为止	现场演示查看
	2. 门诊医生工作站	2	能够从挂号系统获取患者基本信息并能适时修正、能够与药房系统相连接获取药品信息、能够开具电子处方并发往收费系统和药房系统、能够开具检验检查申请单并发往检验系统（LIS）和影像系统（PACS），并从这些系统获取检查检验报告，缺一项功能扣0.4分，扣完2分为止	现场演示查看

续　表

评审项目	评审指标	分值	评审标准	评审方法
一、门诊业务系统（6分）	3. 门诊收费系统	1	能够从医生工作站获取患者费用信息，支持银行卡、健康卡社保卡和现金付费等多种支付方式，缺一项功能扣0.5分	现场演示查看
	4. 门诊药房管理系统	1	能够从医生工作站获取处方信息；具有处方审查功能，审查结果可返回医生工作站；缺一项功能扣0.5分	现场演示查看
二、住院业务系统（8分）	1. 入院登记管理和床位管理	1	能够从门诊医生工作站获取医生开具的入院通知单和患者基本信息，具有病房病床查询和病床安排功能，缺一项扣0.5分	现场演示查看
	2. 医生工作站	3	能够从入院系统获取患者基本信息，并具有修改功能；支持整合患者基本信息和诊疗信息形成病历首页功能；具有符合规范的电子病历书写模板；具有符合临床路径要求的医嘱系统；能够开具检验、检查申请单并发往LIS系统和PACS系统；并从这些系统获取检查检验报告；与药房系统相连接获取药品信息。缺一项功能扣0.4分，扣完3分为止	现场演示查看
	3. 护士工作站	2	能够从入院系统获取患者基本信息，并具有修改功能；能够从医生工作站获取医嘱，并生成医嘱执行记录；具有转床转科功能；支持护理不良事件报告，缺一项功能扣0.5分，扣完2分为止	现场演示查看
	4. 住院结算系统	2	要求支持生成患者费用一日清单、支持医保患者后台结算、支持银行卡/健康卡/社保卡/现金等多种支付方式，缺一项功能扣0.5分	现场演示查看
三、病案管理与综合统计（2分）	1. 病案管理	2	具有满足国家卫生计生新病案首页的病案管理系统，具有病案信息综合检索查询功能，缺一项功能扣0.5分	现场演示查看
	2. 医院综合统计		支持从HIS系统导入的数据处理报表，能够生成符合国家要求的卫生统计报表和统计台账，缺一项功能扣0.5分	现场演示查看
四、药库管理系统（2分）	药品出入库、有效期、采购和价格管理	2	支持药品入出库登记运行功能、药品的库位管理运行、药品效期、调价管理运行、药品盘点管理流程、药品处方划价、运行处理、发药管理，缺一项功能扣0.3分，扣完2分为止	现场演示查看

续 表

评审项目	评审指标	分值	评审标准	评审方法
五、物资管理（3分）	卫材管理、非卫材物资管理、固定资产管理	3	具有材料采购计划管理，出入库管理，调拨管理，科室领用管理，库存管理，汇总统计、报表，医用耗材管理，设备采购、出入管理，库存管理，设备使用和维护管理，设备资料管理，房屋登记，房屋折旧功能，缺一项扣0.2分	现场演示查看
六、电子病历系统（2分）	实现部门数据交换，支持初级医疗决策	2	1. 能够通过信息系统共享检查、检验、药品使用等部分医疗流程数据信息，未实现的扣1分	现场演示查看
			2. 建立多部门统一的医疗数据字典，未建立的扣0.5分	现场查看
			3. 医疗机构内有至少1个知识库，不具有知识库的扣0.5分	现场演示查看
七、系统维护管理（1分）	系统基本资料管理	1	数据备份与数据运行文档，系统测试报告，完整的系统运行操作使用说明书，系统维护手册，缺一项扣0.25分	现场查看资料
八、LIS系统（4分）	1. 实现与临床科室及相关部门信息的互通	2	能够连接实验室所有设备，具有检验结果审核、打印实验报告单功能，支持检验科基本业务流程运行，在检验科能够从医院其他系统调取患者基本信息和电子病历，在医院其他科室能够调阅实验报告，缺一项功能扣0.4分，扣完2分为止	现场演示查看
	2. 采用条形码技术和电子申请单	1	实现从开具电子申请单、打印条码、标本采集、标本核收到标本上机的全过程，缺一项功能扣0.2分	现场演示查看
	3. 微生物学系统能完成各种微生物学的统计分析，支持院内感染监控系统	1	能够查看并审核上报传送到院内感染管理科及相关部门的统计分析结果，缺少该功能扣1分	现场演示查看
九、PACS系统（5分）	1. 影像系统集成：放射、超声、内窥镜、心电等设备PACS连接	1	要求所有影像科室（普放、CT、核磁共振、超声和内镜PACS影像等）实现全覆盖，缺一项功能扣0.2分，扣完1分为止	现场演示查看

续　表

评审项目	评审指标	分值	评审标准	评审方法
九、PACS系统（5分）	2. 存储与备份管理	1	要求存储与备份相关日志，无日志扣0.5分，无在线存储三年和离线保存扣0.5分	查看日志和备份文件
	3. 影像报告管理	2	要求有数据接收（支持DICOM影像和非DICOM影像）、图像显示、处理、测量、输出、播放功能、预约登记、分诊叫号、报告编辑、诊断模板、查询、统计等功能，缺一项扣0.2分，扣完2分为止	现场演示查看
	4. 临床影像及报告浏览和查询功能	1	授权的临床医生可以调阅医学影像报告与影像，能够对图像和报告进行删除、修改、打印和拷贝处理，缺一项功能扣0.2分，扣完1分为止	现场演示查看
十、院感系统（1分）	院感系统	1	有院感系统不扣分，没有扣1分	现场演示查看
十一、其他业务（1分）	急诊业务	1	覆盖急诊登记和急诊诊间医疗文书处理，覆盖急诊留观医疗及计费，缺一项功能扣0.5分	现场演示查看

四、应用集成（总分10分）

评审项目	评审指标	分值	评审标准	评审方法
医疗服务能力建设（10分）	1. 医疗保险接口（含新农合接口）：应能完成医院信息系统与医保管理部门或委托机构进行信息交换的功能，包括下载、上传、处理参保人员在医院中发生的各种与医疗保险有关的服务项目、诊疗行为、发生费用，并做到及时结算	3	1. 要求医保患者结算过程顺利清晰，结算结果准确无误，未达标扣0.5分	现场演示查看
			2. 查看HIS系统中从上级医保部门下载更新的药品目录、诊疗目录、服务设施目录，缺该功能扣1分	现场演示查看
			3. 查看一个月的HIS系统与上级医保部门结算对账单，要求结算结果准确无误，未达标扣0.5分	现场演示查看
			4. 抽查2份医院信息系统中保存的医疗保险患者划分并支付后费用明细清单和结算汇总清单，要求结算结果准确无误，未达标扣0.5分	现场随机抽 查2份查看
			5. 查看HIS系统中医保控费（支付方式改革）措施执行情况，要求严格执行医保政策，否则扣0.5分	现场演示查看

续 表

评审项目	评审指标	分值	评审标准	评审方法
医疗服务能力建设（10分）	2. 区域卫生信息平台接口：完成医院信息系统向平台定时上传有关医院医疗质量、医院运营管理、基本公共卫生服务的数据	5	1. 有区域卫生平台，但未按要求定时上传数据的扣1分	现场演示查看
			2. 经市卫生信息中心标准符合性测试，符合率100%的不扣分，符合率80%以上的扣1分，60%以上的扣2分，40%以上的扣3分，40%以下的扣4分（以测试报告为准）	查看测试报告
	3. 按卫生行政管理部门要求报数据自动上	2	1. 未按市卫生计生委要求，自动上报病案首页数据扣1分	现场演示查看
			2. 未按照要求报送电子健康档案扣1分	现场演示查看

五、信息安全（总分5分）

评审项目	评审指标	分值	评审标准	评审方法
信息安全（5分）	1. 身份认证	2	1. 无用户账号申请、审批、变更及撤销工作流程扣1分	现场演示、查看相关文件
			2. 无用户登录密码长度和复杂度控制扣0.5分	现场演示、查看相关文件
			3. 无用户登录密码更换策略扣0.5分	现场演示、查看相关文件
	2. 信息的授权访问控制	3	1. 无用户授权管理模型和策略扣0.5分	查看相关文件
			2. 无操作超时自动结束会话功能扣0.5分	现场演示查看
			3. 无单点登录功能扣0.5分	现场演示查看
			4. 电子病历系统中无历次修改痕迹保存且标记准确的修改时间和修改人员信息扣1分	现场演示查看
			5. 无防止非授权方功能控制扣0.5分	现场演示查看

六、信息利用及服务（总分10分）

评审项目	评审指标	分值	评审标准	评审方法
一、信息分析与利用（2分）	1. 有院长决策支持系统 2. 有专业的财务管理和分析系统 3. 支持各业务系统查询功能	2	数据信息能够满足实时数据提取；具有院长决策支持系统；具有财务管理与分析系统；具有业务系统，有定期的数据分析与利用。缺一项功能扣0.5分	现场演示查看
二、便民服务与信息公开（1分）	医疗、医保政策以及价格公开等信息	1	有大屏播放系统显示医院的医疗和医保政策、医疗服务价格信息，缺一项功能扣0.5分	现场查看
三、居民健康卡应用环境（3分）	有面向患者的居民健康卡用卡环境	2	具有用卡环境，且用卡环境界面友好，覆盖健康卡应用功能，没有用卡环境的扣2分	现场查看
		1	开放自助服务系统（包含健康卡应用流程所必要功能以及包含价格、相关政策等公开信息和本人诊疗信息），未开放扣1分	现场查看
四、门户网站建设（2分）	1. 医疗咨询服务 2. 特色医疗服务 3. 健康教育服务	2	要求门户网站设置医院简介、名医介绍、就诊指南、特色科室介绍、医患互动板块、网站能够调阅医生基本信息、医生出诊信息等。缺一项功能扣0.3分，扣完2分为止	现场查看
五、远程会诊（2分）	1. 远程会诊 2. 远程协同 3. 远程教育、培训 4. 远程咨询	2	具备实现远程会诊的硬件基础，覆盖远程视频会诊，不满足要求的扣1分	现场演示查看
			开展影像、病理、心电、超声等一项或多项远程医疗服务项目，未开展的扣1分	现场演示查看

七、智慧应用（总分35分）（加分项目）

评审项目	评审指标	分值	评审标准	评审方法
一、个人信息智慧服务（2分）	个人信息服务	2	能够采用智能终端查看个人基本信息、诊疗记录、检查报告、检验报告、医疗费用、体检报告、健康档案功能，满足一项加0.3分，加满2分为止	现场演示查看

续　表

评审项目	评审指标	分值	评审标准	评审方法
二、智慧患者服务（12分）	1. 院内地图及楼层地图导航服务	1	支持在智能终端进行院内导航服务，满足要求加1分，否则不得分	现场演示查看
	2. 预约挂号	1	支持在智能终端进行就诊预约挂号服务，满足要求加1分，否则不得分	现场演示查看
	3. 在线支付	1	支持在智能终端进行在线支付、缴费服务，满足要求加1分，否则不得分	现场演示查看
	4. 智能导诊、复诊预约、分诊、候诊和就诊服务	1	能够通过蓝牙、RFID、WiFi、GPS、GPRS等技术实现患者就医流程位置定位，智能分诊，提醒患者排队概况，就诊提醒，告知患者科室位置，提供复诊预约功能，提高患者就医效率和就医感受，满足一项加0.2分，加满1分为止	现场演示查看
	5. 诊间支付、床头支付	2	支持患者看诊、住院完成直接在诊间、床头进行缴费服务，满足各加1分，否则不得分	现场演示查看
	6. 查取报告	1	支持在智能终端进行检查结果的查看和接收取阅通知服务，满足加1分，否则不得分	现场演示查看
	7. 体检（健康）档案管理	1	支持在智能终端进行体检结果查看及历史体检结果比对、分析服务，满足加1分，否则不得分	现场演示查看
	8. 慢病管控	1	支持对患者进行智能随访及慢病管控服务，满足加1分	现场演示查看
	9. 健康咨询、健康教育	1	支持在智能终端进行健康咨询、健康教育，满足要求加1分，否则不得分	现场演示查看
	10. 随访服务	1	支持在智能终端进行患者随访，满足要求加1分，否则不得分	现场演示查看
	11. 服务评价	1	支持在智能终端进行服务评价，满足要求加1分，否则不得分	现场演示查看
三、智慧医护服务（6分）	1. 智能医生办公	1	支持医生通过智能终端对相关信息进行及时录入以及信息查询服务，满足加1分，否则不得分	现场演示查看
	2. 智能输液监护	1	支持患者输液过程中，实时智能监控（如漏液、中止），满足加1分，否则不得分	现场演示查看
	3. 监护仪智能管控	1	支持患者被监护时，异常状态智能报警（如心电监护仪），满足加1分，否则不得分	现场演示查看
	4. 危急值智能管控	1	支持患者在诊疗期间，异常状态智能报警（如检验、影像检查），满足加1分，否则不得分	现场演示查看

续 表

评审项目	评审指标	分值	评审标准	评审方法
三、智慧医护服务（6分）	5. 智能安全、核查	2	1. 支持通过电子标签、定位等相关智能系统，对婴儿进行安全监护，满足加1分，否则不得分 2. 支持通过RFID等相关智能系统，对患者身份进行智能快速核查，确保患者安全，满足加1分，否则不得分	现场演示查看
四、智慧病房服务（1分）	智能病房监控，患者状态监测服务	1	能智能监控病房温度、湿度、氧气、气压，实现智能门禁、报警定位、视频监控、可视电话、视频点播服务，能通过智能设备实现患者状态监测，病房安装多功能智能查询触摸屏，满足一项加0.25分，加满1分为止	现场演示查看
五、智慧管理者服务（6分）	1. 门诊业务数据智能分析	1	支持通过智能终端，对门诊量、门诊收入、人均门诊费用、门诊处方量、门诊收费相关指标进行深度钻取分析，满足一项加0.2分，加满1分为止	现场演示查看
	2. 住院业务数据智能分析	1	支持通过智能终端，对入院人次、出院人次、床位使用率、平均住院日、人均住院费用等相关指标进行深度钻取分析，满足一项加0.2分，加满1分为止	现场演示查看
	3. 手术业务数据智能分析	1	支持通过智能终端，对出院患者手术例数、手术患者平均住院日、手术患者人均住院费用等相关指标进行深度钻取分析，满足一项加0.4分，加满1分为止	现场演示查看
	4. 医保数据分析	1	支持通过智能终端，对医保收入、人均医保费用、医保超定额等相关指标进行深度钻取分析，满足一项功能加0.4分，加满1分为止	现场演示查看
	5. 病种数据分析	1	支持通过智能终端，对病种出院日次、病种平均住院日、病种人均住院费用、病种出院患者死亡人次等相关指标进行深度钻取分析。满足一项加0.3分，加满1分为止	现场演示查看
	6. 绩效数据分析	1	持通过智能终端，对医生、护士等相关人员进行工作量、效率、质量、收入等多方信息查询分析，满足要求加1分	现场演示查看
六、智慧移动办公服务（1分）	移动办公服务	1	通过手机等移动智能终端进行即时办公、信息共享，加1分	现场演示查看

续　表

评审项目	评审指标	分值	评审标准	评审方法
七、智慧后勤服务（3分）	1. 智慧停车服务	1	能够利用网络、电子显示屏显示医院车位情况，停车自助、自动付费服务，加1分	现场演示查看
	2. 患者及员工生活服务	1	采用一卡通或者移动终端对患者及医院员工生活方面提供智慧服务，包括通过智能终端或病房触摸屏，进行自助点餐、移动点餐，即时付费、洗浴、健身、购物等服务，加1分	现场演示查看
	3. 楼宇智能化	1	实现智能化楼宇，包括安防、照明、空调、消防等实现智能化与自动化，加1分	现场演示查看
八、智慧医院管理（2分）	1. 智能手术室管理	2	能够实现手术室设备智能管理、麻醉、手术器械、耗材、手术视频观摩、手术人员身份识别，加1分	现场演示查看
	2. 诊疗过程监控		能够实现输液、无线生命体征监控、婴儿防盗等智慧应用，加1分	现场演示查看
九、智慧物流服务（2分）	1. 药品物流服务	2	能够实现处方下达后药品自动分拣、投送、包装服务，减少患者等待时间，加1分	现场演示查看
	2. 标本物流服务		能够利用气压、小车等装置进行标本即时投送，加1分	现场演示查看

第二节　沈阳市智慧医院评审标准（二级医院）

一、组织管理（总分20分）

评审项目	评审指标	分值	评审标准	评审方法
组织机构建设、制度建设、信息资金投入和使用情况、人员配置、培训（20分）	1. 建立以院长为核心的医院信息化建设领导小组和信息安全领导小组	2	1. 建立领导小组，职责职能明确，未建立领导小组扣0.4分，职责职能不明确扣0.2分；定期召开小组会议，每年不得少于2次，并有相关会议记录，缺少1次扣0.2分	查看领导小组与职责分工；查看会议记录
			2. 建立信息安全领导小组及组织机构，要求安全小组成员由信息中心人员与各科室人员共同构成，每年相关工作部署不少于1次。未建立信息安全领导小组及组织机构扣0.5分，缺少工作部署记录扣0.2分，安全小组成员构成不是由信息中心和各科室人员共同构成的扣0.3分	查看领导小组相关文件和工作部署记录

续 表

评审项目	评审指标	分值	评审标准	评审方法
组织机构建设、制度建设、信息资金投入和使用情况、人员配置、培训（20分）	2. 人才队伍建设	6	1. 设立专职的机构（如信息科/中心/部）负责落实信息化建设规划和日常运维工作，未设置专职机构的扣2分	检查相关文件
			2. 查看机构实际人员编制和岗位设置情况，是否与人事部门人员编制计划和岗位文件相符，不符合要求扣1分	检查相关文件
			3. 每100张开放床配备一名信息工作人员，不符合要求扣1分	检查相关文件
			4. 现场考核系统管理人员对医院信息系统、规章制度、业务流程的熟悉程度，未达到要求的扣2分	现场考核
	3. 建设规划与投入	4	1. 制订中长期规划和年度计划，未制订的此项扣2分；规划要与医院整体发展规划一致，规划内容应包括建设目标、实施步骤、工作分工、建设内容、完成情况、经费预算等，规划内容不符合要求的扣1分；制订的计划要与规划保持一致，并且年度计划目标明确，量化可行，有追踪机制，不符合要求的扣1分，扣完2分为止	检查规划和计划内容
			2. 有信息化建设及运行维护的年度预结算，检查每年投资使用情况详细记录和说明，以财务审计或支付凭证为准，年度投资比例不低于业务收入的0.5%，不符合要求扣2分	检查财务审计或凭证
	4. 制度建设及执行	6	1. 有经医院信息化领导小组签发执行的保障医院信息化系统建设、管理和信息资源共享的相关制度（计算机网络系统安全管理制度、信息保护制度、信息使用制度、系统、网络日常维护管理制度、数据备份工作制度、技术文档管理制度、工作站操作制度、应急预案和恢复工作制度、网络登录操作规程、网络操作注意事项、信息修改规定等制度），缺少一项制度的扣0.3分；要求各种制度与医院的实际工作相一致，并根据需要进行及时修订，有一项制度与实际工作不一致扣0.1分，扣完4分为止	现场检查相关制度文件
			2. 建立信息化建设多方（供应方、内部各部门）例会制度，未建立的扣1分	查看会议记录

续　表

评审项目	评审指标	分值	评审标准	评审方法
组织机构建设、制度建设、信息资金投入和使用情况、人员配置、培训（20分）			3．信息化建设管理规范，信息系统运行良好，各部门对信息工作满意。满意不扣分，不满意扣1分	问卷调查
	5．软件正版化工作	2	医院操作系统软件、数据库软件以及办公系统等正版化授权情况和实际使用用户数是否相符；有正版授权的但与实际用户情况不符合授权扣1分，存在无正版授权扣2分	实地检查

二、基础设施（总分15分）

评审项目	评审指标	分值	评审标准	评审方法
一、网络系统（5分）	1．网络设计合理：网络的可用性、可靠性	2	要求有网络设计图、弱电设计文件、信息点分布图和网络验收报告（至少包括信息点阻抗、串扰、回波损耗、衰减和传输时延测试），配有关键网络主干线、关键网络设备冗余和安全无线接入设施，缺一项扣0.3分，扣完2分为止	查看设计文件、验收报告和设备
	2．网络管理规范	1	查看网络管理情况，包括网络节点IP地址数据库，网络设备的配置文件记录，网络事故处理记录，网络设备巡视记录，网络设备标识记录，缺一项记录扣0.2分，扣完1分为止	检查文件记录
	3．外网及内外网WiFi建设	2	医院覆盖WiFi网络，能够满足无线终端接入，未实现WiFi覆盖扣1分。内网、外网WiFi安全隔离，未实现安全隔离扣1分	实地检查
二、机房建设（5分）	1．机房设施与管理	3	1．机房设施和管理做到以下方面：机房分区合理、整洁规范；有防雷验收报告；采用防静电地板；配备气体灭火设施；安装精密空调；有UPS电源，对机房设备供电2小时以上；配备防生物侵害设施；有监控设备；巡查有定期记录。缺一项扣0.2分，无专用机房扣2分，扣完2分为止 2．电源接地符合国家标准要求（参考：DB/T 2887—2001），不满足要求扣1分	现场查看机房设施和文件记录

续　表

评审项目	评审指标	分值	评审标准	评审方法
二、机房建设（5分）	2. 服务器管理	2	无服务器管理记录（若为专业软件管理，需要检查管理日志），扣1分；未与专业厂商签订相应的维护合同，扣1分（采取服务器托管的不在此列）	查看管理记录和维护合同
三、系统安全（5分）	1. 备份	1	无数据库数据导出备份的扣1分	查看设备和备份文件
	2. 防病毒	1	检查服务器防病毒情况，无防病毒软件或病毒库半月未更新扣0.5分，使用非网络版防病毒软件扣0.5分	现场查看防病毒软件和病毒库到期日期
	3. 防入侵	1	检查服务器防入侵情况，无网络安全审计系统扣0.4分，无防火墙扣0.3分，无内外网入侵检测策略（如网闸）扣0.3分	现场检查
	4. 系统安全认证	2	检查服务器系统安全认证情况，要求医院相关信息系统通过等级保护测评并在管辖地的公安部门进行备案证明材料。二级医院未达到二级扣2分	查看证明文件

三、应用系统（总分45分）

评审项目	评审指标	分值	评审标准	评审方法
一、门诊业务系统（7分）	1. 门诊挂号系统，实名就医	2	支持“一卡通”就诊流程、支持“居民健康卡”和“二代身份证”识别功能、患者基本信息录入和注册功能、支持医生排班功能、支持预约挂号功能、支持门诊患者统计，缺一项功能扣0.3分，扣完2分为止	现场演示查看
	2. 门诊医生工作站	3	能够从挂号系统获取患者基本信息并能适时修正、能够与药房系统相连接获取药品信息、能够开具电子处方并发往收费系统和药房系统、能够开具检验检查申请单并发往检验系统（LIS）和影像系统（PACS），并从这些系统获取检查检验报告，缺一项功能扣0.6分，扣完3分为止	现场演示查看
	3. 门诊收费系统	1	能够从医生工作站获取患者费用信息；支持银行卡、健康卡社保卡和现金付费等多种支付方式；缺一项功能扣0.5分	现场演示查看

续 表

评审项目	评审指标	分值	评审标准	评审方法
一、门诊业务系统（7分）	4. 门诊药房管理系统	1	能够从医生工作站获取处方信息；具有处方审查功能，审查结果可返回医生工作站。缺一项功能的扣0.5分	现场演示查看
二、住院业务系统（8分）	1. 入院登记管理和床位管理	1	能够从门诊医生工作站获取医生开具的入院通知单和患者基本信息；具有病房病床查询和病床安排功能；缺一项功能扣0.5分	现场演示查看
	2. 医生工作站	3	能够从入院系统获取患者基本信息，并具有修改功能；支持整合患者基本信息和诊疗信息形成病历首页功能；具有符合规范的电子病历书写模板；具有符合临床路径要求的医嘱系统；能够开具检验、检查申请单并发往LIS系统和PACS系统；并从这些系统获取检查检验报告；与药房系统相连接获取药品信息。缺一项功能扣0.4分，扣完3分为止	现场演示查看
	3. 护士工作站	2	能够从入院系统获取患者基本信息，并具有修改功能；能够从医生工作站获取医嘱，并生成医嘱执行记录；具有转床转科功能；支持护理不良事件报告。缺一项功能的扣0.5分，扣完2分为止	现场演示查看
	4. 住院结算系统	2	要求支持生成患者费用一日清单；支持医保患者后台结算；支持新农合患者即时结报；支持银行卡/健康卡/社保卡/现金等多种支付方式，缺一项扣0.5分	现场演示查看
三、财务管理系统（2分）	医疗服务的价格管理、预算管理	2	价格管理、预算管理运行系统、财务数据的完整性，缺一项功能的扣0.7分，扣完2分为止	现场演示查看
四、病案管理与综合统计（2分）	1. 病案管理	2	具有满足国家卫生计生新病案首页的病案管理系统；具有病案信息综合检索查询功能，缺一项功能扣0.4分	现场演示查看
	2. 医院综合统计		支持从HIS系统导入的数据处理报表；能够生成符合国家要求的卫生统计报表；能够生成统计台账，缺一项功能扣0.4分	现场演示查看
五、药库管理系统（2分）	药品入库出库、有效期、采购和价格管理	2	支持药品入出库登记运行功能、药品的库位管理运行、药品效期、调价管理运行、药品盘点管理流程、药品处方划价、扣减运行处理、发药管理，缺一项功能的扣0.3分，扣完2分为止	现场演示查看

续　表

评审项目	评审指标	分值	评审标准	评审方法
六、物资管理（2分）	卫生材料管理、非卫材物资管理、固定资产管理	2	具有材料采购计划管理，入库的管理，出库管理，调拨管理，科室领用管理，库存管理，汇总统计、报表，医用耗材管理，设备采购、入、出管理，库存管理，设备使用和维护管理，设备资料管理，房屋登记，房屋折旧功能，缺少一项功能扣0.1分	现场演示查看
七、电子病历系统（5分）（其中六级、七级作为参考，不扣分）	三级：实现部门数据交换，支持初级医疗决策	1	1. 能够通过信息系统共享检查、检验、药品使用等部分医疗流程数据信息，未实现的扣0.5分	现场演示查看
			2. 建立多部门统一的医疗数据字典，未建立的扣0.2分	现场查看
			3. 医疗机构内有至少1个知识库，不具有知识库的扣0.3分	现场演示查看
	四级：全院信息共享，支持中级医疗决策	1	1. 完全达到三级要求，未达到要求的扣1分	查看功能和文件
			2. 能够通过数据接口（任何方式）实现所有系统的数据交换，并建有至少1个知识库，未达标的扣0.25分	现场演示查看
			3. 实现住院患者全流程信息计算机处理和全院范围内安全共享，未达标的扣0.25分	现场检查
			4. 实现药品配伍审核，有合理用药监测功能，未实现功能的扣0.25分	现场演示查看
			5. 提供临床诊疗规范、合理用药、临床路径等统一的知识库，未建立知识库的扣0.25分。以上5项扣完1分为止	现场演示查看
	五级：部门数据系统集成，全院数据互联互通。基本建立以电子病历为基础医院信息平台	1	1. 完全达到四级要求，未达到要求的扣1分	查看功能和文件
			2. 全院形成统一的临床数据管理系统，实现系统数据集成，未达到要求的扣0.2分	查看系统
			3. 能够提供病历书写模板，结构化方式存储病历记录，实现门诊、住院诊疗信息共享，未达到要求的扣0.2分	现场演示查看
			4. 临床医师通过系统查看患者检查检验报告与既往诊疗信息，检查医师（检验技师）能够调阅临床数据信息，未实现功能的扣0.2分	现场演示查看
			5. 能够实现临床路径管理和医嘱下达与执行的紧密结合，未达到要求的扣0.2分	现场演示查看

续 表

评审项目	评审指标	分值	评审标准	评审方法
七、电子病历系统（5分）（其中六级、七级作为参考，不扣分）			6. 电子病历数据库具有为临床科研工作提供数据的功能，未达到要求的扣0.2分。以上6项扣完1分为止	现场演示查看
	六级：全流程医疗数据闭环管理，支持临床科研等高级医疗决策	1	1. 完全达到五级要求，未达标的扣1分	查看功能和文件
			2. 医疗业务项目能够全部使用计算机进行身份识别（如条形码、磁卡、IC卡等），并参与数据采集，电子病历系统能够实时在线数据核查与管理，依据知识库审核功能能够及时向医护人员信息反馈和提示，减少医疗差错的发生概率。未达标的扣0.25分	现场演示查看
			3. 能够实现医疗和护理全程信息记录与管理，提供高级医疗决策支持，未达标的扣0.25分	现场演示查看
			4. 形成全院跨部门的知识库（如症状、体征、检查检验、诊断、治疗、药物合理使用知识库等），未达标扣0.25分	现场演示查看
			5. 基本实现电子病历无纸化，未达标的扣0.25分。以上5项扣完1分为止	现场演示查看
	七级：电子病历系统完整，支持区域医疗信息共享	1	1. 完全达到六级要求，未达标的扣1分	查看功能和文件
			2. 电子病历系统能够按照标准与其他医疗机构进行安全、有效的信息共享，未达标的扣0.4分	现场演示查看
			3. 能够将其他医院患者诊疗记录整合到本院电子病历系统中，未能整合的扣0.4分	现场演示查看
			4. 能够外接区域卫生信息平台和其他医院信息系统及与居民电子健康档案的信息实现交换与共享，未实现的扣0.4分。以上4项扣完1分为止	现场演示查看
八、手术麻醉系统（2分）	术前、术中、术后处理功能	2	具有手术申请、手术排班、患者身份及手术部位确认、麻醉记录、用药记录、手术记录撰写，缺一项功能扣0.3分，扣完2分为止	现场演示查看
九、办公系统（1分）	办公系统（OA）	1	需要具有公共事务管理和协同应用管理功能，缺一项功能扣0.5分	现场演示查看
十、系统维护管理（1分）	系统基本资料管理	1	数据备份与数据运行文档，系统测试报告，完整的系统运行操作使用说明书，系统维护手册，缺一项扣0.25分	现场查看资料文件

续 表

评审项目	评审指标	分值	评审标准	评审方法
十一、LIS系统（3分）	1. 实现与临床科室及相关部门信息的互通	1	能够连接实验室所有设备；具有检验结果审核、打印实验报告单功能；支持检验科基本业务流程运行；在检验科能够从医院其他系统调取患者基本信息和电子病历；在医院其他科室能够调阅实验报告；缺一项功能扣0.2分，扣完1分为止	现场演示查看
	2. 采用条形码技术和电子申请单	0.5	实现从开具电子申请单、打印条码、标本采集、标本核收到标本上机的全过程，缺一项功能扣0.1分	现场演示查看
	3. 微生物学系统能完成各种微生物学的统计分析，支持院内感染监控系统	0.5	能够查看并审核上报传送到院内感染管理科及相关部门的统计分析结果，缺少该功能的扣0.5分	现场演示查看
	4. 血库管理系统	1	要求具有血液入库和出库操作、配血管理、发血管理、有效期管理、报废管理、条码管理和统计分析功能，缺一项功能扣0.2分，扣完1分为止	现场演示查看
十二、PACS系统（4分）	1. 影像系统集成：放射、超声、内窥镜、心电、核医学等设备PACS连接	1	要求所有影像科室（普放、CT、核磁共振、介入治疗、超声和内镜PACS影像）实现全覆盖，缺一项功能扣0.2分，扣完1分为止	现场演示查看
	2. 存储与备份管理	1	要求存储与备份相关日志，无日志扣0.5分；无在线存储三年和离线保存扣0.5分	查看日志和备份
	3. 影像报告管理	1	要求有数据接收（支持DICOM影像和非DICOM影像）、图像显示、处理、测量、输出、播放功能、预约登记、分诊叫号、报告编辑、诊断模板、查询、统计等功能，缺少一项功能扣0.1分，扣完1分为止	现场演示查看
	4. 临床影像及报告浏览和查询功能	1	授权的临床医生可以调阅医学影像报告与影像、能够对图像和报告进行删除、修改、打印和拷贝处理，缺一项功能扣0.2分，扣完1分为止	现场演示查看
十三、病理影像信息系统（2分）	查看门诊住院申请单是否自动传输到登记分诊工作站（通过刷卡等方式验证）	2	有登记及签收标本功能、有大体工作站，同时具有采集大体图片功能、有区分不同类型的病理报告功能、检查病理切片的图像获取，能够真实还原显微镜下显示的图像功能、具备检查相关分析方法，缺一项功能扣0.4分	现场演示查看

续 表

评审项目	评审指标	分值	评审标准	评审方法
十四、院感系统（2分）	感染病例监测、外科手术生儿监测、ICU监测，抗菌药物监测，环境卫生学监测等	2	现场查看：各功能模块，没有的每项扣0.2分；系统与医院的HIS、LIS、电子病历等系统有接口，未建立接口的扣0.2分，如未达到智能预警和预防干预作用的扣0.3分，扣完2分为止	现场演示查看
十五、其他业务（2分）	1. 急诊业务	1	覆盖急诊登记和急诊诊间医疗文书处理，覆盖急诊留观医疗及计费，缺一项功能的扣0.5分	现场演示查看
	2. 远程会诊	1	覆盖远程视频会诊和开展影像、病理、心电、超声等一项或多项远程医疗服务项目，缺一项功能的扣0.5分	现场演示查看

四、应用集成（总分10分）

评审项目	评审指标	分值	评审标准	评审方法
一、医院集成平台建设（1分）	医院信息系统集成符合原卫生部《基于电子病历的医院信息平台建设技术解决方案》	1	系统构架要求符合三层架构（应用系统模块化，数据交换平台化，数据存储集中化），不符合的扣0.5分	查看设计文档
			要求医院信息系统实现集中存储（以患者为单位）、集中调阅和集中利用，未按照要求实现，扣0.5分	现场演示查看
二、对外服务能力建设（9分）	1. 医疗保险接口能完成医院信息系统与医保管理部门或委托机构进行信息交换的功能，包括下载、上传、处理参保人员服务项目、诊疗行为、发生费用，并做到及时结算	2	1. 医保患者结算过程顺利清晰，结算结果准确无误，未达标的扣0.5分	现场演示查看
			2. 查看HIS系统中从上级医保部门下载更新的药品目录、诊疗目录、服务设施目录，缺该功能的扣0.5分	现场演示查看
			3. 查看一个月的HIS系统与上级医保部门结算对账单，要求结算结果准确无误，未达标的扣0.5分	现场演示查看
		2	4. 抽查2份医院信息系统中保存的医疗保险患者划分并支付后的费用明细清单和结算汇总清单，要求结算结果准确无误，未达标的扣0.5分	现场随机抽查2份查看

续 表

评审项目	评审指标	分值	评审标准	评审方法
二、对外服务能力建设（9分）			5．查看HIS系统中医保控费（支付方式改革）措施执行情况，要求严格执行医保政策	现场演示查看
	2．区域卫生信息平台接口：完成医院信息系统向平台定时上传有关医院医疗质量、医院运营管理、基本公共卫生服务的数据	5 2	1．有区域卫生平台，但未按要求定时上传数据的扣1分	现场演示查看
			2．经省卫生信息中心标准符合性测试，符合率100%的不扣分，符合率80%以上的扣1分，60%以上的扣2分，40%以上的扣3分，40%以下的扣4分（以测试报告为准）	查看测试报告
	3．按卫生行政管理部门要求自动上报数据		1．未按省卫生行政部门要求，自动上报病案首页数据扣1分	现场演示查看
			2．未按照国家要求报送HQMS扣1分，国家未要求报送的该项不扣分	现场演示查看

五、信息安全（总分5分）

评审项目	评审指标	分值	评审标准	评审方法
信息安全（5分）	1．身份认证	1	1．无数字证书扣0.25分	现场演示、查看相关文件
			2．无用户账号申请、审批、变更及撤销工作流程扣0.25分	
			3．无用户登录密码长度和复杂度控制扣0.25分	
			4．无用户登录密码更换策略扣0.25分	
	2．信息的授权访问控制	2	1．无用户授权管理模型和策略扣0.4分	查看相关文件
			2．无操作超时自动结束会话功能扣0.4分	现场演示查看
			3．无单点登录功能扣0.4分	现场演示查看
			4．电子病历系统中无历次修改痕迹保存且标记准确的修改时间和修改人员信息扣0.4分	现场演示查看
			5．无防止非授权方功能控制扣0.4分	现场演示查看
信息安全（5分）	3．数据库审计	1	1．审计记录的内容至少应包括事件的日期、时间、发起者信息、类型、描述和结果，内容包含不全或不能生成审计报告扣0.5分	现场演示查看

续 表

评审项目	评审指标	分值	评审标准	评审方法
信息安全（5分）			2. 无审计记录统计、查询、分析、生成及报表机制扣0.5分	现场演示查看
	4. 患者隐私保护	1	非正常医疗服务（如归档电子病历的调阅、复制和打印）中患者信息的传递未实行匿名化服务，扣1分	现场演示查看

六、信息利用及服务（总分10分）

评审项目	评审指标	分值	评审标准	评审方法
一、信息分析与利用（4分）	1. 有院长决策支持系统 2. 有专业的财务管理和分析系统查询功能	4	数据信息能够满足实时数据提取；具有院长决策支持系统；具有财务管理与分析系统；具有业务系统，有定期的数据分析与利用。缺一项功能扣1分	现场演示查看
二、便民服务与信息公开（4分）	有面向患者的自助查询服务系统	4	1. 要求医院开放自助查询系统（包含价格、相关政策等公开信息和本人的诊疗信息） 2. 有大屏播放系统显示医院的医疗服务价格信息，缺一项功能扣2分	现场查看
三、门户网站建设（2分）	1. 医疗咨询服务 2. 特色医疗服务 3. 健康教育服务	2	要求门户网站设置医院简介、名医介绍、就诊指南、特色科室介绍、医患互动板块、网站能够调阅医生基本信息、医生出诊信息服务等。缺一项扣0.3分，扣完2分为止	现场查看

七、智慧应用（总分40分）（加分项目）

评审项目	评审指标	分值	评审标准	评审方法
一、个人信息服务（2分）	个人信息服务	2	能够采用智能终端查看个人基本信息、诊疗记录、检查报告、检验报告、医疗费用、体检报告、健康档案功能，满足一项加0.3分，加满2分为止	现场演示查看

续　表

评审项目	评审指标	分值	评审标准	评审方法
二、智慧患者服务（13分）	1. 院内地图及楼层地图导航服务	1	支持在智能终端进行院内导航服务，满足要求加1分，否则不得分	现场演示查看
	2. 预约挂号	1	支持在智能终端进行就诊预约挂号服务，满足要求加1分，否则不得分	现场演示查看
	3. 在线支付	1	支持在智能终端进行在线支付、缴费服务，满足要求加1分，否则不得分	现场演示查看
	4. 智能导诊、复诊预约、分诊、候诊和就诊服务	2	能通过蓝牙、RFID、WiFi、GPS、GPRS等技术实现患者就医流程位置定位，智能分诊，提醒患者排队概况，就诊提醒，告知患者科室位置，提供复诊预约功能，提高患者就医效率和就医感受，满足一项加0.4分，加满2分为止	现场演示查看
	5. 诊间支付、床头支付	2	支持患者看诊、住院完成直接在诊间、床头进行缴费服务，满足各加1分，否则不得分	现场演示查看
	6. 查取报告	1	支持在智能终端进行检查结果的查看和接收取阅通知服务，满足加1分，否则不得分	现场演示查看
	7. 体检（健康）档案管理	1	支持在智能终端进行体检结果查看及历史体检结果比对、分析服务，满足加1分，否则不得分	现场演示查看
	8. 慢病管控	1	支持对患者进行智能随访及慢病管控服务，满足加1分，否则不得分	现场演示查看
	9. 健康咨询、健康教育	1	支持在智能终端进行健康咨询、健康教育，满足要求加1分，否则不得分	现场演示查看
	10. 随访服务	1	支持在智能终端进行患者随访，满足要求加1分，否则不得分	现场演示查看
	11. 服务评价	1	支持在智能终端进行服务评价，满足要求加1分，否则不得分	现场演示查看
三、智慧医护服务（8分）	1. 智能移动护理	1	支持护士通过智能终端对相关信息进行及时录入以及信息查询服务，满足加1分，否则不得分	现场演示查看
	2. 智能医生办公	1	支持医生通过智能终端对相关信息进行及时录入以及信息查询服务，满足加1分，否则不得分	现场演示查看

续 表

评审项目	评审指标	分值	评审标准	评审方法
三、智慧医护服务（8分）	3. 智能消毒供应室管理	1	支持通过智能终端对器材包等相关器械进行各环节管控（如回收、清洗、消毒）服务，满足加1分，否则不得分	现场演示查看
	4. 智能输液监护	1	支持患者输液过程中，实时智能监控（如漏液、中止），满足加1分，否则不得分	现场演示查看
	5. 监护仪智能管控	1	支持患者被监护时，异常状态智能报警（如心电监护仪），满足加1分，否则不得分	现场演示查看
	6. 危急值智能管控	1	支持患者在诊疗期间，异常状态智能报警（如检验、影像检查），满足加1分，否则不得分	现场演示查看
	7. 智能安全、核查	2	1. 支持通过电子标签、定位等相关智能系统，对婴儿进行安全监护，满足加1分，否则不得分 2. 支持通过RFID等相关智能系统，对患者身份进行智能快速核查，确保患者安全，满足加1分，否则不得分	现场演示查看
四、智慧病房服务（1分）	智能病房监控，患者状态监测服务	1	能智能监控病房温度、湿度、氧气、气压；实现智能门禁、报警定位、视频监控、可视电话、视频点播服务；能够通过智能设备实现患者状态监测服务；病房安装多功能智能查询触摸屏，满足一项加0.25分，加满1分为止	现场演示查看
五、智慧管理者服务（6分）	1. 门诊业务数据智能分析	1	支持通过智能终端，对门诊量、门诊收入、人均门诊费用、门诊处方量、门诊收费相关指标进行深度钻取分析，满足一项加0.2分，加满1分为止	现场演示查看
	2. 住院业务数据智能分析	1	支持通过智能终端，对入院人次、出院人次、床位使用率、平均住院日、人均住院费用等相关指标进行深度钻取分析。满足一项加0.2分，加满1分为止	现场演示查看
	3. 手术业务数据智能分析	1	支持通过智能终端，对出院患者手术例数、手术患者平均住院日、手术患者人均住院费用等相关指标进行深度钻取分析，满足一项加0.4分，加满1分为止	现场演示查看

续　表

评审项目	评审指标	分值	评审标准	评审方法
五、智慧管理者服务（6分）	4. 医保数据分析	1	支持通过智能终端，对医保收入、人均医保费用、医保超定额等指标进行深度钻取分析。满足一项加0.4分，加满1分为止	现场演示查看
	5. 病种数据分析	1	支持通过智能终端，对病种出院日次、病种平均住院日、病种人均住院费用、病种出院患者死亡人次等相关指标进行深度钻取分析。满足一项加0.3分，加满1分为止	现场演示查看
	6. 绩效数据分析	1	支持通过智能终端，对医生、护士等相关人员进行工作量、效率、质量、收入等多方信息查询分析，满足要求加1分	现场演示查看
六、移动办公服务（1分）	移动办公服务	1	通过手机等移动智能终端进行即时办公、信息共享，加1分	现场演示查看
七、智慧后勤服务（4分）	1. 基于RFID的物联网物资管理	4	能够基于RFID技术的物联网物资管理，实现对设备、高值耗材消耗、医疗垃圾等的溯源、追踪、统计，加1分	现场演示查看
	2. 智慧停车服务		能够利用网络、电子显示屏显示医院车位情况，停车自助、自动付费服务，加1分	现场演示查看
	3. 患者及员工生活服务		采用一卡通或者移动终端对患者及医院员工生活方面提供智慧服务，包括通过智能终端或病房触摸屏，进行自助点餐、移动点餐，即时付费、洗浴、健身、购物等服务，加1分	现场演示查看
	4. 楼宇智能化		实现智能化楼宇，包括安防、照明、空调、消防等实现智能化与自动化，加1分	现场演示查看
八、智慧医院管理（3分）	1. 移动医疗服务	3	1. 能够利用智能终端实现移动查房、移动护理服务，加1分	现场演示查看
	2. 智能手术室管理		2. 能够实现手术室设备智能管理、麻醉、手术器械、耗材、手术视频观摩、手术人员身份识别，加1分	现场演示查看
	3. 诊疗过程监控		3. 能够实现输液、无线生命体征监控、婴儿防盗等智慧应用，加1分	现场演示查看
九、智慧物流服务（2分）	1. 药品物流服务	2	1. 能够实现处方下达后药品自动分拣、投送、包装服务，减少患者等待时间，加1分	现场演示查看
	2. 标本物流服务		2. 能够利用气压、小车等装置进行标本即时投送，加1分	现场演示查看

第三节　沈阳市智慧医院评审标准（三级医院）

一、组织管理（总分20分）

评审项目	评审指标	分值	评审标准	评审方法
组织机构建设、制度建设、信息资金投入和使用情况、人员配置、培训（20分）	1．建立以院长为核心的医院信息化建设和信息安全领导小组	2	1．建立领导小组，职责职能明确，未建立领导小组扣0.4分，职责职能不明确扣0.2分；定期召开小组会议，每年不得少于4次，并有相关会议记录，缺少1次扣0.1分	查看建立小组与职责分工；查看会议记录
			2．建立信息安全领导小组及组织机构，要求安全小组成员由信息中心人员与各科室抽派人员共同构成，每年相关工作部署不少于2次，未建立信息安全领导小组及组织机构扣0.5分，工作部署记录缺少1次扣0.1分，安全小组构成不是信息中心和各科室人员共同构成扣0.3分	查看建立小组相关文件和工作部署记录
	2．人才队伍建设	6	1．设立专职的机构（如信息科/中心/部）负责落实信息化建设规划和日常维护工作，未设置专职机构的扣6分	检查相关文件
			2．查看机构实际人员编制和岗位设置情况，是否与人事部门人员编制计划和岗位文件相符，不符合要求扣1分	检查相关文件
			3．每100张开放床位须配备一名信息工作人员；三级医院信息工作人员最低不少于5人，岗位要求：信息主管1人、网络安全管理员1人、系统维护人员3人，不符合要求扣1分	检查相关文件
			4．现场考核系统管理人员对医院信息系统、规章制度、业务流程的熟悉程度，未达到要求的扣1分	现场考核
			5．专职网络安全人员有市级以上的经信委、公安等部门等核发的资质证书，不符合要求扣1分	检查资质证书
			6．定期安排人员参加培训，每扣0.1分，扣完1分为止。以上6项扣完6分为止	检查人员培训证明材料

续　表

评审项目	评审指标	分值	评审标准	评审方法
组织机构建设、制度建设、信息资金投入和使用情况、人员配置、培训（20分）	3. 建设规划与投入	4	1. 医院整体发展规划一致，规划内容应包括建设目标、实施步骤、工作分工、经费预算等，规划内容不符合要求的扣1分；制定的计划要与规划保持一致，并且年度计划目标明确，量化可行，有追踪机制，不符合要求的扣1分，扣完2分为止	检查规划和计划内容
			2. 有信息化建设及运行维护年度预结算，检查近3年投资使用情况详细记录和说明，年度投资比例不低于业务收入1%（千张以下开放床位）/0.5%（千张以上开放床位），不符合扣2分	检查财务审计或凭证
	4. 制度建设及执行	6	1. 有多部门共同参与制定经医院信息化领导小组签发执行的保障医院信息化系统建设、管理和信息资源共享的相关制度（计算机网络系统安全管理制度、信息保护制度、信息使用制度、各项值班制度、系统、网络日常维护管理制度、数据备份工作制度、技术文档管理制度、工作站操作制度、应急预案和恢复工作制度、网络登录操作规程、网络操作注意事项、信息修改规定等制度），缺少一项制度的扣0.3分；要求各种制度与医院的实际工作相一致，并根据需要进行及时修订，有一项制度与实际工作不一致的扣0.1分，扣完4分为止	现场检查相关制度文件
			2. 建立多方（供应方、内部各部门）例会制度，未建立扣1分	查看会议记录
			3. 信息化建设管理规范，信息系统运行良好，各部门对信息工作满意。满意不扣分，不满意扣1分	问卷调查
	5. 软件正版化工作	2	审查医院操作系统软件、数据库软件以及办公系统等正版化授权情况和实际使用用户数是否相符；有正版授权的但与实际用户情况不符合授权扣1分，存在无正版授权扣2分	实地检查

二、基础设施（总分15分）

评审项目	评审指标	分值	评审标准	评审方法
一、计算机网络（4分）	1. 网络设计合理：网络的可用性、网络的可靠性	2	要求全院有网络设计图、弱电设计文件、信息点分布图和网络验收报告（至少包括信息点阻抗、串扰、回波损耗、衰减、传输时延测试）；配有关键网络主干线、关键网络设备冗余和安全无线接入设施，缺一项扣0.3分，扣完2分为止	查看设计文件、验收报告和设备
	2. 网络管理规范	1	查看网络管理情况，包括网络节点的IP地址数据库、网络设备的配置文件记录、网络事故处理记录、网络设备巡视记录、网络设备标识记录，缺一项记录扣0.2分，扣完1分为止	检查文件记录
	3. 外网及内外网WiFi建设	1	医院覆盖WiFi网络，能够满足无线终端接入，未实现WiFi覆盖扣1分	实地检查
二、机房建设（5分）	1. 机房设施与管理	3	1. 机房设施和管理做到以下方面：机房分区合理、整洁规范；有防雷验收报告；采用防静电地板；配备气体灭火设施；安装精密空调；有UPS电源，对机房设备供电2小时以上；配备防生物侵害设施；有监控设备；巡有定期查记录；缺一项扣0.2分，无专用机房扣2分，扣完2分为止 2. 电源接地符合国家标准要求（参考：DB/T 2887—2001），不满足要求的扣1分	现场查看机房设施和文件记录
	2. 服务器管理	2	无服务器管理记录（若为专业软件管理，需要检查管理日志），扣1分；未与专业厂商签订相应的维护合同，扣1分（采取服务器托管的不在此列）	查看管理记录和维护合同
三、系统安全（6分）	1. 容灾和备份	1	检查应用系统服务器容灾备用情况，无容灾备用设备（包括第三方托管查看相关协议）扣0.5分，无数据库数据导出备份的扣0.5分	查看设备和备份文件
	2. 防病毒	1	检查服务器防病毒情况，无防病毒软件或病毒库半月未更新扣0.5分，使用非网络版防病毒软件扣0.5分	现场查看防病毒软件和病毒库到期日期

续　表

评审项目	评审指标	分值	评审标准	评审方法
三、系统安全（6分）	3. 防入侵	1	检查服务器防入侵情况，无网络安全审计系统扣0.4分，无防火墙扣0.3分，无内外网入侵检测策略（如网闸等）扣0.3分	现场检查
	4. 系统安全认证	3	检查服务器系统安全认证情况，要求医院相关信息系统通过等级保护测评并有在管辖地的公安部门进行备案的证明材料。二级医院未达到二级的扣3分，三级医院未达到三级扣3分	查看证明文件

三、【西医医院】应用系统（总分45分）

评审项目	评审指标	分值	评审标准	评审方法
一、门诊业务系统（8分）	1. 门诊挂号系统，实名就医	2	支持“一卡通”就诊流程、支持“居民健康卡”和“二代身份证”识别功能、患者基本信息录入和注册功能、支持医生排班功能、支持预约挂号功能、支持门诊患者统计，缺一项功能扣0.3分，扣完2分为止	现场演示查看
	2. 门诊医生工作站	4	能够从挂号系统获取患者基本信息并能适时修正、支持门诊病历书写功能、能够与药房系统相连接获取药品信息、能够开具电子处方并发往收费系统和药房系统、具有指导合理用药功能和抗生素分级使用功能、能够开具检验检查申请单并发往检验系统（LIS）和影像系统（PACS），并从这些系统获取检查检验报告、支持门诊特殊疾病诊疗程序、能够为患者打印导医单。缺一项功能扣0.5分，扣完4分为止	现场演示查看
	3. 门诊收费系统	1	能够从医生工作站获取患者费用信息；支持银行卡、社保卡和现金付费等多种支付方式。缺一项功能扣0.5分	现场演示查看
	4. 门诊药房管理系统	1	能够从医生工作站获取处方信息；具有处方审查功能，审查结果可返回医生工作站；具有处方点评功能。缺一项功能扣0.3分	现场演示查看

续 表

评审项目	评审指标	分值	评审标准	评审方法
二、住院业务系统（8分）	1．入院登记管理和床位管理	1	能够从门诊医生工作站获取医生开具的入院通知单和患者基本信息；具有病房病床查询和病床安排功能；具有患者腕带办理或其他患者身份识别码生成功能；具有病床预约功能。缺一项功能扣0.25分	现场演示查看
	2．医生工作站	3	能够从入院系统获取患者基本信息，并具有修改功能；支持整合患者基本信息和诊疗信息形成病历首页功能；具有符合规范的电子病历书写模板；具有符合临床路径要求的医嘱系统；能够开具检验、检查申请单并发往LIS系统和PACS系统，并从这些系统获取检查检验报告；与药房系统相连接获取药品信息；具有指导合理用药功能和抗生素分级管理功能；具有以知识库为支撑的医疗质量控制系统；具有移动查房系统。缺一项功能扣0.3分	现场演示查看
	3．护士工作站	2	能够从入院系统获取患者基本信息，并具有修改功能；能够从医生工作站获取医嘱，并生成医嘱执行记录；具有患者诊疗计费系统；具有以移动设备为支撑的床旁系统；具有转床转科功能；支持护理不良事件报告。缺一项功能扣0.3分，扣完2分为止	现场演示查看
	4．住院结算系统	1	要求支持生成患者费用一日清单；支持医保患者后台结算；支持新农合患者即时结报；支持银行卡/社保卡/现金等多种支付方式，缺一项功能扣0.25分	现场演示查看
	5．住院药房系统	1	能够从护士工作站获取患者处方信息；具有支持药品配送信息系统；具有临床用药统计分析功能；具有处方点评功能。缺一项扣0.25分，扣完1分为止	现场演示查看
三、财务管理系统（2分）	医疗服务价格管理、预算管理、绩效管理、成本管理	2	诊疗服务数据字典管理；预算管理运行系统；绩效管理运行系统；成本管理运行系统；财务数据的完整性，缺一项功能扣0.4分	现场演示查看
四、病案管理与综合统计（1分）	1．病案管理	1	具有病案管理系统；具有病案信息综合检索查询功能。缺一项功能扣0.2分	现场演示查看

续　表

评审项目	评审指标	分值	评审标准	评审方法
四、病案管理与综合统计（1分）	2. 医院综合统计		支持从HIS系统导入的数据处理报表；能够生成符合国家要求的卫生统计报表；能够生成统计台账。缺一项功能扣0.2分	现场演示查看
五、药库管理系统（2分）	药品出入库、有效期、采购和价格管理	2	支持药品入出库登记运行功能、药品的库位管理运行、药品效期、调价管理运行、药品盘点管理流程、药品处方划价、扣减运行处理、发药管理、电子扫描枪的应用。缺一项功能扣0.2分	现场演示查看
六、体检管理系统（1分）	体检预约、结论查看和统计管理	1	支持查询各项体检记录功能；支持体检预约、论断结论及建议查询功能；能够查询统计、生成报表；能够实现与医院信息系统无缝连接。缺少一项功能扣0.25分，扣完1分为止	现场演示查看
七、物资管理（2分）	卫材管理、非卫材物资管理、固定资产管理	2	具有材料采购计划管理；入库的管理；出库管理；调拨管理；科室领用管理；库存管理；汇总统计、报表；医用耗材管理；设备采购、入、出管理；库存管理；设备折旧管理、设备使用和维护管理；设备资料管理；房屋登记；房屋折旧功能。缺少一项功能扣0.1分	现场演示查看
八、电子病历系统（5分）	三级：实现部门数据交换，支持初级医疗决策	1	1. 能够通过信息系统共享检查、检验、药品使用等部分医疗流程数据信息，未实现的扣0.5分	现场演示查看
			2. 建立多部门统一的医疗数据字典。未建立的扣0.2分	现场查看
			3. 医疗机构内有至少1个知识库。不具备的扣0.3分	现场演示查看
	四级：全院信息共享，支持中级医疗决策	1	1. 完全达到三级要求，未达到要求的扣1分	查看功能和文件
			2. 能够通过数据接口（任何方式）实现所有系统数据交换，建有至少1个知识库。未达标扣0.25分	现场演示查看
			3. 实现住院患者全流程信息计算机处理和全院范围内安全共享。未达标的扣0.25分	现场检查
			4. 实现药品配伍审核，有合理用药监测功能。未实现功能的扣0.25分	现场演示查看

续 表

评审项目	评审指标	分值	评审标准	评审方法
八、电子病历系统（5分）			5. 提供临床诊疗规范、合理用药、临床路径等统一的知识库，未建立知识库的扣0.25分。以上5项扣完1分为止	现场演示查看
	五级：部门数据系统集成，全院数据互联互通。基本建立以电子病历为基础医院信息平台	1	1. 完全达到四级要求，未达到要求的扣1分	现场查看演示功能和相关文件
			2. 全院形成统一的临床数据管理系统，实现系统数据集成，未达到要求的扣0.2分	查看系统
			3. 能够提供病历书写模板，结构化方式存储病历记录，实现门诊、住院诊疗信息共享。未达到要求的扣0.2分	现场演示查看
			4. 临床医师通过系统查看患者检查检验报告与既往诊疗信息；检查医师（检验技师）能够调阅临床数据信息。未实现功能的扣0.2分	现场演示查看
			5. 能够实现临床路径管理和医嘱下达与执行的紧密结合，未达到要求的扣0.2分	现场演示查看
			6. 电子病历数据库具有为临床科研工作提供数据的功能，未达到要求的扣0.2分。以上6项扣完1分为止	现场演示查看
	六级：全流程医疗数据闭环管理，支持临床科研等高级医疗决策	1	1. 完全达到五级要求，未达标的扣1分	查看功能和文件
			2. 医疗业务项目能够全部使用计算机进行身份识别（如条形码、磁卡、IC卡等），参与数据采集，电子病历系统能够实时在线数据核查与管理，依据知识库审核功能能够及时向医护人员信息反馈和提示，减少医疗差错的发生概率。未达标的扣0.25分	现场演示查看
			3. 能够实现医疗和护理全程信息记录与管理，提供高级医疗决策支持。未达标的扣0.25分	现场演示查看
			4. 形成全院跨部门的知识库（如症状、体征、检查检验、诊断、治疗、药物合理使用知识库等），未达标扣0.25分	现场演示查看
			5. 基本实现电子病历无纸化，未达标的扣0.25分。以上5项扣完1分为止	现场演示查看

续　表

评审项目	评审指标	分值	评审标准	评审方法
八、电子病历系统（5分）	七级：电子病历系统完整，支持区域医疗信息共享	1	1. 完全达到六级要求，未达标的扣1分	查看演示和文件
			2. 电子病历系统能够按照标准与其他医疗机构进行安全、有效的信息共享，未达标的扣0.4分	现场演示查看
			3. 能够将其他医院患者诊疗记录整合到本院电子病历系统中，未能整合的扣0.4分	现场演示查看
			4. 能够外接区域卫生信息平台和其他医院信息系统及与居民电子健康档案的信息实现交换与共享，未实现的扣0.4分。以上4项扣完1分为止	现场演示查看
九、手术麻醉系统（2分）	术前术中术后处理功能	2	具有手术申请、手术排班、患者身份及手术部位确认、麻醉记录、用药记录、手术记录撰写、手术器械清点记录功能。缺一项功能扣0.3分，扣完2分为止	现场演示查看
十、办公系统（1分）	办公系统（OA）	1	需要具有公共事务管理和协同应用管理功能，缺一项功能扣0.5分	现场演示查看
十一、系统维护管理（1分）	系统基本资料管理	1	需要具有基本技术文档；系统总体设计文档；数据结构与流程图；详细的系统运行文档；与其他系统数据共享或接口文档；数据备份与数据运行文档；系统测试报告；完整的系统运行操作使用说明书；系统维护手册，缺一项扣0.1分	查看相关资料文件
十二、LIS系统（4分）	1. 实现与临床科室及相关部门信息的互通	1	能够连接实验室所有设备；具有检验结果审核、打印实验报告单功能；支持检验科基本业务流程运行；在检验科能够从医院其他系统调取患者基本信息和电子病历；在医院其他科室能够调阅实验报告；具有危急值管理功能，缺一项功能扣0.2分，扣完1分为止	现场演示查看
	2. 采用条形码技术和电子申请单	0.5	实现从开具电子申请单、打印条码、标本采集、标本核收到标本上机的全过程，缺一项功能扣0.1分	现场演示查看

续 表

评审项目	评审指标	分值	评审标准	评审方法
十二、LIS系统（4分）	3. 微生物学系统能完成各种微生物学的统计分析，支持院内感染监控系统	0.5	能够查看并审核上报传送到院内感染管理科及相关部门的统计分析结果，缺少该功能的扣0.5分	现场演示查看
	4. 支持质量控制规范、配备试剂、仪器管理和主任管理系统	0.5	能够查看并审核各种质控图，缺少该功能的扣0.5分	现场演示查看
	5. 检验统计	0.5	能够查看并审核各种医学统计和工作量统计报表，标本周转时间（TAT）调查统计的实际运行。缺少该功能的扣0.5分	现场演示查看
	6. 系统的安全可靠性高，有应急处理办法实验数据的安全性高，可溯源	0.5	现场查看：酌情给分，扣分不超过0.5分	现场演示查看
	7. 血库管理系统	0.5	要求具有血液入和出库操作、配血管理、发血管理、有效期管理、报废管理、条码管理和统计分析功能。缺一项功能扣0.1分，扣完0.5分为止	现场演示查看
十三、PACS系统（4分）	1. 集成放射、超声、内窥镜、心电、核医学等设备PACS连接	1	要求所有影像科室（普放、CT、核磁共振、介入治疗、超声和内镜PACS影像）实现全覆盖。缺一项扣0.2分，扣完1分为止	现场演示查看
	2. 存储与备份管理	1	要求存储与备份相关日志，无日志扣0.5分；无在线存储三年和离线保存扣0.5分	查看日志和备份文件
	3. 影像报告管理	1	要求有数据接收（支持DICOM影像和非DICOM影像）、图像显示、处理、测量、输出、播放功能、预约登记、分诊叫号、报告编辑、诊断模板、查询、统计等功能。缺少一项功能扣0.1，扣完1分为止	现场演示查看
	4. 临床影像及报告浏览和查询功能	1	临床医生可调阅医学影像报告与影像，能够对图像和报告删除、修改、打印和拷贝处理。缺一项0.2分，扣完1分为止	现场演示查看

续　表

评审项目	评审指标	分值	评审标准	评审方法
十四、病理影像信息系统（2分）	查看门诊住院申请单是否自动传输到登记分诊工作站（通过刷卡等方式验证）	2	有登记及签收标本功能、有大体工作站，同时具有采集大体图片功能、有区分不同类型的病理报告功能、检查病理切片的图像获取，能够真实还原显微镜下显示的图像功能、具备检查相关分析方法。缺一项功能扣0.4分	现场演示查看
十五、院感系统（2分）	感染病例监测、外科手术监测、高危新生儿监测、ICU监　测，抗菌药物监测，针刺伤监测，环境卫生学监测等	2	现场查看：各功能模块，没有的每项扣0.2分；系统与医院的HIS、LIS、电子病历等系统有接口，未建立接口的扣0.2分；如未达到智能预警和预防干预作用的扣0.3分。扣完2分为止	现场演示查看

四、【中医医院】应用系统（总分45分）

评审项目	评审指标	分值	评审标准	评审方法
一、门诊业务系统（8分）	1. 门诊挂号系统	2	支持“治未病”会员的预约挂号；“一卡通”就诊流程；“居民健康卡”和“二代身份证”识别功能；患者基本信息录入和注册功能；医生排班功能；门诊患者统计功能。缺一项功能扣0.3分	现场演示查看
	2. 门诊医生工作站	4	具有中医诊疗数字化系统；能够实现对该科室临床特色中医证候信息采集；实现病位归经、辨病辨证、对应治法、方剂加减等“理法方药一线贯通”的中医诊疗业务流程操作；具有无针灸和康复等中医治疗手段的数字化支持系统；能够生成符合中医电子病历规范要求的数据文档；能够提供和形成特色科室的典型病种临床路径；能够获取患者基本信息并能修正；能够与收费系统和药房系统相连接；具有指导合理用药功能；能够开具检验检查并发往LIS系统和PACS系统，并获取检查检验报告。缺一项功能扣0.4分	现场演示查看
	3. 门诊收费系统	1	能够支持不同类型中药方剂的价格效验及便捷收费；能够从医生工作站获取患者费用信息；支持银行卡、社保卡和现金付费等多种支付方式；支持先诊疗后付费模式。缺一项功能的扣0.25分	现场演示查看

续 表

评审项目	评审指标	分值	评审标准	评审方法
一、门诊业务系统（8分）	4. 门诊药管理系统		支持中医方剂用法的显示和打印；能够支持汤剂煎制和编码配送；具有处方审查功能，审查结果可以返回医生工作站。缺一项功能扣0.3分	现场演示查看
二、住院业务系统（8分）	1. 入院登记管理、床位管理	1	能够从门诊医生工作站获取医生开具的入院通知单和患者基本信息；具有病房病床查询和病床安排功能；具有患者腕带办理或其他患者身份识别码生成功能；能够支持入院患者中医体质类型的分型，缺一项功能扣0.25分	现场演示查看
	2. 护士工作站	2	支持中医护理规范、观察和记录临床患者的四诊信息；能够从入院系统获取患者基本信息并具有修改功能；从医生工作站获取医嘱，并生成医嘱执行记录；具有患者诊疗记账功能；具有以PDA为支撑的床旁系统；具有转床转科功能；支持护理不良事件报告。缺一项功能扣0.3分，扣完2分为止	现场演示查看
	3. 医生工作站	3	能够从入院处获取患者基本信息并具有修改功能；能够整合患者基本信息和诊疗信息形成病历首页；具有符合中医规范的中医病程变化的电子记录；具有符合中医临床路径要求的医嘱系统；具有针灸和康复数字化的管理系统；能够开具检验、检查申请单并发往LIS系统和PACS系统，并从这些系统获取检查检验报告；与药房系统相连接获取药品信息；能够提供中西医用药比例分析、“因位性势”的动态跟踪、合理用药功能和抗生素分级使用功能；具有以知识库为支撑的医疗质量控制系统；具有移动查房系统；系统后台集成中医住院电子病历的功能。缺一项功能扣0.3分，扣完3分为止	现场演示查看
	4. 住院结算系统	1	支持生成患者费用一日清单明细功能；医保患者后台结算功能；新农合患者即时结报功能；具有叫号排队系统；支持银行卡/社保卡/现金等多种支付方式。缺一项功能扣0.2分	现场演示查看
	5. 住院药房系统	1	从护士工作站获取患者处方信息；具有支持中药汤剂的煎制和药品配送的信息系统；具有临床用药统计分析功能。缺一项功能扣0.3分	现场演示查看

续 表

评审项目	评审指标	分值	评审标准	评审方法
三、财务管理系统（2分）	医疗服务的价格管理、预算管理、绩效管理、成本管理	2	有诊疗项目和收费项目日报表和月报表；有预算管理方案资料；有成本管理方案资料。缺一项功能扣0.2分	查看报表
			具有中西医诊疗和用药经费分类报表、诊疗服务数据字典管理、预算管理运行系统、绩效管理运行系统、成本管理运行系统、财务数据的完整性、与医药公司结算管理系统功能。缺一项功能扣0.2分	现场演示查看
四、医疗统计（1分）	1. 病案统计 2. 医院综合统计 3. 国家要求的卫生统计	1	1. 有满足卫生部新病案首页的病案管理系统，并能够将完整符合标准的相关数据上报卫生厅；有符合国家要求的卫生统计报表功能，缺一项功能扣0.2分 2. 实现从HIS系统导入的数据处理报表功能；具有病案信息综合检索查询功能；支持生成统计台账功能。缺一项功能扣0.2分	现场查看演示
五、药库管理系统（2分）	药品入出库、有效期、合理用药、采购和价格管理	2	1. 要求有中药饮片、小包装和免煎药的分类管理功能、药品入出库登记运行、药品的库位管理运行、药品效期、调价管理运行、药品盘点管理流程、药品处方划价、扣减运行处理、大处方的管理与控制、处方的审核与发药管理、摆药管理、合理用药的运行功能。缺一项功能扣0.1分，扣完1.5分为止	现场查看演示
			2. 要求有药品管理的流程资料，无资料的扣0.5分	查看相关资料
六、体检管理系统（1分）	体检预约、结论查看和统计管理	1	具有中医体质辨识功能；具有“治未病”数字化业务系统功能；能够查询各项体检记录和报表；支持体检预约、诊断结论及建议查询功能；能够查询统计、生成报表；实现与LIS、PACS影像等其他系统的无缝连接及检查检验结果导入数据功能。缺少一项功能扣0.2分，扣完1分为止	现场查看演示
七、物资管理（2分）	卫生材料管理、非卫材物资管理、固定资产管理	2	具有材料采购计划管理；入库的管理；出库管理；调拨管理；科室领用管理；库存管理；汇总统计、报表；医用耗材管理；设备采购，入、出管理；库存管理；设备折旧管理、设备使用和维护管理；设备资料管理；房屋登记；房屋折旧功能。缺少一项功能扣0.2分，扣完2分为止	现场查看演示

续 表

评审项目	评审指标	分值	评审标准	评审方法
八、电子病历系统（5分）	三级：实现基础中医数据系统，支持初级中医临床医疗决策	1	1. 初步形成结构化的中医电子病历，未实现的扣0.5分	现场查看演示
			2. 建立多部门统一的中医证候、病名、病症、方剂数据字典，未建立的扣0.2分	查看字典文件
			3. 至少有1个中医辨证知识库，不具有知识库的扣0.3分	现场查看演示
	四级：信息共享，同步支持中西医临床医疗决策	1	1. 完全达到三级要求，未达到三级要求的扣1分；能够共享西医检查、检验、西药等西医医疗流程数据信息，未能实现数据共享达标的扣0.25分	现场演示
			2. 通过软件程序能够实现中西医诊疗数据的融合，并具有中西医不同的2个以上的知识库，未达标的扣0.25分	现场演示
			3. 实现方剂配伍审核，并具有合理用药监测功能，未达标的扣0.25分	现场演示
			4. 提供中医临床诊疗规范、合理用药、临床路径等统一的知识库，未达标的扣0.25分。以上4项扣完1分为止	查看文件
	五级：数据系统集成，数据的互联互通。基本建立以电子病历分析和数据挖掘为基础的医院信息平台	1	1. 完全达到四级要求，未达到四级要求的扣1分；能够实现住院患者全流程中医信息采集、分析计算机处理和全院范围内安全共享，未达标的扣0.25分	现场演示、查看文件
			2. 在全院范围内形成统一的临床数据管理系统，实现系统数据分析和挖掘功能，未达标的扣0.25分	现场演示查看
			3. 能够提供中医证候信息变化的动态跟踪和监控，结构化方式存储、查询、图形化分析病历记录，未达标的扣0.25分	现场演示查看
			4. 能够实现临床路径管理和医嘱下达与执行的紧密结合，未达标的扣0.25分。以上4项扣完1分为止	现场查看演示
	六级：全流程医疗数据闭环管理，支持临床科研等高级医疗决策	1	1. 完全达到五级要求，未达到五级要求扣1分；电子病历数据库具有为临床科研工作提供数据的功能，未达标的扣0.25分	现场查看演示
			2. 医疗业务项目能够全部使用计算机进行身份识别（如条形码、磁卡、IC卡等），并参与数据采集，电子病历系统实时在线数据核查与管理，未达标的扣0.25分	现场演示查看

续 表

评审项目	评审指标	分值	评审标准	评审方法
八、电子病历系统（5分）			3．具备机器学习、关键词义提取等功能技术，实现中医医疗和护理全程信息记录与行为分析。未达标的扣0.25分	现场演示查看
			4．依据知识库审核功能能够及时向医护人员信息反馈和提示，减少医疗差错的发生概率，并且形成全院跨部门的知识库（如症状、体征、检查检验、诊断、治疗、药物合理使用知识库等）。未达标的扣0.25分，以上4项扣完1分为止	现场演示查看
	七级：电子病历系统完整，支持区域医疗信息共享	1	1．完全达到六级要求，未达到六级要求的扣1分；同时基本实现电子病历无纸化，提供电子病历的患者接口，实现区域卫生信息共享。未达标的扣0.3分	现场演示查看
			2．将其他医院患者诊疗记录整合到本院电子病历，未达标扣0.3分	现场演示查看
			3．能够外接区域卫生信息平台和其他医院信息系统及与居民电子健康档案的信息交换与共享。未达标的扣0.3分，以上3项扣完1分为止	现场演示查看
九、手术麻醉系统（2分）	术前术中处术后处理功能	2	要求有手术申请、手术排班、患者身份及手术部位确认、麻醉记录、用药记录、手术记录撰写、手术器械清点记录功能。缺一项功能扣0.3分，扣完2分为止	现场演示查看
十、办公系统（1分）	办公系统（OA）	1	有支持中医文化和特色科室的建设管理专有流程；具有公共事务管理和协同应用管理功能。缺少一项功能扣0.5分	现场演示查看
十一、系统维护管理（1分）	系统基本资料管理	1	需要有基本技术文档；系统总体设计文档；数据结构与流程图；详细的系统运行文档；与其他系统数据共享或接口文档；数据备份与数据运行文档；系统测试报告；完整的系统运行操作使用说明书；系统维护手册。缺一项扣0.1分	查看相关资料文件
十二、LIS系统（4分）	1．与临床科室及相关部门信息互通	1	能够连接实验室所有设备；具有检验结果审核、打印实验报告单功能；支持检验科基本业务流程运行；在检验科能够从医院其他系统调取患者基本信息和电子病历；在医院其他科室能够调阅实验报告；具有危急值管理功能。缺一项功能扣0.2分，扣完1分为止	现场演示查看

续 表

评审项目	评审指标	分值	评审标准	评审方法
十二、LIS系统（4分）	2. 采用条形码和电子申请单	0.5	实现从开具电子申请单、打印条码、标本采集、标本核收到标本上机的全过程，缺一项功能扣0.1分	查看演示功能
	3. 微生物学系统能完成各种微生物学的统计分析，支持院内感染监控系统	0.5	能够查看并审核上报传送到院内感染管理科及相关部门的统计分析结果，缺少该功能的扣0.5分	现场演示查看
	4. 支持质量控制规范，配备试剂、仪器管理和主任管理系统	0.5	能够查看并审核各种质控图，缺少该功能的扣0.5分	现场演示查看
	5. 检验统计	0.5	能够查看并审核各种医学统计和工作量统计报表，标本周转时间（TAT）调查统计的实际运行。缺少该功能的扣0.5分	现场演示查看
	6. 系统的安全可靠性高，有应急处理办法实验数据的安全性高，可溯源	0.5	现场查看：酌情给分，扣分最多不超过0.5分	现场演示查看
	7. 血库管理系统	0.5	要求具有血液入和出库操作、配血管理、发血管理、有效期管理、报废管理、条码管理和统计分析功能，缺一项扣0.1分，扣完0.5分为止	现场演示查看
十三、PACS系统（4分）	1. 影像系统集成：放射、超声、内窥镜、心电、核医学等设备PACS连接	1	要求所有影像科室（普放、CT、磁共振、介入治疗、超声和内镜PACS影像）实现全覆盖，缺一项扣0.2分，扣完1分为止	现场演示查看
	2. 存储与备份管理	1	要求存储与备份相关日志，无日志扣0.5分；无在线存储三年和离线保存扣0.5分	查看日志和备份文件

续　表

评审项目	评审指标	分值	评审标准	评审方法
十三、PACS系统（4分）	3. 影像报告管理	1	要求有数据接收（支持DICOM影像和非DICOM影像）、图像显示、处理、测量、输出、播放功能、预约登记、分诊叫号、报告编辑、诊断模板、查询、统计等功能，缺少一项功能扣0.1分，扣完1分为止	现场演示查看
	4. 临床影像及报告浏览和查询功能	1	授权的临床医生可以调阅医学影像报告与影像、能够对图像和报告进行删除、修改、打印和拷贝处理，缺一项功能的扣0.2分，扣完1分为止	现场演示查看
十四、病理影像信息系统（2分）	查看门诊住院申请单是否自动传输到登记分诊工作站（通过刷卡等方式验证）	2	有登记及签收标本功能、有大体工作站，同时具有采集大体图片功能、有区分不同类型的病理报告功能、检查病理切片的图像获取，能够真实还原显微镜下显示的图像功能、具备检查相关分析方法，缺一项功能扣0.4分	现场演示查看
十五、院感系统（2分）	感染病例监测、外科手术监测、ICU监测，高危新生儿监测、抗菌药物监测，针刺伤监测，环境卫生学监测	2	现场查看：各功能模块，没有的每项扣0.2分；系统与医院的HIS、LIS、电子病历等系统有接口，未建立接口的扣0.2分，如未达到智能预警和预防干预作用的扣0.3分，扣完2分为止	现场演示查看
十六、其他业务（2分）	1. 急诊业务	1	覆盖急诊登记和急诊诊间医疗文书处理，覆盖急诊留观医疗及计费，缺一项功能的扣0.5分	现场演示
	2. 远程会诊	1	1. 覆盖远程视频会诊和开展影像、病理、心电、超声等一项或多项远程医疗服务项目，缺一项功能的扣0.5分 2. 未按照国家要求报送HQMS扣1分，国家未要求报送不扣分	

五、应用集成（总分5分）

评审项目	评审指标	分值	评审标准	评审方法
一、医院集成平台建设（1分）	医院信息系统集成符合卫生部《基于电子病历的医院信息平台建设技术解决方案》	1	系统构架要求符合三层架构（应用系统模块化，数据交换平台化，数据存储集中化），不符合扣0.5分	查看设计文档
			要求医院信息系统实现集中存储（以患者为单位）、集中调阅和集中利用，未按照要求实现，扣0.5分	现场演示查看
二、对外服务能力建设（9分）	1. 医疗保险接口（含新农合接口）：应能完成医院信息系统与上级医保部门进行信息交换的功能，包括下载、上传、处理医保患者有关费用，并做到及时结算	2	1. 要求医保患者结算过程顺利清晰，结算结果准确无误，未达标的扣0.5分	现场演示查看
			2. 查看HIS系统中从上级医保部门下载更新的药品目录、诊疗目录、服务设施目录，缺该功能的扣0.5分	现场演示查看
			3. 查看一个月的HIS系统与上级医保部门结算对账单，要求结算结果准确无误，未达标的扣0.5分	现场演示查看
			4. 抽查2份医院信息系统中保存的医疗保险患者划分并支付后的费用明细清单和结算汇总清单，要求结算结果准确无误，未达标的扣0.5分	现场随机抽 查2份查看
	2. 区域卫生信息平台接口：完成医院信息系统向平台定时上传有关医院医疗质量、医院运营管理的数据	5	1. 有区域卫生平台，未按要求定时上传数据扣1分	现场演示查看
			2. 经省卫生信息中心标准符合性测试，符合率100%的不扣分，符合率80%以上的扣1分，60%以上的扣2分，40%以上的扣3分，40%以下的扣4分（以测试报告为准）	查看测试报告
	3. 按卫生行政管理部门要求自动上报数据	2	未按省卫生行政部门要求，自动上报病案首页数据的扣1分	现场演示查看

六、信息安全（总分5分）

评审项目	评审指标	分值	评审标准	评审方法
信息安全（5分）	1．身份认证	1	1．无数字证书扣0.25分 2．无用户账号申请、审批、变更及撤销工作流程扣0.25分 3．无用户登录密码长度和复杂度控制扣0.25分 4．无用户登录密码更换策略扣0.25分	现场演示、查看相关文件
	2．信息的授权访问控制	2	1．无用户授权管理模型和策略扣0.4分	查看相关文件
			2．无操作超时自动结束会话功能扣0.4分	现场演示查看
			3．无单点登录功能扣0.4分	现场演示查看
			4．电子病历系统中无历次修改痕迹保存且标记准确的修改时间和修改人员信息扣0.4分	现场演示查看
			5．无防止非授权方功能控制扣0.4分	现场演示查看
	3．数据库审计	1	1．审计记录的内容至少应包括事件的日期、时间、发起者信息、类型、描述和结果，内容包含不全或不能生成审计报告扣0.5分	现场演示查看
			2．无审计记录统计、查询、分析、生成及报表机制扣0.5分	现场演示查看
	4．患者隐私保护	1	非正常医疗服务（如归档电子历的调阅、复制和打印）中患者信息的传递未实行匿名化服务扣1分	现场演示查看

七、信息利用及服务（总分10分）

评审项目	评审指标	分值	评审标准	评审方法
一、信息分析与利用（3分）	1．有院长决策支持系统 2．有专业财务管理和分析系统 3．支持各业务系统查询功能	3	数据信息能够满足实时数据提取；具有院长决策支持系统；具有财务管理与分析系统；具有业务系统，有定期的数据分析与利用。缺一项扣0.7分	现场演示查看

续 表

评审项目	评审指标	分值	评审标准	评审方法
二、便民服务与信息公开（5分）	1. 有面向患者的自助查询服务系统 2. 支持多种形式的预约挂号及健康咨询服务 3. 有出院患者随访系统 4. 有患者对医疗服务自助评价系统	5	1. 要求医院开放自助查询系统（包含价格、相关政策等公开信息和本人的诊疗信息） 2. 支持诊间、先诊疗后付费模式 3. 支持多种形式预约挂号等服务 4. 有大屏播放系统显示医院医疗服务价格信息 5. 有出院患者随访系统 6. 有医疗服务患者自助评价系统 7. 有面向患者的分诊、候诊及排队提示系统。缺一项功能扣0.8分，扣完5分为止	现场查看
三、门户网站建设（2分）	1. 医疗咨询服务 2. 特色医疗服务 3. 健康教育服务	2	要求门户网站设置医院简介、名医介绍、就诊指南、特色科室介绍、医患互动板块、网站能够调阅医生基本信息、医生出诊信息等。缺一项功能扣0.3分，扣完2分为止	现场查看

八、智慧应用（总分40分）（加分项目）

评审项目	评审指标	分值	评审标准	评审方法
一、个人信息智慧服务（2分）	个人信息服务	2	能够采用智能终端查看个人基本信息、诊疗记录、检查报告、检验报告、医疗费用、体检报告、健康档案功能，满足一项加0.3分，加满2分为止	现场演示查看
二、智慧患者服务（13分）	1. 院内地图及楼层地图导航服务	1	支持在智能终端进行院内导航服务，满足要求加1分，否则不得分	现场演示查看
	2. 预约挂号	1	支持在智能终端进行就诊预约挂号服务，满足要求加1分，否则不得分	现场演示查看
	3. 在线支付	1	支持在智能终端进行在线支付、缴费服务，满足要求加1分，否则不得分	现场演示查看

续 表

评审项目	评审指标	分值	评审标准	评审方法
二、智慧患者服务（13分）	4. 智能导诊、复诊预约、分诊、候诊和就诊服务	2	能够通过蓝牙、RFID、WIFI、GPS、GPRS等技术实现患者就医流程位置定位，智能分诊，提醒患者排队概况，就诊提醒，告知患者科室位置，提供复诊预约功能，提高患者就医效率和就医感受。满足一项加0.4分，加满2分为止	现场演示查看
	5. 诊间支付、床头支付	2	支持患者看诊、住院完成直接在诊间、床头进行缴费服务。满足各加1分，否则不得分	现场演示查看
	6. 查取报告	1	支持在智能终端进行检查结果的查看和接收取阅通知服务，满足加1分，否则不得分	现场演示查看
	7. 体检（健康）档案管理	1	支持在智能终端进行体检结果查看及历史体检结果比对、分析服务。满足加1分，否则不得分	现场演示查看
	8. 慢病管控	1	支持对患者进行智能随访及慢病管控服务，满足加1分，否则不得分	现场演示查看
	9. 健康咨询、健康教育	1	支持在智能终端进行健康咨询、健康教育，满足要求加1分，否则不得分	现场演示查看
	10. 随访服务	1	支持在智能终端进行患者随访，满足要求加1分，否则不得分	现场演示查看
	11. 服务评价	1	支持在智能终端进行服务评价，满足要求加1分，否则不得分	现场演示查看
三、智慧医护服务（8分）	1. 智能移动护理	1	支持护士通过智能终端对相关信息进行及时录入以及信息查询服务，满足加1分，否则不得分	现场演示查看
	2. 智能医生办公	1	支持医生通过智能终端对相关信息进行及时录入以及信息查询服务，满足加1分，否则不得分	现场演示查看
	3. 智能消毒供应室管理	1	支持通过智能终端对器材包等相关器械进行各个环节管控（如回收、清洗、消毒）服务，满足加1分，否则不得分	现场演示查看
	4. 智能输液监护	1	支持患者输液过程中，实时智能监控（如漏液、中止），满足加1分，否则不得分	现场演示查看
	5. 监护仪智能管控	1	支持患者被监护时，异常状态智能报警（如心电监护仪），满足加1分，否则不得分	现场演示查看

续 表

评审项目	评审指标	分值	评审标准	评审方法
三、智慧医护服务（8分）	6. 危急值智能管控	1	支持患者在诊疗期间，异常状态智能报警（如检验、影像检查），满足加1分，否则不得分	现场演示查看
	7. 智能安全、核查	2	1. 支持通过电子标签、定位等相关智能系统，对婴儿进行安全监护，满足加1分，否则不得分 2. 支持通过RFID等相关智能系统，对患者身份进行智能快速核查，确保患者安全，满足加1分，否则不得分	现场演示查看
四、智慧病房服务（1分）	智能病房监控，患者状态监测服务	1	能智能监控病房温度、湿度、氧气、气压；实现智能门禁、报警定位、视频监控、可视电话、视频点播服务；能够通过智能设备实现患者状态监测服务；病房安装多功能智能查询触摸屏。满足一项加0.25分，加满1分为止	现场演示查看
五、智慧管理者服务（6分）	1. 门诊业务数据智能分析	1	支持通过智能终端，对门诊量、门诊收入、人均门诊费用、门诊处方量、门诊收费相关指标进行深度钻取分析。满足一项加0.2分，加满1分为止	现场演示查看
	2. 住院业务数据智能分析	1	支持通过智能终端，对入院人次、出院人次、床位使用率、平均住院日、人均住院费用等相关指标进行深度钻取分析。满足一项加0.2分，加满1分为止	现场演示查看
	3. 手术业务数据智能分析	1	支持通过智能终端，对出院患者手术例数、手术患者平均住院日、手术患者人均住院费用等指标进行深度分析。满足一项加0.4分，加满1分为止	现场演示查看
	4. 医保数据分析	1	支持通过智能终端，对医保收入、人均医保费用、医保超定额等相关指标进行深度钻取分析。满足一项加0.4分，加满1分为止	现场演示查看
	5. 病种数据分析	1	支持通过智能终端，对病种出院日次、病种平均住院日、病种人均住院费用、病种出院患者死亡人次等相关指标进行深度钻取分析。满足一项加0.3分，加满1分为止	现场演示查看

续　表

评审项目	评审指标	分值	评审标准	评审方法
五、智慧管理者服务（6分）	6. 绩效数据分析	1	支持通过智能终端，对医生、护士等相关人员进行工作量、效率、质量、收入等多方信息查询分析，满足要求加1分	现场演示查看
六、智慧移动办公服务（1分）	移动办公服务	1	通过手机等移动智能终端进行即时办公、信息共享，加1分	现场演示查看
七、智慧后勤服务（4分）	1. 基于RFID的物联网物资管理	1	能够基于RFID技术的物联网物资管理，实现对设备、高值耗材消耗、医疗垃圾等的溯源、追踪、统计，加1分	现场演示查看
	2. 智慧停车服务	1	能够利用网络、电子显示屏显示医院车位情况，停车自助、自动付费服务，加1分	现场演示查看
	3. 患者及员工生活服务	1	采用一卡通或者移动终端对患者及医院员工生活方面提供智慧服务，包括通过智能终端或病房触摸屏，进行自助点餐、移动点餐，即时付费、洗浴、健身、购物等服务，加1分	现场演示查看
	4. 楼宇智能化	1	实现智能化楼宇，包括安防、照明、空调、消防等实现智能化与自动化，加1分	现场演示查看
八、智慧医院管理（3分）	1. 移动医疗服务	3	1. 能够利用智能终端实现移动查房、移动护理服务，加1分	现场演示查看
	2. 智能手术室管理		2. 能够实现手术室设备智能管理、麻醉、手术器械、耗材、手术视频观摩、手术人员身份识别，加1分	现场演示查看
	3. 诊疗过程监控		3. 能够实现输液、无线生命体征监控、婴儿防盗等智慧应用，加1分	现场演示查看
九、智慧物流服务（2分）	1. 药品物流服务	2	1. 能够实现处方下达后通过发药机等手段实现药品自动分拣、投送、包装服务，减少患者等待时间，加1分	现场演示查看
	2. 标本物流服务		2. 能够利用气压、小车等装置进行标本即时投送，加1分	现场演示查看

下　篇

智慧健康养老

第五章　智慧健康养老概述

本章对智慧健康养老基本概念和内涵、政策研究、相关理论进行介绍。论述智慧健康养老的定义、特点和优势，阐述其利用物联网、云计算、大数据、智能硬件等新一代信息技术产品实现个人、家庭、社区、机构与健康养老资源的有效对接和优化配置，推动健康养老服务智慧化升级，提升健康养老服务质量效率水平的内涵。分析智慧健康养老的相关政策和发展沿革，探讨政府在推动智慧健康养老发展中的作用和责任。介绍与智慧健康养老的相关理论，研究和探索智慧健康养老提供理论支撑和实践指导。

第一节　智慧健康养老基本概念和内涵

一、智慧健康养老的背景

1. *老龄化程度不断加深*　2022年末，我国60岁及以上人口为2.80亿，占总人口的19.8%，65岁及以上人口为2.10亿，占总人口的14.9%。与2021年相比，60岁及以上人口增加1268万，比重上升0.9%；65岁及以上人口增加922万，比重上升0.7%。我国已进入人口负增长，2022年新生人口少于老年人口的增长，并且有进一步增加的趋势。老龄化加剧给我国社会经济发展带来了一系列挑战，一是随着医疗技术的进步和人们生活水平的提高，我国老年人的平均寿命逐年延长。这也意味着老年人患有慢性病和其他健康问题的风险增加，需要更多的医疗服务和护理。二是面临着低生育率的问题，导致了劳动力市场的紧张和家庭结构的变化，劳动力市场面临供需失衡、成本上升问题，越来越多的家庭无法承担照顾年迈父母的责任，因此需要社会和政府提供更多的养老服务。三是社会保障体系面临巨大压力，社会抚养负担持续加重，养老金支付、医疗保障等方面的支出不断增加，补偿机制和保障体系面临冲击。需要通过提高养老金水平、扩大医疗保险覆盖范围以及优化养老服务技术和设施等以应对人口老龄化带来的挑战。智慧健康养老作为一种新型的养老服务模式，正逐渐成为解决我国老龄化问题的重要途径。

2. 信息技术快速发展　近年来，我国在信息技术领域的发展令人瞩目，特别在物联网、大数据和云计算等关键领域取得了重大突破。这些技术为智慧健康养老提供了强大的技术支持，极大地提升了养老服务的质量和效率。物联网技术的发展为智慧健康养老提供了支撑，通过各种传感器和智能穿戴设备，可以实时收集老年人的心率、血压、血糖等生理数据，以及运动量、睡眠质量等行为数据。这些数据可以帮助了解老年人的健康状况，及时发现和预防各种疾病。大数据技术的应用使得我们能够从海量的健康数据中获取有价值的信息，通过对数据的深度分析和挖掘，可预测健康状况和风险，从而提供个性化的健康管理和服务。云计算技术可构建大规模的健康数据分析平台、支持远程医疗技术，实现跨地域、跨机构的健康数据分析和服务，让老年人在家中就能享受到更加专业、舒适、便捷的养老和医疗服务。同时，通过在云端存储和处理大量的健康数据，提高数据处理的效率、降低数据存储和传输成本。

3. 全球化趋势日益凸显　在欧美等发达国家，智能家居、远程医疗等智慧健康养老服务已经成为老年人日常生活中不可或缺的部分。如英国的智慧健康社区项目中，老年人可以得到全面的健康管理和服务，包括定期体检、健康指导等，为老年人提供更加多元化、精准化的选择。随着全球经济的融合，资本、技术和人才的跨国流动也日益活跃，这为我国智慧健康养老服务提供商提供了更多的合作机会、投资渠道、发展空间。在全球化背景下，养老服务提供者可以通过引进国际先进的养老设施、服务理念、标准技术，提高自身的服务质量和管理水平，培育发展动力和市场潜力。同时，可以通过与国际养老企业的合作，拓展业务范围，实现跨国经营，为老年人提供国际化、高品质的养老服务，打造具有国际竞争力的养老服务品牌。

二、智慧健康养老的基本概念

智慧健康养老是借助智能化技术、产品、信息系统平台和管理方法，面向人民群众的健康及养老服务需求，深度融合应用物联网、云计算、大数据、人工智能等新一代信息技术，为老年人提供个性化、智能化的健康管理和养老服务的体系和模式。智慧健康养老产业以老年人为中心，以提高老年人的生活质量为目标，提供健康管理、康复护理、生活照料等多方面的综合性服务，满足老年人多样化、个性化的健康养老需求，是传统养老产业的转型和升级，主要包含以下内容：

1. 关注老年人的身心健康和生活质量 它利用智能化技术和管理方法，为老年人提供全方位、多层次的服务，包括医疗保健、日常生活照料、休闲娱乐等多个领域，旨在提高老年人的生活质量，使其在晚年生活中更加健康、快乐、幸福。

2. 强调智能化技术的应用 它借助物联网、云计算、大数据、人工智能等先进的信息技术，实现老年人的全面健康管理和生活服务的智能化、个性化、便捷化、高效化和社会化，为老年人提供更加舒适、便捷、安全、智慧的生活环境。

3. 注重老年人的个性化需求 它通过对老年人的身体状况、生活习性、兴趣爱好、心理状态等多方面信息的分析，为每位老年人提供符合其自身特点和需求的个性化服务，如定制化的健康管理、生活照料、休闲娱乐等，使其能够更好地应对老龄化带来的各种挑战，实现晚年生活的尊严和自立。

4. 注重协同化的体系建设 它不仅关注老年人的身心健康和生活照料，还对其社会参与等方面进行全面关注，涉及家庭、社区、医疗机构、政府等多方面的参与，旨在为老年人提供全方位、多层次的服务。在这个体系中，各个参与方需协同合作，共同为老年人提供服务。

三、智慧健康养老的特点

1. 智能化 智慧健康养老的核心在于智能化。它综合运用物联网、云计算、大数据、人工智能等新一代信息技术，实现老年人的生活、健康、安全等多方面的智能化管理和服务。例如，通过智能设备如可穿戴设备、智能家居、健康监测设备等，实现老年人生活数据的实时采集和健康状况的监测。这些数据经过云计算和大数据技术处理后，可为老年人提供个性化的健康管理和服务方案。

2. 个性化 借助大数据、人工智能等技术，智慧健康养老的服务可针对每位老年人的不同需求和身体状况，进行精准的健康监测和数据分析，提供个性化的服务方案。通过对老年人的身体状况、生活习性、兴趣爱好、心理状态等多方面信息的分析，为每位老年人提供符合其自身特点和需求的健康管理、生活照料、休闲娱乐定制化智能设备和服务方案，使得老年人的生活更加舒适和便捷。

3. 协同化　智慧健康养老不仅仅是提供给老年人的单一服务，而是一个涉及家庭、社区、医疗机构、政府等多方面的综合性服务体系。在这个体系中，各个参与方需协同合作，共同为老年人提供全方位、多层次的服务。例如，家庭成员可与社区工作人员。

4.便捷化　智慧健康养老借助先进的信息技术，能够实现各类服务的高效便捷。老年人和相关服务机构可以通过智能设备或移动应用程序进行实时沟通，及时获取老年人的生活和健康状态信息，为其提供快速响应和精准服务。此外，智慧健康养老还可通过大数据分析和预测，提前发现老年人的健康和服务需求，为其提供更加前瞻性的服务。

5. 动态化　智慧健康养老注重服务的连续性。老年人的生活和健康状态是动态变化的，因此其需求也在不断变化。智慧健康养老服务体系能够实时跟踪老年人的变化，不断调整和优化服务方案，确保老年人始终获得最适合的服务。此外，智慧健康养老还可为老年人提供包括康复护理、长期照料、临终关怀等在内的连续性服务，满足其不同阶段的需求。

四、智慧健康养老的重点任务

1. 技术创新和研发　智慧健康养老是信息技术和养老服务的深度融合，技术创新和研发是智慧健康养老产业发展的重要推动力。未来需要进一步加强信息技术创新和研发，推动智慧健康养老技术的不断升级和发展。例如，物联网、云计算、大数据、人工智能等技术的应用将会成为未来智慧健康养老技术的重要方向，需要加强研发和应用，提高智慧健康养老服务的智能化水平。

2. 服务模式的创新和完善　智慧健康养老服务模式是该产业发展的核心，服务模式的创新和完善是推动智慧健康养老产业发展的重要保障。未来需要加强服务模式的创新和完善，探索更加符合老年人需求的服务模式和服务产品。例如，个性化定制服务、线上线下结合服务等模式将会得到更广泛的应用和推广。

3. 与医疗体系的深度融合　智慧健康养老与医疗体系的深度融合是未来发展的重要趋势。未来需要加强智慧健康养老与医疗体系的深度融合，实现老年人健康管理和医疗救助的智能化、高效化和专业化。例如，通过智能化监测设备实现实时健康监测和预警，通过医疗救助平台实现快速医疗救助和服务等。

4. 提高普及率和可及性　目前，智慧健康养老服务的普及率和可及性还有待提高。未来需要加强智慧健康养老服务的普及率和可及性，让更多的老年人享受智慧健康养老服务。例如，通过政策扶持和引导，推动智慧健康养老服务的普及和应用；同时，通过提高服务质量、降低服务成本等手段，提高智慧健康养老服务的可及性和可负担性。

5. 加强国际合作与交流　智慧健康养老产业是一个新兴的产业领域，加强国际合作与交流对于推动该产业的发展具有重要的意义。未来需要加强与国际组织和企业的合作与交流，引进国外先进的理念和技术，推动我国智慧健康养老产业的发展。例如，可以与国外企业合作开展技术研发、人才培训等方面的工作；可以引进国外先进的养老服务模式和管理经验等。

五、智慧健康养老的应用价值

智慧健康养老是一种综合性的养老服务模式，融合了现代信息技术和养老服务，为老年人提供更加便捷、个性化、智能化的养老服务。智慧健康养老的意义和价值主要体现在以下几个方面。

1. 提高老年人的生活质量　随着老龄化社会的到来，老年人的数量不断增加，而老年人的生活质量也成为社会关注的焦点。智慧健康养老可以通过智能化手段实现对老年人生活和健康状况的实时监测、预警和干预，提高老年人的生活质量。例如，通过智能家居设备可以实现智能化控制家庭环境，提高老年人的生活舒适度；通过智能医疗设备可以实现实时健康监测和快速医疗救助，提高老年人的健康水平。

2. 降低社会和家庭的负担　老年人随着年龄的增长，身体机能逐渐衰退，需要更多的照顾和护理。传统的养老方式往往需要投入大量的人力、物力和财力，给社会和家庭带来了较大的负担。智慧健康养老可以通过智能化手段提高养老服务的效率和质量，降低社会和家庭的负担。例如，通过智能化养老服务平台可以实现全国范围内的养老服务资源整合和调配，提高服务效率和质量，同时也可以减少服务成本。

3. 促进信息技术的创新和发展　智慧健康养老是信息技术和养老服务的深度融合，也是信息技术在养老领域的创新应用。智慧健康养老的发展可以促进信息技术的不断创新和发展，推动我国信息产业的升级和发展。

4. 推动产业结构的调整和升级　随着老龄化社会的到来，养老服务已经成为一个新兴的产业领域。智慧健康养老的发展可以推动我国养老产业的调整和升级，促进相关产业的发展和壮大，为我国经济发展注入新的动力。

六、智慧健康养老面临的挑战

1. 数据安全和隐私保护　智慧健康养老需要大量的数据支持，但这些数据的收集、存储和使用过程中存在着隐私泄露和安全风险。因此，需要采取有效的措施来保护老年人的隐私和数据安全。

2. 技术标准和互操作性的问题　由于智慧健康养老涉及多个领域的技术应用，如智能家居、智能医疗设备等，而这些领域的技术标准尚未完全统一，因此存在着互操作性差和信息孤岛等问题。这需要技术提供商和服务机构加强技术交流和合作，推动标准化和互操作性的提高。

3. 服务质量和普及度的问题　虽然智慧健康养老的服务品质得到了全面提升，但仍然存在着服务质量和普及度不足的问题。一些老年人可能因为技术门槛高、信息不对称等原因无法享受到智慧健康养老服务。因此，需要加强服务质量的监管和普及度的提高，使得更多的老年人可以享受到智慧健康养老服务。

4. 投资和维护成本的问题　智慧健康养老需要大量的资金投入，包括技术研发、设备采购、人力成本等，而且这些设备的更新换代和维护成本也比较高。因此，需要采取有效的措施来降低成本和提高效益，使得智慧健康养老可以更好地为广大老年人服务。

第二节　智慧健康养老政策分析

随着我国人口老龄化程度的不断加深，养老负担日益加重，给社会和家庭带来了许多挑战和压力。在互联网、物联网、大数据技术日臻成熟与普及的背景下，智慧健康养老成为推动养老服务变革的重要方向。政府制定了一系列政策措施，着力推动智慧健康养老服务体系建设，为推进老龄事业发展提供了有力支撑。

一、我国智慧健康养老政策基本情况

我国智慧健康养老政策发展至今，可归纳为政策萌芽期（2014—2016年）、政策起步期（2017—2020年）和政策发展期（2021—2023年）三个阶段。2014年，国家发改委等八部委在《关于促进智慧城市健康发展的指导意见》中提出推动构建普惠化公共服务体系，建设具有随时看护、远程关爱等功能的养老信息化服务体系，这是我国首次在国家政策层面明确提出建设智慧养老。2017年，工信部印发《智慧健康养老产业发展行动计划（2017—2020年）》，提出普及健康管理、居家养老等智慧健康养老服务，提升智慧健康养老服务质量效率，完善智慧健康养老产业发展环境，制定50项智慧健康养老产品和服务标准，提升信息安全保障能力。自2021年以来，我国在逐步落实前期出台的大量政策，并且在前期政策的深入政策及具体领域的细化政策上不断提质增效，在提高智慧健康养老政策质量上重点发力，智慧健康养老特色政策体系逐步完善。

智慧健康养老政策制定工作主要在国务院的组织下，以工信部门为主导联合多部门开展。现有智慧健康养老的研究主要关注智慧健康养老的服务体系、平台建设、产业发展等方面。学者对智慧健康养老政策的研究通常关注政策发展阶段、政策工具及政策改进方向等。左美云等将2009—2020年的国家智慧健康养老政策划分为4个阶段，认为中国当前处于使用智慧技术真正帮助老年人改善生活的探索Ⅱ期。张丽艳等认为我国在智慧健康养老政策工具的应用上具有非均衡性特征，供给型与环境型两种政策工具应用并重。

二、数据来源

智慧健康养老政策资料主要来源于政府部门官网、法律法规政策网站、专业文献网站和互联网。首先，通过政府门户网站，如中国政府网、国务院政策文件库、国家卫生健康委员会官网等，查找有关智慧健康养老政策。其次，利用法律法规政策网站，如北大法宝、法律法规数据库、法律之星等专业网站，以搜索关键词的形式检索相关政策文本。再次，通过知网、万方和维普等专业中文文献网站，检索有关智慧健康养老或智慧康养等相关政策文本。最后，充分利用互联网数据，收集整理互联网上的有关政策资料。

为解决不同路径和文字表述在表达的差异，检索时采用主题词、关键词和检索语法表达式方式。检索时间范围设定为2014年至2023年。通过以上四个途径共收集到2014—2023年的智慧健康养老政策106项。经过收集、整理和清洗，最终纳入研究的为国家层面政策文件33项。

三、我国智慧健康养老政策的时间阶段分析

我国智慧健康养老政策的发展经历了起步萌芽期、起步期和发展期三个阶段。在这个过程中，国务院和相关部门相继颁发了一系列政策文件，推动智慧健康养老建设和管理的标准化和规范化，优化智慧健康养老服务体系建设和质量的提升，为老年人提供更为优质的智慧健康养老服务（图5-1）。

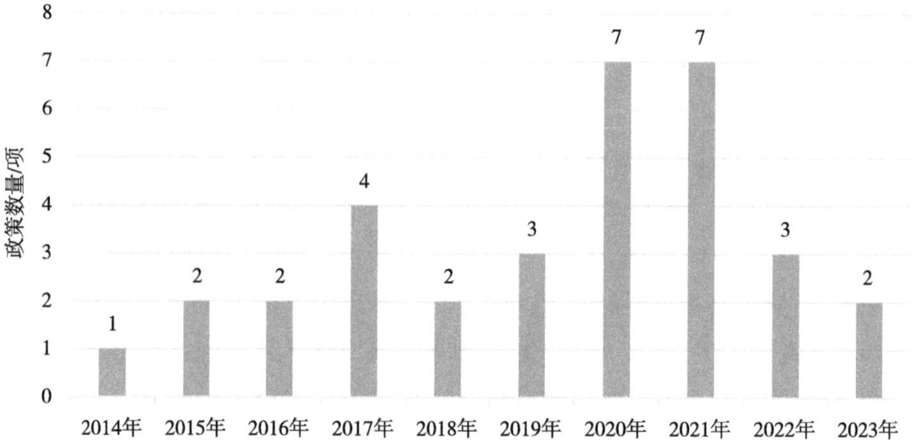

图5-1　智慧健康养老政策出台时间分布

（一）智慧健康养老政策萌芽期（2014—2016年）

智慧养老在政策层面是伴随着智慧城市政策的发展而诞生的。2014年，国家发改委、发展改革委、工业和信息化部等八部委在《关于促进智慧城市健康发展的指导意见》中提出推动构建普惠化公共服务体系，建设具有随时看护、远程关爱等功能的养老信息化服务体系，这是我国首次在国家政策层面明确提出建设智慧养老，是我国智慧健康养老政策建设迈出的第一步。

2014—2016年，我国的智慧健康养老政策总体上处于萌芽时期，在这一

阶段，核心方向是将信息技术运用到养老领域。国家层面每年颁发的有关智慧健康养老政策数量不超过10项，在智慧养老、数字化养老、科技养老等方面逐步开展摸索和尝试，推动在养老服务领域引入信息技术，提高养老服务水平，但未明确具体的可实施的内容层面。

（二）智慧健康养老政策起步期（2017—2020年）

2017—2020年，我国的智慧健康养老政策处于起步期。此时期智慧健康养老政策如雨后春笋，政策发文量不断增加，政策覆盖范围和覆盖领域逐步扩大，出台的智慧健康养老政策达到了16项，体现出国家在对于智慧健康问题的重视程度得到提高。这一时期主要关注两大领域，一是发展智慧健康养老，政策重点在具体领域寻找着力点，为满足多层次、多样化的健康养老服务需求，加强引导和规范，促进产业转型升级，发展智慧健康养老产业，丰富智慧健康养老产品供给。二是多元协同，政策重点在促进新一代信息技术和智能硬件等产品在养老服务领域深度应用，加快推进互联网、大数据、人工智能、5G等信息技术和智能硬件等在技术与服务、社区与机构等多方面深度融合发展与应用，不断满足老年人多样化、多层次的养老需求。总体来说，这一时期我国智慧健康养老政策呈现出快速发展、由“线”到“面”的特征，政策数量倍增且政策质量不断提升，各有关部门如发改委、工信部等部门都出台了相关政策，智慧健康养老工作已经引起了多部门的关注重视。

（三）智慧健康养老政策发展期（2021—2023年）

2021—2023年，出台智慧健康养老政策12项，在智慧健康养老政策体系建设上持续发力，通过不断细化政策领域和政策内容逐步落实责任，推进智慧健康养老政策不断发展。2021年，《中华人民共和国国民经济和社会发展第十四个五年规划和2035年远景目标纲要》中指出加快数字社会建设步伐，聚焦教育、医疗、养老、抚幼、就业、文体助残等领域，推动数字化服务普惠应用，集多领域合力为智慧健康养老政策的成熟发展奠定了良好的制度基础。这一时期，突出强调加强智慧健康养老评估工作建设。2021年工信部印发了《智慧健康养老产业发展行动计划（2021—2025年）》，提出要打造智慧健康养老新产品、新业态、新模式，为满足人民群众日益增长的健康及养老需求提供有力支撑。总体来看，这一时期我国智慧健康养老政策的显著特点是由“面”到“体”，经过萌芽期和发展期两个阶段的持续发力，初步形成了我国智慧健康养老特色政策体系。可以说，本时期我国智慧健康养老政策的发展迈入了一个新的历史阶段，发文机构覆盖中央大部分部门机构，相关政策对地方政府及相关科研部门都产生深远的影响。

四、我国智慧健康养老政策维度分析

（一）总体规划维度

本维度主要是由国务院颁发的关于信息化建设方面的宏观文件。2015年，国务院出台《关于积极推进“互联网＋”行动的指导意见》，明确提出要加快发展基于互联网的医疗、健康、养老、教育、旅游、社会保障等新兴服务。接着国务院出台《促进大数据发展行动纲要》中提出在公用事业、市政管理、城乡环境、农村生活、养老服务等民生保障领域全面推广大数据应用。2017年，国务院出台《关于印发新一代人工智能发展规划的通知》，提出推动新一代人工智能在智能制造、智能医疗、智能健康和养老、智能农业等领域应用。

（二）多方联动维度

本维度主要是相关委办局联合颁发的关于建设智慧健康养老行业的政策文件。2014年国家发改委印发《关于促进智慧城市健康发展的指导意见》，提出面向公众实际需要，重点在居家看护与健康管理、集中养老与远程医疗等领域，加强移动互联网、遥感遥测等技术的集成应用，为城市居民提供方便、实用的新型服务。2019年工信部印发《关于促进老年用品产业发展的指导意见》的通知，指出要深化互联网、大数据、人工智能、5G等信息技术与老年用品产业融合发展，逐步构建完善的老年用品产业体系，增强适应老龄化社会的产业供给能力，不断满足老年人多样化、多层次消费需求。

（三）行业统筹维度

本维度主要是由国务院、国家卫生健康委关于卫生行业，民政部关于养老行业的总体要求。2017年国务院颁发《“十三五”国家老龄事业发展和养老体系建设规划》，引导社会各界关于老龄问题的预期，提升老年人的参与感、获得感和幸福感，确保老年人同步进入小康社会。2021年民政部颁发

“十四五”民政事业发展规划，指出大力推动“智慧社区”“数字乡村”等平台建设，实现对社区、社会组织的精细化管理和治理。

（四）具体落实维度

本维度主要是由相关执行部门颁发的行业内关于智慧健康养老工作的具体要求。2017年，工信部印发《智慧健康养老产业发展行动计划（2017—2020年）》，普及健康管理、居家养老等智慧健康养老服务，智慧健康养老服务质量效率显著提升。2021年，工信部印发《智慧健康养老产业发展行动计划（2021—2025年）》，要求打造智慧健康养老新产品、新业态、新模式，为满足人民群众日益增长的健康及养老需求提供有力支撑。

1. *关于“智慧助老”的具体要求*　2020年，全国老龄办颁发关于开展“智慧助老”行动的通知，建立常态化工作机制、开展志愿服务、强化技能培训、加大宣传力度等措施，使用智能技术帮助老年人更好地适应信息社会的发展。2020年国务院出台关于切实解决老年人运用智能技术困难实施方案的通知，指出针对老年人面临的“数字鸿沟”问题，部署进一步推动解决老年人在运用智能技术方面遇到的困难。

2. *关于智慧健康管理的具体要求*　2016年，国务院出台《促进和规范健康医疗大数据应用发展的指导意见》，旨在推动中医药养生、健康养老、健康饮食等产业的发展。2020年，国家发改委出台《关于进一步加强远程医疗网络能力建设的通知》，提出积极探索线上服务新模式，激活消费新市场。支持互联网平台在就医、健康管理、养老养生等领域协同发展，培养健康消费习惯。

3. *关于智慧养老的具体要求*　2019年，国务院颁发《关于推进养老服务发展的意见》，部署养老服务工作，健全市场机制，持续完善居家为基础、社区为依托、机构为补充、医养相结合的养老服务体系。2022年，国卫老龄办颁发《关于进一步推进医养结合发展的指导意见》，支持有条件的医疗卫生机构为居家老年人提供家庭病床、上门巡诊等居家医疗服务，实施社区医养结合能力提升行动，推进中医药进家庭、进社区、进机构。

（五）智慧健康养老的示范建设维度

本维度主要是由工信部等部门颁发的关于智慧健康养老的示范点及项目产品等。2017年，工信部等三部门联合印发《关于开展智慧健康养老应用试点示范的通知》，推动智慧健康养老产业发展和应用推广。2023年国卫办印发

《关于征集智慧老年健康和智慧托育优秀案例的通知》，推动智慧老年健康事业发展。

五、政策发布主体分析

我国智慧健康养老政策一般是由政府及其职能部门或者各单位进行颁发的，不同主体颁发的政策代表了该政策的层次高低以及该政策的涉及领域（图5-2）。

在发文主体中，出台政策多是由联合部门颁发的，政策数量达14项，是所有发文主体中发文数量唯一超过10项的，占比达到了42.4%，这体现我国在出台智慧健康养老政策上多是以多个部门联合协同为主，体现了部门之间在智慧健康养老政策上联系沟通较为密切。

工信部出台政策的数量仅为3项，但在联合出台的政策中，工信部牵头出台的政策数量高达12项。由于工信部主管信息化事业，这说明了信息化政策对智慧健康养老建设具有重要意义（表5-1）。

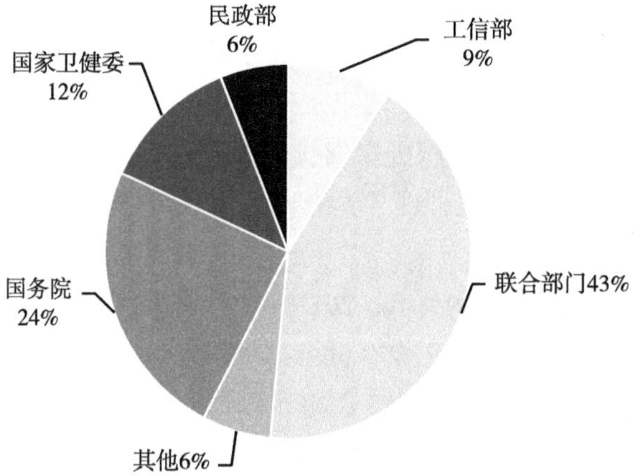

图5-2　智慧健康养老政策颁发主体出台政策数量分布

表5-1　智慧健康养老政策发展期和成熟期相关重点政策汇总表

维度	发布时间	发文字号	政策名称	重点内容
总体规划维度	2015.07	国发〔2015〕40号	关于积极推进“互联网＋”行动的指导意见	提出“互联网＋”益民服务等11行动，大力发展线上线下新兴消费和基于互联网的医疗、健康、养老、教育、旅游、社会保障等新兴服务
	2015.08	国发〔2015〕50号	促进大数据发展行动纲要	在公用事业、市政管理、城乡环境、农村生活、养老服务等民生保障领域全面推广大数据应用
	2017.07	国发〔2017〕35号	关于印发新一代人工智能发展规划的通知	新一代人工智能在智能制造、智能医疗、智能健康和养老、智慧城市、智能农业、国防建设等领域得到广泛应用
	2021.03	无	中华人民共和国国民经济和社会发展第十四个五年规划和2035年远景目标纲要	加快数字社会建设步伐。聚焦教育、医疗、养老、抚幼、就业、文体助残等领域，推动数字化服务普惠应用
多方联动维度	2014.08	发改高技〔2014〕1770号	关于促进智慧城市健康发展的指导意见	面向公众实际需要，重点在居家看护与健康管理、集中养老与远程医疗等领域，加强移动互联网、遥感遥测等技术的集成应用，为城市居民提供方便、实用的新型服务
	2016.10	无	“健康中国2030”规划纲要	积极促进健康与养老、旅游、互联网、健身休闲、食品融合，催生健康新产业、新业态、新模式
	2019.12	工信部联消费〔2019〕292号	印发《关于促进老年用品产业发展的指导意见》的通知	深化互联网、大数据、人工智能、5G等信息技术与老年用品产业融合发展，逐步构建完善的老年用品产业体系，增强适应老龄化社会的产业供给能力，不断满足老年人多样化、多层次消费需求
	2020.07	发改高技〔2020〕1157号	关于支持新业态新模式健康发展活消费市场带动扩大就业的意见	积极探索线上服务新模式，激活消费新市场。支持互联网平台在就医、健康管理、养老养生等领域协同发展，培养健康消费习惯

续　表

维度	发布时间	发文字号	政策名称	重点内容
行业统筹维度	2017.02	国发〔2017〕13号	“十三五”国家老龄事业发展和养老体系建设规划	引导社会各界关于老龄问题的预期，提升老年人的参与感、获得感和幸福感，确保老年人同步进入小康社会
	2021.06	民发〔2021〕51号	“十四五”民政事业发展规划	大力推动“智慧社区”“数字乡村”等平台建设，实现对社区、社会组织的精细化管理和治理
	2021.12	国发〔2021〕35号	“十四五”国家老龄事业发展和养老服务体系规划	健全基本养老服务政策体系；发挥公办养老机构兜底保障作用；加快发展农村养老服务
	2022.07	民发〔2022〕58号	关于全面推进新时代民政标准化工作的意见	制定养老服务标准，在居家社区养老、机构养老、农村养老、智慧养老等领域，开展养老服务标准化专项行动
具体落实维度	2016.06	国办发〔2016〕47号	关于促进和规范健康医疗大数据应用发展的指导意见	培育健康医疗大数据应用新业态，推动中医药养生、健康养老、健康管理、健康咨询、健康文化、体育健身、健康医疗旅游、健康环境、健康饮食等产业发展
	2017.02	工信部联电子〔2017〕25号	智慧健康养老产业发展行动计划（2017—2020年）	普及健康管理、居家养老等智慧健康养老服务，智慧健康养老服务质量效率显著提升
	2019.03	国办发〔2019〕5号	关于推进养老服务发展的意见	部署养老服务工作，健全市场机制，持续完善居家为基础、社区为依托、机构为补充、医养相结合的养老服务体系
	2020.11	国办发〔2020〕45号	关于切实解决老年人运用智能技术困难实施方案的通知	针对老年人面临的“数字鸿沟”问题，部署进一步推动解决老年人在运用智能技术方面遇到的困难
	2020.12	工信部信管函〔2020〕200号	关于印发《互联网应用适老化及无障碍改造专项行动方案》的通知	推进互联网网站和移动互联网应用适老化及无障碍改造，提升互联网应用适老化水平及无障碍普及率，增进包括老年人、残疾人在内的全体人民福祉
	2020.12	国卫老龄函〔2021〕117号	全国老龄办关于开展“智慧助老”行动的通知	建立常态化工作机制、开展志愿服务、强化技能培训、加大宣传力度等措施，使用智能技术帮助老年人更好地适应信息社会的发展

续 表

维度	发布时间	发文字号	政策名称	重点内容
具体落实维度	2021.02	工信部信管函〔2021〕18号	工业和信息化部关于切实解决老年人运用智能技术困难便利老年人使用智能化产品和服务的通知	进一步完善工业和信息化领域便利老年人使用智能化产品和服务的政策措施，确保老年人更好地共享信息化发展成果
	2021.04	工信厅信管函〔2021〕67号	关于进一步抓好互联网应用适老化及无障碍改造专项行动实施工作的通知	要求相关互联网网站、APP完成适老化及无障碍改造，并分别向中国互联网协会、中国信息通信研究院申请评测
	2021.10	工信部联电子函〔2021〕154号	智慧健康养老产业发展行动计划（2021—2025年）	打造智慧健康养老新产品、新业态、新模式，为满足人民群众日益增长的健康及养老需求提供有力支撑
	2022.07	国卫老龄发〔2022〕25号	关于进一步推进医养结合发展的指导意见	支持有条件的医疗卫生机构为居家老年人提供家庭病床、上门巡诊等居家医疗服务，实施社区医养结合能力提升行动，推进中医药进家庭、进社区、进机构
示范建设维度	2017.12	工信部联电子函〔2017〕588号	关于公布2017年智慧健康养老应用试点示范名单的通告	推动智慧健康养老产业发展和应用推广，开展智慧健康养老应用试点示范工作
	2018.08	工信部联电子函〔2018〕269号	关于公布智慧健康养老产品及服务推广目录（2018年版）的通告	促进典型智慧健康养老产品和服务推广应用，推动智慧健康养老产业发展，开展2022年智慧健康养老产品及服务推广目录申报工作
	2018.12	工信部联电子函〔2018〕482号	关于公布第二批智慧健康养老应用试点示范名单的通告	推动智慧健康养老产业发展和应用推广，开展智慧健康养老应用试点示范工作
	2019.10	工信部联电子函〔2019〕415号	关于公布第三批智慧健康养老应用试点示范名单的通告	推动智慧健康养老产业发展和应用推广，开展智慧健康养老应用试点示范工作
	2020.11	工信部联电子函〔2020〕301号	关于公布第四批智慧健康养老应用试点示范名单的通告	推动智慧健康养老产业发展和应用推广，开展智慧健康养老应用试点示范工作

续 表

维度	发布时间	发文字号	政策名称	重点内容
示范建设维度	2020.09	国卫办老龄函〔2020〕721号	关于确定首批老龄健康医养结合远程协同服务试点机构的通知	全国遴选一批医养结合机构作为试点，开展远程医疗、慢病管理、复诊送药、照护指导、人员培训、科普讲座等服务
	2020.10	工信部联电子函〔2020〕247号	关于公布智慧健康养老产品及服务推广目录（2020年版）的通告	促进典型智慧健康养老产品和服务推广应用，推动智慧健康养老产业发展，开展2022年智慧健康养老产品及服务推广目录申报工作
	2021.11	工信厅联电子函〔2021〕270号	关于公布2021年智慧健康养老应用试点示范名单的通告	推动智慧健康养老产业发展和应用推广，开展智慧健康养老应用试点示范工作
	2022.11	工信厅联电子函〔2022〕303号	智慧健康养老产品及服务推广目录（2022年版）公示	促进典型智慧健康养老产品和服务推广应用，推动智慧健康养老产业发展，开展2022年智慧健康养老产品及服务推广目录申报工作
	2023.09	国卫办规划函〔2023〕339号	关于征集智慧老年健康和智慧托育优秀案例的通知	推动智慧老年健康和智慧托育事业发展，进一步提高服务质量和水平，开展智慧老年健康和智慧托育优秀案例征集工作
	2023.09	工信厅联电子函〔2023〕265号	关于开展2023年智慧健康养老应用试点示范遴选及前三批试点示范复核工作的通知	推动智慧健康养老产业发展和应用推广，开展智慧健康养老应用试点示范工作

第三节　智慧健康养老相关理论

一、智慧城市理论

（一）智慧城市的定义

智慧城市是一种利用物联网、云计算、大数据、空间地理信息集成等新一代信息技术，以促进城市规划、建设、管理和服务智慧化为目标，实现城市基础设施、公共服务、社会治理、产业发展等各方面的智能化、高效化、可持续化的新型城市发展模式。它不仅关注城市资源的整合和优化利用，还注重信息与通信技术以及物联网技术的融合应用，旨在提高城市管理效率和服务水平，改善市民生活质量，推动城市可持续发展。智慧城市是一种具有创新性、便捷性、高效性和可持续性的城市发展模式，可以为城市居民带来更加智能、便捷、安全、舒适的生活体验，为城市的可持续发展注入新的动力。

（二）智慧城市的特征

1. 高度信息化和数字化　利用数字技术和信息化手段来提升城市的管理和运行效率，依靠物联网、云计算等技术手段，构建高速、安全、可靠的信息网络，实现全面的数字化，包括信息流、资金流、物流等各类流程的数字化管理和优化，提高城市信息处理能力和运行效率，优化城市资源配置。

2. 高度智能化和自动化　智慧城市利用人工智能、大数据等技术，在城市管理和公共服务领域实现智能化决策和自动化操作，提供更智能、便捷的服务，如交通、医疗、环境等。对城市运行的各种数据进行分析和挖掘，从而为城市管理和公共服务提供智能化的决策支持和解决方案。

3. 高度集成化和协同化　智慧城市强调政府、企业、社会组织和市民之间的协同合作，通过构建公共服务平台、数据共享平台等机制，实现信息共享和协同合作，共同推动城市的发展。将城市各个领域、各种要素连接起来，打通各个部门之间的信息壁垒，实现信息的共享和交互、公民参与和互动，共同参与城市建设和管理，实现城市内外的信息互通和公共资源共享。

4. 高度绿色化和可持续化　智慧城市注重节能减排、资源回收再利用、环境保护等可持续发展目标，通过智能技术提高能源利用效率、减少环境污染，推动城市的绿色低碳发展。

5. 高度服务化和人性化　智慧城市关注市民需求，以提升市民生活质量为目标，提供个性化、便捷化的服务。通过参与式治理、数字化工具和平台促进市民参与和意见反馈，提高城市居住便利性和人性化服务水平。通过智慧医院、智慧教育、智慧交通等公共服务项目，满足市民的需求和便利，提高服务质量和效率。

（三）智慧城市构成要素

1. 智能感知层　物联网技术发挥着重要作用，通过物联网将城市各个设施和设备连接起来，实现信息的互联互通。这一层面涉及传感器、无线通信等技术，能够实时获取城市各种数据，包括环境数据、交通数据、能源数据等。

2. 智能网络层　主要利用了互联网和通信网络技术，通过建设高速稳定的网络基础设施，实现数据的快速传输和共享。这使得大量的数据能够被有效地收集、分析和共享，为城市的决策制定和优化提供支持。

3. 智能处理层　注重大数据分析和云计算技术的运用，利用大数据分析的方法，对城市中大量的数据进行挖掘和分析，提供决策支持和城市优化方案。而云计算技术则实现了城市资源和服务的集中化管理和调用，提供了灵活、高效的计算和存储能力。

4. 应用服务层　关注智慧城市的应用与服务，包括智能交通、智能安防、智能医疗、智能环保等各种领域的应用和服务。通过将各种智能化技术应用于城市公共服务领域，提高了公共服务质量和效率。

（四）智慧城市的发展模式

智慧城市的发展需要政府、企业和社会的共同参与和协同，不同的城市和地区可以根据自身的实际情况选择适合自己的发展模式。同时，智慧城市的发展也需要注重整体规划、政策引导、市场机制和市民参与等多方面因素，以实现可持续健康发展。

1. 政府主导型　这种模式以政府为核心，通过政府的规划、政策和资金支持来推动智慧城市的建设。政府主导型模式注重顶层设计，通常由政府设立专门的智慧城市机构来负责智慧城市项目的规划、管理和实施。这种模式的优点是有政府的强力推动和资源整合，能够快速高效地推进智慧城市建设，但同时也可能因为政府的主导性过强而忽视市民和市场的需求。

2. 企业主导型　这种模式以企业为核心，通过企业的市场运作和产业协同来推动智慧城市的建设。企业主导型模式注重市场机制和商业模式创新，通常由企业承担智慧城市项目的建设和运营，政府则通过政策引导和财政支持等方式给予支持。这种模式的优点是有企业的创新能力和市场敏锐度，能够更好地把握市场需求和发展趋势，但同时也可能因为企业的逐利性而忽视公共利益和社会责任。

3. 社会主导型　这种模式以社会为核心，通过社会的广泛参与和协同来推动智慧城市的建设。社会主导型模式注重社会力量的动员和参与，通常由社会组织或社区组织承担智慧城市项目的建设和运营，政府和企业则通过合作和支持等方式给予协助。这种模式的优点是有社会的广泛参与和协同，能够更好地反映市民需求和社会公共利益，但同时也可能因为社会的力量有限而难以形成规模效应和全局影响力。

（五）智慧城市在提供优质养老服务的支撑和促进作用

1. *优化资源配置*　智慧城市的数据和信息平台可以整合和分析大量的养老数据，为政府和相关机构提供决策支持和服务规划。智慧城市通过大数据分析，可以更加精准地配置养老资源，为老年人提供更加个性化的服务。

2. *促进跨部门协同*　智慧城市可以促进跨部门协同合作，实现养老服务与医疗、康复、文化等领域的深度融合，为老年人提供更加全面、个性化的服务。

3. *提高养老服务效率*　智慧城市通过应用智能技术，可以实现对老年人健康数据的实时监测和管理，提高养老服务的效率和质量。通过物联网技术，实现对老年人的全方位监管和保护，如安全监控、紧急救援、智能医疗设备、远程护理系统以及智能家居等，这些技术和设施可以提供更加便捷、高效、精准的养老服务，满足老年人的需求。

4. *提升老年人生活质量*　智慧城市通过创新的技术手段和管理模式，为提供优质养老服务提供更多的机会和可能性，为老年人创造更健康、安全、舒适的生活环境，为老年人提供更加智能化、个性化的服务，如智能家居、无障碍通行等，提高老年人的生活质量。

5. *加强老年人的社会参与*　智慧城市可以促进老年人的社会参与，通过信息化手段为老年人提供更多的社会交流、活动参与等机会，增强老年人的社会归属感和幸福感。

二、智慧社区理论

（一）智慧社区的定义

智慧社区是指依托现代通信技术、互联网技术和人工智能技术，整合各类信息资源，创新社区管理和服务模式，营造安全、舒适、便利的新型居住环境和生活空间，对社区进行信息化和智能化管理和服务的模式。智慧社区是现代科技与传统居住方式的结合体，它利用信息技术对传统居住环境进行改造，充分利用社区内的公共资源，在对各类信息进行收集、整理、分析、整合的基础上实现对人居环境的改造。具体来说，智慧社区是将社区内各种信息资源（人、事、物）进行有效整合，实现各类信息资源在社区内的充分共享，从而优化服务、提升效率、提高居民生活质量和水平。智慧社区是当前智慧城市建设的重要组成部分，也是智慧城市建设中最为关键的一环。

（二）智慧社区的特征

智慧社区是将物联网、云计算、大数据等现代信息技术与社区管理服务工作深度融合，以实现对社区服务对象的感知、互联与智能应用，是社区管理、服务与居民生活有机结合的新型管理模式。智慧社区的基本特征包括以下几方面。

1. *泛在化* 智慧社区是一个基于物联网的平台，实现对整个社区环境及基础设施的感知，并利用物联网技术，使社区服务对象感知到身边环境中的变化。

2. *智能化* 智慧社区通过感知、互联等技术实现对人、事、物等资源信息的智能化处理，提供更加便捷和智能的服务。

3. *互动化* 智慧社区以人为中心，强调人与人之间的互动交流，通过智慧社区平台实现对人、事、物等资源信息进行收集与处理，使之在互动交流中提供更好的服务。

4. *多元化* 智慧社区具有较强的开放性，其服务内容与方式由居民自行选择和确定，为居民提供个性化服务。

5. *专业化* 智慧社区通过对各种信息资源进行整合与分析，使其能够更加精准地定位服务对象，进而提高服务质量。

6. *生态化* 智慧社区实现了信息资源的整合和共享，使得各种服务之间能够相互配合和协同工作，实现资源的优化配置和系统功能。

7. *共享化* 智慧社区将信息技术与电子商务结合起来，实现对大数据信息资源的深度开发和利用，提高了资源利用效率和共享水平；同时实现了信息资源共享的标准化和规范化，为居民提供更加便捷、高效、安全和个性化服务。

（三）智慧社区的构成要素

1. *信息基础设施* 作为智慧社区建设的基石，包括物联网、云计算、大数据、空间地理信息系统、移动互联网等先进的网络技术和信息技术。

2. *应用系统*　智慧社区的核心是应用系统，包括智能家居、智慧社区管理、公共服务等，通过应用系统的集成和协同，实现居民对生活的智能化管理和服务。

3. *服务支撑平台*　智慧社区建设需要整合和利用社区内资源，提供信息咨询、项目管理和公共服务等支持平台，为智慧社区提供软硬件技术和管理支持。

4. *基础设施及应用系统的协同运行*　在智慧社区的建设过程中，需要形成一个开放的智能生活圈，实现公共服务资源共享，满足居民多样化的需求。在此基础上，通过信息技术集成各业务系统的数据，实现业务协同运行。

5. *基础设施及应用系统的协同管理*　通过对智能设备进行统一管理与控制，实现对设备数据的采集、传输和分析，形成综合数据中心，为居民提供公共信息查询和生活服务。

（四）智慧社区的发展模式

1. *数据驱动型*　智慧社区通过收集、分析和利用大数据来优化社区内各种资源和服务的分配和利用。例如，社区可以通过传感器和监控设备收集居民出行和能源消耗等数据，然后利用人工智能技术进行分析，提供更加精准的交通规划和节能建议。此外，社区还可以通过数据分析来了解居民的需求和偏好，以便提供更加个性化的服务。

2. *参与型*　智慧社区鼓励居民积极参与社区事务和决策，形成共同治理的模式。通过智能设备和移动应用程序，居民可以随时随地了解社区的最新动态和政策，也可以便捷的方式提出建议和意见。社区可以利用在线平台和数字投票系统进行居民投票和决策，增加居民的参与感和归属感。

3. *节能环保型*　智慧社区利用技术手段优化能源和资源的利用，降低能源消耗和环境污染。例如，社区可以通过智能电网和分布式能源系统实现对能源的有效管理和利用，减少能源浪费和碳排放。同时，社区还可以推广垃圾分类和可再生能源的使用，提倡低碳生活方式，促进可持续发展。

4. *社交互动型*　智慧社区通过技术手段促进居民之间的社交和互动，增强社区凝聚力。社区可以建立在线社交平台和社区应用程序，方便居民之间交流和分享信息。同时，社区还可以举办各种线上线下的社区活动，鼓励居民参与和互动，增进邻里关系和社区和谐。

5. *智慧安全型*　智慧社区通过智能监控、安防系统和人脸识别等技术保障居民的安全。社区可以安装智能监控摄像头和报警系统，实时监控社区内的安全状况，并及时报警处理。同时，社区还可以利用人脸识别技术对访客身份进行验证，提高社区的安全性。此外，社区还可以通过智能门禁系统和无线防盗器等设备，加强对居民住宅和社区财产的保护。

（五）智慧社区对于养老服务的支撑和促进作用

智慧社区是养老服务的重要载体和依托，对于实现老年人居家养老、社区养老和机构养老有机结合、协调发展，为老年人提供便利服务，具有重要的支撑和促进作用。

1. *增强社区凝聚力* 智慧社区可以通过各种社交平台和互动应用，让社区内的老年人更好地相互了解和交流，增强社区的凝聚力。此外，通过一些线上、线下的活动，可以让老年人与社区的其他成员更好地互动，形成良好的社区氛围，为构建和谐社会贡献力量。

2. *提升生活质量* 智慧社区可以为老年人提供各种便捷的服务，如在线购物、预约挂号、社区通知等，同时也可使老年人在居家养老过程中能够获得更加专业的信息咨询和照料护理服务。

3. *提高安全性和应急处理能力* 智慧社区的智能化监控系统和预警机制可以在一定程度上保障老年人的安全。使用物联网和传感器技术，对居民的健康状况进行实时监测。通过智能设备收集体征数据（如体温、血压、心率等），如果老人不慎摔倒或出现其他紧急情况，健康监测设备可以及时发出警报，通知相关人员进行处理。同时，智慧社区还可以提供远程医疗服务，通过视频通话或远程诊断仪器，让医生可以远程为居民提供医疗咨询和诊断。

4. *促进跨代交流* 在智慧社区中，老年人可以通过各种平台和工具与年轻一代进行交流和互动，如视频通话、在线游戏、共享照片等。这种跨代交流可以帮助老年人更好地理解和接受现代科技，同时也可以丰富他们的精神生活，促进身心健康。

5. *养老信息和咨询服务* 智慧社区通过养老信息平台和智能终端设备，为老年人提供各类养老信息和咨询服务。老年人可以通过智能设备获取养老政策、健康知识、扶助项目等信息，还可以咨询专业的老年人护理、心理咨询等问题。这些服务有助于老年人获取所需的信息和资源，提高他们的生活质量和幸福感。

三、智慧家居理论

随着信息技术的不断发展和人们生活水平的提高，智慧家居已经成为现代生活的新常态。智慧家居通过智能化设备和互联网技术，将家居生活与信息化、网络化深度融合，为家庭成员提供更加舒适、便捷、安全的生活环境。在养老服务领域，智慧家居的引入对于提升老年人的生活质量、促进社区养老服务的发展具有重要作用。

（一）智慧家居的定义

智慧家居，也称为智能家居，是一种利用物联网、互联网、传感技术、自动化控制等现代技术手段，将家居生活与信息化、网络化进行深度融合的全新家居形态。它通过智能化设备和系统，对家庭环境、生活场景等进行智能化控制和管理，以满足家庭成员的个性化、多元化需求。

（二）智慧家居的特征

智慧家居的主要特征包括智能化、网络化、个性化和节能化。智能化是指通过智能设备实现家居设备的自动化控制和智能化管理；网络化是指家居设备、系统之间可以相互连接、数据共享；个性化指可以根据家庭成员的喜好、需求进行个性化设置；节能化指通过智能控制和优化，降低家居能源消耗，实现节能减排。

（三）智慧家居的构成要素

智慧家居主要由智能设备、智能系统、智能应用三部分构成。智能设备包括智能家电、智能照明、智能安防、智能环境调控等设备；智能系统是指连接和控制这些设备的智能化系统，智能应用指应用于家庭生活的各种信息化应用和服务。

（四）智慧家居的发展模式

1. *以产品为中心的发展模式* 这种模式以智能家居产品为核心，通过不断提升产品的性能和功能，满足消费者的需求。这种模式的优点是产品研发速度快，易于推出新品种；缺点是产品之间缺乏互联互通，用户需要单独操作多个系统。

2. *以系统为中心的发展模式* 这种模式以智能家居系统为核心，强调家居设备的整体智能化和互联互通。这种模式的优点是用户可以通过一个系统控制所有设备，操作简单方便；缺点是系统建设成本高，不易推广。

3. *以服务为中心的发展模式* 这种模式以智能家居服务为核心，通过互联网平台和智能化设备，为用户提供各种智能化服务。这种模式的优点是可以提供个性化和多样化的服务，满足用户的多样化需求；缺点是服务质量和稳定性需要不断提高。

（五）智慧家居在养老服务中的支撑促进作用

1. *提供个性化、适老化的居住环境* 智慧家居可以通过智能化设备和系统，根据老年人的身体状况、生活习惯、喜好等方面的需求，提供个性化、适老化的居住环境。例如，可以通过智能照明系统根据老年人的作息时间自动调节灯光亮度；通过智能环境控制系统调节室内温度和湿度，提高居住的舒适度。

2. *提升老年人的生活质量* 智慧家居可以提供各种智能化服务，如定时提醒、社交联系、远程医疗等，帮助老年人在日常生活中更加舒适。同时，智慧家居还可以通过健康监测设备和系统，实时监测老年人的身体状况，为老年人提供更加及时、个性化的健康管理和医疗服务。这些服务的提供不仅可以提高老年人的生活质量，还可以减轻家庭照顾和护理的压力。

3. *提高社区养老服务的效率和质量* 智慧家居可以将老年人的生活需求和社区养老服务紧密结合，通过智能化设备和系统实现智能化管理和监测。社区可以通过智慧家居系统了解老年人的生活情况和健康状况，及时提供必要的服务和支持。同时，智慧家居还可以为社区提供更加高效的信息交流和协调平台，促进社区养老服务的整体提升。

4. *促进跨代交流和家庭融合* 智慧家居可以为老年人和家庭成员之间提供更加紧密的联系和交流渠道。例如，通过视频通话、信息共享等功能，老年人可以与家庭成员进行实时交流和互动；同时，家庭成员也可以通过智慧家居系统更好地了解老年人的生活和健康状况，增强家庭的感情和凝聚力。这种跨代交流和家庭融合不仅可以提高老年人的心理健康水平，还可以促进家庭和谐和社会稳定。

四、智慧照护理论

（一）智慧照护的定义

智慧照护是指运用现代信息技术、物联网技术、大数据分析等手段，实现对照护对象、护理过程在生活、健康、安全等方面的实时监测、智能分析和精确管理，从而提高护理质量和效率的一种新型照护模式。

（二）智慧照护的特征

1. 数据驱动　智慧照护依赖大量实时数据进行分析和决策，通过大量的数据收集、分析和应用，提供更精准服务。运用人工智能技术实现对护理过程的智能分析和精确管理。

2. 个性化护理　根据护理对象的需求和特点，提供个性化的护理方案。过物联网技术实现对护理过程的实时监控和反馈。

3. 跨学科联动　智慧照护涵盖了多个学科领域，如医学、护理学、信息技术等，实现了多领域的融合和协同。

（三）智慧照护的构成要素

1. 智能设备　如传感器、监控摄像头、健康监测设备等，用于收集老年人的生活和健康数据。

2. 数据平台　用于存储、处理和分析收集到的老年人生活数据，为照护服务提供决策支持。

3. 信息化技术　包括如机器学习、自然语言处理等人工智能技术，物联网技术、大数据分析、人工智能等信息化技术，用于实现对老年人数据的智能分析和服务。

4. 照护服务　照护人员根据照护对象特点，提供包括生活照料、健康管理、心理关爱等方面的个性化的照护服务。

（四）智慧照护的发展模式

1. 政府主导型　政府通过政策引导、资金支持等方式推动智慧照护的发展。

2. 市场需求驱动型　企业通过市场化手段推动智慧照护的发展，提供相关技术和设备。不同领域的主体跨界合作，共同推动智慧照护的发展，如政府、企业、医疗机构等。

3. 技术创新驱动型　社会组织、公众参与智慧照护的发展，共同提供和改进照护服务。

（五）智慧护理对养老服务的支撑作用和促进作用

智慧照护通过实时监控和智能分析，为老年人提供精准、个性化的护理服务。例如，通过物联网技术实现对老年人健康状况的实时监测，以便护理人员及时了解老年人的需求，提供相应的护理服务。同时，智慧照护通过对护理过程的智能分析和精确管理，提高了护理质量和效率。例如，通过大数据分析，可以发现老年人护理过程中的问题和不足，从而为护理人员提供针对性的培训和指导，提高护理水平。

五、智慧康复理论

（一）智慧康复的定义

智慧康复是一种基于信息技术和智能化设备的新型康复模式，利用先进的信息技术和智能化设备，结合医疗、康复、护理等专业技术，为患者提供个性化、全面、高效的康复服务。通过提供个性化、远程监护和协同合作等特征的康复服务，帮助患者恢复功能和提高生活质量。

（二）智慧康复的特征

1. 个性化服务　智慧康复根据个体的康复需求、身体状况和喜好，提供量身定制的康复方案和训练计划。通过收集和分析康复数据，根据个体的实际情况进行调整和优化，实现针对性的个性化康复服务。

2. 远程监护　智慧康复利用传感器、智能设备等技术，实现对康复过程的远程监测和管理。通过收集和传输康复数据，医护人员或康复专家可以远程监测老年人的康复进展，提供实时的指导和干预，解决老年人因距离和交通等问题无法及时获得康复支持的困扰。

3. 数据驱动的评估　智慧康复通过数据采集和分析，对康复效果进行监测和评估。利用人工智能等技术，可以对康复数据进行深度学习和模式识别，提取有用信息和规律，辅助医护人员做出准确的评估和判断，以便调整康复计划和提高康复效果。

4. 社交互动与参与　智慧康复通过社交平台、线上线下活动等方式，促进老年人之间的社交互动和参与。老年人可以分享康复经验、交流心得，获得社会支持和情感满足。这有助于促进康复的积极性和持续性，提高老年人的康复效果和生活质量。

5. 跨界协同与一体化服务　智慧康复鼓励不同专业领域和机构之间的合作与协同，实现康复与医疗、社区、社会福利等资源的整合和共享。通过信息的流通和协同工作，提供全方位、一体化的养老服务，为老年人提供更加便捷、综合性的康复支持。

（三）智慧康复的构成要素

1. 信息采集与传输　包括传感器、智能设备等技术手段，用于对患者的生理参数、运动状态等信息进行实时采集和传输。

2. 数据分析与处理　通过对采集到的数据进行分析和处理，提取有用的信息，为康复方案的制定提供依据。

3. 智能算法与模型　基于大数据和人工智能技术，构建智能算法和模型，实现对康复过程的智能辅助和支持。

4. 人机交互界面　设计友好的人机交互界面，方便患者和医护人员进行操作和管理。

5. 远程监控与管理　通过互联网和物联网技术，实现对患者远程监控和管理，提供及时的康复指导和支持。

（四）智慧康复的发展模式

1. 医疗机构主导模式　由医疗机构主导开发智慧康复系统，整合医疗资源和技术力量，提供个性化的康复服务。

2. 社区合作模式　由社区卫生服务中心等机构与科技公司合作，共同开发智慧康复系统，提供居家康复服务。

3. 家庭自主模式　由患者或家属自主选择购买智慧康复设备和服务，在家中进行康复训练和管理。

（五）智慧康复对于养老服务的支撑和促进作用

1. 个性化训练方案　智慧康复平台可以通过收集和分析老年人的健康数据和生活习惯，为每个老年人提供个性化的康复训练和心理支持。通过智慧康复平台，老年人可以更方便地获取康复服务，并且可以实时监测康复进展和效果。这种智能化的康复服务可以帮助老年人更好地管理自己的健康状况，提升康复效果。

2. 专业康复技术支持　智慧康复平台可以提供专业的康复训练计划和技术支持，包括针对不同健康问题的康复方案、训练指导、心理疏导等。这些专业化的康复服务可以帮助老年人更好地恢复身体功能，提高生活质量。

3. 减轻家庭和社会负担　智慧康复还可以通过多层次的服务体系，满足不同年龄段老年人的需求，提高社会效益。例如，智慧康复平台可以为社区老年人提供方便快捷的康复服务，帮助老年人更好地恢复身体功能和生活自理能力，增强社区老年人的自理能力和生活质量，提高社区居民的生活水平和社会稳定。

第六章　智慧健康养老的技术支撑和产品供给

智慧健康养老产品不断丰富，新技术持续涌现，推动智慧健康养老产业发展取得了显著成效。本章介绍智慧健康养老的关键技术和产品供给，包括人工智能、物联网、大数据、云计算等，介绍它们在智慧健康养老中的应用场景和功能，如传感器网络、远程监控、数据采集、数据分析、数据挖掘等，阐述在智慧健康养老产品在提升养老服务质量和效率中的重要作用和价值。

第一节　智慧健康养老的关键技术和主要产品

一、智慧健康养老的关键技术

（一）人工智能技术

人工智能（artificial intelligence，AI），是通过研究开发理论、方法、技术及应用系统等，模拟、延伸和扩展人类智能的新型技术科学。不仅包含多种技术，而且可以通过计算机模拟人类的思维过程和智能行为，如学习、推理、思考、规划等，以实现更高层次的应用。人工智能的发展迅速，已经广泛应用于多个领域，如机器人、语言识别、图像识别、自然语言处理和专家系统等。

2017年，国务院印发《新一代人工智能发展规划》，制定“三步走”的发展战略。到2030年，人工智能理论、技术与应用总体达到世界领先水平，成为世界主要人工智能创新中心。在智能健康和养老领域，要求加强群体智能健康管理，突破健康大数据分析、物联网等关键技术，研发健康管理可穿戴设备和家庭智能健康监测设备，推动健康管理实现从点状监测向连续监测、从短流程管理向长流程管理转变。建设智能养老社区和机构，构建安全便捷的智能化养老基础设施体系。加强老年人产品智能化和智能产品适老化，开发视听辅助设备、物理辅助设备等智能家居养老设备，拓展老年人活动空间。开发面向老年人的移动社交和服务平台、情感陪护助手，提升老年人生活质量。

2022年，科技部、教育部、工信部等六部门印发《关于加快场景创新以人工智能高水平应用促进经济高质量发展的指导意见》，要求围绕安全便捷智能社会建设打造重大场景。医疗领域积极探索医疗影像智能辅助诊断、临床诊疗辅助决策支持、医用机器人、互联网医院、智能医疗设备管理、智慧健康养老、智能公共卫生服务等场景。养老领域积极探索居家智能监测、智能可穿戴设备应用等场景。农村领域积极探索乡村智慧治理、数字农房、在线政务服务等场景。

（二）物联网技术

物联网（internet of things，IOT）是基于互联网、传统电信网等的信息承载体，它让所有能够被独立寻址的普通物理对象形成互联互通的网络。物联网的关键技术包括射频识别技术、传感网、M2M系统框架、云计算等。通过信息传感器、全球定位系统、红外感应器、激光扫描器等装置，实时采集、监控和连接互动的物体或过程，分析其声、光、热、电、生物、位置等各种信息，完成物与物、物与人的泛在连接，实现对物品和过程的智能化感知、识别和管理。

2021年，工信部、国家发改委、科技部等八部委印发《物联网新型基础设施建设三年行动计划（2021—2023年）》，明确了未来3年的发展目标。到2023年底，在国内主要城市初步建成物联网新型基础设施，含智能感知、网络传输、平台应用等多个领域，构建起完整的物联网生态系统。在民生消费领域，鼓励物联网企业与康复辅具生产商、养老机构、运动场馆等跨界合作，加快推动可穿戴设备、智能医疗健康产品、智能体育装备等应用普及，研发具有个人健康监测功能的智能可穿戴设备，推动具备医疗性能、诊断级性能的感知终端临床应用。在老年人照护领域，智能监测技术可进行全天候守护，可部分取代人工服务。物联网技术在体征监测和行为监测方面可发挥重要作用。

1. *体征监测技术*　对老年人生命体征监测属于生物传感技术领域，从使用方式上可划分为接触式有感体征监测技术和非接触式无感体征监测技术两类。接触式有感体征监测技术依据传感机制可分为机械传感器、电子传感器、光学传感器和化学传感器，依据检测方式是否侵入人体分为有创检测和无创检测。当前研究热点集中于电化学和光学传感器，以及对代谢物、细菌和激素等生物标志物的无创监测，目标是实现持续性监测，扩大可监测的生化标志物类型，更加全面地感知人体的健康状况。非接触式生命体征监测技术可在一定距离隔空监测生命体征信号。根据传感机制的不同，主要包括压电、光纤、激光、红外、多普勒雷达传感。当前研究热点集中于心率、呼吸、血压以及体温4项生理指标。

2. *行为监测技术*　行为监测是通过各种传感器采集人体行为数据，利用计算机自动检测技术分析和理解人体各类运动和行为的过程。根据采集数据类型的不同，分为基于视觉传感、基于环境传感、基于位置传感的人体行为识别。从传感器佩戴方式上可划分为接触式有感行为识别与非接触式无感行为识别技术。接触式有感行为识别需随身携带可穿戴式传感设备，根据检测信号的类型分为生物电信号传感器、力学传感器、定位传感器。生物电信号如心电、脑电、肌电等是人体生理状态的重要表征，可为行为识别提供重要线索，可穿戴外骨骼机器人、运动分析与诊断、日常行为监测、虚拟现实等多个领域均借助此类传感器。无感行为识别减少了感知设备对老年人日常生活的影响，包括基于图像信息和基于环境监测信息两类行为识别技术。其中基于环境监测信息的行为识别技术通过部署在家庭环境中的各类传感器采集数据，经算法分析处理，对老人的行为进行识别，多应用于居家养老场景。

（三）大数据技术

大数据（big data），或称巨量资料，所涉及的资料量规模大到在获取、存储、管理、分析方面远远超出传统数据库软件工具能力范围的数据集合。其特征包括海量的数据规模、快速的数据流转、多样的数据类型和价值密度低。大数据分析是处理和分析大规模、复杂和多样化数据集的过程。从技术上看，大数据与云计算的关系就像一枚硬币的正反面一样密不可分。大数据必然无法用单台的计算机进行处理，应采用分布式架构对海量数据进行分布式数据挖掘，必须依托云计算的分布式处理、分布式数据库和云存储、虚拟化等技术。

2015年，国务院印发《促进大数据发展行动纲要》，在公共服务大数据工程中提出加强医疗健康服务大数据，构建电子健康档案、电子病历数据库，建设覆盖公共卫生、医疗服务、医疗保障、药品供应、计划生育和综合管理业务的医疗健康管理和服务大数据应用体系。探索预约挂号、分级诊疗、远程医疗、检查检验结果共享、防治结合、医养结合、健康咨询等服务，优化形成规范、共享、互信的诊疗流程。鼓励和规范有关企事业单位开展医疗健康大数据创新应用研究，构建综合健康服务应用。

2021年，工信部印发了《"十四五"大数据产业发展规划》，在行业大数据开发利用行动中提出加强医疗大数据建设，完善电子健康档案和病历、电子处方等数据库，加快医疗卫生机构数据共享。推广远程医疗，推进医学影像辅助判读、临床辅助诊断等应用。提升对医疗机构和医疗行为的监管能力，助推医疗、医保、医药联动改革。

（四）云计算技术

云计算（cloud computing）是云计算分布式计算的一种，通过网络云将巨大的数据计算处理程序分解成无数个小程序，经过多台服务器组成的系统进行处理分析，得到结果并向用户提供个性化服务。云服务的主要类型有基础设施类云服务、平台系统类服务、业务应用服务3种。其中基础设施类云服务包括计算资源服务、存储资源服务、安全防护服务等。平台系统类服务包括数据库服务、大数据分析服务、软件开发平台服务等。业务应用服务包括协同办公服务、经营管理应用服务、运营管理服务等。

云计算技术的应用可为医疗服务、养老服务带来更多的个性化和智能化，提高健康管理和养老服务的质量和效率。云计算技术可以提供强大的计算和存储能力，帮助养老服务机构实现数据的集中管理和共享，医护和管理人员可以随时查看和分析，提供及时的养老服务和健康咨询。应用于养老机构的运营管理可帮助机构了解老年人的需求和偏好，优化养老服务的供给方案，支持养老机构进行人员、物资、财务等信息的集中管理，提高工作效率和服务质量。

二、智慧健康养老的主要产品

近年来，我国大力推动智慧健康养老相关产业发展。2022年，工信部、商务部、国家市场监督管理总局等五部委印发《数字化助力消费品工业"三品”行动方案（2022—2025年）》，明确围绕健康、医疗、养老等大力发展“互联网＋消费品”。工信部、民政部、国家卫生健康委于2018年、2020年、2022年开展智慧健康养老产品及服务推广目录申报工作，并分三批次印发了《智慧健康养老产品及服务推广目录》（表6-1、表6-2）。申报的产品在功能性、易用性、可靠性、安全性等方面具备较高的技术水平，精准对接老年人健康和养老服务需求，深度整合线上线下资源。推动企业以数字化研发设计促进产品更新，以自主创新创造引领消费升级，释放“科技＋养老”效应，不断满足老年人多层次、个性化、高品质消费需求。用科技提升老年人生活品质。

表6-1　2018—2022年国家智慧健康养老产品推广目录情况　　单位：种

项目	分类	2022年	2020年	2018年	合计
1. 健康管理类智能产品	1.1 可穿戴健康检测设备	2	14	12	28
	1.2 健康监测设备	8	32	19	59
	1.3 家庭医生随访工具包	4	4	4	12
	1.4 社区自助式健康检测设备	0	18	10	28
2. 老年辅助器具类智能产品		3	21	4	28
3. 养老监护类智能产品	3.1 智能监测设备	8	14	4	26
	3.2 智能看护设备	6	8	2	16
4. 中医数字化智能产品		0	0	0	0
5. 家庭服务机器人	5.1 护理机器人	0	4	0	4
	5.2 陪伴机器人	1	3	0	4
	5.3 康复机器人	0	0	1	1
6. 适老化改造智能产品		2	0	0	2
7. 场景化解决方案	7.1 家庭养老床位	13	0	0	13
	7.2 智慧助老餐厅	1	0	0	1
	7.3 智慧养老院	5	0	0	5
	7.4 智慧化康复中心	1	0	0	1
	7.5 智慧药房	0	0	0	0
合计		54	118	56	228

表6-2　2018—2022年国家智慧健康养老推广产品情况

2022年产品分类		2020年及2018年产品分类	2022年推广产品	2020年推广产品	2018年推广产品
1. 健康管理类智能产品	1.1　可穿戴健康检测设备	手环（腕带）、腰带、胸带类	无	荣耀手环5、“一键式”智能终端、智能定位卡、动态心电记录仪、穿戴式动态心电记录仪、科强孝心环、5G智能手环	智能手环V1.0、iSleep优睡宝睡眠监测仪、动态心电记录仪、小米手环2、生命体征监护手环、科强孝心环
		手表类	老年健康安全手表、科强智能健康手表	HONOR MagicWatch 2、爱牵挂老人智能安康手表S3 PRO、科强智能健康手表、Amazfit米动健康手表、孝安达智能老年手表	智能腕表2.0、智能监护手表、侨E脉、智能健康监护手表、爱牵挂智能监护穿戴设备、麦麦长者手表
		服饰内置类	无	无源外骨骼、SOS一件呼救定位服饰	无
	1.2　健康监测设备	心电监测类设备	动态心电记录仪、动态心电记录仪IH-12PLUS、远程动态实时心电监测系统、iHealth Pulse Oximeter	心之声便携心电仪、心冲击图记录仪、动态心电记录分析系统、动态心电记录仪、便携式带蓝牙多参数监护仪、远程心电监护仪（十二导联移动心电仪）、无线网络生理参数监测仪、便携式心电采集仪、动态心电图系统	远程心电监护仪、无线网络生理参数监测仪、便携式心电采集仪、动态心电图系统
		血压监测类设备	无	熙心健康智能血压计、智能血压计、电子血压计（智能臂式）、iGuard安佳云健康智能血压计、脉搏波血压计、动态血压监护仪、无线传输电子测量血压计、臂式电子血压计	电子血压计（智能臂式）、臂式电子血压计、无线传输电子测量血压计
		血糖监测类设备	智能血糖监测系统	熙心健康血糖仪、智能血糖监测系统、血糖仪	智能血糖监测系统、熙心健康血糖仪、血糖仪、血糖分析仪

续　表

2022年产品分类	2020年及2018年产品分类	2022年推广产品	2020年推广产品	2018年推广产品
1. 健康管理类智能产品	血氧监测类设备	指夹式血氧仪、近红外组织血氧参数无损监测仪/脑组织血氧参数评估系统	指夹血氧仪、脉搏血氧仪、iHealthPulse Oximeter	iHealth Pulse Oximeter
	体温监测类设备	中文大华单目手持测温仪	智慧防疫远程测温手环、红外线体温计、热成像经济型手持测温热像仪、西玛科红外测温仪、非接触式红外体温计	体温持续监测仪
	体重/体脂监测类设备	无	iHealth Core无线体脂秤	iHealth Core无线体脂秤、小米体脂秤、健康秤二代
	家庭或社区用便携多功能健康监测类设备	健康小屋	生命体征监测仪、心肺运动功能评估系统、健康一体机	熙心健康一体机、家用健康一体机、康美健康一体机
1.3 家庭医生随访工具包	基层诊疗随访设备	浙健家医家庭医生签约随访工作站、智能健康服务包、便携式眼底相机、超声波骨密度分析仪	心电分析仪、多参数健康管理一体机、互联网＋移动健康数据采集综合管理系统（健康一体机）、多参数生命体征监测仪	多参数生命体征监测仪、便携式健康监护机、移动公卫套装、健康一体机
1.4 社区自助健康检测设备	社区自助体验设备	无	健康空间站、智能自助式健康站、智能健康站、智能诊室、健康一体机、泰好康智慧健康管理系统（健康数据综合检测一体机）、安测自助健康监测智能一体机、互联网健康管理一体机、多参数生命体征监测仪、生理参数传输仪	多参数生命体征监测仪、互联网健康管理一体机、平板健康一体机、远程医疗工作台、自助健康监护机、生理参数传输仪、健康小站、康美健康一体机、安测自助健康监测智能一体机

续 表

2022年产品分类	2020年及2018年产品分类	2022年推广产品	2020年推广产品	2018年推广产品
	智能听诊设备		无	智能听诊器
	智能健康筛查设备		胶囊诊所（健康微诊室＋药柜）、脑组织血氧参数评估系统、梦轨MagiSleep智能睡眠仪、心晓悠护Lite	无
	全自动红外测温产品		大华热成像人体测温仪、红外体温智能快速筛检系统、红外热成像体温快速筛检仪、全自动红外测温产品	无
2. 老年辅助器具类智能产品	智能康复设备	智能动态反馈训练系统（电动移位机）、四肢联动康复训练仪、下肢助行机器人MAX	蓝鲸3人工智能骨传导助听器、手关节持续被动活动仪、手功能综合康复训练平台、智能上肢康复机器人、平衡评定及训练系统、上肢康复机器人、下肢外骨骼康复机器人、手功能康复机器人、智能体态运动评估与康复训练系统、茵诺运动医生、步态训练和评估系统、高效型智能平衡功能评估与训练系统、早老干预系统、经颅磁刺激仪、坐卧式多关节下肢康复机器人、电动轮椅车、下肢智能反馈训练系统、智能上肢反馈康复训练系统、智能下肢反馈康复训练系统、防颤精确性感统训练测试仪、心理评估与心能提升训练综合系统	防颤精确性感统训练测试仪、心理评估与心能提升训练综合系统、上肢反馈康复训练系统、智能下肢反馈康复训练系统

续　表

2022年产品分类		2020年及2018年产品分类	2022年推广产品	2020年推广产品	2018年推广产品
3. 养老监护类智能产品	3.1 智能监测设备	智能监测设备	分音塔老人安全智能报警器、跌倒检测毫米波雷达、智能家居摄像机、来邦长者监护系统、非接触式卧床人员起身报警设备、老年人髋关节跌损智能防护气囊、（穿戴式跌倒防护气囊）、孝为先跌倒报警器	三目行为分析摄像机、智能地面、长护宝、智能床、智能居家基站、智能居家终端（床头机）、吸顶式无线双鉴红外探测器、非接触/非视觉生命体征监测系统-老年人看护系统、无线单体门磁传感器、natali智能看护系统-孝心眼、非接触式人体行为异常监测设备、奇鹭智能定位宝、烽火祥云社区养老智慧岛、信息化医护管理通信系统	智能床垫、乐老一键通、智能床垫、照护宝居家看护设备
	3.2 智能看护设备	智能养老照护设备	毫米波雷达智能睡眠监测仪、智能床垫、智能健康感知看护仪、可穿戴式低功耗智能制氧装备、智慧养老看护器、智能睡眠监测器	泛米“三心”智慧养老系统、电动护理床、智能一体化床椅（Ⅱ型）、邦邦可折叠智能代步机器人、智能生命体征监护床垫/褥垫/枕头、智能养老看护系统、智能床垫、智能床垫	智能一体化床椅（2型）、信息化医护管理通信系统
4. 中医数字化智能产品		无			
5. 家庭服务机器人 陪伴机器人 康复机器人		护理机器人	无	海姬尔床式护理机器人、下肢康复训练机器人、全自动卧床排泄处理系统、智能排泄护理机	无
		小度智能屏	所依多媒体终端设备、笑宝机器人TD-LTE数据终端、智能健康服务机器人	无	
		无	无	下肢康复训练机器人	

续 表

2022年产品分类		2020年及2018年产品分类	2022年推广产品	2020年推广产品	2018年推广产品
6. 适老化改造智能产品		无	京希慧管家-伴老智慧屏、格力“馨天翁”长者空调器	无	无
7. 场景化解决方案	7.1 家庭养老床位	无	家庭养老床位平台、基于照护管理服务模式的家庭养老床位应用场景、银发智康幸福屋、茵诺家庭养老床位、家庭养老床位数字化管理服务平台、互联网＋适老化改造、家庭养老床位系统、智慧家庭养老床位建设与服务解决方案、家庭养老照护床位业务场景、居家养老家庭养老床位、居家社区基本养老服务提升、壹零后家庭养老床位解决方案	无	无
	7.2 智慧助老餐厅		智慧助老餐厅		
	7.3 智慧养老院		智慧养老院、“三轮”驱动数智化养老院场景、智慧养老院场景解决方案、和睦智慧养老、智慧养老院		
	7.4 智慧化康复中心		帕金森运动症状康复训练中心（防颤精确性感统训练测试仪PTT-A1）		
	7.5 智慧药房				

2022版智慧健康养老产品主要包括六类产品及多种产品集成应用的场景化解决方案。六类产品为具有趋势分析、智能预警等功能的健康管理类智能产品；功能代偿型等老年辅助器具类智能产品；具有行为监护、安全看护等功能的养老监护类智能产品；具有健康状态辨识、中医诊断治疗等功能的中医数字化智能产品；围绕助老助残、家庭生活需求的家庭服务机器人；实施适老化改造的智能产品。与2018版、2020版智慧健康养老产品推广目录相比，2022版目录增加了中医数字化智能产品，以及实施适老化改造的智能产品以及场景化解决方案。同时，将便携式健康监测设备、自助式健康检测设备两大类整合为健康管理类智能产品一大类；将智能养老监护设备中的智能康复设备小类提级为老年辅助器具类智能产品大类，这些变化反映了智慧健康养老产品的发展趋势。

2018—2022年评出推广产品228个，其中2022年56个、2020年118个、2018年54个。健康管理类智能产品127个，占比56%；老年辅助器具类智能产品28个，占比12%；养老监护类智能产品42个，占比18%；家庭服务机器人9个，占比4%；适老化改造智能产品2个，占比1%；场景化解决方案20个，占比9%（图6-1）。

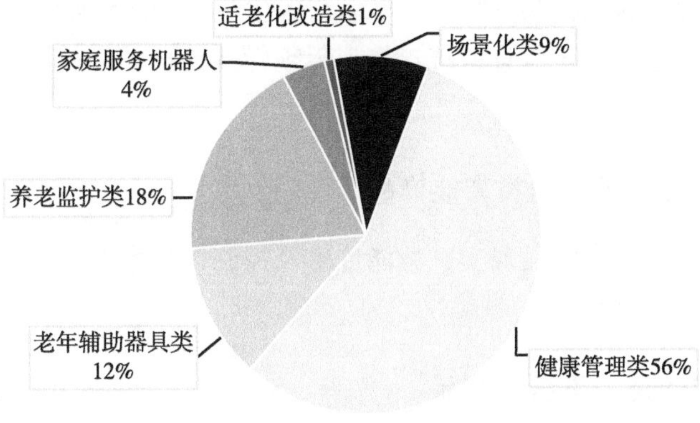

图6-1 2018—2022年国家智慧健康养老产品推广目录累计情况

（一）健康管理类智能产品

1. 可穿戴健康检测设备 具备心率、睡眠、心电、运动量或血氧等单一或多参数检测功能的可穿戴设备，如智能手环/手表、动态心电记录仪、智能服饰等。具备独立的设备标识码，具备标准化传输模式，具备数据实时传输能力，具备与大数据平台对接服务的能力，数据平台系统应符合相关信息安全标准，产品应符合电气安全等相关国家标准，具有趋势分析、智能预警等功能。可实现对生理参数和健康状态信息进行动态监测、即时管理、预警等。

2. 健康监测设备　具备血压、血糖、血氧、体脂、血尿酸、血脂、心率、心电、骨密度等单一或多参数监测设备，如智能血压计、毫米波雷达设备、睡眠呼吸障碍筛查设备等。具备与平台对接实现智能分析、警示和远程集中管理能力。

3. 家庭医生随访工具包　用于医护人员在基层诊疗随访中使用的集成式或分立式智能健康监测设备，如便携式健康一体机等。具备8种以上健康监测功能，可实现身份识别、健康档案查询、健康教育、健康指标监测和数据采集等功能，与信息系统对接；支持异常检查数据识别功能；具备内部备份存储的安全机制，内部存储不少于48小时；支持离线及在线工作模式，适应基层医务人员实际的工作环境；监测内容中含心电项目的设备，应具备心电远程会诊功能。

4. 社区自助式健康检测设备　适用于社区机构、公共场所，集成了多种健康监测功能的设备集合及管理系统，便于居民开展自助健康指标监测，如健康站等。具备8种以上健康体检功能；可实现居民身份识别、健康档案查询、健康教育、通过视频/语音/IP电话与医生进行健康咨询、健康指标监测和检测数据采集等，与信息系统对接；无须专业人员辅助使用；支持远程双向视频问诊。

（二）老年辅助器具类智能产品

利用人工智能、增强现实、智能传感及控制等技术的智能辅助设备，如智能助听、助视设备等。

（三）养老监护类智能产品

1. 智能监测设备　对老年人人身安全情况进行监测的跌倒报警、防走失、紧急呼叫、室内外定位等智能设备，如毫米波雷达、呼叫定位设备、红外热像仪等。

2. 智能看护设备　为养老护理工作减负赋能、提高效率及质量的智能看护设备，如智能床垫、睡眠监测仪等。

（四）中医数字化智能产品

具有健康状态辨识、中医诊断治疗等功能的中医数字化智能产品，如中医四诊仪等。

（五）家庭服务机器人

围绕助老助残、家庭生活需求的残障辅助、家务、情感陪护、娱乐休闲、安防监控等智能服务型机器人，如机器人管家等。

（六）适老化改造智能产品

针对老年人进行适老化改造的智能设备，如智能电视、手机等。

（七）场景化解决方案

1. 家庭养老床位　集成多种居家安全和智慧养老产品，把养老机构专业化的养老服务延伸到家庭，对有老人的家庭开展适老化改造、智能化改造、专业照护、远程监测等养老服务，满足居家老年人享受专业照护服务的需求。运用互联网、物联网、大数据等信息技术手段及智能终端设备，打造场景化解决方案。具备安全防范管理机制，具有紧急呼叫、环境监测、行为感知等基本功能。

2. 智慧助老餐厅　面向社区养老食堂场景，集成应用互联网、人工智能等技术，提供便捷就餐服务。具有线上订餐、便捷支付、精准补贴、膳食管理、食品安全监管等一种或多种功能。

3. 智慧养老院　集成应用智慧养老产品及信息化管理系统，提供运营智慧化服务，提升养老机构运营效率。具有入住管理、餐饮管理、健康管理、生活照护、出入探视管控、无接触消毒等一种或多种功能。

4. 智慧化康复中心　利用信息化服务平台及智能康复设备，实现康复过程流程化、信息化、体系化以及康复训练的科学化，提高康复训练效率及质量。具有康复计划追踪、康复情况评估、康复流程追踪等基本功能。

5. 智慧药房　利用互联网、大数据、人工智能等信息技术手段，实现无接触式24小时配药服务。具有自助购药、快速发药、智能补药、药品管理、处方审核等基本功能。

第二节　智慧健康养老的数据资源和平台建设

在智慧健康养老场景下，服务的独特性、数据的多样性、复杂性和不确定性，对提供智慧健康养老服务的机构如何管理和利用数据带来了很大挑战。对智慧健康养老服务数据进行梳理和分析，明确数据资源描述方法，能规范智慧健康养老数据资源的存储、管理、共享与开发利用。通过构建智慧健康养老平台，可以帮助智慧健康养老服务主体更好地管理、分析数据，帮助老年人理解和利用智慧健康养老服务，实现我国智慧健康养老不同产业链及多元服务主体之间的数据互联互通和共享利用，助力智慧健康养老服务体系建设。

一、智慧健康养老的数据资源

（一）数据来源

智慧健康养老涉及政府政策、医疗卫生、社会保障、智能设备生产、家政服务等多个领域。在开展智慧健康养老服务的过程中，不同养老活动或场景会产生各种各样的资料、信息和数据。数据来源广，类型多，构成复杂。从参与智慧健康养老服务相关的主体看，智慧健康养老数据主要来源4个方面。

1. 来自政府部门的政策信息和档案信息。如智慧健康养老相关政策、规划等政策文本，参与养老服务的老年人个人档案信息，如身份信息、医保信息等。

2. 来自提供智慧健康养老服务的相关企业组织的养老应用APP、智能设备、服务平台等产生的数据。这是养老服务过程中相关设备、传感器、软件和平台等产生或收集到的各类数据，如日常生活中老年人携带的智能装备对其心跳、血压、血糖等的记录数据，老年人就医过程中产生的电子病历等。

3. 来自参与智慧健康养老活动的老年人的个人感受信息，以及社会上、网络上其他人的评价信息等。

4. 来自智慧健康养老相关研究与教学单位的文献信息，如关于老年人健康养老知识等的图书、论文、专利、标准等信息资源等。

（二）数据分类

在智慧健康养老服务过程中，各类设备或应用软件等自主采集和记录的原始数据并不是智慧健康养老数据资源，只有依据某种价值需求或服务目标，按照某种规则（或框架）对数据进行加工之后，形成的数据集，才能称为智慧健康养老数据资源。按照数据是否发生变化分，智慧健康养老数据可分为静态数据和动态数据两大类。

1. *静态数据* 指老年人的身份数据（个人档案），健康档案数据（每年的体检报告），各级政府有关养老的政策文本，各种智慧健康养老的论文、专著、专利等。静态养老数据与普通文献信息资源类似，具有相对稳定性，数据一旦形成，其内容在一定时期内保持不变。静态养老数据通常具有非结构化或半结构化特征，知识量较大、粒度较粗，机器难以直接理解和使用。部分国内外学者利用自然语言处理技术、知识挖掘技术等，识别各类养老文本内容。

2. *动态数据* 指智慧健康养老设备、应用软件和服务平台基于互联网和实时采集和记录的数据。这类数据具有动态性、连续性、长期性和多样性四个主要特征。一是动态性，各类智慧健康养老设备会随时随地记录老年人活动的数据，如智能穿戴设备可对脉搏次数、血压值、血糖值、体重数值等老年人身心健康状况记录监控数据等。二是连续性，智慧健康养老数据在时间维度上是连续的，如智能手环等持续不间断地记录老年人的心跳、血压等数据。三是长期性，智慧健康养老供给需要依据老年人身心、生活与活动数据的长期跟踪提供个性化服务。四是多样性，不同的厂家、平台、设备、应用软件会产生不同格式的数据，不同的服务场景、服务活动，会产生不同结构的数据，这也是造成智慧健康养老数据难以共享的原因。

另外，按智慧健康养老服务主体，智慧健康养老数据可分为智慧健康养老机构数据、健康管理机构数据、医疗机构数据、保险机构数据、政府机构数据等。按照数据采集来源，可分为健康管理APP数据、传感设备数据、可穿戴设备数据、监控设备数据等。按照数据呈现方式，可分为数值数据、文本数据、图像数据、音频数据、视频数据等。按照结构化程度，可分为结构化数据、半结构化数据和非结构化数据等。

（三）数据描述

智慧健康养老数据描述是对智慧健康养老场景中数据的特征、结构以及外部关系进行描述或标注，以便养老服务主体对数据的管理和利用，通常包括以下4个方面。

1. *数据结构描述* 不同的智慧健康养老设备或平台有不同的数据记录格式和数据结构，一般包括数据元素的名称、类型、长度、格式等信息。

2. *数据语义描述* 对智慧健康养老场景中数据所反映的活动内容进行语义标注，以便应用软件或智能设备对数据采集和利用。通常使用数据标识符对数据进行唯一标识，以便对数据进行查找和管理；对数据的含义、范围和限制等进行定义；对数据之间的层次关系、从属关系和引用关系等进行描述；对数据的取值类型、取值范围和单位数据进行界定等。

3. *数据质量描述* 对智慧健康养老数据进行质量评估和描述，以便对数据进行筛选和清洗。包括数据的正确性、精准性和完整性，数据的逻辑一致性、时间一致性和空间一致性，数据的来源可信度、处理可信度、管理过程可信度等。

4. *数据标准描述* 各智慧健康养老服务主体往往拥有自己的数据资源分类或组织方式，智慧健康养老数据来源不一，对老年人需求的理解和采集不一，有着不同的术语体系或数据字典。应完善数据描述标准体系建设，畅通智慧健康养老数据在各服务主体之间的共享与利用。

（四）数据应用

《智慧健康养老产业发展行动计划（2021—2025年）》指出，完善智慧健康养老数据要素体系，鼓励各地建设区域性健康养老大数据中心，建立健全居民电子健康档案、电子病历、老龄人口信息等基础数据库，加强共享交换、安全开放等全链条数据服务，提升数据的使用效率，强化数据要素赋能作用。鼓励开展健康状态实时分析、健康趋势分析、健康筛查等功能，提升老年人行为画像、行为监测、安全监控等技术能力。

1. *健康数据的应用*

（1）健康档案管理：通过收集老人的个人信息，家属信息，健康状况，兴趣爱好等，进行动态统一管理，便于管理者、医生、护工查看老人的基本信息，为老人提供个性化的健康管理服务，如健康咨询、健康评估、健康指导等。同时，健康档案管理还可以为医生提供患者的基本信息、病情记录、诊断结果等，以便医生更好地了解患者的病情，制定更好的治疗方案。

（2）疾病风险预测：通过收集个体的生理、心理、环境等方面的数据，运用统计学和机器学习算法进行分析和建模，利用大数据、人工智能等技术对个体患病的可能性进行预测，为个体提供个性化的健康干预和预防措施，减少医疗费用和医疗资源的浪费。同时，对于医疗机构和医生来说，也可以提供更精准的诊断和治疗方案，提高医疗服务的效率和质量。

（3）个性化健康管理方案：医疗机构或企业应用健康管理类数据，开展趋势分析、风险筛查、健康计划、预防保健、慢病管理、紧急救助等个性化健康管理服务，结合医学知识与科技手段，为个体提供量身定制的健康干预和预防措施。

2. *养老数据的应用*

（1）机构互动：结合线下、物联网和互联网配合采集的信息数据录入方式，打破信息孤岛，提供入住管理、餐饮管理、生活照护等运营智慧化服务，管理的准确性、实时性、条理性和可统计性大大提高。

（2）社区互动：整合社区的地理信息和人口数据、社区周边企业信息数据，运用数据分析技术和系统，感知社区居民未满足需求“蓝海”，分析需求主题领域及其层次，为老年人提供多样精准的助餐、助行、助学、助乐、助洁、助浴、助医、助急和常态化陪伴等服务，方便老年人之间的交流沟通。

（3）居家互动：通过分析居家老人的生活习惯、行为方式等数据，可为老年人提供更加符合自身特点的饮食、运动等建议，根据个人的居住条件和时间安排提供不同形式的支持，为老年人提供更加便捷、高效、优质的个性化服务。

二、智慧健康养老的平台建设

智慧健康养老平台利用科学技术使传统养老模式升级，面向老人开展物联化、互联化、智能化的健康和养老服务，将老人与家庭成员、社区、机构等进行联系，提供优质的健康和养老服务。

（一）智慧健康养老平台概述

智慧健康养老平台建设是指利用现代信息技术，建立智能化的养老服务平台，为老年人提供全方位的健康管理、生活照料、医疗护理等服务。智慧健康养老平台依托云计算、互联网、大数据技术，对智能硬件、健康数据、养老数据等进行采集和分析，全方位服务于各种养老模式中。其中智能硬件包括可穿戴设备、陪伴机器人等智能养老产品，软件包括支持智能移动终端APP、小程序、电脑端Web等数据采集、分析、应用载体。

智慧健康养老平台建设在推动智慧健康养老发展中发挥着关键作用。通过整合医疗、养老、康复、健康管理等方面资源，可实现信息共享和资源优化配置，提高健康养老服务的质量和效率。通过个人、家庭、社区、机构与健康养老资源的有效对接和优化配置，可推动健康养老服务智慧化升级，提升健康养老服务质量效率水平，为老年人提供更加便捷、高效、安全的服务。

《智慧健康养老产业发展行动计划（2021—2025年）》指出，做强智慧健康养老软件系统平台，加快建设统一权威、互联互通的全民健康信息平台，实现健康数据的有效归集与管理。鼓励企业开发具有多方面、多种类健康管理分析功能及远程医疗服务功能的应用软件及信息系统，提升健康服务信息化水平。推进建设区域智慧健康养老服务综合信息系统平台，依托区域养老服务中心，推进养老补贴、养老服务、行业监管信息化，实现老年人信息的动态管理。鼓励企业面向居家、社区、机构等场景，开发养老服务管理系统、为老服务信息平台，强化物联网、人工智能等基础能力，联动云管边端，丰富服务种类，提升服务质量，实现服务的流程化标准化。

（二）智慧健康养老平台基本构成

1. 信息采集监控模块　可利用腕带标签等设备完成对老人身体健康数据采集，包括血压、心率、体温等生理参数，每位老人的身份信息和行为数据，实时地理位置信息等环境数据，以及家属、医护人员等相关信息。利用视频监控能够控制摄像头查看老人所在的具体位置和相应区域情况。

2. 信息存储模块　对采集到的老年人的生理参数、行为数据、环境数据等，以及家属、医护人员等相关信息进行存储和管理，以便后续的数据分析和挖掘。确定数据来源是从数据库中读取数据还是从其他系统中获取数据，数据格式是结构化数据还是非结构化数据。根据数据格式和大小选择合适关系型数据库、NoSQL数据库、文件系统等存储方式，根据业务需求选择合适的数据处理方式。

3. 信息处理模块　对采集层处理后的数据进行存储、加工、变换和传输，以便后续的数据分析和挖掘。对原始数据进行清洗、去重、格式转换等操作，将来自不同来源的数据进行整合，形成一个完整的数据集。对数据集进行统计分析、聚合操作、特征提取、加工变换，以供后续分析使用。

4. *服务场景模块*　通过对涉老数据信息的采集、汇总、分析研判，实现养老机构智慧化运作和管理，集合基础信息、物联网信息和第三方信息形成养老信息数据资源系统，支持专业型终端、无线POS终端、手机终端等不同应用程序，实现信息共享，为老年人提供实时、快捷、高效、低成本、物联化服务。将老人健康数据上传至医疗服务模块进行分析，为老人提供健康评估、在线咨询、用药管理等服务。

5. *通知联络模块*　平台可通过短信服务、微信小程序、APP等形式与老人家属进行沟通交流，家属通过能够实时查看老人健康数据的变化情况。当老人健康出现问题时，系统将通过该模块通知家属老人的健康状况。

（三）智慧健康养老平台服务模式

1. *整合化服务模式*　养老服务机构可通过智慧健康养老服务平台整合医疗、康复、生活照料、心理关怀等各类资源，提高养老服务的运营效率，降低服务成本，实现更高品质、更低成本的一站式养老服务提供，方便老年人根据自身需求选择和使用。

2. *跨界化服务模式*　养老服务机构可与医疗器械、智能家居、互联网科技等其他领域企业进行合作，将先进的技术手段应用于养老服务中，优化养老服务的管理流程，降低运营成本，提高服务质量和效率，实现资源共享、优势互补，提高养老服务的综合性能和产业的可持续发展，使智慧健康养老行业在竞争激烈的市场环境中更具优势。

3. *社区化服务模式*　社区化服务模式是指养老服务向社区延伸，将养老服务与社区资源相结合，为老年人提供便捷、全面的养老服务。在这一模式下，养老服务提供者可以利用互联网技术，整合社区内的医疗、康复、教育、娱乐等资源，构建一个跨领域的养老服务网络。老年人可以在社区范围内享受一站式的养老服务，既增强了服务的可及性，又降低了老年人的生活成本。

4. *远程化服务模式*　利用互联网、物联网、移动通信等技术，智慧健康养老服务平台可以随时随地掌握老年人的健康状况和需求，为他们提供及时、有效的支持。同时，远程服务能力的提高使得家庭成员可以更加方便地关注和参与老年人的养老过程，进一步保障家庭关爱的温暖。

5. *个性化服务模式*　在传统养老服务中，老年人往往只能接受统一的服务内容和方式。在智慧健康养老产业中，基于大数据技术的应用，服务提供者可以根据老年人的个人需求、健康状况、兴趣爱好等多维度信息进行精准分析，进而提供高度个性化的养老服务方案。如根据老年人的生活习惯、饮食口味、运动喜好等信息，为其定制个性化的生活照料、膳食搭配和锻炼计划，满足其独特需求。

6. *互动化服务模式* 通过互联网技术实现老年人与服务提供者、家庭成员、其他老年人之间的实时互动与信息共享。老年人可以随时向服务提供者反馈自己的需求和意见，服务提供者则可以根据这些反馈调整服务内容和方式。同时，有助于增进老年人之间的交流与友谊，提高老年人的生活质量；增强家庭成员对老年人的关爱，实现家庭成员与老年人的紧密互动。

7. *应急化服务模式* 通过采用先进的传感器、监控设备和智能分析系统，智慧健康养老平台服务可以实时监测老年人的生活环境，通过智能终端呼救功能能够激活视频联动系统进行协同定位，以帮助养老院管理人员快速准确地完成老人健康状况查看和救助任务，预防意外事故的发生。同时，这些设备和系统可以为老年人提供紧急呼叫功能，确保他们在遇到突发状况时能够得到及时的救援。

（四）平台安全性设计

1. *数据安全保护* 建立终端和云平台之间的安全传输通道，加强数据加密、数据脱敏、双向身份认证、访问控制、传输加密等数据安全技术应用，为智慧健康养老的各个环节提供数据安全和数据信任。可采用加密技术将明文转换为密文，防止未经授权的人员访问和使用数据；采用认证技术以验证用户的身份，确保只有授权人员才能访问和使用数据；授权技术控制用户对数据的访问和使用，保护数据的机密性和完整性；审计技术记录用户对数据的访问和使用情况，进行审计和追踪。

2. *用户隐私保护* 加强智慧健康养老服务平台的数据管理和安全管控，对传感器采集的老人相关数据进行加密保护，防止未授权设备或人员接入平台系统窃取个人隐私。严格规范用户个人信息的收集、存储、使用和销毁等行为，确保数据安全和用户个人信息符合保护安全标准要求。

3. *系统稳定性保障* 智慧健康养老平台的系统稳定性保障措施包括确保设备接入的稳定性，在网络环境差或断网的环境也要能够工作，数据在网络恢复后能够同步。提高智慧健康养老平台稳定性和可靠性。

（五）平台运营与维护

1. *平台运维管理* 智慧健康养老平台运维管理是确保平台不间断运行的神经中枢和总控系统，运维中心负责平台的运维管理工作，包括设备的监控、维护、升级等工作，为整个体系的正常运转提供保障。

2. 智慧健康养老平台升级与优化　包括更新和优化硬件设备、软件系统、数据库等，以提高平台的运行效率和安全性。不断升级和改进平台的功能，完善健康管理功能、优化远程医疗服务、提升用户界面设计等，以适应用户需求的变化。加强与用户的沟通和反馈，了解用户需求和反馈，加强服务团队建设、提高服务水平、推出新的服务模式等升级调整。智慧健康养老平台的升级与优化是一项长期而持续的工作，通过不断优化服务，可以提高用户满意度和忠诚度，增加用户黏性，为平台的长期发展奠定基础。

3. 平台用户培训与支持　智慧健康养老平台用户培训与支持是确保平台稳定运行的关键之一。用户培训与支持可以确保用户能够正确使用平台，并获得所需的帮助和支持。用户培训与支持可以通过多种形式进行，如在线课程、培训材料、电话咨询、现场培训等。

第三节　数字鸿沟和适老化设计

一、数字鸿沟

（一）数字鸿沟概述

数字鸿沟是指不同群体在获取、使用、理解数字技术方面的差距。数字鸿沟的概念源自全球数字化进程中的不平等现象，包括信息、技术、网络和创新能力方面的差距。数字鸿沟不仅存在于不同国家、地区和行业之间，也存在于个人之间，由于对信息资源、网络技术的拥有程度、应用程度、创新能力、信息素养不同而造成的差异。随着数字技术的不断进步，数字鸿沟的表现形式也在不断变化。早期信息技术与工具拥有程度的差异被称为第一道数字鸿沟，在信息使用的技能和素养层面所体现出的差距则被称为第二道数字鸿沟。数字鸿沟的加深可能会导致信息资源的两极分化趋势加剧，进一步阻碍数字经济的健康发展。因此，全球各国都在积极采取措施，缩小数字鸿沟，推动数字包容性，使更多人能够分享数字时代的利益。

（二）老年人面临数字鸿沟的原因

随着我国互联网、大数据、人工智能等信息技术快速发展，智能化服务得到广泛应用，深刻改变了生产生活方式，提高了社会治理和服务效能。老年人由于年龄差异、健康状况、经济条件、心理等方面的原因，往往难以跟上数字化生活的步伐，从而面临着数字鸿沟问题。

1. *设备拥有率和使用率低* 老年人通常因为经济条件、家庭支持不足等诸多因素，拥有和使用数字设备的比例相较于其他年龄段的人来说较低，这在一定程度上限制了他们充分享受数字化服务，如方便快捷的在线购物、安全高效的在线支付、丰富多彩的网络社交等。由于缺乏对数字设备的了解和操作技能，老年人可能难以理解和掌握这些服务，无法充分享受这些便利。

2. *技术运用能力不足* 老年人在数字技术的运用方面存在着明显的困难。由于年龄原因，他们往往面临着操作速度缓慢、准确率低下的问题，难以与年轻人相比。此外，老年人在理解和记忆复杂的操作流程方面也存在着较大的困难，他们往往会被此困扰。除操作速度和准确率较低外，老年人可能还缺乏必要的数字技能，在使用搜索引擎、发送电子邮件、使用社交媒体交流等方面存在一定困难。

3. *社会关注照顾不足* 许多老年人可能没有得到足够的帮助支持和正确的指导培训，以解决他们在使用数字化产品时遇到的问题。此外，一些数字产品在设计中没有充分考虑到老年人的实际情况和需求，以帮助支持他们更好地融入数字化社会。

（三）数字鸿沟对老年人生活的影响

数字鸿沟对老年人生活的影响是不容忽视的，在高度依赖数字化技术的现代社会，计算机、智能手机和互联网等技术对生活越发重要。然而，由于许多老年人缺乏对这些数字工具的了解和掌握，老年人面临着数字鸿沟，给生活带来了一些困难和挑战。

1. *信息获取困境* 老年人往往难以获取及时、准确的信息，如医疗、社会服务等方面的信息。许多老年人对智能医疗设备和在线医疗服务不了解，可能错过及时获取互联网医疗、管理健康服务的机会。许多老年人在使用电子支付、在线购物和智能家居等新型数字技术时会遇到困难。

2. *信息安全隐患* 老年人往往由于视力、听力等身体机能的衰退，以及缺乏相关的网络知识和技能，难以准确地识别和评估网络信息的真实性和可信度。同时，他们对于网络钓鱼、诈骗等网络威胁的认知也相对不足，容易受到虚假信息的误导和欺骗。此外，一些老年人可能缺乏信息安全意识，没有充分认识到个人信息的重要性，容易泄露个人信息，从而带来安全隐患和不必要的损失。

3. *交流沟通障碍*　老年人通常需要与家人、朋友保持联系，以满足社交和情感需求。然而，由于数字技术运用能力不足，他们可能无法通过数字渠道与家人、朋友进行有效的沟通和联系。一些老年人可能会感到被边缘化，与家人、朋友间的情感上产生了疏远。此外，由于数字技术不断发展，老年人可能会发现自己越来越难以跟上年轻人的步伐，也难以融入现代社会的生活。

（四）解决老年人数字鸿沟的对策

1. *提高老年人数字化素养*　鼓励老年人参加计算机基础课程、智能手机使用教程等智能技术培训，帮助老年人了解智能技术的应用范围、操作方法、网络安全和隐私保护等方面的知识，帮助老年人掌握基本的数字化技能，减轻老年人使用智能技术的心理障碍。家庭成员可以帮助老人购买必要的设备、进行网络连接，解答在使用中遇到的问题和困惑。

2. *发挥政府和社会的支持作用*　政府应制定相关政策和法规，推动数字化适老化设计和服务的普及。同时，提供多元化的社会服务，如志愿者服务、数字教育服务等，帮助老年人解决数字鸿沟问题。加强数字友好型社会建设，营造包容和友好的数字化环境，让老年人更容易融入数字化生活。社区可提供智能技术使用的支持和帮助平台，引导老年人积极融入数字化生活，鼓励他们使用社交媒体、在线支付等数字化服务，提高生活质量。

3. *加强信息无障碍建设*　针对老年人的特点，设计和推广适老化数字化产品和服务。如在智能产品开发中，以老年人的需求和特点为出发点，简化操作流程和界面设计，提供大字体、高对比度、语音操作等功能，优化信息内容的呈现方式，提高老年人使用数字化产品的便利性和舒适性。提高产品的稳定性和安全性，保障信息安全，加强隐私保护。融入社交和情感因素，增强产品的互动性和趣味性。关注老年人在智能技术使用中的问题，并提供相应的支持和帮助。

（五）国际经验

为帮助老年人跨越“数字鸿沟”、共享数字社会红利，多国政府、企业、社会组织积极探索实践，为我们提供了一些可行的解决方案、实施路径和有益启示。

1. 美国将“年龄友好”理念纳入政府顶层设计　1999年美国政府发布《填平数字鸿沟》政府工作报告，并在《通信法案》中要求电信企业为不愿或不擅长使用网络的老年群体提供普遍平等的电信服务。政府牵头，诸多社会团体投身于消除“数字鸿沟”的实践之中，通过设立老年人技术服务中心等，开设免费的计算机和数字扫盲课程。此外，美国非营利组织老年人网络中心专门为50岁及以上人群提供互联网教育。

2. 西班牙多方协同推进数字适老化　作为欧盟“移动时代”项目试点城市之一，西班牙萨拉戈萨市探索改革电子政务系统，计划推出专供老年人使用的政府网页，简化老年人办理手续和获取信息的方式。西班牙一家企业推出专门针对老年人的视频通话应用程序，省去烦琐注册过程，经过登记的老年人用户只需输入姓名即可登录使用，西班牙已有50家养老院申请使用该软件，下载量超过2万次。西班牙储蓄银行下属基金会的数字扫盲项目至今已使80万老年人受益。

3. 新加坡推进“数字大使”工作　2007年，新加坡政府推出“银发族资讯通信计划”，帮助老年人学习新科技。2020年，新加坡政府成立数字转型办公室，招募“数字大使”深入社区帮助老年人掌握数字技能，走进咖啡店、菜市场等场所，向年长顾客推广电子支付，使他们跟上数字时代步伐。青年志愿者在家庭服务中心和乐龄活动中心等场所帮助老年人学习使用电子设备及网络安全知识等，推动“银发族”掌握数字技术。新加坡还设立了60个数字社区中心，为老年人提供个性化支持，帮助他们学习数字技能、使用电子政务服务等。截至目前，已有4万多名老年人得到了帮助。

4. 韩国建设包容型数字社会　韩国政府开发了无人售卖系统教学示范机器，由老师手把手教老人使用各种无人售卖系统。首尔市数字财团开展了“老老互助”项目，于2020年招募了200名熟练掌握数字技能的老年人担任志愿者，帮助其他老年人学习使用智能手机，并根据学员水平提供个性化教学服务。

5. 挪威红十字会开展“老年人数字化”项目　该项目为每名参加项目的老年人安排一位志愿者教师，通过10周的辅导帮助老年人学习使用平板电脑、管理电子邮件、视频聊天等。

6. 瑞典哥德堡市政部门为老年人提供免费数字事务咨询　老年人可随时就数字工具使用问题，向市政工作人员电话寻求帮助。此外，该市图书馆和博物馆已将其大部分内容数字化，为老年人学习新事物提供便利。

二、适老化设计

（一）适老化设计概述

适老化设计是指为了满足老年人的生理、心理特点而进行的人性化设计，旨在让老年人更好地适应数字化生活，并提高他们的生活质量。这种设计通常需要考虑老年人的视觉、听觉、触觉、认知和身体灵活性等方面的限制，为他们提供更好的使用体验和便利。适老化设计的特点包括简单易用、易于理解和操作、安全性高、舒适性好等方面。它不仅能够帮助老年人方便、安全、舒适地使用数字产品，还可以让老年人更加方便地获取医疗、养老、安全等方面的信息和服务，提高他们的健康水平、生活质量，让他们更有信心跨越数字鸿沟，享受到信息化发展带来的便利。适老化设计已经成为当今社会的一个重要议题，也是智能产品发展的一个重要方向。

（二）适老化有关政策

2020年，国务院办公厅发布《关于切实解决老年人运用智能技术困难的实施方案》，指出要紧贴老年人需求特点，加强技术创新，提供更多智能化适老产品和服务，促进智能技术有效推广应用，让老年人能用、会用、敢用、想用。使智能化管理适应老年人，不断改进传统服务方式，为老年人提供更周全、更贴心、更直接的便利化服务。

2021年，工业和信息化部、民政部、国家卫生健康委员会印发《智慧健康养老产业发展行动计划（2021—2025年）》，指出推动智能产品适老化设计，提升老年人智能技术运用能力。鼓励企业开发具有适老化特征的智能产品，开展与老年人日常生活密切相关的互联网网站、移动互联网应用适老化改造，持续优化老年人使用体验，同时开展老年人智能技术运用培训，提升老年人对信息技术产品的接受度。

2022年，国务院印发《“十四五”国家老龄事业发展和养老服务体系规划》，指出重点开发适老化产品，提升老年用品的适老性能，促进老年用品科技化、智能化升级。

（三）适老化设计原则

1. *以老年人的需求和特点为出发点* 老年人作为特殊的消费群体，具有不同的生理、心理和社会环境需求。了解和尊重老年人的需求是开发适老化智能产品的第一步。一方面，在开发产品时，需要了解老年人的身体功能和感知能力。老年人的视力、听力和肌肉力量通常会有所下降，因此产品的界面设计需要清晰、易读，并具备音量调节和语音识别等功能，以适应不同老年人的视力、听力和身体状况。产品的操作流程也需要尽可能简单、直观，以减少老年人的学习成本和操作难度。另一方面，需要了解老年人的生活习惯和偏好，如喜欢慢节奏生活、喜欢传统文化等。在智能产品设计时，需要考虑如何将这些习惯和偏好融入产品中，开发出真正符合老年人需求的产品。

2. *简化操作流程和界面设计* 老年人的认知和记忆能力有所下降，过于复杂和抽象的操作流程及界面设计会造成老年人的使用困难。应将操作流程和界面设计尽可能简化，让老年人能够快速上手并轻松操作。通过减少不必要的步骤和功能、使用直观的图标和符号、引入语音识别和反馈技术等，增强界面的可读性和易理解性。可将说明和指南制作成图示、语音提示、视频教程等不同的形式，便于老年人理解和学习。

3. *提高产品的稳定性和安全性* 对产品的硬件和软件进行严格测试和验证，以确保产品稳定运行。对产品进行定期维护和更新，及时修复潜在的漏洞、提升产品的性能。开发强大的密码保护功能，保障产品的安全性，通过安全提示和教育，提醒老年人注意保护个人信息和隐私，避免遭受网络犯罪的侵害。

4. *融入社交和情感因素，增强产品的互动性和趣味性* 改善产品使用体验，帮助老年人更好地融入社会。开发具有社交功能的智能产品，让老年人和家人、朋友进行互动和交流，缓解孤独感。通过触摸反馈、表情识别等情感反馈技术，让老年人可以与产品进行互动，增强产品的趣味性和吸引力。通过游戏化设计、个性化设置等功能，让老年人根据自己的兴趣和偏好定制产品，还可以增强对产品的认同感。

（四）智慧健康养老产品的应用场景和适老化设计

通过解决数字鸿沟问题和推动智能产品的适老化设计，可以帮助老年人更好地融入数字化时代，充分享受数字化服务带来的便利和乐趣，提高生活质量，减轻家庭和社会负担。同时，也有助于促进社会的数字包容和公平，让老年人也能享受到科技进步的红利。

1. 生活照料场景 家庭养老床位可依托烟雾传感器、门磁传感器、红外传感器、智能床垫等智慧健康养老产品，提供紧急呼叫、环境监测、行为感知等服务，满足居家老年人享受专业照护服务的需求。智慧助老餐厅可面向社区养老助餐场景，集成应用互联网、人工智能等技术，提供线上订餐、刷脸支付、精准补贴、膳食管理、食品安全监管等服务。智慧养老院可集成应用智慧健康养老产品及信息化管理系统，提供入住管理、餐饮管理、健康管理、生活照护等运营智慧化服务，提升养老机构运营效率。智能家居、智能机器人、智能音箱等智慧健康养老产品被广泛应用于养老院、社区养老服务中心、老年人公寓等场所。

2. 医疗保健场景 医疗机构可通过5G、超高清视频、医疗机器人等新一代信息技术及智能设备，开展远程会诊、远程康复指导等医疗服务，助力医养结合发展。医疗机构或企业可应用健康管理类智能产品，开展信息采集、体征监测、趋势分析、风险筛查、健康计划、预防保健、慢病管理、紧急救助、康复指导等个性化健康管理服务。医疗机构可选派符合资质和能力条件的护士，以“线上申请、线下服务”的模式，为出院患者或罹患疾病且行动不便的特殊人群提供互联网＋护理服务。推动健康知识的在线普及，强化数据检索、科普宣传、健康教育等互联网＋健康科普服务，以及在线咨询、预约挂号、诊前指导、紧急救助、诊后跟踪、康复指导等互联网＋健康咨询服务。智能药盒、智能血压计等智慧健康养老产品，通过互联网和移动设备，让老年人在家中享受到健康监测、慢病管理等服务，改善老年人的健康状况、预防疾病。

3. 运动健身场景 智能手环、智能跑步机、智能自行车等设备，采用语音助手等智能技术，符合老年人的使用习惯和需要，降低数字技术的使用门槛。智能化的提醒和报警功能，提供更加人性化、舒适、安全和便利的使用体验。

4. 文化娱乐场景 智能电视、智能眼镜、智能耳机等设备，可依据年龄、教育程度、健康状况等个体特征，为老年人提供个性化的服务，丰富老年人的精神生活。采用易于操作的大字体和简洁明了的界面设计，增加老年人的生活便利性和舒适性。

第七章　智慧健康养老的服务体系

本章介绍智慧健康养老的关键技术和技术创新方向，如人工智能、物联网、云计算、大数据等，以及它们在智慧健康养老中的应用场景和功能。阐述智慧健康养老的主要产品种类和功能，以及它们在养老服务中的作用和效果。论述了我国智慧健康养老的典型产品供给和适老化涉及，阐述了老年人数字鸿沟产生的机制及影响因素，提出了弥合数字鸿沟的政策建议。

第一节　智慧健康养老的服务体系概述

智慧健康养老服务体系是养老服务体系高质量发展和健康中国建设的重要组成部分，主要由服务主体（如政府部门、社会组织、市场主体等）、服务内容（如智慧生活照料服务、智慧健康服务、智慧文化娱乐服务、智慧安全保障服务等）、服务方式（如线上服务、线上线下结合服务等）、服务模式（如居家智慧健康养老、社区智慧健康养老、机构智慧健康养老等）构成，在满足老年人多层次、多元化需求、提高老年人的自主性和尊严、促进老年人的社会参与和社会融合等方面发挥作用和价值。

一、服务主体

我国智慧健康养老服务主体包括政府部门、社会组织、市场主体，各服务主体充分发挥其作用，共同积极应对人口老龄化，打造信息技术产业发展新动能，增进人民福祉和促进经济社会可持续发展。

1. 政府部门　政府在智慧健康养老服务体系中发挥着政策制定、服务监管、基础保障等作用。一是制定相关政策，为智慧健康养老服务提供政策标准，提供对智慧健康养老服务的监管，确保服务质量和安全性，保护老年人合法权益。二是提供资金投入、完善智慧赋能的基础建设，建设公共智慧健康养老服务及信息平台，提高普惠性覆盖面，推动智慧健康养老发展。三是制定智慧健康养老服务平台的标准机制，给出标线、底线、红线，为智慧赋能养老服务方式的发展营造良好的政策环境、营商环境、生态环境。四是开展宣传、培训，培育全社会共建共享共识理念，形成智慧健康养老健康生活新格局。

2. 社会组织　社会组织是智慧健康养老服务体系中的重要参与主体。社会组织通过发挥自身优势，可为老年人提供社交活动和培训课程，丰富老年人的生活。同时，利用相关资源，可组织志愿者在时间和能力允许范围内，为老年人提供陪伴和关怀，帮助老年人解决智慧健康养老服务中的难题。

3. 市场主体　市场主体在智慧健康养老服务体系中也充当着重要的提供者角色。一是掀起创新创业风潮。智慧养老市场吸引了众多初创企业和创业者的关注。他们利用技术创新，推出各种新型产品和服务，涵盖智能居家养老、健康监测、在线养老服务等领域，为市场增添了活力。二是市场主体呈现出多方合作的趋势。不同领域的企业、机构和服务提供商之间加强合作，合作共赢，共同打造智慧养老生态系统。例如，互联网公司与养老机构合作，提供在线健康管理和社交互动服务。智能设备厂商与医疗机构合作，推出远程医疗解决方案等。

二、服务对象

智慧健康养老服务体系是在传统养老模式的基础上，借助新一代信息技术，以智慧健康养老平台为基础，以智慧健康养老产品和服务为核心，以居家、社区以及入住养老机构的老年人为服务对象的有机系统。老年人身体功能开始逐渐衰退，生活上也会面临更多的困难，需要更多的智慧健康服务和关爱。智慧健康养老服务体系主要针对老年人的身体状况、安全保障、生活环境、社交需求、智享生活方面的需求提供相应服务。

1. 对于身体状况不佳的老年人，如患有慢性疾病、行动不便、认知障碍等的老年人，智慧健康养老服务体系可提供更好的照护和健康管理，并通过线上线下联动，充分利用周边社区服务资源，提高身体状况不佳的老年人的生活质量。对于身体状况正常但缺乏家庭照顾，需要解决日常生活中的问题的老年人，智慧健康养老平台可以通过智能设备、远程监测、智能呼叫等手段，提供如饮食、清洁、安全等生活辅助服务，让子女更加放心地工作和生活，让独居老人得到更好的照顾。

2. 智慧健康养老系统适用于需要紧急求救、容易走丢的老年人。利用智能安防设备和智慧管理大屏，实时数据监测老年人的居家环境和身体状况。红外探测器、门磁传感器、水浸传感器等监测居家区域的安全状况。当发现异常情况时，会自动触发报警设备，如紧急按钮、燃气泄漏报警器、烟雾探测器等。大屏智慧监测系统实时监测老人的活动情况，当系统检测到老人离开了安全范围时，会触发防丢报警功能，以便及时寻找和救援老人。

3. 智慧健康养老系统适用于独居或者居住在养老院等环境的老年人。这些老年人往往需要更多的照护和关爱，但是很难得到足够的照顾。智慧健康养老系统可以通过远程监控、智能化设备等方式，为老年人提供更好的照护和关爱。

4. 智慧健康养老系统适用于需要社交娱乐和交流的老年人。对于很多老年人来说，生活变得单调乏味，缺乏社交和娱乐的机会。智慧健康养老系统可以通过社交平台、娱乐活动等方式，为老年人提供更多的社交和娱乐机会。

5. 智慧健康养老系统适用于需要享受数字化生活的老年人。智慧系统运用数字管家、智慧大屏，可以让老年人轻松完成法律咨询、预约服务、查看每日菜单、了解社区课程安排等，实现更加方便和快捷的生活方式，助力老年人融入“数智生活”，真正让老年朋友无忧享受数字化生活。进一步提高广大老年人的获得感、幸福感、安全感、温暖感。

三、服务内容

智慧健康养老服务包含的内容非常丰富，从智慧生活照料到智慧健康服务，从智慧文化娱乐服务到智慧安全保障服务，都能够为老年人提供全方位的关怀和服务。智慧健康养老的出现，为老年人的生活带来了更多的便利和温暖，也会为社会的发展注入了新的动力和活力。

1. *智慧生活照料服务*　通过线上线下相结合模式为老年人提供家庭护理、家居维修、家政服务、餐饮服务、物业管理等多种基本生活照料服务。为老年人提供生活便利，老年人可以通过智能化设备实现远程控制，方便地管理家居设备，让其在家中得到更好的照顾，同时也可以享受到高品质的生活服务，更加安全和舒适地生活。

2. *智慧健康服务*　智慧健康养老平台可以实现老年人的健康管理，包括医疗、互联网＋护理服务、互联网＋健康服务等方面。医疗方面可以为老年人提供各种医疗服务，如门诊、住院、紧急救援等，保证老年人在生病时能得到及时的医疗救助。互联网＋护理服务方面，监测老年人的睡眠质量，记录体温、心率、呼吸等重要指标数据，及时发现老年人的生理异常情况；根据老年人的身高、体重、健康状况等信息，智能的调节水温、水量和水压，确保老年人在洗澡时的舒适度和安全性；实时监测老年人的健康状况，及时发现疾病的早期症状，提供精准的诊断和治疗方案等。互联网＋健康服务方面，提供在线咨询、预约挂号、诊前指导、紧急救助、诊后跟踪、康复指导等服务。互联网＋健康咨询方面，推动健康知识的在线普及，强化数据检索、科普宣传、健康教育等信息服务。提供实时、快捷、高效、物联化、智能化养老服务。

3. 智慧文化娱乐服务　文化娱乐服务是智慧健康养老项目中的一项有益服务，智慧健康养老平台可以为老年人提供文化娱乐服务，包括线上社交、线下聚会等，也可以为老年人提供各种社交活动，如旅游、文艺表演、健身运动等。老年人也可以通过智能化设备与家人、朋友、志同道合的人进行交流，增强社交生活的满足感和幸福感。

4. 智慧安全保障服务　智慧健康养老平台可以为老年人提供安全保障服务，包括智能监控、紧急救援、安全提醒等。老年人可以通过智能化设备实现24小时监控，及时发现安全隐患，并得到及时救援。老年人佩戴智能手表，当遇到紧急情况时，只需按下手表上的按钮，就可以发送求助信号，并通过短信和电话提醒家人或相关部门。

四、服务方式

1. 线上服务　智慧健康养老服务平台可以为老年人进行在线问诊，方便老年人及时了解自己的身体状况；提供用药提醒服务，避免老年人漏服药物或误服药物；建立个人健康档案，记录老年人的健康状况、用药情况、就医记录等信息，方便医护人员进行诊断和治疗；进行远程医疗服务，省去老年人来回医院的路途和时间并且可以为老年人提供在线棋牌、阅读、影视等娱乐活动，缓解老年人的压力和焦虑。

2. 线上线下结合服务　智慧健康养老的运作逻辑是借助互联网环境和智能技术搭建养老信息平台，实现分散型、碎片化的养老服务力量与资源的协调与整合，优化养老服务体系内部不同主体间的协同关系、运行流程，并通过供需双方的数据分析实现需求的无缝对接。简单而言可以概括为围绕老年人的需求，打造“智能终端＋信息平台＋线下服务”生态，即在互联网、物联网、云计算、大数据等信息技术的支撑下构建养老服务信息平台，通过智能腕表、智能检测设备等智能终端将采集的信息或老年人及其家庭主动提交的需求信息汇总到信息平台，信息平台及时处理和响应老年人及其家庭的“服务需求”，派送“服务需求”到合作的养老服务主体，养老服务主体及时提供相应的服务，实现“线上”（信息平台）的精准定位和“线下”（实体服务机构和人员）的专业服务相融合，并基于数据分析，及时回应老年人日益增长的服务需求，不断扩展和改进养老服务项目。

五、服务模式

为满足居家、社区、机构等不同场景老年人的需求，当前智慧健康养老形成了居家智慧健康养老、社区智慧健康养老、机构智慧健康养老、居家-社区-机构相衔接智慧健康养老四种发展模式。智慧社会的融合性特征使得四者的关系不是非此即彼，而是相互渗透，互相融合，比如智慧健康养老机构能够通过职能再造扩大机构服务范围，通过嵌入到社区为老年人提供服务；智慧居家模式也离不开社区这一载体，居家老年人的饮食、健康管理等均通过社区提供；居家-社区-机构相衔接智慧健康养老服务点更是以多个社区为服务范围。

1. *居家智慧健康养老*　以老年人住所的适老化改造为基础，以智能腕表、一键呼叫器、互联网视频设备等智能设备为依托，利用现代技术整合家庭、社区、养老服务商、健康医疗单位等养老服务主体与服务资源，构建起智能化、高效、便捷的居家养老服务平台，帮助老年人既可以通过网络下单助餐、助洁、代办等服务以及远程健康咨询服务，实现像滴滴打车一样的一键式呼叫，又可以通过安装智能护理床、红外线跌倒报警器、智能手环等智能终端实时监测生理指标、生活安全，实现智能看护，还可以根据长时间对老年人的身心健康状况、生活习惯和需求内容为老年人推荐最为合适的养老项目以及其他私人定制服务，最大限度地满足老年人足不出户的养老需求。

2. *社区智慧健康养老*　以社区养老服务站或中心为依托，通过打造健康中心、日托中心、助老食堂、文娱课堂等功能区，配置安装智能就餐系统软件、各类智慧健康养老设备等途径，为老年人提供慢病监测、健康指导、餐饮、文化娱乐、短期住养等服务，并搭建社区养老信息平台，远程监控老年人居家情况，满足老年人线上预约服务。社区养老服务中心与医疗机构、家政服务公司以及其他养老服务主体合作，实现老年人服务需求的快速满足。

3. *机构智慧健康养老* 机构智慧健康养老主要是基于便携式健康监测、紧急呼叫等设备和信息技术手段。当前智慧机构养老主要由专业的医护人员应用智能设备手段为长期卧床患者、晚期姑息治疗患者以及其他需要长期护理服务的患者提供健康护理、康复促进、临终关怀等智慧化养老服务。例如，养老机构进行设备升级改进将最新移动终端设备广泛应用于老年公寓各管理层，进行智慧化管理，通过智慧化养老平台系统的预约和调度功能，可以自动进行床位调整、入住分派等操作，更好地满足老年人需求。此外，智慧化系统还可以提供请假管理功能，实现老年人请假流程的自动化和规范化，减少人工操作的烦琐性并且实现门禁、定位以及紧急呼叫等功能。

4. *居家-社区-机构相衔接智慧健康养老* 这种模式打破了传统居家养老、社区养老和机构养老的界限，有效促进社区智慧健康养老、居家智慧健康养老、机构智慧健康养老的深度融合发展。具体而言，在机构内部安装智能检测设备、智能护理床、智能训练仪等设备并向社区老年人推荐智能腕表、红外线检测仪等居家设备，利用养老服务信息平台将养老服务机构、医疗机构、社区、社会组织、企业等不同服务主体和服务资源有效整合起来，集老年人入住（包括全托和日托）、老年人前来享受服务和服务人员上门服务三种服务形式于一体，使不同需求的老年人与养老服务机构、医疗机构、社区企业、社会组织、志愿服务组织等养老服务供给主体实现无缝衔接，以“一站式”养老服务满足老年人多样化、多层次的养老服务需求。与其他三种模式相比，该模式在两个方面有明显的优势。一是地域优势，养老服务中心一般建在社区内或社区之间，辐射多个社区，居住在该中心的老年人也需要脱离原先居住的环境，而居住在家的老年人在家附近就能享受便利的养老服务。二是规模优势，该模式下的养老服务中心通过养老服务信息平台整合了数家养老服务主体的资源，能够精准匹配供给方和需求方，且这一模式一旦形成也较为容易大面积铺开，实现连锁化经营。

第二节 我国智慧健康养老标准体系建设

智慧健康养老标准是针对居家老人、社区及养老机构的传感网系统与信息平台的标准，旨在提供实时、快捷、高效、低成本的物联化、互联化、智能化的养老服务。为促进健康养老领域中信息技术的集成创新和融合应用，推动智慧健康养老产业发展，2021年，工信部、民政部、国家卫生健康委联合发布《智慧健康养老产业发展行动计划（2021—2025年）》，提出构建覆盖基础通用、数据、产品、服务、管理、检测计量等方面的智慧健康养老标准体系，研制20项以上行业急需标准，推进制定智能产品、信息系统平台、养老服务和健康服务标准，搭建智慧健康养老标准及检测公共服务平台。2021年5月，民政部、国家发展和改革委员会印发《“十四五”民政事业发展规划》，提出构建“互联网＋养老服务”和智慧养老模式，培育服务新业态，推进标准化建设。同年11月，中共中央、国务院发布《关于加强新时代老龄工作的意见》，提出建立健全养老服务标准和评价体系，发展“互联网＋照护服务”，落实无障碍环境建设标准，指导出台家庭适老化改造标准，制定老年用品和服务质量标准。目前，我国智能养老标准研究领域主要方向在养老服务，而在智慧养老信息建设、智慧养老服务提升、老年数字智能化产品标准制定方面需要加强进步。

一、智慧健康养老标准体系现状

在中国政府网、全国标准信息公共服务平台网站及相关国家标准、行业标准、地方标准、团体标准、企业标准子网站上以“智慧养老”“智慧健康养老”“养老标准”“智慧养老标准”为关键字进行检索，共得到标准82个。对检索结果进行逐一筛选，剔除重复、无关或废止标准15个，现行有效智慧健康养老领域67个标准纳入最终研究（表7-1）。其中国家标准0个、行业标准1个、地方标准10个、团体标准31个、企业标准24个（图7-1）。

表7-1 智慧健康养老相关标准汇总表

序号	标准类型	发布单位	发布日期	标准名称	标准号	分类
1	行业标准	工业和信息化部	2021-08-21	智慧健康养老服务平台参考模型	SJ/T 11783—2021	D
2	行业标准	住房和城乡建设部	2020-03-01	养老服务智能化系统技术标准	JGJ/T 484—2019	A/C/D
3	地方标准	郑州市市场监管局	2023-08-08	智慧养老服务平台建设规范	DB4101/T 64—2023	A/D
4	地方标准	安徽省市场监管局	2022-06-29	智慧养老服务中心运营规范	DB34/T 4187—2022	A/D/E

续 表

序号	标准类型	发布单位	发布日期	标准名称	标准号	分类
5	地方标准	安徽省市场监管局	2022-06-29	智慧健康养老协同服务平台运营指南	DB34/T 4177—2022	A/B/C/D
6	地方标准	安徽省市场监管局	2022-06-29	智慧健康养老居家老年人信息采集规范	DB34/T 4178—2022	A/B
7	地方标准	日照市市场监管局	2021-10-26	智慧养老老年人防跌倒监护服务规范	DB3711/T 112—2021	A/E
8	地方标准	福建省市场监管局	2021-08-17	面向居家和机构的智慧养老系统接口要求	DB35/T 1990—2021	A/D
9	地方标准	丽水市市场监管局	2020-01-21	智慧养老服务平台建设总体要求	DB3311/T 128—2020	A/D
10	地方标准	安徽省市场监管局	2019-12-25	养老机构智慧养老建设规范	DB34/T 3525—2019	A/B/C
11	地方标准	陕西省市场监管局	2019-03-25	社区智慧养老服务导则	DB61/T 1245—2019	A/D
12	地方标准	江苏省市场监管局	2019-02-28	智慧养老建设规范	DB32/T 3530—2019	A/D/E
13	团体标准	上海市物联网行业协会	2023-05-05	智慧健康养老医疗机构居家护理服务信息管理平台功能规范	T/SIOT 329—2023	C
14	团体标准	上海市物联网行业协会	2023-02-28	智慧健康养老为老服务“一键通”智能电视终端技术规范	T/SIOT 327—2022	C
15	团体标准	上海市物联网行业协会	2023-02-28	智慧健康养老为老服务“一键通”系统接口要求	T/SIOT 326—2022	D
16	团体标准	上海市物联网行业协会	2023-02-28	智慧健康养老为老服务“一键通”应用功能通用要求	T/SIOT 325—2022	B

续 表

序号	标准类型	发布单位	发布日期	标准名称	标准号	分类
17	团体标准	上海市物联网行业协会	2022-12-07	智慧健康养老慢性病管理系统总体要求	T/SIOT 324—2022	D
18	团体标准	上海市物联网行业协会	2022-12-07	智慧健康养老智慧养老院数据规范	T/SIOT 323—2022	B
19	团体标准	上海市物联网行业协会	2022-12-07	智慧健康养老智慧养老院支撑平台技术规范	T/SIOT 322—2022	A/D
20	团体标准	上海市物联网行业协会	2022-12-07	智慧健康养老智慧养老院服务规范	T/SIOT 321—2022	A/E
21	团体标准	上海市物联网行业协会	2022-12-07	智慧健康养老社区长者食堂服务要求	T/SIOT 307—2022	C
22	团体标准	上海市物联网行业协会	2022-02-10	智慧健康养老机构运营管理信息化平台技术要求	T/SIOT 317—2022	D
23	团体标准	上海市物联网行业协会	2021-12-24	智慧健康养老居家养老多制式安防智能系统设计指南	T/SIOT 316—2021	C
24	团体标准	上海市物联网行业协会	2021-12-24	智慧健康养老老年人跌倒智能监测系统技术要求	T/SIOT 315—2021	C
25	团体标准	上海市物联网行业协会	2021-12-24	智慧健康养老便携式多参数健康监测终端技术规范	T/SIOT 314—2021	B
26	团体标准	上海市物联网行业协会	2021-12-15	智慧健康养老室内运动健康监测与运动数据接口技术要求	T/SIOT 313—2021	B
27	团体标准	上海市物联网行业协会	2021-12-15	智慧健康养老室内运动健康服务要求	T/SIOT 312—2021	E

续　表

序号	标准类型	发布单位	发布日期	标准名称	标准号	分类
28	团体标准	上海市物联网行业协会	2021-12-15	智慧健康养老护理服务平台功能要求	T/SIOT 311—2021	D
29	团体标准	上海市物联网行业协会	2020-12-29	智慧健康养老标准体系建设指南	T/SIOT 310—2020	A/D/E
30	团体标准	上海市物联网行业协会	2020-12-29	智慧健康养老社区居家养老上门服务物资装备及消毒要求	T/SIOT 309—2020	E
31	团体标准	上海市物联网行业协会	2020-12-29	智慧健康养老医养转诊数据接口要求	T/SIOT 308—2020	B/D
32	团体标准	上海市物联网行业协会	2020-12-29	智慧健康养老社区食堂（老年助餐点）智能设备与系统配置要求	T/SIOT 307—2020	C
33	团体标准	上海市物联网行业协会	2019-12-23	智慧健康养老居家养老安全监测规范 报警服务要求	T/SIOT 306—2019	E
34	团体标准	上海市物联网行业协会	2019-12-23	智慧健康养老居家养老安全监测规范监测数据采集与处理	T/SIOT 305—2019	B/C
35	团体标准	上海市物联网行业协会	2019-12-23	智慧健康养老居家养老安全监测规范　硬件产品基本要求	T/SIOT 304—2019	A/C
36	团体标准	上海市物联网行业协会	2019-06-13	智慧健康养老服务平台通用技术要求	T/SIOT 303—2019	D
37	团体标准	上海市物联网行业协会	2019-06-13	智慧健康养老长护险居家上门监管规范	T/SIOT 302—2019	A/E
38	团体标准	上海市物联网行业协会	2019-06-13	智慧健康养老居家安全服务规范	T/SIOT 301—2019	A/D/E

续 表

序号	标准类型	发布单位	发布日期	标准名称	标准号	分类
39	团体标准	重庆市软件行业协会	2023-07-25	智慧健康养老平台元数据规范	T/CQSI 3012—2023	A/B
40	团体标准	重庆市软件行业协会	2023-07-25	智慧健康养老平台建设规范	T/CQSI 3011—2023	A/D
41	团体标准	中山市社会福利协会	2020-11-20	社区居家智慧养老服务信息平台管理规范	T/ZSFL002—2020	D/E
42	团体标准	中国通信工业协会	2018-07-03	智慧养老云平台应用系统总体技术要求	T/CA 005—2018	D
43	团体标准	深圳市智慧城市研究会	2017-07-04	智慧城市智慧养老规划导	T/scss 035—2017	B/D
44	企业标准	福建星网物联信息系统有限公司	2023-07-19	智慧养老建设规范	Q/XWWL 009—2023	C/D
45	企业标准	福建星网物联信息系统有限公司	2023-07-19	智慧养老设备管理指南	Q/XWWL 008—2023	C
46	企业标准	北京派帝东方科技有限公司	2023-06-28	乐老汇智慧养老云平台	Q/110108PDDFKJ 107—2023	D
47	企业标准	江苏安康通健康管理服务有限公司	2023-04-23	智慧居家养老服务规范通则	Q/JSAKT TG02-2019—2019	E
48	企业标准	南京老人佳智能科技有限公司	2023-04-17	云健康居家养老智慧服务平台	Q/LRJ 001—2023	A/C/D/E
49	企业标准	浙江龙游公任电子有限公司	2023-03-16	智慧居家养老系统	Q/GR 001—2022	A/C/D
50	企业标准	包头伍心孝荣养老服务有限公司	2023-01-05	养老机构智慧运营管理标准	Q/WXXR 01—2023	E
51	企业标准	友达颐康信息科技（苏州）有限公司	2022-07-27	爱可思智慧养老云平台 APP	Q/ACTBZ 0727—2022—2022	C
52	企业标准	山东艾琳智能科技有限公司	2022-07-11	智慧养老系统服务标准	Q/JALZNP 001—2022	D/E

续　表

序号	标准类型	发布单位	发布日期	标准名称	标准号	分类
53	企业标准	晋中市榆次区华晟咱家智慧社区居家养老服务中心	2022-05-05	智慧社区居家养老服务机构规范化建设标准	Q/Q140702J 0302—2022—2022	A/E
54	企业标准	山西华晟众慧信息科技有限公司	2022-04-30	智慧社区居家养老服务信息平台建设与管理规范	Q/Q/140700SXHCZHXXKJ 002—2022	A/D/E
55	企业标准	山西华晟众慧信息科技有限公司	2022-04-29	智慧社区居家养老服务信息管理规范	Q/Q/140700SXHCZHXXKJ 001—2022	B
56	企业标准	南京索酷信息科技股份有限公司	2020-08-13	智慧民政养老政务服务一体化软件解决方案	Q/NJSK 002—2020	B/C/D
57	企业标准	浙江椿熙堂养老服务管理有限公司	2019-09-27	智慧养老信息平台建设规范	Q/330483CXT 0710—2018	A/D
58	企业标准	浙江龙游公任电子有限公司	2018-09-25	智慧居家养老产品	Q/GR 005—2018	A/C
59	企业标准	江苏东方惠乐健康科技有限公司	2018-08-07	居家智慧养老服务标准	Q/321204CYN 02—2018	A/E
60	企业标准	江苏东方惠乐健康科技有限公司	2018-08-07	社区智慧养老服务标准	Q/321204CYN 01—2018	A/E
61	企业标准	云南玖零颐爱健康产业发展有限公司	2017-12-28	居家智慧养老平台服务规范	Q/JLYA 001—2017	E
62	企业标准	绍兴市社会福利院	2017-11-22	智慧养老管理和服务规范	Q/SXFLY 001—2017	A/E/C
63	企业标准	西安海天信息工程有限公司	2017-09-07	海天智慧养老医疗平台软件	Q/HTRJ—1—2017	C/D
64	企业标准	南京索酷信息科技股份有限公司	2017-09-01	索酷智慧健康养老云服务平台解决方案	Q/NJSK—2017	C/D

续 表

序号	标准类型	发布单位	发布日期	标准名称	标准号	分类
65	企业标准	山东蓝创网络技术股份有限公司	2017-08-21	互互智慧居家养老服务解决方案	Q/LCKJ 001—2017—2017	B/C/D
66	企业标准	安徽云硕科技有限公司	2016-04-25	互联网＋智慧养老服务平台产品标准	Q/YS 001—2016	D
67	企业标准	陕西圣西朗德实业有限公司	2015-09-15	智慧社区养老服务规范总则	Q/SXLD 01—2015	A/E

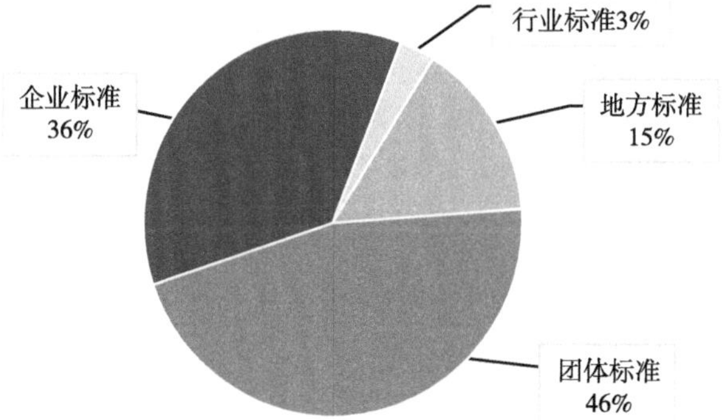

图7-1　智慧健康养老标准类型

结合我国智慧健康养老相关法律法规、政策文件及文献资料，根据工信部等三部门印发的《智慧健康养老产业发展行动计划（2021—2025年）》中提出的提升技术和产品质量、推动平台和数据应用、丰富智慧健康服务、拓展智慧养老场景、推动适老化设计、优化产业发展环境等要求，将智慧健康养老标准按研究内容划分为通用标准、数据标准、产品标准、平台标准、服务标准、保障标准六类（图7-2）。

智慧健康养老领域现行有效的67个标准中，通用标准作为标准中的一个重要部分，涉及术语、缩略语、基本参数定义等内容。数据标准方面，14个标准涉及数据采集、数据存储等数据标准内容，占比21%。其中地方标准3个、团体标准8个、企业标准3个。数据安全、数据交换、数据质量评估方面等数据标准内容在现有标准中涉及甚少。

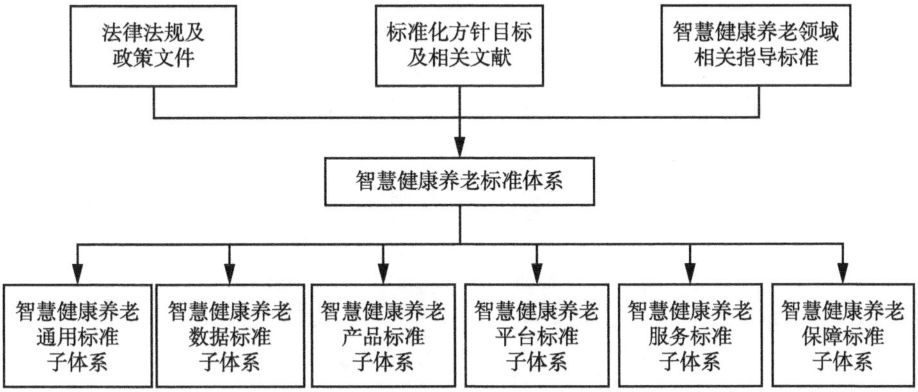

图7-2　智慧健康养老标准总体结构图

产品标准方面，22个标准涉及设备标准等内容，占比33%，其中行业标准1个、地方标准2个、团体标准8个、企业标准11个，针对适老化智能产品标准制定存在空白。平台标准方面，34个标准涉及平台结构、建设流程、运维要求等平台标准，占比51%，其中行业标准2个、地方标准7个、团体标准13个、企业标准12个。说明智慧健康养老行业对此高度重视，标准体系中对平台建设和运行有相对明确要求。服务标准方面，22个标准涉及服务提供、服务质量等内容，占比33%，其中地方标准3个、团体标准8个、企业标准11个，无行业标准。智慧健康养老服务标准是智慧健康养老标准体系的核心，应加强建设，完善行业相关标准。保障标准方面，现有67个标准均未涉及，需在未来予以完善，确保智慧健康养老产业良好发展。

表7-2　按标准制定来源划分各类标准数量情况

标准领域	行业标准	地方标准	团体标准	企业标准	总计
智慧健康养老通用标准（A）	1	10	8	10	29
智慧健康养老数据标准（B）	0	3	8	3	14
智慧健康养老产品标准（C）	1	2	8	11	22
智慧健康养老平台标准（D）	2	7	13	12	34
智慧健康养老服务标准（E）	0	3	8	11	22
智慧健康养老保障标准（F）	0	0	0	0	0

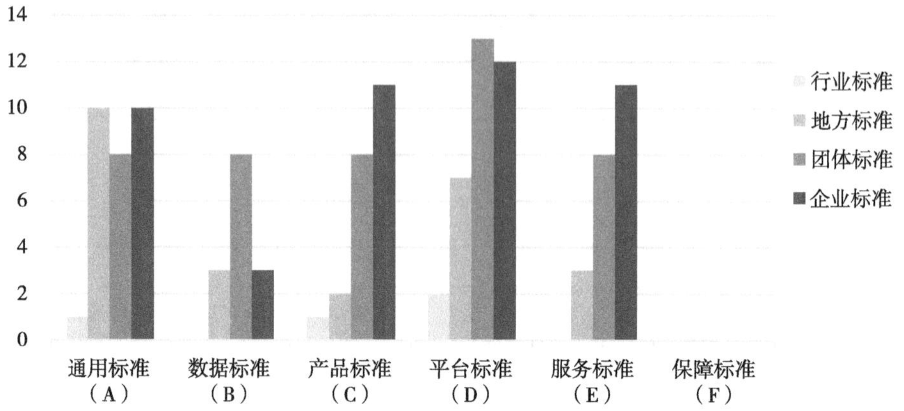

图7-3　按标准研究内容划分各类标准数量情况

二、智慧健康养老标准体系框架构建思路

（一）智慧健康养老通用标准（A）

通用标准体系一般包括标准化工作标准、术语与缩略语标准、符号与标志标准、数值数据及量和单位标准、测量标准等。

1. 标准化工作标准　包括但不限于智慧健康养老相关的标准的制定程序、标准的审查和批准程序、标准的发布和实施程序、标准的评估和监督程序、改进提升的要求，标准制修订、复审及结果的处置管理，标准化信息管理，标准化创新与成果管理，标准化奖惩，标准化综合效益评价。

2. 术语与缩略语标准　包括但不限于智慧健康养老相关的术语和缩略语的定义、含义、用法和书写规则等。

3. 符号与标志标准　包括但不限于智慧健康养老相关的符号和标志的设计要求、含义和使用规则等。

4. 数值数据及量和单位标准　包括但不限于智慧健康养老相关的数值数据、量和单位表示方法、换算关系和使用规则等。这些标准旨在统一和规范智慧健康养老领域的数值数据、量和单位的表示和使用，确保相关数据的准确性和可比性。

5. 测量标准　包括但不限于智慧健康养老相关的测量设备、方法和结果的表示方法、精度要求和使用规则等。

（二）智慧健康养老数据标准（B）

主要包括数据采集、数据存储、数据交换、数据质量评估、数据安全等方面为智慧健康养老服务的数据管理提供规范。

1. *数据采集标准*　包括但不限于数据采集的原则、方法和要求，数据采集的范围和类型，数据采集的频率和精度等。

2. *数据存储标准*　包括但不限于数据存储的原则、方法和要求，数据存储的格式和介质，数据存储的期限和管理等。

3. *数据交换标准*　包括但不限于数据交换的原则、方法和要求，数据交换的格式和协议，数据交换的接口和安全等。

4. *数据质量评估标准*　包括但不限于数据质量评估的原则、方法和要求，数据质量评估的指标和标准，数据质量评估的方法和流程等。

5. *数据安全标准*　包括但不限于数据安全的原则、方法和要求，数据的访问控制和加密解密，数据的备份恢复和安全审计等。

（三）智慧健康养老产品标准（C）

主要包括健康管理类产品、老年辅助器具类产品、养老监护类智能产品、家庭服务机器人、适老化改造智能产品，确保智慧健康养老产品的规范性、安全性、可靠性和有效性。

1. *健康管理类智能产品标准*　包括但不限于产品的功能要求、性能指标、测试方法、安全要求等。例如，对于智能手环，可能需要规定其心率监测、睡眠监测等功能的准确性要求，以及防水、防摔等安全要求。

2. *老年辅助器具类智能产品标准*　包括但不限于产品的功能要求、性能指标、测试方法、安全要求等。例如，对于智能轮椅，可能需要规定其行驶速度、转弯半径等性能指标，以及防倾翻、防碰撞等安全要求。

3. *养老监护类智能产品标准*　包括但不限于产品的功能要求、性能指标、测试方法、安全要求等。例如，对于智能床垫，可能需要规定其压力分布监测、睡眠质量分析等功能的要求，以及防火、防水等安全要求。

4. *家庭服务机器人标准*　包括但不限于产品的功能要求、性能指标、测试方法、安全要求等。例如，对于智能扫地机器人，可能需要规定其清扫效率、噪声等指标，以及防碰撞、防跌落等安全要求。

5. *适老化改造的智能产品标准*　包括但不限于产品的功能要求、性能指标、测试方法、安全要求等。例如，对于智能浴室设备，可能需要规定其防滑性能、防水性能等指标，以及易用性、安全性等要求。

（四）智慧养老服务平台标准（D）

主要包括服务平台的架构、功能、接口、安全等方面，为智慧健康养老服务和管理提供支持。

1. 服务平台的架构标准　包括但不限于平台的总体架构、技术路线、系统架构、网络架构、数据架构等方面的规范和要求。

2. 服务平台的功能标准　包括但不限于平台的基本功能、模块和业务流程等方面的规范和要求。

3. 服务平台的接口标准　包括但不限于平台的接口类型、接口协议、接口安全等方面的规范和要求。

4. 服务平台的安全标准　包括但不限于平台的网络安全、应用安全、数据安全等方面的规范和要求。

（五）智慧健康养老服务标准（E）

主要包括服务质量、服务评价、服务组织管理、服务监管，服务标准是智慧健康养老标准的核心，为智慧健康养老服务的提供质量保障，帮助服务提供者建立科学的管理体系，提高管理水平。

1. 服务质量标准　包括但不限于养老服务机构的服务质量要求、服务流程、服务内容、服务人员资质等方面的标准。

2. 服务评价标准　包括但不限于对养老服务机构的服务质量、服务效率、服务态度等方面的评价标准。

3. 服务组织管理标准　包括但不限于养老服务机构的组织管理、人员管理、设备管理、财务管理等方面的标准。

4. 服务监管标准　包括但不限于对养老服务机构的监管要求、监管流程、监管内容等方面的标准。

（六）智慧健康养老保障标准（F）

主要包括风险管理、法律法规、财会与审计、人才队伍建设等方面进行建设，为智慧健康养老服务产业提供有力支撑。

1. 风险管理标准　包括但不限于智慧健康养老服务中涉及的风险评估、风险防范、应急预案等方面的标准。

2. 法律法规标准　包括但不限于智慧健康养老服务相关的法律法规和政

策文件，以及服务机构在开展服务时应当遵守的标准和规范。

3. 财会与审计标准　包括但不限于智慧健康养老服务机构的财务管理、会计核算、审计监督等方面的标准。

4. 人才队伍建设标准　包括但不限于智慧健康养老服务机构的人才队伍建设、培训、考核等方面的标准。

三、我国智慧健康养老标准体系建设政策建议

我国智慧健康养老标准体系建设仍处在起步阶段，应该在风险管控、法律法规、人才队伍建设等方面加大工作力度，推动智慧健康养老服务的可持续发展。

（一）完善顶层设计

建设好智慧健康养老标准体系具有十分重要的意义，通过加强标准体系建设，可以更好地规范服务内容和流程，提高产品质量和效能，进而降低成本和风险，提高智慧健康养老体系的可持续性发展。目前我国智慧健康养老领域标准以团体标准和企业标准居多，尚未制定出台国家标准，现有标准存在不统一、不完善情况，特别是在风险管理标准、法律法规标准和人才队伍建设标准等智慧健康养老支撑标准领域涉及甚少，这相对制约其服务水平和产品质量的提升。这需要政府、企业和社会各界共同努力，加强政策支持和资金投入，加大社会监督和参与力度，进而提高标准制定的质量和效率。

（二）健全技术和服务标准

根据目前检索到的标准结果看，应加强智慧健康养老数据标准和智慧健康养老产品标准的建设，填补行业标准空白，适当增加地方标准的建设。在其标准内容上优化制定数据采集标准，规范数据来源、格式和质量。智慧养老涉及老年人信息隐私和安全，需要完善数据安全标准，保障数据的安全性和保密性。在智慧健康养老产品标准内容上，加强智慧养老产品质量监管机制，定期对产品进行检测和评估，确保设备的质量和安全性。建立智慧养老产品反馈机制，收集老年人对设备的评价和建议，不断优化设备的性能和功能。

智慧健康养老服务标准是智慧健康养老产业的核心，涉及老年人的生活质量，还关系养老机构的运营效率和规范化程度。从目前的标准运行来看，

需尽快建立起行业标准，建立健全的服务评价体系，加强对服务质量的监督和管理，包括定期对服务机构进行质量检查、评估和改进指导，以及对服务人员的专业培训和管理。在这个过程中，用户体验和反馈是至关重要的，加强对老年人需求的了解和分析，通过反馈评价对服务标准进行优化。

（三）制订风险管理标准

智慧健康养老这一领域具备科技发展的特征，同时也是科技的快速发展带动着养老向智慧健康养老发展。在这一转型过程中，也面临着科技进步所带来的巨大风险，对老年人的合法权益和社会秩序造成影响，分析智慧养老服务发展过程中产生的风险，能够进一步证明对智慧养老服务进行风险规制的必要性。

风险评估可以从3个方面考虑：一是服务的提供者，包括资质审核、服务质量评估确保其合法合规性；二是服务的受益者，老年人的身体状况是否适应其服务技术；三是信息技术层面，技术安全、数据隐私、网络安全进行风险评估。

风险防范主要就是对风险进行预防和控制，降低风险发生的可能性。对硬件设备、软件系统、网络等方面的安全防护进行安全管理，确保其稳定性和可靠性。建立有效的监测和反馈机制，及时收集信息和老年人的意见，持续优化降低风险发生的可能性。当风险发生时，能够迅速、有效地采取措施，降低风险带来的损失。在紧急预防层面，针对突发紧急事件如老年人突发疾病、突然晕倒等制定相应的应急预案。风险发生后，根据事故进行详细总结分析，在硬件设施、软件设备上都要进行相应的反馈，为今后类似事件提供经验教训。

（四）完善法律法规标准

在智慧养老背景下智慧化养老的法律法规应包含经济、技术、医疗、社会安全等多个方面，应当将与智慧养老多层次养老服务体系相关的所有养老行业及与行业相关，受行业影响的领域纳入法律规制范围之内。一是要加大统筹规划的力度，以政府为主导，通过政策性文件推动智慧养老服务法律法规的建设。未来智慧养老可依据“部门规章－行政法规－法律”的思路来推进专项立法，在最大化保障法律稳定性的同时给予智慧养老产业发展空间。二是对智慧健康养老服务市场进行规范，维护市场秩序。在地方标准、行业标准基础上与市场调研相结合出台相应规范。三是要加强养老保障法与《个人信息保护法》的有效衔接，应当关注老年人在使用智能化设备时获取信息方式问题，确保个人隐私信息得到保护。

（五）优化人才队伍建设标准

智慧养老服务从业人员包括平台管理人员、数据工程师、养老护理员、家政服务人员、康复护理员、健康指导人员、心理咨询师等，要求从业人员不仅会照料、会指导，还要懂产品、懂专业知识。制定专业人才队伍建设标准，包括人员资格要求、培训和考核标准等，这些标准应该符合国家法律法规和行业标准，并且不断更新和完善。同时为了确保专业人才的能力和素质，需要建立良好的人才培训和考核机制，体系里应有相应的考核机制。对人才需要有公正、客观的评价，可以从绩效评估结果、客户满意度等方面进行评价，并建立相应的奖惩机制，激励优秀人才。智慧健康养老离不开信息技术的支持，应在大数据、人工智能、远程医疗等层面培养技术专业人才。提高人才培养层次，培养从事顶层设计、组织管理、信息技术研发等复合型专业技术人才。

第三节 国内外典型智慧健康养老服务发展模式

一、国内智慧健康养老发展经验和模式

为贯彻落实工业和信息化部、民政部、国家卫生计生委制定的《智慧健康养老产业发展行动计划（2017—2020年）》（以下简称《行动计划》）。加快智慧健康养老产业发展，强化试点示范引领效应，三部委在《行动计划》的指导下，根据《工业和信息化部办公厅 民政部办公厅 国家卫生健康委员会办公厅关于开展2021年智慧健康养老应用试点示范遴选工作的通知》组织开展了智慧健康养老应用试点示范遴选工作并印发《2021年智慧健康养老应用试点示范名单公示》遴选出了数批智慧健康养老示范企业、示范园区、示范街道（乡镇）、示范基地，极大推动智慧健康养老规范发展。

（一）企业类

目前国家已经确定了167家智慧健康养老示范企业如北京金卫捷科技发

展有限公司、苏州普康智慧养老产业科技有限公司、天津茵诺医疗科技有限公司等，在大数据、互联网、人工智能、物联网、5G、区块链等新一代信息技术与健康养老融合创新应用中进行前沿探索，围绕健康监测、安全监控、养老照护、康复辅助、心理慰藉等重点方向形成了一批典型模式。

1. 打造“互联网＋智慧健康养老”信息平台　涵盖服务管理系统、呼叫系统、社区居家养老服务运营结算系统、健康服务管理系统等模块，实现对服务对象、服务人员、服务过程、服务质量、服务结算等内容的信息化管理，确保全程可追溯。

2. 构建虚拟养老院　通过互联网、物联网、云计算、大数据与智慧健康养老服务相结合，构建24小时在线虚拟养老院，运用信息化手段整合社会专业养老服务资源，共同构建起新型智慧健康养老服务体系，为老年人提供生活便利。

3. 开展线上运行、线下服务　以客户为中心，基于客户需求持续创新，为客户提供智慧健康养老的多种解决方案，使客户得到医疗急救、家庭医生等多种服务内容。提供一键式服务，如一键式云急救呼叫服务、一键式家庭医生式服务中心、一键式防摔倒防走失报警服务。可以让用户按动一个键就能得到医疗急救和家庭医生服务响应，特别适合高龄、独居和患有心脑血管等突发性疾病的老年人。

4. 开展个性化服务　打造智能服务终端，提供智慧生活服务、智慧健康等服务。开展专业化、人性化、规范化服务，利用云数据平台采用大数据分析技术，通过对接受服务的老年人服务数据资料进行分析，针对用户需求，提供实时健康监测、精确定位、健康管理、适老化改造等服务。

（二）园区类

围绕智慧健康养老技术创新、产品研发、模式创新等，吸纳智慧健康养老产业链上下游，以产业集聚度高、发展特色鲜明、创新能力突出、配套服务完善、社会效益和经济效益显著为目标，孵化支持企业发展，培育出了江苏省东台沿海湿地旅游度假经济区、河南省安阳市黄县康复设备产业园等多个试点示范园区，推动产学研用深度融合，形成了一批智慧健康养老产业的协同创新发展模式。

1. 聚集优质资源，形成协同创新格局　智慧养老产业园区将相关企业、机构、研究机构、投资机构等聚集在一起，可以通过招商引资，吸引优质企业入驻，形成协同创新的局面，从而打造高端智慧养老产业集群，推动整个行业的发展，提升产业的核心竞争力，加速智慧健康养老行业的发展，促进产业升级和转型，引导企业朝着高附加值、高技术含量、高质量、高效益的方向发展。

2. *成立高规格智慧健康养老产业工作专班* 专业化团队推进项目建设，制定多项支持政策，依靠科技创新、龙头带动、产业集聚、产学研用等方面持续发力，不断提升园区内企业创新能力，做大做强智慧健康养老产业。凭借入驻的生产型、经营型、配套加工型、服务型企业等，打造产业发展动力源，助力智慧健康养老的发展壮大。

3. *打造智慧生态养老模式* 依靠其自身资源优势建立综合化城区，走出一条人与自然和谐共生的智慧健康养老之路。老年人可以得到智慧“一站式”健康服务，实现多世代共住；生态特色和价值得到有效化利用，城市智慧化养老技术支持基础设施的搭建，拉近人和人之间，城市与城市之间的距离；人们享受最便捷高品质的城市智慧化养老服务的同时，也拥有沉浸自然中的健康生活。将城市智慧化养老服务功能、生态及连接体系进行叠加在功能板块的基础上，引入自然资源如森林、湿地和田园，创造沉浸式的自然体验，在复合功能、自然景观和长期运营层面的多样化中，融入智慧＋、康养＋、自然＋、服务＋的多维度适老细节，通过智慧化健康养老服务实现老年人的养生、康复等需求。

（三）街道（乡镇）类

围绕应用场景，强化大数据、互联网、人工智能、物联网、5G、区块链等新一代信息技术产品应用，满足老年人多层次、个性化的健康养老需求，建设了山西省晋中市榆次区路西街道、上海市闵行区新虹街道、深圳市光明区马田街道等297个示范街道，丰富了服务种类，提升了服务质量和管理效率，深化了智慧健康养老服务落地，打造了一批具有可复制、可推广的典型服务模式。

1. *构建“一中心N站点”居家养老服务体系* 形成了“互联网＋家庭＋社区＋物业＋医疗”的医养结合养老新模式，为辖区及全市老年人提供活力养老、医疗保健、康复护理、生活照料、长照康养、终极关怀“六位一体”的综合性、“一站式”健康养老服务。用科技赋能养老服务，通过“互联网＋”整合线上线下资源，推进养老服务数据汇聚共享，提升养老服务信息化水平，实现服务便捷可及、安全可靠。大屏幕上记录着每个家庭每位老人的实时信息，有效整合各类社会养老服务资源，形成了连接老人、机构和政府的快捷信息通道，构建成面向公众、企业和政府全方位、多层次的智慧养老服务体系。同时，可实现居家和社区养老服务开展情况全方位实时动态监管，具备养老服务数据汇总、分析、统计、展示等功能。平台系统中对每位老人的呼叫次数、重点需求、基础病史进行分析，家庭住址、子女信息、家庭常见病等情况也一目了然。

2. 打造智慧健康养老APP服务软件　秉持订单服务，把温暖精准送达原则，为老年人提供助餐、助行、助学、助乐、助洁、助浴、助医、助急和常态化陪伴“八助”服务并且考虑到了老年人生活可能遇到的各种需求，通过APP服务软件为其提供各类民生实事服务，囊括了社保、就业、户籍、公积金、法律援助、不动产登记，及物业服务中的缴费、代办，汽车和电瓶车的充电等，将现代科技手段和养老产业结合起来，推动养老服务智慧升级。

3. 创建“居家虚拟养老院”服务平台　以居家为核心，社区为依托，由社区养老服务组织为居家老人提供打包式医、康、养、护等智慧健康养老服务，打造社区没有围墙的养老院。通过在老年人家庭环境中部署传感设备和智能产品，与服务机构联动，使家庭养老床位具备“类机构”功能，促进居家安防、健康监护、定位援助、紧急求助等养老服务新模式，老年人遇有紧急情况，第三方机构能第一时间迅速响应。服务平台结合智能安全健康设备、智能适老家居、智能语音控制系统打造居家养老场景，实现老年人家中与“家门口”最近服务站的智能联动，让老年人在家也能享受到“类机构”的服务。

4. 推广智能设备　一个是推广智能手环，协助老年人监测心率、血压等指标；另一个是推广智能床垫，通过智能设备连接服务平台帮助监测老年人的心率、呼吸、离床未归时间等数据，智能设备上还能进行“6选2”（理发、扦脚、按摩，居室保洁、送水果、代配药）的上门服务和每月社区管家志愿者上门关怀选择。一旦居家遇有突发情况，直接通过智能手环或智能床垫连接“24小时服务”，后台服务即刻响应。

（四）基地类

围绕应用场景，结合当地特色优势，统筹所辖资源，创建了上海市浦东新区、南京市雨花台区等69个产业试点示范基地，提升了科技对健康养老的支撑能力，吸引了智慧健康养老市场参与主体，推动了各行业与智慧健康养老跨界融合与创新，积极拓展了智慧健康养老市场空间，深化了智慧健康养老产品和服务应用，加强了专业化养老服务人才队伍建设。打造了一批基础雄厚、区域特色鲜明的典型模式。

1. *形成多元化的养老设施格局* 打造集机构、社区、居家、助餐、培训五大子系统的智慧养老服务综合运营管理平台，以数字化手段驱动业务协同发展，实现资源高效集成、有序供给，让每位长者老有所养、老有所乐、老有所依。持续以“业务信息化、管理数字化、服务平台化”为发展路线，为长者打造一个真正“助老”“为老”“适老”的幸福养老生活圈。

2. *建设跨设备管理系统* 利用以“3＋X”作为整体架构并且兼顾两类服务的居家养老运营管理系统。PC端管理后台、移动端监管功能APP和数据汇总大屏“三端互联”，根据业务服务监管需要增添的部分而进行功能拓展的“X”，通过多端融合共生、协同管理，实现管理过程可视化、管理成效数字化、管理效能最大化。切实提高管理能级和服务效能的初心，进而深入分析解决民政“十助”和医保长护险两类服务监管上的问题。

3. 运用“GPS定位打卡＋信标数据实时反馈＋运动轨迹追踪”三管齐下的技防手段。做到事中有监管、事后可溯源，提升服务全程管理的精准度与及时性。

4. *推进社区食堂设施* 采取“中央厨房＋助餐服务点＋配送入家”模式，形成“政府搭平台、居民得实惠、食堂出效益”的三方“互惠共赢”局面。基于老年人口基数大、高龄人口比例高、空巢家庭日益增多、家庭养老功能弱化，为有效应对社区广大老年居民的“就餐难”问题，从“关注民利、惠及民生”出发，了解社区老年居民的就餐需求，政府制定了餐费补贴政策，根据年龄段不同，对老年人用餐进行补贴。还为60周岁以上腿脚不便的困难老人提供上门送餐服务。对照护评估等级达到3级以上或90周岁以上的老年人，免费送餐上门。使部分老人不出家门就能尽享“爱的味道”，让老年幸福生活“更有味”，让党和政府的温暖进驻千家万户。

5. *培养失智、半失智老年人服务团队* 由专业团队借助智能化设备，为老人提供筛查和干预训练引导服务，并且利用智慧化手段广泛开展老年认知障碍的宣传教育、风险测评、早期干预、家庭支持、资源链接和平台建设，探索建立老年认知障碍社区照护服务体系，搭建认知障碍友好式服务支持网络。

二、国外智慧健康养老发展经验和模式

英国利用现代信息技术，丰富和拓展面向老年人的医疗手段和方式，适应了老年人健康发展的需求，使英国智慧养老发展更加具体化和人性化。主

要依托社区建立智慧养老服务中心，为老年人提供丰富、快捷的养老服务。为了更好地观测老年人健康情况、提供优质医疗服务，英国利用互联网信息技术发展完善包括数字医疗、远程医疗和移动医疗在内的养老医疗方式。一是通过数字医疗，利用智慧化手段为老年人建立全面详细的健康电子档案，档案内容加密，允许医护人员、老年人及其家属申请在线访问。二是通过远程医疗，利用老年人穿戴智能化设备，连接医疗终端，评估老年人日常身体情况，从而监测老年人的健康状态。三是通过移动医疗，使用手机、电脑等可移动通信设施，为老年人提供医疗健康信息和医疗咨询服务，以网络互动方式，建立医生与老年人之间的沟通桥梁，从而为老年人提供必要的医疗信息和医疗救助。

德国为了应对严重的老龄化问题，通过打造强大的智能技术平台，完善环境辅助生态系统，将各种智能服务一起连接到这个平台上，实现老人居家、机构养老的智慧化服务，不仅减轻了机构养老的成本，而且利用智慧化方式更加方便了老年人的生活。一是专为老年人设计智能家居系统，通过现代化的感应传输装置，将智能仪器共同连通在一个具有扩展性的智能技术平台上，对老年人的身体状态和生活环境做出即时反应。二是利用环境辅助生活系统，老年人可以通过遥控操作房间内的大部分设施，如床自动升降、防跌传感器等，并且还能创建老人日常健康日志，家属和护理人员可以通过网络软件查询老人的身体情况。

美国为了提高养老服务质量、降低政府管理成本，养老服务行业引入市场竞争机制，采取市场化的运作模式，智慧养老发展延续了市场化模式，建立了老年人移动医联网。美国鼓励企业开发智慧养老产品，众多大型高科技企业积极进行智慧养老产品研发，以满足老年人的养老需求。一是满足医疗照护需求。微软的智能体感交互设备及网络应用程序，可以通过电脑远程分析老年人的锻炼动作，帮助老年人做康复训练，医生也可以利用该系统对老人进行远程医疗指导，提高医疗资源利用效率。二是满足社会发展需求。部分企业开设专门针对老年人的工作、教育的网站，为老年人提供工作信息、在线课程等。三是满足日常生活辅助需求。一些企业供应商开发出为老年人提供远程慢性病监控的系统，并对老年人的住所进行智能化改造。

第八章　智慧健康养老的人才培养体系

智慧健康养老人才培养体系建设对提升养老服务质量、推动养老产业发展具有重要意义。智慧健康养老人才需要具备专业的技术技能和健康管理知识，以及出色的沟通能力和服务意识。本章介绍我国养老服务管理、智慧健康养老相关专业人才培养体系情况，分析学历教育、实习实训、国际前沿等领域进展情况，以提高人才培养的质量和效果。同时，本章介绍了我国智慧健康养老标准体系情况，以及在规范和推动智慧健康养老创新中的作用和价值。

第一节　养老服务管理专业人才培养

据国家统计局数据显示，2022年，中国老龄化人口达2.8亿，在全国总人口中占比19.8%。据全国老龄办预测，到2053年，中国老年人口将达到峰值4.87亿，占比超总人口的1/3。老年人口数量的急剧增长在一定程度上刺激了老年服务市场的发展，老年人对高品质生活质量的需求形成了一个潜在的巨大的消费市场。近年来养老服务业相关机构数量上明显增长，相匹配的硬件设施日趋完善，但专业管理人员相对匮乏。虽然我国在《国家中长期人才发展规划纲要（2010—2020年）》中提出加强养老服务人才培养的政策要求，但现阶段相关人才数量不足、专业水平不强问题仍未有效解决，特别是我国养老服务管理专业人才培养能力仍无法满足市场需求。本文主要以养老服务管理人才培养体系比较完善的美国为例，对美国养老服务管理专业人才培养模式加以梳理归纳，探索适合中国国情的、适应国际化发展趋势的养老服务管理人才培养模式，进而不断提升我国养老服务管理人才培养质量，更好为老龄事业服务。

一、我国养老服务管理专业人才培养体系现状

我国养老服务管理专业最早出现于中职、高职教育，本科专业设立于2019年，为公共管理学下的二级学科，旨在培养具备养老机构运营管理、健康照护、健康促进等综合养老服务专业知识，具有实践能力和创新创业素质，能够满足养老福利机构、老龄产业等相关机构的要求，适应行业新趋势、养老新模式、老人新需求的应用型人才。

目前我国已有25所院校开设养老服务管理本科专业，按院校学科范围，可划分为医学相关院校和非医学相关院校两大类。其中医学院校9所，包括遵义医科大学医学与科技学院、广西医科大学、安徽医科大学、齐鲁医药学院、贵州中医药大学、贵州医科大学神奇民族医药学院、沈阳医学院、南京中医药大学、锦州医科大学医疗学院。非医学院校16所，包括上海工程技术大学、山东女子学院、四川文理学院、乐山师范学院、新乡学院、中华女子学院、辽宁对外经贸学院、上海建桥学院、西安文理学院、河西学院、商丘学院、吉林财经大学、内蒙古鸿德文理学院、长春人文学院、铜陵学院、成都银杏酒店管理学院。在硕士培养方面，沈阳医学院医养健康产业学院申报了教育部目录外硕士专业医养健康管理，并于2023年获得教育部专业设置备案，是国内首个养老服务管理方向硕士学位开设院校。

由于养老服务管理专业兴起较晚，目前各院校对于学生的培养仍处在初级探索阶段与实践阶段，各院校对人才的培养模式并未统一且质量参差不齐，亟须探索更为合理、科学的统一标准。目前我国开设该专业的医学院校更加注重老年医学及长期照护方面的能力培养，旨在培养具有良好的现代管理学、医学、社会学的基础理论、基本知识和基本技能的高素质、复合型、应用型人才；而非医学院校更加注重老年服务及管理方面的技能培训，要求学生有良好的人文素养和科学素养，重点培养学生公共管理学科的思维理解、项目计划、组织协调、领导决策创新、团队精神等管理能力素质。各类院校均按公共管理类专业要求，设置管理学、社会学、医学等主要课程，要求学生完成毕业设计论文。

在常规培养模式基础上，我国养老服务管理专业人才普遍培养注重产学研合作，如上海工程技术大学与上海人寿堂养老服务（集团）有限公司、上海九如城企业（集团）有限公司等多家公司签订产学研合作协议书，采取产教结合模式融合，形成理论教学（课堂）与实验教学（养老院、社区、产学

研合作一贯制），培养医疗机构职业经纪人。西安文理学院与民政部门、公办养老机构等多家机构签订了产学研合作协议书，共同搭建实习、科研平台，建立长期教学与科研合作关系，培养养老服务管理中高端应用型人才。沈阳医学院医养健康产业学院与华润健康集团、通用宝石化医疗集团建立合作关系，共同推进人才培养和教学实践基地建设。

与养老服务与管理专业相近的学科为老年学专业，为社会学下的二级学科。旨在培养熟悉老年政策法规，能在民政、社保、卫生健康等政府涉老部门、老年工作事业单位等从事老龄政策研究、老龄管理与规划、老年社会服务与评估、老龄法务等工作的应用型人才。修业年限为4年，学生毕业将被授予法学学士学位。2019年教育部对老年学专业进行了备案，目前天津理工大学、湖南女子学院、玉溪师范学院开设了老年学本科专业。

二、美国养老服务管理专业人才培养模式及启示

（一）开设院校

美国是发达国家中生育率最高、人口增长最快的国家之一，开始进入人口老龄化社会的时间可追溯到20世纪40年代，目前65岁以上老龄人口占总人口的17.4%，是典型的老龄化社会。历经近百年的时间，美国高等院校经过政府、基金会和行业协会的支持，建立起了专业化、多样化、大规模的老龄服务人才培养体系。为适应老龄化社会的发展，补充养老服务相关专业人才缺口，美国有15所高校开设了老年学专业（Gerontology），包括南加州大学伦纳德·戴维斯老龄学院（USC Leonard Davis School of Gerontology）、波士顿大学（Boston University）、加州大学旧金山分校（University of California, San Francisco）、马里兰大学巴尔的摩分校（University of Maryland, Baltimore）、密歇根大学安娜堡分校（University of Michigan，Ann Arbor）、俄勒冈大学（University of Oregon）、亚利桑那大学（University of Arizona）、堪萨斯大学（University of Kansas）、佐治亚大学（University of Georgia）、北卡罗来纳大学教堂山分校（University of North Carolina at Chapel Hill）、马萨诸塞大学波士顿分校（University of Massachusetts Boston）、肯塔基大学（University of Kentucky）、科罗拉多大学博尔德分校（University of Colorado Boulder）、路易斯维尔大学（University of Louisville）、密歇根大学哥伦比亚分校（University of Missouri-Columbia）。

在美国开设老年学专业的15所高校中，老龄服务管理专业代表性院校是南加州大学伦纳德·戴维斯老龄学院和马萨诸塞大学波士顿分校麦科马克政策与全球研究研究生院。南加州大学戴维斯老龄学院成立于1975年，是创立最早、规模最大、世界排名第一的老龄科学研究学院。学院开创设立了包括世界上第一个老龄科学博士学位和第一个结合商业管理与老龄科学的硕士学位等在内的多个项目，是世界上最主要的老龄科学研究与教育中心之一。马萨诸塞大学波士顿分校是美国最具创新力的公共服务学校前30名，其老龄研究学士学位被《美国新闻与世界报道》评为最佳在线学士学位课程。老龄服务管理专业致力于培养老龄化服务领域的领导者，专注学生的实用技能，如老龄政策研究、护理管理、社区规划、金融服务、非营利管理、销售和营销、住房和交通等。

（二）培养目标

让学生通过全面的多学科课程在该领域打下坚实的基础，通过多维视角看待与老龄化相关问题和挑战，使学生能在这一需求旺盛的领域抢占先机，开展有意义、富有成效的老年服务事业。本科阶段的培养目标是让学生能够充分了解老龄学，全面地认识老年人的特点以及需求、解决方法等，能够对老年人产生同理心。研究生阶段的培养目标为培养高素质、积极主动和有道德的专业人士，其中老龄服务管理硕士为商业领袖做好准备，以成功满足老龄化人口的独特需求。博士阶段的培养目标为培养能在老年服务体系中担任研究人员、教育者、规划者和政策制定者的领导角色。

（三）入学要求

对于本科阶段的申请者，两所学校都要求学生提供本科成绩单，包含修读的所有课程和相应的成绩。而对于SAT或ACT分数，南加州大学伦纳德·戴维斯老龄学院对此有严格的分数要求，马萨诸塞大学波士顿分校则无相关规定。对于硕士阶段的申请者，均要求申请者须具有等同于美国本科的学历学位，并且都对本科GPA最低标准做出了要求，此外，两所学校要求学生必须具有推荐信方可入学。对于博士阶段的申请者，均要求提交就读学校的正式成绩单、个人简历和学术经验。南加州大学伦纳德·戴维斯老龄学院要求提供GRE成绩，马萨诸塞大学波士顿分校则不需要提供。

（四）培养计划

本科阶段两校均要求学生在四年内完成课程。硕士阶段南加州大学伦纳德·戴维斯老龄学院老龄服务管理硕士可以采用线上教学的形式，要求学生至少完成12个单元的核心课程（三门课程）和20个单元的选修课（五门课程）。马萨诸塞大学波士顿分校要求学生完成12门课程才可获得相应学位，全日制学生可在3个学期内完成课程。博士阶段南加州大学伦纳德·戴维斯老龄学院要求完成60个单元的课程作业和至少四个额外的论文单元。马萨诸塞大学波士顿分校要求博士阶段课程作业可以在2年内完成，剩余的学位时间用于撰写论文，且学生在课程中的总体平均成绩应保持在B以上。本科阶段南加州大学伦纳德·戴维斯老龄学院要求学生完成32个学分。马萨诸塞大学波士顿分校要求除其他本科学位课程外，学生还应完成该专业的36个学分（8门必修课程和4门选修课）。硕士阶段南加州大学伦纳德·戴维斯老龄学院要求学生完成必修科目（12学分），选修科目（20学分）。

（五）课程体系

1. 专业化课程体系　美国老龄服务管理专业课程设置具有多样性和实践性，涵盖了养老服务的各个方面，如战略规划、人力资源管理、信息技术、财务管理等，还有相关的文化、伦理、法律等课程，以便深入了解养老服务行业的制度和文化。本科阶段两所学校均设置社会学中老年学方面相关的课程，更加注重培养学生对老年学的全方位的了解与认识。硕士阶段除开设社会学方向的老年学课程外，还增设许多不同专业内的老年学内容，如医学、统计学、管理学等，培养以各方面多角度满足社会老龄化需求的人才。博士阶段则增设课程更为广泛，课程体系囊括老龄化社会、健康与衰老、衰老心理学、老龄化社会的政治和政策过程等方面，培养掌握并可以应用所学知识的老龄化人才。

2. 特色化课程体系　在满足养老服务管理专业基本课程体系建设要求的基础上，鼓励学校开展自己的特色课程，建立具有本校特色的标志性课程体系。目前，国内大部分高校养老服务管理专业课程体系都是以课堂学习为主，在原有一级学科基础上，增加其他融合学科，主要课程以管理学课程（管理学原理、公共管理学、康养产品经营管理等）为主，加设老年医学课程（临床医学概论、老年医学、老年流行病学等），社会学课程相对开展课时较少，导致学生不能很好地理解老年人处境，与服务对象共情能力较弱，无法建立同理心。在实际应用中需要学生不仅要具备优秀的管理才能，还要具备良好的与服务对象沟通的能力。当前现存课程体系会导致人才教育与应用脱节，使学生不能全面掌握实际工作所需技能，故各校可适当地增加社会学内容课程，突出本校专业化课程，以吸引更多优秀人才。

（六）跨专业合作

美国老龄服务管理专业课程设置灵活多样，注重实践和研究结合，为学生提供了全面的养老服务管理专业培养。学生通常会有机会参与学术会议、实验室研究等活动，还会有机会与企业、政府机构等实现合作，进行更深入的研究和实践，使学生能够胜任不同层面的管理职位。不同于国内常规的单一内容的培养方式，国外的培养方案更为多元化。美国培养方案除上述提到的多方向侧重化培养外，还包括与其他学院的合作办学、联合培养，如南加州伦纳德戴维斯老龄学院的“营养，健康和长寿”理学硕士学位是老龄学院和马歇尔商学院联合开展的培养项目。除此之外，美国还开设跨学科的辅修学位，可以在学习老年服务管理专业的同时学习其他学科或是辅修老年服务管理学，如美国的老龄学未成年人。在我国传统知识观中，课程设置方面更加重视专业研究的深度而对广度要求较少。虽然养老服务管理专业融合管理学、老年医学、社会学等多个学科，但仍未摆脱传统的教学模式，重视必修课程而轻视选修课程、重视理论学习而轻视学生的实践能力培养，这不利于学生培养优化独立思考和解决问题的能力，也不利于培养学生跨学科思维的发展。

三、我国养老服务管理人才培养建议和展望

随着老龄化进程的不断加快，完善养老服务管理专业人才培养模式刻不容缓。经过近年来教育界的不断探索以及大量实践和研究，“政产学研”联合培养模式极大有利于提升学生的创新水平和实践能力，是公认的培养高素质人才的有效途径。政产学研合作是指在养老服务管理专业人才培养过程中，政府、高校、企业和社会各界共同参与的一种人才培养模式。在这种模式下，政府发挥宏观调控作用，主要是提供政策和资金支持；高校与企业联合主要是进行人才培养；社会各界积极参与到养老服务管理专业的人才培养过程中来，发挥各自的优势，实现资源共享，合作共赢。

（一）加大支持力度

建议加大政策支持力度，加强养老服务管理专业人才培养的规范与保障。加大对养老服务管理及相关专业的财政投入力度，建立多渠道科技投资和融资体系，鼓励并引导医疗机构、养老机构以及医养机构建设并给予相关优惠政策，对养老服务管理人才就业政策给予倾斜，提升学生报考的积极性。

（二）优化培养方案

由于养老服务管理专业处于起步阶段，应强化专业优势，优化课程体系。注意科学学科与人文学科相结合，拓宽学生思维和视野，使学生在具备深厚的科学素养的同时也具有宽广的人文情怀，要实现学科之间的交叉融合，注重人才的全面发展。一方面，学校要力求改变单一的培养模式，鼓励学生要校内走向校外；从“理论型”转向“理论与实践并重型”，要求学生不仅是单一学习课堂理论知识，还可将知识应用于社会实践；真正实现“产学研”相结合注重培养学生实践能力，将理论与实践相结合，改善人才理论与实际应用脱节的状况。另一方面，学校创新教学方法，将传统的教师单方面输出知识变为“少灌输多引导”的启发式教学方法，如在课堂上启用“问题教学法”“案例教学法”“探究教学法”“团体讨论法”等模式，与学生进行互动交流。

（三）强化课程建设

课程体系是规定了培养目标实施的施行方案，它是教育活动中的核心部分，是教学任务的指导思想，是培养目标的具体化形式和依托。由于目前我国养老服务管理专业并未设置统一的培养要求，各校在课程体系建设方面尚不完善，故我国可探索建立更加合理优质的课程体系作为人才培养的指导大纲，统一基本课程体系建设标准，将培养目标具体化，按照侧重点分类建设课程体系，建立自己的个性化、特色化的课程，培养更加优质的养老服务管理人才。

（四）推进跨专业合作

打破学科壁垒，为人才提供更广阔的发展空间。国内各校建立合作，互相交流培养模式，取长补短，推进老年服务管理专业发展。积极开展国际化合作，输出国内高质量人才，吸引国外高素质人才，融合国内外优势，为养老服务管理专业人才培养提供更加科学合理的方案。推行跨学院跨专业学科群合作，推动本科人才培养完善。推进高层次教育硕士博士培养，为养老服务人才提供更加广阔的学习空间。

（五）鼓励产教融合

“政产学研”联合培养模式中的三个行为主体分别为政府、企业和高校。高校与养老机构等相关企业之间应积极进行沟通，促进有效合作，秉承资源共享和互利互惠的原则，二者应构建与养老服务管理相关的合作运行机制，培养既具有丰富理论知识，能够在理论层面上理解关爱老年人并以管理者角度出发的养老服务管理型人才，又具有扎实的理论运用能力的高素质复合型创新人才。同时，政府部门也应该积极参与培养环节，关注老龄化社会发展需求，科学规划高校相关专业建设，给予高校和企业相应的政策法律支持，以及相应的财政保障。政府具有行政监督职能，可审核高校与企业双方的合作规划和内容协议，有力保障双方合作的稳定性与长期性。养老机构、医疗机构、医养结合中心等各机构要充分发挥积极性，加强与相应高校合作，将教育办进企业。各个机构与高校强化有机合作链条，在学生前两年教育培养中，由学校负责学生的基础理论教育，加强人才的理论知识储备，三年级为专业课程学习，部分专业课程可由机构的专业人员或管理人员直接参与教学，由相关机构提供课程设计以及与实际应用有关的题目，改善传统人才培养过程中理论无法与实际相结合的弊端。四年级学生可根据自己的实际情况，选择就业或是升学，其中选择就业的人才可以在实习机构完成相关毕业设计，由机构提供毕业设计选题，机构相关专业人员和学校老师共同参与指导环节。

（六）深化国际交流

随着世界人口老龄化趋势的加快，不同的国家之间或多或少都面临着人口老龄化的挑战，有着相同的科学研究领域，国际交流与合作成为当下各国科学研究的重要方面。虽然我国在近30年中，通过中外之间互遣留学生、参与并举办国际学术会议、开展国际合作研究项目等多种形式，在人才培养的国际化中取得了巨大成就，成就了一批尖端科研人才，但由于老年服务管理专业本科阶段兴起较晚，在这一方面尚有欠缺。因此，我国高校应积极响应国家号召，开展养老服务管理专业的国际化交流合作，确定清晰的战略目标，借助国外优质教育资源培养我国养老服务管理领域高端人才，同时要提高自身高等教育办学水平，吸引国内外优秀人才。

第二节　智慧健康养老专业人才培养

智慧健康养老产业以智能产品和信息系统平台为载体，面向人民群众的健康及养老服务需求，深度融合应用物联网、大数据、云计算、人工智能等新一代信息技术，成为养老产业发展的新趋势。这一新兴产业需要大量熟练掌握信息技术和养老服务技能、科学运用信息平台和智能设备的专业人才，为老年人提供个性化、多样的服务。目前，我国智慧健康养老专业人才缺口大、培养层次偏低、学科体系不完善，加快智慧健康养老人才培养体系建设意义重大。

一、我国智慧健康养老服务专业设置情况

我国智慧健康养老相关专业目前仅在职业教育体系进行了设置，其中中等职业教育阶段设置了智慧健康养老服务专业，高职专科阶段设置了智慧健康养老服务与管理专业，高职本科阶段设置了智慧健康养老管理专业，以上三个专业均隶属于公共管理与服务门类。经梳理教育部历年《普通高等学校本科专业目录》，智慧健康养老相关专业尚未在普通高校本科、研究生层次开设。

（一）中等职业教育

在中等职业教育阶段，设置了智慧健康养老服务（790302）专业，由2010年教育部中等职业教育目录中智能养老服务（181700）专业更名而来。该专业培养掌握坚实科学文化基础、老年人能力评估方法、基础照护、智慧健康养老专业知识，具备老年人照护、基础护理、养老服务活动组织、智慧健康养老产品应用等领域实际操作能力的学生。毕业生就业前景广阔，可应聘养老护理员、失智老年人照护员、智慧健康养老产品销售、应用维护等岗位。

在中国教育在线（https://www.zhijiao.cn/ln-sy）网站检索“智慧健康养老服务”专业，目前全国有170所中等职业院校开设，占全国中等职业教育院校总数的2.3%。从开设省份情况看，全国共有24个省、市、自治区开设了

该专业，上海市、海南省、青海省、陕西省、山西省、内蒙古自治区、新疆维吾尔自治区尚未开设。按照开设该专业的院校数量排名，居于前三位的省份依次为河南省35所、山东省17所、四川省16所；居于前三位的地区依次为华东地区44所、华中地区42所、西南地区38所（表8-1）。

表8-1　全国中等职业学校开设智慧健康养老服务专业情况

地区（数量）	省份（数量）	公办院校（数量）	民办院校（数量）	数量排名
华东地区（44）	山东省（17）	济南科技学校、山东省日照师范学校、枣庄市山亭区职业中专、威海市卫生学校、山东省烟台护士学校、德州市陵城区职业中等专业学校、邹城高级职业技术学校、聊城经济开发区职业技术学校（8）	威海方正外国语学校、济南阳光职业中等专业学校、济南应用技术职业中等专业学校、滨州康养职业中等专业学校、滨州外国语实验学校、无棣县铁路职业中等专业学校、东营龙居职业中等专业学校、枣庄市龙都中等职业学校、渤海经济发展中等专业学校（9）	2
	安徽省（11）	舒城职业学校、宿州环保工程学校、池州工业学校、皖北经济技术学校、怀宁县中等专业学校、阜阳科学技术学校、阜阳市医药科技工程学校、安徽省蒙城建筑工业中等专业学校、六安科技工程学校（9）	安徽省桐城中华职业学校、滁州中航中等职业技术学校（2）	6
	江苏省（8）	江苏省江阴中等专业学校、江苏省大丰中等专业学校、江苏省泰兴中等专业学校、盐城市特殊教育中等专业学校、江苏省东海中等专业学校、江苏省姜堰中等专业学校、江苏省兴化中等专业学校（7）	扬州市天海职业技术学校（1）	7
	江西省（4）	江西省轻工业科技中等专业学校、江西省民政学校、江西省井冈山经贸学校（3）	南昌工业工程学校（1）	12
	浙江省（2）	丽水旅游学校（1）	嘉兴市秀水中等专业学校（1）	18
	福建省（2）	泉州市农业学校（1）	闽侯县职业中专学校（1）	18

续　表

地区（数量）	省份（数量）	公办院校（数量）	民办院校（数量）	数量排名
华中地区（42）	河南省（35）	许昌幼儿师范学校、鹤壁市科技中等专业学校、洛阳市偃师区职业教育中心、河南省三门峡黄金工业学校、商丘商贸学校、滑县职业中等专业学校、罗山县中等职业学校、许昌工商管理学校、漯河市第一中等专业学校、南召县康养中等职业学校、舞阳中等专业学校、襄城县职业技术教育中心、郸城县第二职业中等专业学校、新安县职业高级中学、固始县职业教育中心、平顶山市中医药学校、河南省信阳市第六职业高级中学、南阳科技职业学院中专部、栾川县中等职业学校、周口市职业高级中学、河南辅读中等职业学校、邓州市职业技术学校、河南省驻马店财经学校、河南省民政学校、南阳市宛西中等专业学校（25）	洛阳市工业信息中等专业学校、信阳电子学校、洛宁县中等职业学校、周口宛丘职业高中、信阳新世纪职业学校、信阳工业中等职业学校、项城市第二中等职业学校、长葛市立兴职业高中、濮阳第二职业中等专业学校、新蔡县中等职业技术学校（10）	1
	湖南省（4）	新田县职业中等专业学校（1）	湘潭交通职业学校、益阳电脑美术职业学校、衡阳涉外职业学校有限公司（3）	12
	湖北省（3）	武汉长江职业中等专业学校（1）	孝感思创信息科技学校、襄阳市智投汇文综合高中（2）	15
西南地区（38）	四川省（16）	四川省江安县职业技术学校、四川省邻水县职业中学、四川省广元市朝天职业中学、四川省什邡市职业中专学校、眉山市彭山区职业高级中学、四川省志翔职业技术学校、四川天府新区职业学校、四川省射洪市职业中专学校、四川省平昌县职业中学（9）	眉山机电职业技术学校、简阳市育英文武职业技术学校、乐山市嘉州卫生职业高中、仁寿新科综合高中学校、达州远航职业技术学校、泸州医疗器械职业学院、绵阳市晟弘科技职业技术学校（7）	3
	贵州省（12）	黎平县中等职业学校、贞丰县职业技术学校、都匀市中等职业技术学校、贵州省林业学校、平塘中等职业学校、惠水县中等职业学校、三都水族自治县民族中等职业学校、息烽县中等职业学校、黔南中等职业技术学校（9）	贵阳市新城职业学校、贵阳市长城职业学校、贵州省贵阳市商贸学校（3）	5

续 表

地区（数量）	省份（数量）	公办院校（数量）	民办院校（数量）	数量排名
西南地区（38）	云南省（6）	曲靖农业学校、曲靖市宣威第一职业技术学校、曲靖工商职业技术学校、曲靖市麒麟职业教育集团、大理市中等职业学校（5）	昆明市东川区昆明医药职业技术学校（1）	10
	重庆市（3）	重庆市立信职业教育中心、重庆市农业机械化学校、重庆市南川隆化职业中学校（3）	无	15
	西藏自治区（1）	林芝市职业技术学校（1）	无	22
东北地区（22）	黑龙江省（4）	哈尔滨市现代服务中等职业技术学校、牡丹江市卫生学校、黑河市职业技术教育中心学校（3）	哈尔滨现代艺术设计职业技术学校（1）	12
	辽宁省（5）	沈阳市化工学校、沈阳市外事服务学校、辽中区职业教育中心、辽阳县中等职业技术专业学校、东港市职业教育中心（5）	无	11
	吉林省（13）	图们市职业教育中心、九台区职业技术教育中心、农安县职业教育中心、东丰县职业高级中学、公主岭市职业教育中心、双辽市职业中专、白城市第一职业高中、榆树市职业技术教育中心、辽源市工商学校、德惠市中等职业技术学校（10）	长春市海乘中等职业学校、长春市现代职业技术学校、长春市育才女子中等职业学校（3）	4
西北地区（10）	甘肃省（8）	靖远县职业中等专业学校、民勤县职业中等专业学校、定西市城市建设中等专业学校、西和县职业中等专业学校、永昌县职业中等专业学校、天祝藏族自治县职业中等专业学校（6）	甘肃东方工业中等专业学校、武威科技中等专业学校（2）	7
	宁夏回族自治区（2）	银川市职业技术教育中心（1）	宁夏光彩职业学校（1）	18
华南地区（9）	广西壮族自治区（7）	永福县职业教育中心、来宾市卫生学校、南宁市第三职业技术学校、广西右江民族商业学校、桂东卫生学校（5）	南宁商贸学校、百色市培贤职业技术学校（2）	9
	广东省（2）	广东省连州卫生学校、汕头市中博职业技术学校（2）	无	18

续　表

地区（数量）	省份（数量）	公办院校（数量）	民办院校（数量）	数量排名
华北地区（5）	河北省（3）	石家庄文化传媒学校（1）	秦皇岛市升华中等职业学校、保定市莲池区第二职业技术教育中心（2）	15
	北京市（1）	北京市劲松职业高职（1）	无	22
	天津市（1）	天津市电子计算机职业中等专业学校（1）	无	22

（二）高等职业教育专科

高等职业教育专科层次设置了智慧健康养老服务与管理（590302）专业，培养掌握健康护理、智慧养老、机构经营与管理等方面的基本知识与操作技能，熟悉国家养老产业政策法规，了解老龄事业的前沿知识和应用前景，具备能够从事老年照护和评估、智慧养老机构运营管理等工作的高素质技术技能人才。智慧健康养老服务与管理专业毕业后，可应聘老年人能力评估师、医养个案管理、智慧健康养老顾问、智慧养老机构运营与管理等岗位。

在全国职业院校专业设置管理与公共信息服务平台上查询“智慧健康养老服务与管理”高等职业教育专科设置备案情况，检索到全国共有316所高等职业院校专科开设该专业，占全国高等职业教育专科院校总数的21.2%。从开设该专业的省份情况看，全国30个省、市、自治区开设了该专业，西藏自治区尚未开设此专业。按开设该专业的院校数量排名，居于前三位的省份为山东省30所、河南省28所、四川省22所（表8-2）。

表8-2 全国高等职业学校专科开设智慧健康养老服务专业情况

地区（数量）	省份（数量）	学校（数量）	数量排名
华东地区（92）	山东省（30）	德州职业技术学院、菏泽家政职业学院、菏泽医学专科学校、济南护理职业学院、聊城职业技术学院、临沂职业学院、青岛恒星科技学院、青岛求实职业技术学院、青岛幼儿师范高等专科学校、曲阜远东职业技术学院、山东海事职业学院、山东理工职业学院、山东力明科技职业学院、山东女子学院、山东青年政治学院、山东商业职业技术学院、山东圣翰财贸职业学院、山东协和学院、山东医学高等专科学校、山东艺术设计职业学院、山东英才学院、潍坊工商职业学院、潍坊护理职业学院、烟台南山学院、烟台幼儿师范高等专科学校、枣庄科技职业学院、枣庄学院、淄博师范高等专科学校、淄博职业学院、滨州职业学院	1
	安徽省（18）	安徽城市管理职业学院、安徽国际商务职业学院、安徽粮食工程职业学院、安徽体育运动职业技术学院、安徽卫生健康职业学院、安徽中医药高等专科学校、安庆职业技术学院、阜阳幼儿师范高等专科学校、合肥幼儿师范高等专科学校、合肥职业技术学院、淮北职业技术学院、淮南职业技术学院、马鞍山师范高等专科学校、马鞍山职业技术学院、宿州职业技术学院、铜陵职业技术学院、皖西卫生职业学院、宣城职业技术学院	4
	江苏省（13）	常州纺织服装职业技术学院、江海职业技术学院、江苏工程职业技术学院、江苏经贸职业技术学院、江苏联合职业技术学院、昆山登云科技职业学院、连云港师范高等专科学校、南京城市职业学院、太湖创意职业技术学院、徐州幼儿师范高等专科学校、炎黄职业技术学院、盐城幼儿师范高等专科学校、钟山职业技术学院	7
	江西省（12）	赣南卫生健康职业学院、赣州职业技术学院、和君职业学院、江西枫林涉外经贸职业学院、江西师范高等专科学校、江西冶金职业技术学院、江西中医药高等专科学校、南昌交通学院、南昌应用技术师范学院、萍乡卫生职业学院、宜春幼儿师范高等专科学校、宜春职业技术学院	9
	福建省（9）	福建华南女子职业学院、福建生物工程职业技术学院、闽西职业技术学院、泉州华光职业学院、泉州轻工职业学院、泉州幼儿师范高等专科学校、三明医学科技职业学院、厦门城市职业学院、厦门东海职业技术学院	17
	浙江省（7）	杭州万向职业技术学院、嘉兴南洋职业技术学院、丽水职业技术学院、浙江东方职业技术学院、浙江旅游职业学院、浙江特殊教育职业学院、浙江长征职业技术学院	20
	上海市（3）	上海城建职业学院、上海思博职业技术学院、上海中侨职业技术大学	27

续　表

地区（数量）	省份（数量）	学校（数量）	数量排名
西南地区（56）	四川省（22）	成都银杏酒店管理学院、成都职业技术学院、川北幼儿师范高等专科学校、川南幼儿师范高等专科学校、广安职业技术学院、内江职业技术学院、四川城市职业学院、四川国际标榜职业学院、四川护理职业学院、四川汽车职业技术学院、四川商务职业学院、四川文化艺术学院、四川文轩职业学院、四川西南航空职业学院、四川幼儿师范高等专科学校、四川长江职业学院、四川职业技术学院、四川中医药高等专科学校、天府新区信息职业学院、西昌民族幼儿师范高等专科学校、西南财经大学天府学院、资阳环境科技职业学院	3
	重庆市（13）	重庆城市管理职业学院、重庆传媒职业学院、重庆电讯职业学院、重庆工贸职业技术学院、重庆科技职业学院、重庆轻工职业学院、重庆三峡医药高等专科学校、重庆五一职业技术学院、重庆医药高等专科学校、重庆应用技术职业学院、重庆幼儿师范高等专科学校、重庆智能工程职业学院、重庆资源与环境保护职业学院	7
	云南省（11）	德宏职业学院、昆明工业职业技术学院、昆明幼儿师范高等专科学校、普洱学院、云南工贸职业技术学院、云南国土资源职业学院、云南交通运输职业学院、云南经贸外事职业学院、云南能源职业技术学院、云南外事外语职业学院、云南新兴职业学院	12
	贵州省（10）	贵阳幼儿师范高等专科学校、贵州工程职业学院、贵州工贸职业学院、贵州航空职业技术学院、贵州护理职业技术学院、贵州健康职业学院、六盘水职业技术学院、黔南民族幼儿师范高等专科学校、铜仁幼儿师范高等专科学校、遵义职业技术学院	15
华中地区（42）	河南省（24）	河南护理职业学院、河南农业职业学院、河南女子职业学院、河南推拿职业学院、河南医学高等专科学校、河南职业技术学院、林州建筑职业技术学院、洛阳科技职业学院、洛阳职业技术学院、漯河医学高等专科学校、南阳科技职业学院、南阳农业职业学院、濮阳职业技术学院、三门峡社会管理职业学院、商丘学院、新乡职业技术学院、信阳航空职业学院、信阳涉外职业技术学院、信阳职业技术学院、许昌职业技术学院、长垣烹饪职业技术学院、郑州工业应用技术学院、郑州澍青医学高等专科学校、郑州医药健康职业学院	2
	湖北省（11）	湖北健康职业学院、湖北文理学院理工学院、湖北幼儿师范高等专科学校、湖北职业技术学院、湖北中医药高等专科学校、黄冈科技职业学院、三峡旅游职业技术学院、随州职业技术学院、武汉民政职业学院、咸宁职业技术学院、长江艺术工程职业学院	12
	湖南省（7）	保险职业学院、湖南劳动人事职业学院、湖南民族职业学院、湖南中医药高等专科学校、益阳医学高等专科学校、益阳职业技术学院、长沙民政职业技术学院	20

续 表

地区（数量）	省份（数量）	学校（数量）	数量排名
华北地区（40）	山西省（12）	晋中师范高等专科学校、潞安职业技术学院、山西老区职业技术学院、山西旅游职业学院、山西青年职业学院、山西水利职业技术学院、山西同文职业技术学院、山西运城农业职业技术学院、忻州职业技术学院、阳泉师范高等专科学校、运城职业技术大学、长治职业技术学院	9
	河北省（11）	渤海理工职业学院、沧州医学高等专科学校、曹妃甸职业技术学院、承德应用技术职业学院、河北对外经贸职业学院、河北女子职业技术学院、河北青年管理干部学院、华北理工大学轻工学院、秦皇岛职业技术学院、唐山工业职业技术学院、邢台医学高等专科学校	12
	北京市（7）	北京北大方正软件职业技术学院、北京汇佳职业学院、北京经济技术职业学院、北京劳动保障职业学院、北京青年政治学院、北京社会管理职业学院、北京网络职业学院	20
	内蒙古自治区（6）	包头职业技术学院、内蒙古化工职业学院、内蒙古建筑职业技术学院、内蒙古经贸外语职业学院、内蒙古美术职业学院、内蒙古民族幼儿师范高等专科学校	23
	天津市（4）	天津滨海职业学院、天津城市职业学院、天津市职业大学、天津现代职业技术学院	26
东北地区（30）	辽宁省（15）	渤海船舶职业学院、沈阳职业技术学院、大连枫叶职业技术学院、大连职业技术学院、抚顺职业技术学院、辽宁广告职业学院、辽宁经济职业技术学院、辽宁理工职业大学、辽宁师范高等专科学校、辽宁铁道职业技术学院、辽宁医药职业学院、辽宁职业学院、辽阳职业技术学院、盘锦职业技术学院、营口职业技术学院	5
	黑龙江省（9）	哈尔滨科学技术职业学院、哈尔滨幼儿师范高等专科学校、哈尔滨职业技术学院、黑龙江能源职业学院、黑龙江农业职业技术学院、黑龙江商业职业学院、黑龙江生态工程职业学院、黑龙江幼儿师范高等专科学校、佳木斯职业学院	17
	吉林省（6）	吉林水利电力职业学院、吉林体育学院、辽源职业技术学院、长春大学、长春金融高等专科学校、长春师范高等专科学校	23
华南地区（28）	广西壮族自治区（15）	广西城市职业大学、广西工程职业学院、广西工商职业技术学院、广西工业职业技术学院、广西国际商务职业技术学院、广西经济职业学院、广西经贸职业技术学院、广西蓝天航空职业学院、广西理工职业技术学院、广西培贤国际职业学院、广西体育高等专科学校、广西卫生职业技术学院、广西演艺职业学院、广西幼儿师范高等专科学校、柳州城市职业学院	5

续　表

地区（数量）	省份（数量）	学校（数量）	数量排名
华南地区（28）	广东省（12）	广东江门中医药职业学院、广东理工职业学院、广东茂名健康职业学院、广东省外语艺术职业学院、广州城市职业学院、广州卫生职业技术学院、惠州城市职业学院、汕尾职业技术学院、深圳职业技术学院、顺德职业技术学院、湛江幼儿师范专科学校、肇庆医学高等专科学校	9
	海南省（1）	三亚理工职业学院	29
西北地区（28）	陕西省（10）	宝鸡职业技术学院、陕西国防工业职业技术学院、陕西能源职业技术学院、商洛职业技术学院、铜川职业技术学院、渭南职业技术学院、西安海棠职业学院、西安健康工程职业学院、西安医学高等专科学校、西安职业技术学院	15
	甘肃省（9）	白银希望职业技术学院、甘肃工业职业技术学院、酒泉职业技术学院、兰州科技职业学院、兰州外语职业学院、兰州职业技术学院、临夏现代职业学院、培黎职业学院、庆阳职业技术学院	17
	新疆维吾尔自治区（5）	昌吉职业技术学院、克拉玛依职业技术学院、乌鲁木齐职业大学、新疆农业职业技术学院、新疆职业大学	25
	宁夏回族自治区（2）	宁夏工商职业技术学院、宁夏职业技术学院	28
	青海省（2）	青海畜牧兽医职业技术学院、青海高等职业技术学院	28

目前，我国智慧健康养老产业人才培养体系发展不均衡，高等职业教育专科院校数量位居于前三位的地区为华东地区92所、西南地区56所、华中地区42所。华东地区不论是高等职业教育专科院校，还是中等职业教育院校的数量，均居全国首位（表8-3）（图8-1），为华东地区智慧健康养老产业发展奠定了坚实基础，相关人才就业前景广阔。西北地区和华南地区的开设智慧健康养老相关专业的学校数量相对较少，专业建设有较大空间。

表8-3　各区域职业院校数量

地理行政区	中等职业学校	高职专科学校	合计	总数排名
华东地区	44	92	136	1
西南地区	38	56	94	2

续 表

地理行政区	中等职业学校	高职专科学校	合计	总数排名
华中地区	42	42	84	3
东北地区	22	30	52	4
华北地区	5	40	45	5
西北地区	10	28	38	6
华南地区	9	28	37	7
合计	170	316	486	

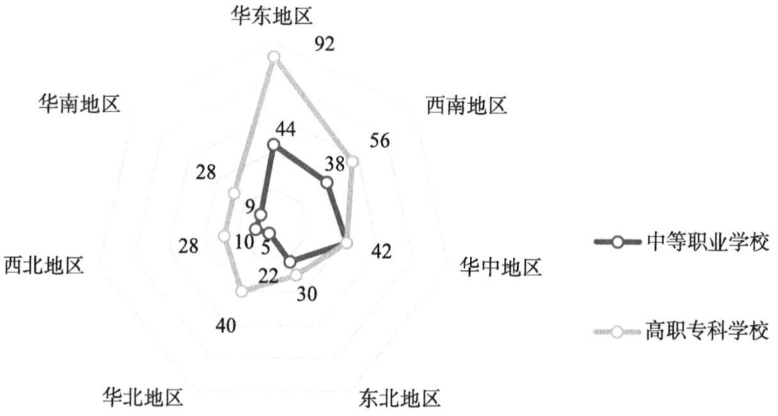

图8-1　各区域智慧健康养老相关专业院校数量分布

（三）高等职业教育本科

智慧健康养老管理（390302）高职本科专业为教育部2021年新增专业。该专业培养掌握扎实的科学文化基础和智慧健康养老管理等知识，能够从事智慧适老环境规划、智能服务设施及产品研发等工作的高层次技术技能人才。要求学生具有利用智能设施设备对老年人群进行综合评估及对评估数据进行评估管理和应用的能力。毕业后可应聘健康照护师、老年能力评估师等职业，以及养老项目管理、服务设施管理、适老化环境规划等岗位。

在教育部网站、全国职业院校专业设置管理与公共信息服务平台、中国教育在线网站，以及国内现有全部33所本科层次职业学校官网，对智慧健康养老管理高职本科专业在普通高等学校、本科层次职业学校的设置备案和审批情况进行检索，发现目前只有贵州省贵阳康养职业大学开设智慧健康养老管理本科层次职业教育专业，并于2021年进行第一批招生。

二、我国智慧健康养老专业人才培养模式

（一）培养目标

目前国家在职业教育三个教育层次开设智慧健康养老相关专业，在培养目标上，均要求德智体美劳全面发展，掌握扎实的科学文化基础和智慧健康养老相关的专业知识和技能。其中，中等职业教育主要强调培养技术技能人才，重点在于掌握针对老年人照护、基础护理、活动组织以及智慧健康养老产品应用等工作的技能，包括老年人能力评估、老年人照护、基础护理、康体活动组织和智慧健康养老产品及其分类等技能。高等职业教育专科注重培养高素质技术技能人才，要求具备老年人能力评估、康养活动策划组织与设计、老年健康照护、社区－居家－机构养老服务等能力，更侧重沟通礼仪、养老机构运营管理和养老服务规划与咨询等方面的技能。高等职业教育本科主要培养高层次技术技能人才，重点在于养老服务综合评估、老年人建筑和环境智慧化设计与改造、养老项目筹建规划、养老服务设施智慧化管理、养老服务培训与能力建设等能力，更侧重智慧适老环境规划、养老服务设施管理和智能服务设施及产品研发等方面的技能。

（二）课程设置

中等职业教育课程设置注重养老服务的实践技能和应用，包括智慧健康养老产业认知、老年人体结构与功能、老年人心理基础、老年人服务礼仪与沟通、智慧健康养老产品营销，还有实习实训内容，如老年人能力评估、老年人生活照护与基础护理、失智老年人照护、康体活动组织、智慧健康养老产品应用。

高等职业教育专科课程设置更加全面和深入，既包括理论课程如老龄事业与产业发展、康养政策法规与标准、老年服务礼仪与沟通、正常人体结构与功能、健康养老职业素养与安全、健康养老大数据应用，又有实践课程如老年人能力评估实务、老年人生活与基础照护实务、老年人生活能力康复训练、老年心理护理实务、老年健康照护、老年活动策划与设计、社区居家智慧康养管理、养老机构智慧运营与管理等课程。

高等职业教育本科课程设置则更加深入和系统，包含智慧康养管理导论、

大数据应用技术、智慧康养管理统计、养老服务综合评估、适老化智慧环境规划与改造、智慧康养设施规划与筹建、健康养老大数据分析与管理、养老照护管理实务、现代养老机构运营管理、社区居家养老管理、医养个案管理实务、健康养老产品规划设计等理论和实践课程。

（三）学制学位

中等职业教育智慧健康养老服务专业学制一般为3年，毕业后无学位授予，可接续高等职业教育专科学习，相关专业有智慧健康养老服务与管理、老年服务与管理、民政服务与管理等。

高等职业教育专科智慧健康养老服务与管理专业学制为3年，毕业后无学位授予，可接续高等职业教育本科，专业有智慧健康养老管理、智慧社区管理等，接续普通本科专业有养老服务管理等。

高等职业教育本科智慧健康养老管理专业学制为4年，学生修满专业培养方案所规定的各类学分，达到毕业要求并符合学位授予相关规定，可授予管理学士学位。可接续研究生教育，攻读公共管理硕士。

三、我国智慧健康养老专业人才培养建议

（一）健全办学体系

从职业教育体系看，高等职业教育本科层次虽然开设智慧健康养老管理专业，但国内仅有一所院校招生，原因可能是此类专业作为新兴专业，在教学人才储备上略有不足，仍缺少高质量、高层次、复合型教师从事智慧健康养老专业一线教学。高等职业教育专科层次开设智慧健康养老服务与管理专业院校数量相比中职院校相关专业翻了一倍，说明市场对更高素质技能型人才的需求不断增加。目前我国在普通本科或更高学历教育层次并未开设智慧健康养老专业，仅开设了养老服务管理、健康服务与管理、智能医学工程、医学信息工程等相关专业。应鼓励在本科和研究生层次教育中开设智慧健康养老服务与管理专业，培养从事顶层设计、组织管理、信息技术研发等专业技术工作的高端、复合型人才，使智慧健康养老产业向更合理化、更规范化、更专业化方向发展，进而提高老年人生活质量。

（二）完善资源布局

目前，我国智慧健康养老产业人才培养体系发展不均衡，华东地区高等职业教育专科院校和中等职业教育院校数量均居全国之首，在智慧健康养老产业的发展有较为坚实的基础，为人才提供广阔就业前景。西北地区开设智慧健康养老专业的院校数量相对靠后，仅为华东地区的1/3，侧面反映了智慧健康相关专业作为新兴专业，就业、薪资和学科认可度等因素尚未得到充分满足。从人口老龄化情况看，东北地区老龄化程度居于全国前列，但开设智慧健康养老相关专业院校数量相对靠后，仍存在发展空间，需要进一步加大建设力度。各地区应结合实际，完善资源布局，为智慧健康养老产业输送专业人才。

（三）明确培养目标

进一步明确人才培养方向，培养从事智慧健康养老整体规划、综合管理、理论创新和顶层设计等方面的服务型、应用型人才。结合智慧健康养老专业发展趋势，培养具备个性化健康管理、互联网＋健康咨询、互联网＋居家养老生活照料、互助养老、老年人能力评估、线上老年教育等能力的复合型人才。根据岗位胜任力要求和职业教育国家教学标准，结合区域内智慧健康养老服务行业现状，制定专业课程标准，将养老护理员、老年能力评估师、健康照护师、健康管理师、医养个案管理、数据分析师等1＋X证书制度试点、养老服务技能竞赛、健康与社会照护技能竞赛岗位任务与教学项目对接，推动课程设置与企业实际岗位能力要求相融通、职业技能标准与课程标准相融通、大赛项目与实践项目相融通。

（四）推进产教融合

教育部等九部门在《关于加快推进养老服务业人才培养的意见》中提出，建立以职业教育为主体，应用型本科和研究生教育层次相互衔接，学历教育和职业培训并重的养老服务人才培养培训体系。可整合多个学科和领域的知识，设计符合行业需求和人才发展方向的复合型课程体系，加强校企合作，促进产教一体化，推动高职院校建设高水平的专业、高水平的技术技能人才培养基地。加强实践教学，增加在医院、养老院、科技公司等机构实习实践训练，了解不同领域的工作流程和应用技术，培养学生跨领域的协作能力和创新能力。

（五）健全标准体系

智慧健康养老产业的良性发展需有完善的管理和评价标准体系作为支撑。目前，我国尚未制定智慧健康养老人才管理和岗位评价相关的行业标准、地方标准、团体标准、企业标准。应进一步加强资格认证，建立相应资格认证制度，确保平台管理人员、数据工程师、养老护理员、健康管理师、心理咨询师等从业人员具备相应的专业技能和职业素养。完善人才分类，充分考虑管理型、技术型、服务型人才的不同特点，制定标准时倾向进行岗位标准分类设置和规范管理。加强绩效考核，建立完善智慧健康养老从业人员绩效考核标准，不断提高服务质量。

（六）强化师资力量

加强师资队伍建设是提高人才培养质量的根源所在。从培训培养方面，鼓励和支持教师参加行业培训和交流活动，将最新的行业动态和应用技术融入教学和实践中，以不断优化他们的知识结构。鼓励专任教师提高学历层次，通过对相关领域的进修学习和联合培养提高自身素质能力，系统强化相关知识理解和把握，并提供更多事业上升通道。从优化师资结构方面，通过引进智慧健康养老服务机构、智慧健康养老产品生产企业等多领域的专家作为兼任教师，建立跨学科的教学团队，提供多元化的教学和实践指导。用理论授课、实习带教等方式为学生提供体验式教学环境和沉浸式实践情境，使学生能够将理论与实践紧密结合。

第九章 关于数字赋能卫生健康和养老服务体系高质量发展的思考和建议

卫生健康和养老服务体系不仅关系到每一个人的健康和幸福，还关系到国家的经济发展和社会稳定。随着人口老龄化的加速推进，卫生健康和养老服务体系面临着前所未有的挑战。应通过加强医疗设施的建设、提高医疗技术水平、培养复合型人才、扩大养老服务的覆盖面等措施，满足人民群众日益增长的卫生健康和养老服务需求。应加强卫生健康和养老服务体系的监管，加大对医疗机构、医护人员、养老服务机构等的监管力度，保证服务的质量和安全，维护人民群众的利益。同时，应推动卫生健康和养老服务体系的创新，通过技术创新、管理创新、服务创新等方式提高服务效率和质量，通过构建区域数字健康共同体模式等发展路径助力卫生健康和养老服务体系高质量发展。

第一节 基于波特五力分析的辽宁省智慧健康养老体系建设优化策略

随着老龄化的加深，人们对养老的需求不断增加。科学信息技术与人民生活的联系日益紧密，养老服务作为民生服务的重要组成部分，也在科技的推动下不断转型升级，发展加快。积极应对老龄化发展和创造幸福美满的晚年生活，都离不开高质量的智慧健康养老服务供给。辽宁省作为东北地区的重要省份，其智慧健康养老产业发展现状备受关注。面对严峻的养老形势，辽宁省高度重视“智慧健康养老”的建设，大力推广智慧健康养老服务模式，进一步改善了养老供需矛盾。本文基于波特五力模型，分析辽宁省智慧健康养老服务发展现状，剖析存在的问题，并针对性地提出高质量的智慧健康养老服务优化路径。

一、智慧健康养老五力分析理论模型

美国管理学家迈克尔·波特在其《竞争战略》一书中提出了波特五力分析模式，该模式将影响一个行业的竞争范围与水平的五大因素分为：新进入者的威胁，替代者的威胁，顾客的议价能力，供应商的议价能力，以及同行业内其他竞争者的议价能力。它是在战略管理、市场竞争能力分析等领域中最经典的一种理论，其本质是一种重视战略思考的方法。智慧健康养老即智慧养老＋智慧健康，二者缺一不可。根据工业和信息化部、民政部、国家卫生计生委三部门联发的《智慧健康养老产业发展行动计划（2017—2020年）》，智慧健康养老是利用物联网、云计算、大数据、智能硬件等新一代信息技术产品，实现个人、家庭、社区、机构与健康养老资源之间的高效对接，促进健康养老服务的智能化升级，提高健康养老服务的质量和效率。智慧健康养老行业是我国养老产业转型之举，与传统养老相比更加注重通过技术装备和经营模式的创新，通过互联网、物联网、移动互联网、大数据、云计算、人工智能、智能终端等多元化的科技创新推动了养老行业服务模式的创新。

以此理念为基础，构建辽宁省智慧健康养老五力模型（图9-1）。第一种力是智慧健康养老行业的上游，研究政府端对行业的顶层设计；第二种力研究智慧健康养老行业的下游，研究本行业所针对的消费者的需求状况，即需求端；第三种力为现有企业之间的竞争，研究现阶段智慧健康养老产业自身的状况，即竞争端；第四种力为新进入者的威胁，研究提高智慧健康养老行业潜在进入者产业质量，促进行业高质量发展的模式，即模式端；第五种力为替代者的威胁，研究未来将有可能对智慧健康养老行业造成威胁的新技术，促进智慧健康养老技术发展创新，即创新端。

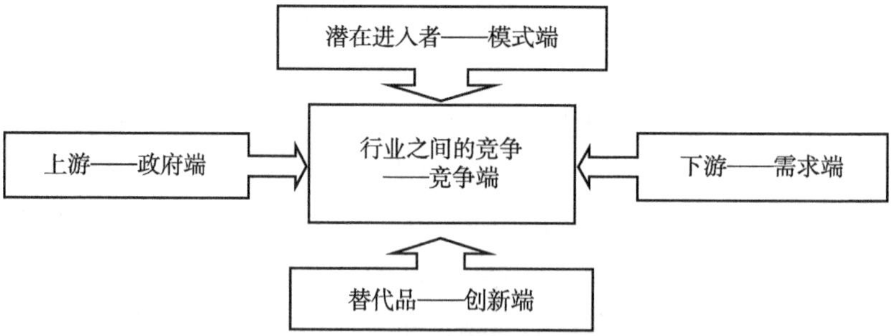

图9-1　智慧健康养老五力模型

二、基于五力模型的辽宁省智慧健康养老现状分析

（一）上游——政府端

1. *在政策方面* 辽宁省委、省政府高度重视智慧健康养老的发展，积极出台相应政策并采取相应措施促进智慧健康养老产业的创新和有序发展。《辽宁省贯彻落实“十四五”健康老龄化规划实施方案》等政策文件中，强调了加强智慧健康养老服务建设的意见措施；在《辽宁省人民政府办公厅关于推进养老服务发展的实施意见》（辽政办发〔2020〕11号）明确繁荣老年用品市场。鼓励支持企业研发生产康复辅助器具、智能养老设备以及适合老年人的产品用品，逐步实现产业化；《关于加快实施老年人居家适老化改造工程的指导意见》（民发〔2020〕86号）“稳步推进康复辅助器具社区租赁服务试点，为符合条件的改造对象提供家门口的康复辅助器具租赁服务。将居家适老化改造与信息化、智能化居家社区养老服务相结合，加大养老终端设备的适老化设计与开发应用，加大高质量的老年用品和服务供给。”这些政策的制定为解决老年人运用智能技术困难的问题提供了政策依据和制度保障。

2. *在工作举措方面* 对涉及老年人健康医疗药品、康复医疗器械产品研制等符合我省规定条件的项目，给予科技立项支持，促进人工智能、物联网、云计算、大数据等新一代技术和产品在养老服务领域的深度融合与应用，打造多层次智慧养老服务体系。启动了市级互联网＋智慧养老管理服务系统的建设，设立“数字辽宁智造强省”专项资金，推进数字经济发展，支持智慧城市、智慧医院等新兴项目，对智慧健康养老的扶持力度不断加大。截至2021年底，全省建立市级养老服务信息平台9个，县（市、区）养老服务信息平台25个，2021年服务老年人69.92万人次。

3. *在战略支持方面* 省教育厅积极推动有条件的院校开设养老服务类专业，如老年服务与管理、老年护理、康复治疗技术、老年保健与管理、中医康复技术等，并加强对专业技能人才的培养，目前，全省有10所高职院校提供智慧健康养老服务与管理专业，共有1818名在校生。省财政部门深入落实财政部关于老年服务机构免征增值税等相关税收政策，针对政府部门、企事业单位、社会团体以及个人等社会力量投资兴办的福利性、非营利性老年服务机构，暂时免征企业所得税，并且对老年服务机构自用的房产、土地、车船暂免征收房产税、城镇土地使用税和车船使用税。符合条件的养老机构还

可以享受免征增值税等优惠政策，为智慧健康养老产业的发展奠定了基础。

（二）下游——需求端

1. *在需求量方面* 按照世界卫生组织对老龄化社会的划分标准，当一个国家地区65岁及以上人口占比超过7%，即进入老龄化；达到14%，即为深度老龄化；超过20%，则进入超老龄化社会。辽宁省第七次全国人口普查公报显示，在全省人口中60岁及以上人口为1095.4万人，占25.72%，其中65岁及以上人口为741.7万人，占17.42%。同2010年全省数据相比，60岁及以上人口的比重上升了10.29%，65岁及以上人口的比重上升了7.11%。老龄化人口不断增加，并且老龄化速度也在加快，老龄化规模日趋庞大，人口老龄化程度位居全国第一，向超老龄化社会迈进。

2. *在健康状况方面* 调查显示，辽宁省死因前五位的慢性病分别为心脏病、脑血管疾病、肿瘤、慢性呼吸道疾病和糖尿病，慢性疾病已经成为影响公众健康的主要因素。同时，随着年龄的增长，身体功能逐渐减退，失能或半失能记忆患病老年人的数量正快速增长，解决老年人健康问题刻不容缓，急需探索新型的养老模式以应对这一挑战。智慧健康养老作为一种创新型的养老方式，为这一问题提供了优秀的解决方案，其能够充分满足老年人在医疗和健康领域的需求。

3. *在精神需求方面* 老年人的需求主要为社交互动和情感支持需要，他们希望通过智慧健康养老产品能够与家人、朋友和社区保持联系，参与社交活动，减少孤独感。心理健康和认知能力训练需要，他们关注自身的心理健康，希望通过智慧健康养老产品获得心理健康咨询、支持和训练。文化娱乐和兴趣爱好需要，他们希望智慧健康养老产品能够提供丰富的文化娱乐内容和兴趣爱好的支持，如音乐、绘画、阅读、棋牌等。生活意义和自我实现需要，他们希望通过智慧健康养老产品找到生活的意义和自我实现的途径，希望能够参与志愿者活动、传承文化、分享经验等，为社会做出贡献，实现自我价值。

4. *在服务价格方面* 老年人的需求主要为：价格合理，他们希望能够购买到性价比高的产品，既能满足他们的需求，又不会给他们造成过大的经济负担。产品多样可选，他们希望根据自身需求和经济状况，可以选择不同价格段位、适合自己的产品。服务费用透明，他们希望清楚地知道自己所支付的费用是用于什么服务，以及是否存在额外的隐藏费用。购买方式和优惠政策，他们希望能够通过线下实体店购买、在线购买等多种方式购买智慧健康养老产品。同时，他们也希望能够享受到一些优惠政策，如折扣、赠品或者购买补贴等。

5. *在产品可操作性方面*　老年人的需求主要为界面友好，希望智慧健康养老产品的界面设计简洁明了、操作简单易懂，符合老年人的使用习惯和认知能力。功能实用，希望智慧健康养老产品具备实用的功能，能够满足他们的日常养老需求，如提供健康监测功能、紧急呼叫功能、药物提醒功能、社交互动功能等。安全可靠，产品应具备稳定的网络连接、防护措施和隐私保护机制，确保老年人的个人信息和数据安全。个性化定制，希望智慧健康养老产品能够根据个人需求进行个性化定制，如能够根据老年人的健康状况和喜好，提供个性化的健康管理方案、推荐适合的养生活动等。

（三）现有行业竞争——竞争端

1. *在示范产业建设方面*　辽宁省逐步建立以企业为主体、市场为导向、产学研相融合的智慧健康养老产业创新体系，产业不断发展自身自主创新能力，推动自身重点领域项目、基地、人才、资金的一体化配置，以实现高新技术与养老产业的全面结合。目前，辽宁省获评国家级智慧健康养老示范项目25个，包括沈阳东软熙康医疗系统有限公司、沈阳市华研电子有限公司、沈阳万佳宜康养老服务有限公司等6家智慧健康养老示范企业；沈阳市苏家屯区湖西街道、大连市瓦房店市文兰街道、抚顺市新抚区千金街道等16个智慧养老示范街道；沈阳市苏家屯区智慧健康养老示范基地、大连市沙河口区智慧健康养老示范基地3个智慧健康养老示范基地（表9-1）。

表9-1　辽宁省获评的国家级智慧健康养老示范项目

示范项目类别	名称
智慧健康养老示范企业	沈阳东软熙康医疗系统有限公司、沈阳市华研电子有限公司、沈阳万佳宜康养老服务有限公司、大连慧心源健康管理有限公司、沈阳新松机器人自动化股份有限公司、沈阳海龟医疗科技有限公司
智慧养老示范街道	沈阳市苏家屯区湖西街道、临湖街道、解放街道；大连市沙河口区春柳街道、白山路街道、马栏街道、李家街道、星海湾街道、黑石礁街道、西安路街道、南沙河口街道；大连市西岗区北京街道、白云街道、日新街道；大连市瓦房店市文兰街道；抚顺市新抚区千金街道
智慧健康养老示范基地	沈阳市苏家屯区智慧健康养老示范基地、大连市沙河口区智慧健康养老示范基地、大连市西岗区智慧健康养老示范基地

2. *在智慧健康养老产品方面* 辽宁省开展智能交互、智能操作、多机协作等关键技术研发，以提升康复训练及康复促进辅具、健康监测产品、养老监护装置、家庭服务机器人、可穿戴老年服装服饰等适老产品的智能水平、实用性和安全性。工信部在2018年、2020年和2022年，对智慧健康养老产品和服务开展了评审工作，其中辽宁省11类16个产品，在2018年、2020年《智慧健康养老产品及服务推广目录》中获推广。产品类包括可穿戴设备、常规参数检测设备、针对不同的应用场景的设备和智能机器人，其中智能养老照护设备有3个产品、服饰内置类2个产品，其他类各1个产品（表9-2）。

表9-2 辽宁省获评的国家级智慧健康养老推广产品

产品类别	产业	产品
服饰内置类	沈阳新松机器人自动化股份有限公司	无源外骨骼
	国药（大连）医疗供应链管理有限公司	SOS一件呼救定位服饰
手环/腕带、腰带、胸带类	沈阳东软熙康医疗系统有限公司	iSleep优睡宝睡眠监测仪
心电监测类设备	沈阳东软熙康医疗系统有限公司	远程心电监护仪-12导联移动心电仪
血压监测类	沈阳东软熙康医疗系统有限公司	熙心健康智能血压计
血糖监测类	沈阳东软熙康医疗系统有限公司	熙心健康血糖仪
多参数健康检测设备	沈阳东软熙康医疗系统有限公司	生命体征监测仪
基层诊疗随访设备	新华慧谷网络科技（大连）有限公司	心电分析仪
社区自助体检设备	沈阳东软熙康医疗系统有限公司	健康空间站
智能养老照护设备	沈阳新松机器人自动化股份有限公司	电动护理床
	沈阳新松机器人自动化股份有限公司	智能一体化床椅（Ⅱ型）
	国药（大连）医疗供应链管理有限公司	智能生命体征监护床垫/褥垫/枕头
家庭或社区用便携式多功能健康监测类设备	沈阳东软熙康医疗系统有限公司	熙心健康一体机
护理机器人	沈阳新松机器人自动化股份有限公司	下肢康复训练机器人

3. *在智慧健康养老服务方面* 辽宁省在智慧健康养老服务方面做出了积极的探索和尝试，包括建立健康档案、慢性病管理、健康咨询和健康教育等

工作。部分企业依托信息化手段，建立起“呼叫救助、居家照料、健康服务、档案管理”为一体的智慧养老服务平台，链接各类专业服务资源，为老年人提供线上、线下养老服务，包括助餐、助浴、助洁、助医、助行、助急等。在2020年《智慧健康养老产品及服务推广目录》中，辽宁省共有4类9种服务获推广。主要分为四类，分别为慢性病管理、居家健康养老、个性化健康管理和互联网健康咨询，除互联网健康咨询包含有3种服务外，其他均包含2种服务（表9-3）。

表9-3　辽宁省获评的国家级智慧健康养老推广服务

服务类别	产业	服务
慢性病管理	沈阳东软熙康医疗系统有限公司	熙心健康老年健康管理服务
	辽宁金华泽信息技术服务有限公司	心脏病防治远程心电监控服务
居家健康养老	辽宁希思腾科信息技术有限公司	居家智慧健康养老系统
	国药（大连）医疗供应链管理有限公司	健康养老卫生安全监管一体化服务
个性化健康管理	大连长者小镇养老发展有限公司	乐椿轩个性化健康管理服务
	新华慧谷网络科技（大连）有限公司	区域医联体个性化健康服务
互联网健康咨询	沈阳东软熙康医疗系统有限公司	掌上云医院健康咨询
	心医国际数字医疗系统（大连）有限公司	互联网健康咨询
	新华慧谷网络科技（大连）有限公司	家庭医生健康服务

（四）潜在进入者——模式端

1. 转型升级模式　很多有见解的投资者对智慧健康养老发展都持有积极态度，积极投资智慧健康养老服务。传统养老服务依托信息技术进行升级优化，为老年群体提供智慧养老服务。虽然目前来看智慧健康养老行业是技术密集型产业，经营运作需要高技术的支撑，似乎壁垒很高，但由于政府对行业扶持力度大、本行业还未形成明显的规模效应，新进入产业并不会受到较早存在的企业的影响，未来会有更多的养老企业转型智慧健康养老企业。

2. 领域突破模式　当前，养老行业外的其他领域纷纷进军智慧健康养老市场，在康养旅游、中医药健康养老、智慧产品、传统养生体育等领域都取得了较为理想的成效，为进一步拓展智慧健康养老产业融合发展奠定了扎实的基础。在康养业态方面，丹东、本溪、鞍山、辽阳和铁岭等地依托自然风光和温泉资源，形成了温泉康养、森林康养等细分领域，融合智慧健康养老产品及科技，吸引了老年人移居或度假休闲。在中医药智慧健康养老业态方面，充分利用“互联网＋中医药”新形势为老年人诊疗疾病、改善体质，积极探索发展多样化的中医药智慧健康养老服务模式，并积极探索在中医药健康养老服务示范基地建设的基础上融合智慧健康养老服务的新模式。在智慧产品方面，主营医疗器械的上市公司在进军智慧康养行业方面较多，投资方向主要集中在智能健康监测与检测类产品上。在传统养生体育方面，鼓励智慧健康养老服务实践过程中加入体育服务内容，在推广智慧健康养老产品中增加传统养生体育内容，有效适应健康老龄化实际需求。

3. *平台依托模式*　推进“互联网＋养老”服务，促进人工智能、物联网、云计算、大数据等新一代技术和产品在养老服务领域的深度融合与应用。目前辽宁省已实现通过互联网平台，为客户提供健康体检、疾病检测、基因检测、慢性病管理与康复、海外医疗、远程医疗、门诊、中医以及运动康复、营养膳食指导等健康干预服务。东软熙康依托在“互联网＋医疗健康”领域多年的积累，凭借在大健康板块的生态建设，基于遍布全国的城市云医院的成功运营，通过物联网、大数据技术，研发并推出了熙康智慧健康养老平台—医康养护一体化的服务平台，物联网健康终端产品，可穿戴设备，并与健康管理、远程医疗、上门护理服务相结合，构建了养老服务资源管理一体化、医养融合服务一体化、智能物联网医疗健康数据监测与管理一体化的健康养老创新模式，实现了以“云＋端＋服务”为特色智慧养老服务体系，让老人生活更加便捷、健康和幸福，享受健康晚年生活。

4. *人才支撑模式*　医康养护教多方联动为智慧健康养老的新模式提供了发展思路。为解决养老专业人才培养方案适应性差、留行率低、产教融合不深入等问题，2023年2月辽宁省发展和改革委员会、辽宁省教育厅通过辽宁医药职业学院智慧康养产教融合实训基地项目，建立了集医疗、康养、养生、照护和教育等功能的“医康养护教”产教融合实训基地。通过校内学习、院内实训、园内实习就业一体化的方式，探索富有辽宁特色的创新型人才培养模式。同时，沈阳市红十字会积极与各智慧健康养老产业合作，将于洪区五彩阳光城养老服务中心和沈阳市万佳宜康养老服务中心作为试点，派遣优秀红十字志愿者和优秀师资深入试点进行服务。

（五）潜在替代者——创新端

1. *人工智能可应用于智慧健康养老* 辽宁省将人工智能应用于老年人的健康监测和疾病预测。通过分析老年人的健康数据，如心率、血压、体温等识别潜在的健康问题，并及时向医护人员和老年人的家人发送预警信息，以便采取适当的措施；将人工智能用于老年人的居家智能辅助。通过语音识别和自然语言处理技术与老年人进行智能对话，为他们提供日常生活的指导和帮助，如提醒药物服用、室内导航和家务协助等；同时将人工智能应用于老年人的社交和心理支持领域，通过模拟人际交互和情感陪伴，为老年人提供情感上的支持和社交互动，从而减轻他们的孤独感和抑郁情绪。沈阳新松机器人自动化股份有限公司响应国家政策，将机器人和信息技术融入产品中，提出以绿色健康的养老理念为指导，利用智能化技术还为老年人提供更加舒适、便捷、安全的养老服务。同时，降低成本和人工错误率，提高老年人的幸福感和生活质量。

2. *元宇宙和数字孪生养老院可应用于智慧健康养老* 元宇宙是指一种持久化的在线虚拟世界，是共享的、开放的、虚实融合的时空。元宇宙技术被誉为“互联网世界的梦想未来”。老年人可以创建自己的虚拟角色，与其他老年人互动、社交、玩游戏、学习知识和进行购物消费等活动。数字孪生是指物理实体的虚拟模型，是现实世界的数字映射，既描述其静止状态，也描述其动态行为，还可以通过大数据预测未来的发展趋势，为实体提供最优的决策支持。数字孪生正逐渐从概念走向实际应用，从制造业和工业等领域延伸至医疗健康领域，展现出广阔的前景。将健康医疗领域与元宇宙相结合，通过数字孪生展示等方式，可以模拟现实世界的咨询，实现个性化的护理、治疗或诊断，将现实世界与数字世界连接起来，打造数字化智慧养老服务，提高健康养老领域的服务效率和质量。

3. *物联网可应用于智慧健康养老* 物联网可在智慧健康养老中发挥实时监测、安全防护和智能化管理的作用，通过安装智能摄像头、门窗传感器等设备，可以实时监测老年人的所在环境，并在出现安全问题时及时报警并联系相关人员；将物联网技术应用于老年人的健康管理，通过佩戴智能手环、智能血压计等健康监测设备，实时监测老年人的健康状况，自动记录和分析数据，并提醒老年人定期进行健康检查和医疗服务；将物联网技术应用于老年人探索自由年轻式养老，打造共享平台，缩小老年人数字鸿沟。

三、辽宁省智慧健康养老体系建设问题五力模型剖析

（一）上游——政府端

近年来辽宁省政府出台多项政策，鼓励智慧健康养老的发展，但还有进一步完善的空间。首先，由于相关智慧健康养老行业的法律法规处于起步阶段，可供参考的行业标准法律法规相对较少，因此智慧健康养老行业的标准规范体系尚未健全。其次，全省对于数据平台的建设缺乏统一规范，各地尚不能实现数据充分联通，多领域间数据共享存在一定难度。最后，人工智能、物联网、云计算、大数据等新一代“互联网＋养老”技术和产品的深度融合与应用仍需政府出台相关政策、加大监管力度。

（二）下游——需求端

由于智慧健康养老服务需求量大，现阶段智慧健康养老企业发展较晚，数量不多，目前辽宁省智慧健康养老服务还未达到供需平衡的状态。现有服务与产品主要是针对满足老年人生理需求方面，较为侧重老年人生理功能指标管理、减缓全域医疗照护等方面的需求，而对于满足更高层次的精神慰藉、人际关系、自我实现价值与社会价值等方面的产品相对较为缺乏，而这些高层次的需求满足程度与老年人的幸福感呈正相关。老年人随着年龄的增长，学习能力和对新事物的接受能力开始下降，老年人在接触和使用智慧健康养老产品时往往面临着对新事物、新技术的了解程度不够，缺乏相应的数字技能和知识，导致老年人对智慧健康养老产品的接受度低等问题，出现“数字鸿沟”。一些智能设备的操作界面设计不够简洁明了，对于老年人来说难以掌握，部分智慧养老产品忽视了老年人的身体功能衰退，缺乏足够的舒适性和易用性。同时，智慧健康养老产品品种多样，如可穿戴设备、自助健康监测设备、家庭服务机器人等不断推陈出新，但是价格却使大多数家庭望而却步。这些问题不仅限制了该产业的发展，也给老年人的生活带来了诸多不便，值得我们深入探讨和解决。

（三）现有行业竞争——竞争端

辽宁省现有智慧健康养老示范项目较少，产业发展不平衡，示范项目多集中在沈阳、大连两市，其他城市典型模式不足，区域之间发展不协调。同

时，辽宁省智慧健康养老产业发展不充分，示范项目数量远低于浙江省、山东省、四川省等省份，其获评项目分别为72个、59个、57个。智慧健康养老宣传力度有待进一步加强，典型示范单位的推广面有待进一步扩大，服务及产品的大规模应用、产业价值的创造转化有待进一步提升。

（四）潜在进入者——模式端

虽然政府积极支持，发展前景广阔，但目前辽宁省内转型进入智慧健康养老领域的企业仍存在小而散、造血能力差、自主品牌少等问题。部分传统领域虽有突破转型，但还未形成产业核心竞争力，也未形成我国的优势智慧养老品牌。智慧健康养老市场多以低端智能产品为主，中高端智能产品较少。智慧养老作为新兴产业，集合了信息、硬件、医疗、服务、金融、教育等多个领域，需要具备各领域专业知识的综合型复合人才，普遍存在人员数量不足、专业程度不够、人员流动率高等问题，制约智慧健康养老服务高质量发展。

（五）潜在替代者——创新端

智慧养老的核心关键技术包括信息传递技术、互联网技术、信息传感技术以及芯片、物联网技术、大数据技术等。然而，目前这些核心技术的研发力度投入不足，对外依存度较高，技术创新能力较弱。由于不同设备和平台采集的老年人健康数据指标缺乏统一性，数据分析处理结果的精确度低且差异较大，这对智慧健康养老的协调发展产生了不利影响。随着“VR”“区块链”“富媒体”等前沿技术和概念的不断引入，智能养老产品的供给不断丰富。然而，要将这些概念转化为直观且系统的应用场景，将线上技术与线下服务有机融合，以使用户能够便捷、高效地使用，仍需进一步努力。即使概念和名称再吸引人，如果不能简化复杂性并贴近生活实际，也无法转化为实际效果。同时，智慧健康养老产品存在同质化问题，在性别、城乡、地域、年龄、文化水平、收入、性格及健康等方面的差异性不足。部分养老产品存在人性化设计不足和功能不精准、不适配等问题。例如，某些防摔产品只有在特定角度跌倒时才能触发安全气囊并发出报警；某些智能穿戴产品重量过大、舒适度差、续航时间短且价格昂贵；某些智能产品无法识别老年人的方言等。

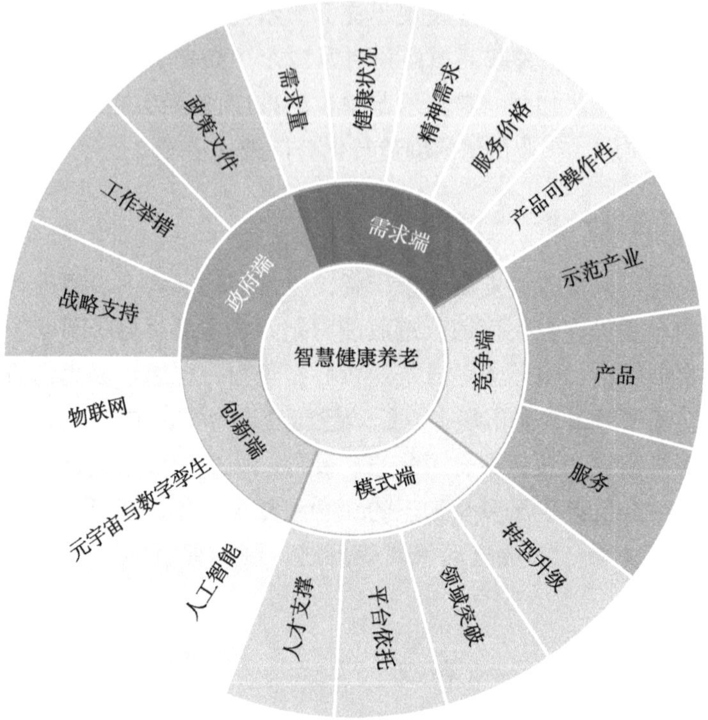

图9-2　智慧健康养老五力分析

四、基于五力模型的智慧健康养老服务优化路径

（一）政策端加强顶层设计，完善保障措施

1. *加强政策保障*　在政策上，需要继续完善升级，建立统一、综合、协调、规范的智慧健康养老服务体系。这一体系的建立需要政府出台相应的规范措施，规范行业发展标准和相关产品设计规范，促进各类要素在产业链内充分流动、优化配置，并出台相应的法律法规和产业监督、评估机制，以保障智慧健康养老产业的稳定发展。同时，政府还可通过一定的政策倾斜，如减税、补贴等方式，激发民营企业投资参与智慧健康养老产业，鼓励社会资本积极参与，减少目前各企业对发展前景和盈亏情况的担忧。

2. *加强组织*　保障完善部门之间的协同工作机制，完善标准制定、试点示范应用、公共服务平台建设等政策环境，加强产业分析监测研究和督促指导，协调解决重大事项。强化部省联系，汇聚产业资源，上下联动形成合力。

支持地方政府加强对智慧健康养老工作成效的考核管理，出台财政、税收等政策措施，推动产业发展。

3. 加强资金保障　积极贯彻中央有关政策，加大财政扶持力度。与市级有关部门配合，继续贯彻落实国家扶持养老产业的各项税费优惠政策，积极筹集资金，推动辽宁省智慧养老事业的持续、健康发展。继续落实“数字辽宁智造强省”专项基金，并按照省级有关部门的要求，将重点扶持以智慧养老为代表的新兴行业。统筹省科技专项经费，通过“揭榜挂帅”等形式，开展“智慧养老”行业技术研究与开发计划，引导有关企业增加科学研究，提升其在智能养老终端领域的研究与开发能力。

（二）需求端消弭数字鸿沟，提升适老能力

1. 加大宣传力度　大力推广智慧健康养老服务，提高智慧健康养老对老年人的吸引力，尤其是针对低龄老年人。采用报纸、新闻、宣传讲座等多种方式，普及性宣传智慧健康养老概念，充分发挥技术优势，联合互联网，推广相应宣传片、短视频等，普及智慧健康养老的优势，将智慧健康养老理论和方法传播给年轻人，鼓励年轻人为家中老年人科普解释智慧健康养老服务及内容。还可通过社区、网络等途径推广智慧健康养老，给老年群体提供更多的机会了解并认识智慧健康养老服务内容及优势，促使他们积极运用智慧健康养老。

2. 开发适老化产品　将智慧家庭的产品简易化，并发展多元化的智能产品。在设计智慧健康养老产品的时候，首先要考虑老年人的生理特征和实际需求结合起来，要注重产品的便利性、简单性和可操作性，如智能化服务平台、智能家居设备等。与此同时，针对当代老年人的精神抚慰缺乏的问题，开发交互式设计软件与产品，如智能机器人、旅游交友平台等。对于“数字鸿沟”问题，社区可以定期举办智慧健康养老培训和讲座，为不熟悉网络的老年群体普及知识，也可采取招募志愿者的形式，一对一教导老年人使用智慧健康养老服务平台，鼓励社区工作者和有能力的低年龄老年人参与到养老服务队中，壮大“智慧养老”义工队伍。

3. 注重精神需求　在开展智慧健康养老服务过程中，不仅要关注老年人生理健康，还应注意到心理健康。在服务过程中积极开展心理辅导，不断创新跟进服务方式，利用信息化开展多形式、内容丰富的老年活动，充实智慧健康养老精神慰藉服务。现阶段机器人技术相对成熟，可以与老年人进行简单的交流沟通，能够通过识别老年人声部进行一定程度的互动，可以利用机

器人的陪伴作为一种形式的心理慰藉。智慧养老平台还应提供老年人与家人朋友亲密互动、政府养老政策宣传、老年健康教育、老年人相互交流平台等模块。采取线上方式开展书法、棋艺、绘画等文娱活动，满足精神需求。

（三）竞争端强化质量管理，建立行业规范

1. *提升产品质量* 从提升养老产品性能、可操作性和外观设计的角度出发，推动智能制造等新型制造模式的创新发展，积极运用精益制造、卓越绩效等先进质量管理技术和方法，来完成产品的质量比对、攻关以及改进工作。落实监督企业管理中建立的完善的质量管理体系，包括制定质量管理规范和操作流程，建立质量监督监控机制，确保能及时发现产品质量问题；加强供应链的管理，确保使用原材料和技术过关，符合国家相关要求；此外还要保证相关产业增设售后机制和收集客户反馈机制，以便相关产业能及时响应并解决客户问题，及时准确地解决产品质量问题。对于相关从业人员也要加强培训和考核，建立奖惩机制，培养该领域相关人员的责任心和高质量意识，使其能够主动地参与到产品质量把控。

2. *完善标准体系* 通过标准化和专业化的产品检测平台，对智能养老产品进行检测和验证；支持有关企业在医疗保健、养老等领域进行服务质量认证；优化体系内部不同主体之间的协同关系和运行流程，并通过对供需双方的数据分析来实现需求的无缝对接；支持有关企业积极地参与到国家智慧健康养老的制定、修订工作中，并鼓励企业制定严格于国家标准、行业标准的团体标准、企业标准，持续提高产品的品质和水平。

（四）模式端转型升级突破，优化服务体系

1. *优化服务供给* 智慧健康养老的核心是服务，要打破传统的“供给导向”的观念，立足于老年人实际需求的视角提供服务。智慧健康养老服务不能只注重线上服务，应注重线下精准服务，针对有特殊需求或困难的老年人，进一步完善和细分对智慧健康养老的生活照料服务，防止出现“智慧不养老，养老不智慧”的现象。在服务供给的过程中，将服务目标具体化，如送餐、理发、助浴、清洁、康乐等服务；明确收费标准，价格透明公开；建立信息反馈机制，鼓励老年人将需求建议反馈到智慧健康养老服务平台，以备不时之需。

2. *引进专业人才* 鼓励支持企业积极引进相关高质量人才。通过制定明确科学的人才引进战略、建立专业的招聘渠道和招聘平台、加强智慧健康

养老产业宣传吸引人才来吸引优质的人才。提供更为丰厚的薪酬和加强人才的福利待遇，提升企业在引进人才方面的竞争优势。关注人才的个人发展需求，了解人才的个人发展需求和规划，主动为其提供发展空间和机会。加强人员培训，制定标准的操作规范和服务流程，确保员工服务的一致性和高效性，明确划分每一个人的责任和权限，提高服务效率。制定专业的考核机制，提升其专业知识和技能水平。建立安全监督和评价机制，对员工的服务内容进行监督和评估反馈，通过客户满意度调查、投诉反馈等方式了解客户的满意程度，及时发现问题并改进，为智慧健康养老服务的发展提供有力的支撑。

3. *构建核心资源*　企业主体应该注重核心资源的构建，包括原创的核心创意、技术、产品以及用户和数据的积累。这些资源的有效运用可以帮助企业实现从“输血”到“造血”的转变。为了实现这一目标，企业可以通过多种方式进行拓展和升级，包括扩能改造、项目开发、兼并重组、战略联盟以及转型升级等。这些举措不仅可以延伸产业链条，还能加快产业集聚发展，推动上下游企业之间的协作配合、新建扩能以及市场拓展。最终，成熟的商业模式与产业格局的形成将促进整个产业的稳定发展。

（五）创新端强化科技引领，推动数字赋能

1. *打造核心技术*　实现智慧医养产业的快速发展，不能仅仅依赖于购买先进的技术与设备，必须拥有独立自主研发的实力。应加强对智能交互系统、高精度传感器、操作系统等智慧养老重点技术的研发，并提高对相关技术的教育和科研投入，对智慧养老核心技术进行优化。构建数据层、系统层、服务层以及应用层在内的数据化智慧医养服务平台，实现健康咨询、监测预警、病理分析、精准医疗等服务，让老年人的医养需求得到有效满足以及生活质量得到提升。加大适老化数字技术、元宇宙、数字养老院、数字孪生医养结合机构等新技术的研发和应用力度，支撑科技和通信行业进军智慧健康养老领域，不断推动行业的发展。

2. *推动产业创新*　应提升企业核心竞争力、凝练主营业务、细分产业市场，创建领军企业，实现中小微企业的规模化、连锁化发展，打造出一批“专精特新”的中小微企业。同时，要对分散实体医养结合服务力量和资源的协调与整合，将线上、线下健康养老服务资源组织起来，将信息物理融合的系统技术进行整合，持续推动产业高质量发展（图9-3）。

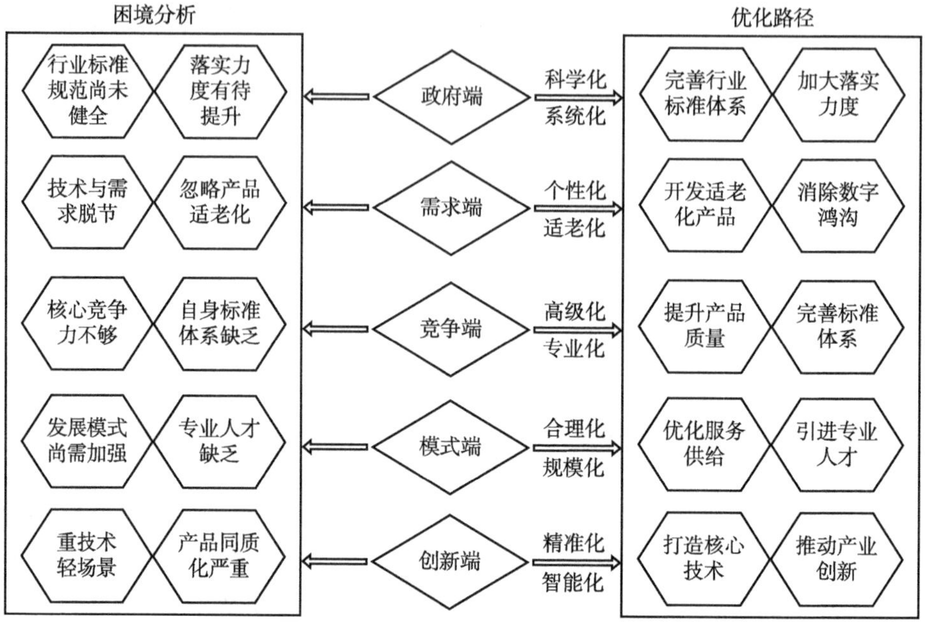

图 9-3　智慧健康养老产业高质量发展的实现路径

第二节　关于构建整合型数字健共体模式的政策建议

随着数字化技术的迅速发展和广泛应用，数字赋能已经成为推动卫生健康和医养事业高质量发展的重要手段。区域整合型数字健共体是实现资源共享、信息互通和协同发展的新模式。通过政府、社会各界努力，整合资源、搭建平台、共享数据、培养人才，实现卫生健康和医养事业高质量发展。

一、现状

（一）分级诊疗和医联体建设情况

党的二十大指出，中国建立了世界上规模最大的医疗卫生服务体系和公共卫生防护网。在完善卫生健康服务体系方面，我国以分级诊疗制度作为重要载体，以提升基层医疗服务能力为重点，构建各级医疗机构之间分工协作的工作机制。推进分级诊疗和医联体建设既是助力新时代健康保障体系建设、推进健康中国行动的创新举措，也是落实积极应对人口老龄化国家战略、践行国家《"十四五"老龄事业发展规划》的创新探索，更是落实科教兴国、人才强国、创新驱动国家战略、推动我国全科和专科医学人才融合培养制度创新的有力举措。

2021年，国家发改委等四部门联合印发《"十四五"优质高效医疗卫生服务体系建设实施方案》，强调加快优质医疗资源扩容和区域均衡布局，推进分级诊疗和医联体建设。各地积极探索，涌现出一批典型经验。福建三明紧密型县域医共体"三医联动"经验成为全国样板。浙江湖州、山东日照、广州花都、辽宁大连推进城市医联体网格化布局，实现优质医疗资源下沉和区域内资源共享。浙江德清、福建尤溪推进紧密型县域医共体建设，有效提升县域医疗服务能力。全国组建城市医疗集团1408个，县域医疗共同体3346个，跨区域专科联盟3924个，面向边远贫困地区的远程医疗协作网3542个，7840家社会办医疗机构加入医联体，118个城市、567个县推进紧密型医联体、医共体建设。根据第六次卫生服务调查数据，双向转诊患者中46.9%为医联体内转诊，高于其他转诊方式。牵头医院指导基层开展新技术、新项目共计15656项，较2018年末增长34.5%。牵头医院向基层派出专业技术和管理人才78万人次，较2018年末增长28.0%。我国医联体建设从独立到联合、从试点到推广、从松散到统一逐步规范。

辽宁省将分级诊疗制度建设作为医改工作的重要内容，构建基层首诊、双向转诊、急慢分治、上下联动的分级诊疗服务模式，使百姓就近享受到高质量的医疗服务，人民群众的获得感、幸福感、安全感更加充实、更有保障、更可持续。目前辽宁省医联体总数达400余个，实现近2万家城乡基层医疗卫生机构全覆盖。全省在18个县试点的基础上，全面推开紧密型县域医共体建设。44个县全部建立远程医疗服务系统，借助远程心电、影像、病理等信息化手段提高基层诊断能力，加速全省医疗健康服务实现整合型、高质量发展。形成了五种医联体建设模式，包括以瓦房店中心医院医共体为代表的全面紧密型医联体、以大连大学附属中山医院城市网格化医疗集团为代表的业务紧密型医联体、以辽宁省人民医院－辽中区医院医联体为代表的托管型医联体、以国家儿童区域医疗中心－医大盛京儿科联盟为代表的专科联盟、以盘锦市中心医院"市县乡村"四级网为代表的远程医疗协作网。其中，大连市网格化布局城市医疗集团、瓦房店市紧密型县域医共体入选全国医联体建设典型。

（二）人口老龄化和数字赋能医养服务体系建设情况

人口老龄化是指随着老年人口数量的相对增多，在总人口中所占比例不断上升，导致社会人口结构呈现老年状态的一种趋势。根据国际通行的标准，当一个国家或地区60岁以上老年人口数量占人口总数的10%，或65岁以上老年人口数量占人口总数的7%，就意味着这个国家或地区已经进入了老龄化社会。人口老龄化的产生是多种因素综合作用的结果。其中，生育率下降是一个重要的因素。随着现代社会的发展，人们的生活方式和生育观念发生了变化，生育率普遍下降，导致年轻人口数量减少，老年人口数量相对增多。此外，医疗水平的提高使得人们的寿命得以延长，使得老年人口数量增加。同时，生活水平提升和社会发展也使得人们更加注重健康和养老问题，从而进一步加速了人口老龄化的进程。

人口老龄化是全球性问题，日本是目前老龄化程度最高的国家之一，65岁以上人口比例超过了28%。欧洲国家也普遍面临着人口老龄化的问题，其中部分国家的老年人口比例已经超过了20%。中国是世界上人口老龄化程度最为严重的国家之一，65岁及以上的老年人口数量已经超过了1.4亿人，占总人口比例约为10.1%。预计到2035年，中国60岁及以上人口将达到4亿，占总人口比例将超过30%。人口老龄化对社会经济发展造成了一定的压力和挑战。一方面，劳动力减少，工作能力下降，给劳动力市场带来了一定的困扰。另一方面，养老、医疗等社会保障负担加重，社会资源分配不均衡，给社会和家庭带来了负担。

为应对人口老龄化的挑战，各国已采取了一系列措施，包括改善医疗水平、完善社会保障体系、加强老年人健康管理等。这些措施旨在提高老年人的生活质量，并应对人口老龄化所带来的社会和经济挑战。同时，社会各界也积极推动社会和家庭加大对老年人的关爱和支持，为他们提供更好的生活条件和福利保障。在应对人口老龄化的问题上，需要政府、社会和个人的共同努力，通过多方面的综合施策，缓解人口老龄化压力。我国已经实施了积极应对人口老龄化国家战略，并出台了一系列政策措施，为老年人提供更好的医疗保健、社会保障和福利支持。作为医疗卫生服务体系的核心资源，部分地区在医联体建设实践中积极融入大卫生、大健康、医养结合理念，探索医养结合嵌入医联体建设新路径。例如，山东省日照市制定了医药、医保、医养协同方案，北京市朝阳区开展WHO医养整合照护服务试点，上海市推动医疗医保数据整合发展等。这些实践探索为我国应对人口老龄化挑战提供了有益的经验和启示。

智慧时代，卫生健康与养老服务体系迎来转型升级。2022年4月，中央网信办等5部委联合印发了《2022年数字乡村发展工作要点》，从国家层面明确了“引导地方探索基层数字健共体建设”的任务要求，为卫生健康与养老服务体系建设提供了方向指引和创新路径。数字健共体是一种以数字技术和平台为支撑，以人民健康为中心，以普惠、均等、共享为价值追求的紧密型医共体。依托数字化平台完善医疗、医保和医药“三医”联动机制，广泛、高效聚集医生、医疗机构、患者及医药健康全行业资源，通过增量绩效改革和数字化手段赋能引导优质医疗资源下沉，构建线上与线下协调联动、高效运转的数字健康服务体系，是医联体建设发展的前沿热点。

数字健共体新模式在中国的卫生领域中得到了深入推广，这种新模式以数字化为手段，整合了医疗、医药、医保、医养以及金融等产业机构的资源，实现了协同发展。在天津市基层数字健共体的成功经验下，各地积极发展数字健共体发展模式，带动了整个区域医疗卫生服务能力的提升。数字健共体的推广和应用，不仅提高了医疗服务的效率和质量，也为患者提供了更加全面和便捷的健康服务。例如，通过数字化平台，患者可以随时随地获取在线咨询、预约挂号、健康管理等服务，避免了传统医疗服务中排队等待和烦琐流程的困扰。同时，数字健共体的发展也促进了跨机构和跨地区的医疗合作，实现了医疗资源的共享和优化配置。数字健共体的建设和发展还需要政府部门的支持和推动，需要通过政策引导、财政支持、监管规范等措施，促进数字健共体的建设和可持续发展。

未来，随着数字化技术的不断进步和普及，数字健共体的发展前景将更加广阔。数字化技术将为医疗服务提供更加智能化、高效化、个性化的支持，使医疗服务更加贴近人民群众的需求。同时，数字化技术还将为相关产业机构提供更加精准的数据支持和服务支持，促进产业的协同发展和创新发展。通过数字化技术的推广和应用，将为人民群众提供更加优质、便捷、高效的医疗卫生服务，同时也将为相关产业机构提供更加广阔的发展空间和机遇。

（三）国外整合型医疗服务体系建设情况

美国积极推进整合型医疗服务网络建设，将不同层级的卫生保健机构或工作者联系起来，向特定的患者人群和社区居民提供协调、统一的医疗服务。这一联合网络将支付方和提供方统一，在同一保险计划内，患者可以在联合网络中享有从首诊到康复的一体化服务。网络下的美国凯撒医疗集团模式已初显成效，集团由互相制约的保险基金会、基金会医院、医生团体3部分组成。保险基金会是医保管理机构，即支付方；医生团体由独立执业的全科医生、专科医生组成，与基金会医院和保险基金属于合同关系，向基金会医院转诊患者，形成医联体守门人，并由基金会向其支付诊疗费用。美国成熟的医生培养制度和完善的全科、专科医生分工，为集团发展提供了人力保障。医疗集团还面临着来自其他医院、保险公司的竞争，各实体的质量和绩效数据会由第三方组织公开发布，促进效率提高。

英国推进医疗资源纵向整合，加强健康服务的个性化、质量和弹性。作为英国卫生战略规划的一部分，“整合”已经超越了英国服务体系层级的界限，可以是机构、组织、系统甚至模式之间的协同与合作。通过在全国范围内设立初级卫生保健信托机构（primary care trusts，PCTs），将初级卫生保健和公共卫生服务的管理整合在职责内，为基层社区卫生服务开展提供了保障平台。通过实施社区全科医生首诊制度和双向转诊制度，实现了医疗服务体系内的纵向资源整合。英国以自由执业的全科医生作为医疗体系的守门人，并由他们决定卫生资金的流向和患者的就医选择，近90%的门诊由全科医生承担。

二、存在的问题

自我国推进分级诊疗体系建设工作以来，各地积极推进医联体建设并取得了显著成效，但同时也存在一些发展困局和建设瓶颈。特别是随着人口老龄化形势日趋严峻，如何整合医疗医养资源，实现医养服务体系建设与医疗服务体系有机整合，是当前面临的一个重要课题。

1. 紧密型医联体发展不均衡问题　存在上层医疗机构“虹吸效应”和基层卫生机构医疗能力不强、资源利用不足问题。医联体内政策存在“联而不通”问题，数字化赋能和以技术和病种为抓手的精细化管理机制尚不健全。

2. 医防融合、医养结合不充分问题　我国人口老龄化社会形势严峻，目前居家社区和机构相衔接、医养康养相协调的医养服务体系未全面建立，公共卫生职能有待进一步发挥，根据地缘关系、人口分布、群众就医需求、医养资源分布等因素的医防融合、医养服务体系建设有待推进。

3. 健康领域数字赋能应用不足问题　目前以大数据、云计算、5G和人工智能等为代表的数字技术蓬勃发展，在卫生健康领域也有一定的渗透和发展，但部门间沟通不畅、标准不统一，转化利用率有待提高。专业公共卫生机构、医疗机构和医保机构之间也存在数据壁垒，实现数字化到智能化再到智慧化公共卫生，发展建设道路任重道远。

三、资源整合政策建议

智慧健共体通过信息化手段，整合区域内各医疗机构、养老机构、社区服务中心等资源，实现资源共享和优化配置。作为医改工作的重要内容，推进智慧健康共同体建设，既是助力新时代健康服务体系建设、推进健康辽宁行动的创新举措，也是落实积极应对人口老龄化国家战略的创新探索，更是落实科教兴国、人才强国、创新驱动国家战略推动民生领域制度创新的有力举措。建议探索建立符合国情的政产学研用协同创新的医疗、医保、医药、医养、医教“五医联动”整合型区域数字健共体建设路径，助力医药卫生体制深化改革和制度创新，助推卫生健康和养老服务治理体系和治理能力现代化。

（一）整合政策资源

1. 对标典型，整合理论　以“三医联动”的三明紧密型医共体模式为基础，以人口老龄化特点和新时代健康保障体系建设为立足点，对三明模式的整体逻辑、历程、要点、精髓以及实践过程进行系统性、结构性对标，厘清建设思路，构架整合型数字健共体服务架构。衔接协调，创新为先，凝练资政之策。

2. 梳理经验，整合政策　总结推广天津、山东、福建、上海等地“数字健共体”建设，体现了医疗、医保、医药、医养以及金融等领域协同聚集效应，在改进服务流程、促进健康结局、完善分级诊疗等方面起到了积极作用。整合医联体、数字医疗、医养结合等交叉领域政策措施，助力健康中国建设。

3. 创新模式，整合机制　党的二十大报告指出，深入贯彻以人民为中心的发展思想，推进健康中国战略。人民健康是党中央关心、人民群众关注的重大民生问题。加强健康共同体建设，应构建政产学研用协同创新的区域嵌入式医养共同体制度模式，推动“按辖区、成体系、全覆盖”的嵌入式医养结合服务体系发展路径，建立整合型健康共同体模式，破解医疗医养体系建设不协调问题的路径方法。

（二）整合服务资源

1. *体系整合* 探索以老年人健康需求为导向的服务模式，提供全方位、连续性的健康管理和养老服务。推动医疗机构与养老机构之间的合作，实现资源共享、优势互补，提高服务质量和效率。强化督导考核的指挥棒作用和医保支付的杠杆作用，引导医联体为区域内居民提供整合型、连续性、全周期健康服务。强化信息化赋能，逐步实现医疗、药械、财务等信息在医联体医疗机构间互通共享。省内典型养老机构、医养机构、居家社区医养康养服务模式案例，推广复制建设取得的收获、可供借鉴的经验。改进公共卫生、社区门诊、住院治疗、长期照护医保支付政策衔接，强化绩效考核和第三方评价。提升基层卫生机构服务利用效率，优化医养结合资源配置，落实积极应对人口老龄化国家战略，全生命周期维护人民健康。

2. *机构整合* 推进卫生健康“强基”行动，加强基层基础设施和服务能力建设。进一步强化高水平紧密整合型县域医共体建设，提供更高质量的基本医疗卫生服务。进一步推广典型养老机构、医养机构、居家社区医养康养服务经验，完善老年人健康支撑体系。增加医养结合有效供给，鼓励医疗卫生机构与养老服务机构协议合作，支持医疗资源丰富地区的二级及以下医疗机构转型，开展康复、护理以及医养结合服务，探索养老床位和医疗床位按需转换机制，优化资源配置和利用，促进人口老龄事业的发展，让老年人享受到更加优质、便捷的养老服务。

3. *产教融合* 鼓励高校开展交叉研究，积极参与产业技术创新体系建设，推动产业升级和转型。加强校际、校所、校企之间的协同发展，实现产学研的深度融合。围绕生物医药、人工智能等重点领域，共同探索新的技术、新的模式，推动科技创新和产业创新。积极推进校际、校所、校企之间的协同发展，形成优势互补、资源共享的良好格局。

（三）整合社会资源

1. *鼓励社会资本参与* 举全社会之力推动健康共同体建设，鼓励社会资本进入数字化卫生健康和医养事业领域，推动市场化运作和可持续发展，推动健共体建设步入快车道。加强成本效益分析，探索构建紧密医共体总额付费机制及人头加权预算管理策略探索整合型数字健共体医保服务架构，构建灰色利益驱动链条消除政策体系。探索完善“一院一策、一类一策”紧密型医保支付模式，健全医保、医疗协同治理机制，因地制宜破解医联体医保政策“联而不通”问题。

2. *强化宣传调研*　加大对健共体、医疗机构内设医养结合中心、老年友善社区的宣传力度，使老年人、患者、家属、医务人员等提高对数字健共体、嵌入式医养共同体的了解和关注度。广泛收集社会各方对就医、养老领域意见建议，增强公众的健康意识和参与度，同时为政府和企业提供决策支持，助力健康中国建设、健康保障体系建设和人口老龄事业发展。

3. *加大监管力度*　加强对健共体建设和医养结合事业的监管力度，保障服务质量和安全。建立健全相关法律法规和政策制度，明确各方职责和权利义务，规范服务标准和操作流程，确保各项措施的落实和执行效果。同时，加强对医疗机构和养老机构的监督和管理，防止出现不良事件和纠纷，保障老年人的健康和生命安全。

（四）整合人力资源

1. *教育资源整合*　推进医学教育改革与发展，落实《“十四五”教育发展规划》要求，发挥地方医学院在老年医学、长期照护等领域人才培养优势，推进全科专科人才融合培养。推进产教融合，鼓励高校开展交叉研究，积极参与产业技术创新体系建设。围绕生物医药、人工智能等重点领域开展高质量产学研协同创新，推进校际、校所、校企协同发展。

2. *人才资源整合*　习近平总书记在二十大报告中强调，必须坚持科技是第一生产力、人才是第一资源、创新是第一动力，深入实施科教兴国战略、人才强国战略、创新驱动发展战略，开辟发展新领域新赛道，不断塑造发展新动能新优势。科技、人才和创新是推动国家发展的核心力量，也是实现中国梦的关键因素。职业教育是培养应用型人才的摇篮，对于推进人才资源整合具有重要意义。积极推进职业教育，让职业教育为中国社会健康养老、康养专业人才培养发挥作用、开花结果。通过加强康复、护理、医养、康养等领域职业教育，培养一批具备医学、护理、康复、营养、心理等专业知识的复合型人才，推动相关领域的发展和进步，为老年人提供更好的服务和保障。

3. *创新资源整合*　推动知识创新，聚焦基层卫生健康服务体系建设难点，围绕医联体建设的关键要素和数字医疗发展现状，以人民群众多层次、多元化的医疗健康需求为导向，对辽宁省卫生健康服务体系、医养结合服务体系中现存问题进行知识体系梳理和阐释，为全力推进我省卫生健康事业高质量发展提供智力支持。推动理论创新，整合卫生健康领域数字化建设经验，深化整合型区域数字健共体建设理念，创新嵌入式型医养共同体建设理念，为推进区域数字健共体提供理论依据。推动实践创新，发挥学会、协会作用，整合公共卫生、中医药、康复、护理资源，提升区域健康服务能力和人才培养水平，探索破解医防融合、产教融合不充分问题的路径方法。

（五）整合技术资源

2022年4月，中央网信办等五部委联合印发了《2022年数字乡村发展工作要点》，明确提出了“引导地方探索基层数字健共体建设”的任务要求，为医联体建设方向提供了指引。这一政策文件表明了国家对于数字化技术在乡村发展中的高度重视，也从国家层面为基层数字健共体的建设提供了政策支持。以智慧技术为引擎，推动医疗服务体系、健康养老服务体系高质量创新发展。数字化技术的应用将有助于提升医疗服务的质量和效率，同时也有助于推动健康养老服务体系的创新发展。通过数字化技术的支持和应用，可以实现更精准、更个性化的医疗服务，提高老年人的生活质量，推动医疗服务体系和健康养老服务体系的高质量创新发展。

数字化技术作为赋能的载体，在医疗、医药、医保、医养等多个领域中发挥着核心作用。政府应当加大对数字化卫生健康和医养事业的投入，支持数字化技术的研发和应用推广，积极推动科技创新，将人工智能、大数据、物联网等新技术应用于健共体建设，提高医疗服务的效率和质量。探索“互联网＋医疗”服务模式，推动线上线下的融合，实现远程医疗、移动医疗、智能医疗等新型服务方式。提高医疗服务的可及性和便捷性，推动数字化技术在乡村地区的普及和应用。为规范数字化技术在卫生健康和医养事业中的应用，政府应制定相关政策法规，保障数据安全和个人隐私。加强省级层面信息化平台建设，通过数据共享和数据分析，提高医疗卫生服务、医疗保障服务、医养结合服务的精准度和效率。政府应加强与高校、科研机构等的合作，加强数字化技术的应用培训，培养更多具备数字化技能的专业人才。整合智慧城市、智慧医院、智慧医保、智慧健康养老技术资源和体系，提高服务质量和水平，促进优质服务资源下沉到基层，减轻百姓的经济负担。

参考文献

[1] 崔文彬，唐燕，刘永斌，等. 智慧医院建设理论与实践探索［J］. 中国医院，2017，21（8）：1-8.

[2] 戴夫，张赛，张以锦，等. 以患者为中心的智慧医院体系建设探索与实践［J］. 中国医院管理，2020，40（10）：88-89.

[3] 吴丹麦，崔文彬，于广军. 我国互联网医院运营策略探析［J］. 中国医院，2021，25（10）：79-80.

[4] 蒋帅，刘琴，方鹏骞. 智慧医疗背景下“十四五”我国医院医疗质量与安全管理策略探析［J］. 中国医院管理，2021，41（3）：15-17.

[5] 陈敏. “互联网＋医疗健康”：打造智慧医疗服务新模式［J］. 中国党政干部论坛，2018，（10）：30-33.

[6] 程明，左锋，余芳强，等. 管理视角下的智慧医院系统研究与初步实践［J］. 中国医院管理，2021，41（11）：69-72，96.

[7] 刘景广. 医院智慧财务信息化升级路径研究［J］. 卫生经济研究，2021，38（3）：73-76.

[8] 武启峰，郭舒婕，王玮，等. 大型公立医院智慧党建信息化平台的建设与思考［J］. 中国医院管理，2023，43（6）：78-80.

[9] 王拥军，王飞跃，王戈，等. 平行医院：从医院信息管理系统到智慧医院操作系统［J］. 自动化学报，2021，47（11）：2585-2599.

[10] 陈昌贵，宣君芳，玄方甲，等. 医院智慧运送平台研发与应用［J］. 中华医院管理杂志，2018，34（3）：201-203.

[11] WEI G Z，MENGCHUN G，JUN H L，et al. The “Trinity” smart hospital construction policy promotes the development of hospitals and health management in China［J］. Frontiers in Public Health，2023，11.

[12] ALAN COPPER. 交互设计之路［M］. 北京：电子工业出版社，2006：115-135.

[13] 黄萃，任弢，张剑. 政策文献量化研究：公共政策研究的新方向［J］. 公共管理学报，2015，12（2）：129-137，158-159.

[14] 黄红华. 政策工具理论的兴起及其在我国的发展［J］. 社会科学，2010，（4）：13-19，187.

[15] 顾建光，吴明华. 公共政策工具论视角述论［J］. 科学学研究，2007，（1）：47-51.

[16] 丁煌，杨代福. 政策工具选择的视角、研究途径与模型建构［J］. 行政论坛，2009，

16（3）：21-26.
[17] 陶庆才．智慧医疗有“三驾马车”[J]．中国卫生，2016，（5）：93-94.
[18] 胡海波．探索构建智慧健康养老服务体系[N]．中国人口报，2021，6（25）：3.
[19] 韦艳，王欣宇，徐赟．智慧健康养老产业高质量发展的战略导向与实现路径[J]．西安财经大学学报，2022，35（3）：65-77.
[20] 张丽艳，石皓月．健康老龄化视角下中国智慧健康养老政策研究——基于2015—2020年政策文本分析[J]．科学与管理，2022，42（3）：27-33.
[21] 尚志嵬，赵川，鲁卫华．物联网技术在康养领域的应用现状[J]．物联网技术，2023，13（9）：114-118，123.
[22] 刘建军，王亚茹，徐威．智慧养老平台服务设计研究综述[J]．设计，2022，35（21）：114-116.
[23] 中共中央、国务院关于加强新时代老龄工作的意见[N]．人民日报，2021-11-25（001）.
[24] 陆文韬．智慧养老背景下上海多层次养老服务体系建设的路径研究[J]．应用数学进展，2022，11（10）：6879-6888.
[25] 魏伊，张锐昕．智慧养老视角下对健康服务与管理人才的需求和培养途径[J]．长春教育学院学报，2023，39（2）：36-42.
[26] 龚娜．基于老年人健康需求的智慧养老服务平台构建研究[D]．上海工程技术大学，2020.
[27] 杨捷雯，朱亚．物联网＋智慧健康养老创新模式的发展路径研究——以江苏省为例[J]．卫生经济研究，2023，40（3）：12-14，19.
[28] 郝晓宁，张山，马骋宇，等．城市老年人智慧健康养老服务的支付意愿及影响因素研究[J]．卫生经济研究，2022，39（1）：19-22，26.
[29] 刘军军．智慧健康养老产业发展的现实困境与路径优化[J]．中国医疗管理科学，2021，11（5）：1-5.
[30] 梅姣姣．我国智慧健康养老的困境及对策研究[J]．产业与科技论坛，2021，20（15）：11-13.
[31] 高鹏飞，高向东．智慧健康养老产业高质量发展的现实困境与突破——基于马克思公共性思想的解释框架[J]．兰州大学学报（社会科学版），2022，50（5）：66-76.
[32] 黄钰文．黑龙江省种植业保险购买意愿调查研究[D]．哈尔滨商业大学，2022.
[33] 侯晓慈．沈阳市智慧养老服务现状、问题及对策[J]．黑龙江科学，2023，14（9）：41-43，48.
[34] 李华强，胡冬梅．老年用户对智慧健康养老产品的心理感知与使用行为——基于文本信息的扎根理论研究[J]．知识管理论坛，2023，8（2）：104-114.
[35] 韦艳，王欣宇，徐赟．智慧健康养老产业高质量发展的战略导向与实现路径[J]．西安财经大学学报，2022，35（3）：65-77.
[36] 单涛，景慎旗．基于医养融合的智慧居家养老创新模式研究与探索[J]．南京工程学院学报（社会科学版），2022，22（1）：32-36.
[37] 童潇，郑先平，王军永，等．我国智慧养老服务发展的现状、困境及对策[J]．卫

生软科学，2023，37（7）：30-33.
[38] 王兰. 高职院校开设养老服务与管理专业的可行性研究 [J]. 兰州教育学院学报，2017，33（6）：114-115.
[39] 熊必俊. 人口老龄化与可持续发展 [M]. 北京：中国大百科全书出版社，2002.
[40] 黄庆辉，胡敏. 医联体建设的模式分析和国际经验借鉴 [J]. 中国医院，2015，19（10）：56-59.

后　记

“智慧医院”是沈阳市智慧城市建设重点内容之一，是卫生行业的一次自我革命，其促进了卫生系统自身发展提速增效，更给信息产业及社会民生带来了广泛而深远的影响。智慧医院实现了就医流程的颠覆性再造、远程医疗打破时空限制、健康信息的授权共享、优质资源的纵向流动。节省了时间、提高了效率、缩短了距离、节省了费用，换言之，延长了生命、提高了品质、和谐了社会。在智慧医院建设经验基础上，我们以问题为导向，思考如何以信息惠民为目标，积极应用信息化、自动化、智能化新技术助力智慧健康养老体系构建。在撰写本书的过程中，我们深入研究了智慧医院和智慧健康养老的理论，结合国内外的案例和经验，力求将相关知识进行系统梳理和总结。同时，注重将理论知识与实际应用相结合，通过对沈阳市智慧医院建设实践的介绍，希望能为其他地区的智慧医院和智慧健康养老体系建设提供一些借鉴和启示。

在形成这部专著的过程中，我们得到了许多领导、专家、学者的支持和帮助，并提出了宝贵的意见和建议。在此，向他们表示诚挚感谢。同时，感谢沈阳医学院医养健康产业学院教师郭凌梅，以及王淼、张博雯、郑子涵等同学在资料收集整理、前期数据处理中所做的工作。感谢出版社工作人员的辛勤劳动和支持帮助。他们为我们提供了全方位的服务和支持，为本书的出版发行做出了重要的贡献。在本书的撰写过程中，我们参阅了许多文献资料和研究成果，未一一列出，在此表示由衷的感谢！如有遗漏或错误之处，恳请专家、同行以及广大读者谅解指正。

智慧医院到智慧健康养老体系建设是一个长期而复杂的系统工程，涉及多个学科领域和技术手段的应用，需要全社会的共同参与和支持。希望本书能够为广大读者提供一些有益的思考和启示，为相关领域的研究和实践提供一些参考和支持。同时，我们也期待着与广大读者和同行共同探讨、交流和学习，携手共同推动智慧医院和智慧健康养老的发展，为增加人民群众福祉贡献应有的力量!

编 者

2023年9月30日

社会实践

1礼仪示范；2艺术兴趣活动；3文艺演出；
4参加社会活动；5参加全国第六届中小学生艺术展演活动

教师活动

①党员活动；②科研强校

百廿印象

苏州市第四中学/桃坞中学

1902—2022

主编/张志峰　张剑华

苏州大学出版社
Soochow University Press

图书在版编目(CIP)数据

百廿印象 : 苏州市第四中学 / 桃坞中学 : 1902—2022 / 张志峰, 张剑华主编. —苏州: 苏州大学出版社, 2022.8
ISBN 978-7-5672-4048-3

Ⅰ. ①百… Ⅱ. ①张… ②张… Ⅲ. ①苏州市第四中学-校史-1902-2022 Ⅳ. ①G639.285.33

中国版本图书馆 CIP 数据核字(2022)第 152169 号

百廿印象: 苏州市第四中学/桃坞中学
(1902—2022)
张志峰　张剑华　主编
责任编辑　杨宇笛
助理编辑　黄　路

苏州大学出版社出版发行
(地址:苏州市十梓街 1 号　邮编:215006)
苏州市深广印刷有限公司印装
(地址:苏州市高新区浒关工业园青花路 6 号 2 号楼　邮编:215151)

开本 700 mm×1 000 mm　1/16　印张 11.5　插页 2　字数 207 千
2022 年 8 月第 1 版　2022 年 8 月第 1 次印刷
ISBN 978-7-5672-4048-3　定价:58.00 元

若有印装错误,本社负责调换
苏州大学出版社营销部　电话:0512-67481020
苏州大学出版社网址　http://www.sudapress.com
苏州大学出版社邮箱　sdcbs@suda.edu.cn

《百廿印象》编委会

主　任　张剑华

主　编　张志峰　张剑华

编　委　（按姓氏笔画排列）

马忆兰　万　倩　王高才
宋　佳　余　嘉　邹　妍
张志峰　张剑华　金　奕
倪　伟　蔡力行　颜　珏

我是桃坞人(代序)

金士尧

我,祖籍苏州,出身于苏州阊门内桃花坞地区西街的一个中医世家。由于家离桃坞小学和桃坞中学很近,且桃坞小学和桃坞中学都是名校,因此,我就近入学,一直至1956年高中毕业。从毕业到工作再到退休的60多年里,我每年都要回苏州,总是要回母校看看,与母校建立了长期的、深厚的感情,可以说,我是一个彻彻底底的桃坞人。此次,我回母校,正值建校120周年前夕,看到母校日新月异的变化和发展,感慨万千,再次想起在母校学习,以及与母校长期来往的经历。

我7岁入读苏州桃坞中学附属小学,后于1950年直升进入桃坞中学就读。1952年,苏州市政府接管桃坞中学,将其更名为苏州市第四中学(简称苏州四中)。学校遵循党的教育方针,培养德智体等全面发展的学生,坚持教育要为工农兵服务,争取成为人民群众的学校。此后,学校办学方向更加明确,学生学习态度更加端正,校园学习气氛更加浓厚。

1956年,我高中毕业,同年考入哈尔滨军事工程学院(今国防科技大学)。1961年我大学毕业,留校工作,从事军事科学研究,一直工作了57年。从高中毕业至今,已有60多年了,但是,母校的不少教师仍然让我记忆犹新、倍感亲切。

我的班主任是许鹏年老师,教物理。他浓眉大眼,中等身材,身体结实,是一位比较严肃的老师。数学老师孙贞一,个子高高的,背有点弯,很瘦,弱不禁风的样子,但讲起课来,胸有成竹、精神抖擞,令人肃然起敬。英语教师胡恩葆,美丽大方,一口流利的英语令大家惊叹不已。还有化学老师龚祖绳的细致、语文老师单大声的博学、几何老师杨奎钧的机智、地理老师施应霆的风趣、体育老师张福根的执着……老师们品格高尚、以身作则、传道授业,为我们后来的人生道路奠定了坚实的基础。

毕业后这么多年,我一直与母校保持着联系。我们1953届初中班、1956届高中班成立了同学会,每年都相约回母校,拜访和探望老师,交流工作经验,留下了很多美好的回忆。我们还把这些资料赠送给母校,为母校传承历史、弘扬品格教育和培养更多优秀人才做点贡献。

四年前，我 80 周岁了，我依依不舍地从工作岗位上正式退下来了。此后，我这个桃坞人与母校的联系更加频繁，关系更加密切，并深深地为母校点点滴滴的进步而欢欣鼓舞。学校的教育部规划课题“普通高中空乘特色学校的实践研究”顺利结题，江苏省教育科学规划重点资助课题“中学品格教育的实践与探索”也圆满结题，而且后者还荣获第五届江苏省教育科学研究优秀成果二等奖。

张志峰等四位教师先后被评为苏州市学科带头人，陈广山等十多位教师被评为区学科带头人，一大批中青年教师在国家、省市级比赛中频频获奖；学校年年获得苏州市科学提高教学效果进步奖，多次被评为市文明单位，两次被评为省文明单位。

桃坞名校，作育英才；四中学子，栋梁之材！回顾母校的办学经历，以及我的亲眼所见，我感到无比欢欣，并深表敬意。前几天，我又与现在正在母校读书的小同学们一起交流，给他们讲讲我的人生经历。从他们的身上，我又看到了我们昔日桃坞人为国家强大奋发学习的影子，也看到了国家的希望，深感激动和高兴。

在建校 120 周年来临之际，我衷心地祝愿今天的桃坞学子，青出于蓝而胜于蓝，一代更比一代强，为实现伟大的中国梦做出更多努力！我衷心地祝愿我们的学校不断推进教育改革，早日建成一所高质量的现代化学校！我衷心地祝愿我们的学校培养更多的英才，仰首碧云天，脚踏黄土地，为建设社会主义强国做出更大贡献！

金士尧

2021 年 10 月 28 日写作于苏州

作者简介：

金士尧，1956 届高中毕业，现任国防科技大学一级教授。主持并参与研究完成国家重点工程科研项目 9 项，包括 4 个型号的仿真计算机，4 个型号的军用信息处理系统；参与我国首次洲际导弹全程实验落点测量任务。荣获国家科技进步特等奖 2 项（集体奖），一等奖 1 项，二等奖 1 项，三等奖 1 项，先后培养博士后、博士、硕士百余名，发表论文 200 余篇，出版专著 2 部。多次受到江泽民等党和国家领导人的接见。

前　言

我校是一所具有120年历史的名校，创始于1902年，前身系美国基督教圣公会创办的苏州私立桃坞中学，为上海圣约翰大学附属中学。学校以“培养高尚纯正之品格、切实适用之学诣”为办学宗旨，治学严谨，且拥有名师执教，特色鲜明，文学泰斗钱钟书及中科院院士钱钟韩、张青莲、刘元方等早期都在此求学，是著名的学府。

1952年，学校由苏州市政府接收，更名为苏州市第四中学。中科院院士潘承洞和潘承彪兄弟、中科院院士姚熹、北京航空航天大学原副校长邓学蓥、内蒙古大学原副校长许柏年、浙江省政协原副主席丁德云，以及国防科技大学一级教授金士尧等一大批杰出人才都毕业于我校。多年来，本校很多学生考取了北大、清华、南大、复旦和同济等重点大学。

20世纪中后期，学校强化培养“又红又专”的社会主义可靠的接班人，融入改革开放大潮，跟上时代步伐，设厂办学，产学结合，涌现出了喻显荣、袁沧洲、沈仰石、张有光、郭次仪、金人庆、吴汝信、周伟强、刘伯涛等一大批学子。他们毕业后在各行各业大显身手。他们有的成为政府要员，有的成为科学家，有的成为学者和专家，有的成为劳动模范，有的成为工作标兵，有的成为见义勇为的英雄，为社会主义建设做出了重大贡献。

改革开放以后，学校创办苏州电子元件五厂，产学结合，发展生产，改善教职工条件，成为教育系统的改革先锋。同时，作为苏州市首批双语实验学校之一，我校学子的高考成绩显著，初中教育更是在全市教育系统中名列前茅。

21世纪初，学校改制为全日制普通高中，继续大力改革创新，率先在全国创办高中空乘基地班，成为全国普职融通的办学典型，为高中多样化办学开创了一条新的道路，多方位多渠道培养社会需要的各种人才。

2010年以来，我们经过反复论证，决定以“高尚纯正之品格”为学生德育教育的必由之路，以“切实适用之学诣”为课堂教学的抓手，探索一条符合学生个体发展和社会进步需要的办学之路。学校坚持“守正”和“创新”并举，传承百年品格教育，把育人与教学相结合，构建“立德树人”的新教育模式，不断探索，勇于进取,取得了显著成效。学校年年获得苏州市科学提高教学效果进步奖,还获得第五届江苏省教育科学优秀成果二等奖,多次被评为市文明单位,两次被评为省文明单位。

值此建校120周年之际,为传承学校优良传统、弘扬学校优秀文化,以及纪念为此做出贡献的校友和师生,我们通过师生回忆、对相关人物访谈及历史人物学习回顾等形式,汇编成《百世印象——苏州市第四中学/桃坞中学(1902—2022)》一书,展示学校百年来的办学经验和优秀成果。

《百世印象——苏州市第四中学/桃坞中学(1902—2022)》一书分为上、下篇。上篇是师生回忆录,收录了学校早期杨奎钧校长、冯允瑜教务主任、张帆老师及学生张青莲院士等的回忆文章;收录了"文革"前后朱屯、袁沧洲等学生的回忆文章,以及近期教师和学生的回忆文章。下篇为杰出校友生平事迹,收编了丁德云、金士尧、邵政康、严家显、钱钟书、钱钟韩、张青莲、刘元方、汝信、潘承洞、姚熹等校友的生平事迹和重大贡献,供广大师生学习、传承和发扬,以引领和促进学校的教育发展,奋发图强,为祖国建设需要培养栋梁之材。

在编写过程中,我们得到了桃坞中学上海校友会及苏州华荣康先生代表1953届初中、1956届高中校友馈赠的宝贵资料,我们还得到了国防科技大学一级教授金士尧先生、浙江省政协原副主席丁德云先生及全国各地其他校友的大力支持,在此深表诚挚的谢意!

在编写过程中,我们选取了《世纪之忆》中的相关文章,并引用了相关作者的文章,在此感谢诸位作者对母校的热爱和支持!我们还要由衷地感谢该书的主编俞瑞榕老师,深深表达我们对俞老师扎根母校和献身母校的敬佩之情!

张志峰

2022年3月20日

目 录

上篇　师生回忆录

下篇　杰出校友生平事迹

上篇

师生回忆录

本篇展现了120年来学校的发展历程，其中有四中前任校长和现任校长的办学文章，展示他们各自办学的特点和成效，如杨奎钧校长的《执教桃坞 情系四中》，张剑华校长的《守正创新，开拓发展，办切实适用之学校》；有桃坞校友对学校的校长和老师及其教学过程的回顾，让我们看到了昔日桃坞名师的光辉形象，如我国著名骨科专家过邦辅的《我的中学时代和英语老师梅乃魁校长》；有校友对自己的学习过程和工作经历的回顾，展现了学校早期师生参加五四运动、抗日战争、人民解放战争的英雄事迹，如顾翔校友的《在激情燃烧的日子里》；有当今师生在教育改革中的探索实践和显著成绩，如《我这十五年》《百年树人，桃李芬芳，喜看今日之四中》；等等。

执教桃坞　情系四中

杨奎钧

苏州四中前身是一所教会学校，即苏州私立桃坞中学，创校于 1902 年，1952 年由政府接办改为苏州市第四中学。至今百年校史，桃坞、四中各为半个世纪。2002 年，整合百年的老校，校友数万，人才辈出，成果辉煌，举行百年校庆，意义深长，值得庆贺。

桃坞办学前 50 年，以“教学严谨、管理严格”著称，这是它办学的“两严”，它还以“一流名师执教，师资水平高；多门学科采用原版教材用英语授课，要求高；学生入学、在学考试成绩均以 70 分为及格，标准高；收费相当于他校三倍，学费高”而闻名。这“两严、四高”使学校收效、学生受益，也正是桃坞中学成名校的原因所在。毕业生中，涌现出一大批享誉海内外的学者、专家、教授，这充分体现了桃坞治教办学的成果。

1952 年，学校揭开新篇章。半个世纪，岁月漫长，历经沧桑，几度风光，几度辉煌。

20 世纪 50 年代中期，学校坚持贯彻党的“全面发展”教育方针，明确提出以教学为中心，重视做好思想政治工作。“文革”前的教学工作，突出了“学生是主体，教材是载体，教师是导体”，要求教师紧扣教学大纲，吃透教材，积极改进教学方法，克服满堂灌，使课堂教学生动活泼，有效地提高课堂教学质量。平时，教师间坚持听课、评课，互相切磋，共同提高。

学校着眼于树立教书育人、管理育人、服务育人、家庭育人、社会育人“五位一体”的教育理念，发挥学校、家庭、社会相结合的教育作用。为此，学校积极开展学生课外兴趣小组活动，如航模的物理实验使学生大开眼界，不少学生毕业后报考航空航天类高校。此外，学生的课外文艺活动气氛也很浓，形式多样，生动活泼。

20 世纪 50 年代中期至“文革”前，学校发展了多名高三学生入党。根据条件，学校在高三学生中选派赴苏联的留学生，同时还接待和安置华侨学生来四中学习并给予他们学习上、生活上的关心。这一时期，四中的教学质量和教育成果有了持久发展，有好几届的高考升学率显著上升，不少应届毕业生考入北大、清华、复旦、同济、南大、南航等名校，1960年升学率达100%。

桃坞、四中先后都拥有一大批以学校为荣的生源，其中除了苏州本地学生，还有不少外地学生慕名来校就读。可见，优越的办学水平和教学质量是学校获得知名度的可靠保证。

值此百年校庆，我们看到了成绩，也看到了不少差距，更多的是感受到了鼓舞和希望。我们深信百年老校必将再铸辉煌，为走上新的发展平台而奋进。

注：作者写于百年校庆前夕。

作者简介：

杨奎钧 1951年2月进入桃坞中学担任数学教师、教研组长及班主任。1956年，先后担任了教导处副主任、主任。1964年，担任副校长。“文革”后至20世纪80年代初，担任校长。1987年退休，参加学校“退协”，带领退休教师继续为教育事业做贡献，创办了区老年大学、金阊区老年书画学会。1992年创办了金阊商业外语职业高级中学，为苏州教育事业的发展做出了重要的贡献。

忆四中之点滴

潘良云

1950 年暑假期间，我曾来苏州参加原苏南行署主办的体育研究班学习，地址就设在桃坞中学内。我看到桃坞中学幽美而雅静的校园环境和壮观有序的西式校舍，得悉这是一所历史悠久的教会学校，从而留有印象。

11 年之后，1961 年 10 月，我从苏州体专调入四中任副校长，当时四中给我的第一印象是：有着淳厚朴实的校风和治学严谨的教风，因“桃李满天下”而在社会上享有盛誉。

能在四中工作，我感到十分自豪。学校教师勤于教学、敬业奉献，学生认真好学、进取向上，校园读书风气甚为浓厚。当时学校有众多学识渊博、精通业务的好教师，如语文有单大声、沈文风、袁桂云；英语有戎更生、胡恩葆；数学有孙贞一、殷小沅；物理有许鹏年、冯允瑜；化学有龚祖绳、张迪；生物、地理、历史有汝正伟、施应霆、傅泽瑛；等等。正是这样一支雄厚的师资队伍，为国家培养和输送了大批优秀人才，而且这些老师都是脚踏实地、兢兢业业的实干家。

让我至今难忘的是，1980 年 5 月，学校召开了部分校友座谈会，出人意料地却来了许多颇有成就的学者，如程有庆等人特来参加，还有桃坞的老校友来了近 40 位。总共有 120 余人参加了座谈会，他们对母校四中怀有特别深厚的思念之情，并寄予厚望，且提出不少宝贵、中肯的意见和建议。

我来校工作时，学校尚有十七八名华侨学生，这些侨生受到反华排华浪潮波及，几经艰苦磨难，不顾旅途劳累，风尘仆仆回到祖国，来校学习。当时苏州市有三中、五中几所学校接纳华侨学生来校学习，最多时约在 1957 年有 50 余人。学校十分重视侨生工作，派有专职人员负责侨生饮食起居等日常生活管理，还派有专职教师教导他们学习普通话和文化基础课。这些侨生个性鲜明、性格刚正、为人坦率、懂事明理、尊敬师长，当时我与他们常有接触，所以了解较多，如颜氏三兄妹、宋氏两兄弟等。随着岁月流逝，这些侨生都相继毕业离开学校，无论他们在大学读书还是在各行各业工作岗位上，都表现得较好，即使出国在外，他们亦没有忘记祖国，没有忘记四中母校老师们对他们的教育培养之恩。

我们一家都是在四中学习、工作、生活，住在四中解放楼家属宿舍内，直至孩子们先后从四中毕业，所以我们一家人对四中往日的人和事、情与景乃至一草一木无不怀有极其深厚的特殊感情。我们一家是名副其实的四中校友之家，这是毋庸置疑的。在此，特别感谢支持和帮助我工作，以及热心教育和关爱我孩子们的各位老师和朋友。每当忆起在四中的往事时，我们一家人的心情就显得格外激动，苏州四中给我们留下许多难忘而美好的回忆。

值此四中100周年校庆大喜之日，我衷心祝愿四中万古长青、人才辈出，殷切期盼四中再创辉煌，继续为祖国新时期培育精英做出贡献。

注：作者写于百年校庆前夕。

作者简介：

潘良云 1961年至1981年任苏州四中副校长。1981年调至苏州六中任校长。省劳动模范。

校园浪花

冯允瑜

一

师生合作同台演出话剧、歌舞，是四中文艺活动的特色节目，数十年来形成了优良传统。

记得在20世纪50年代后期，每到演出之日，不仅全校轰动，师生争相一睹为快，而且有时还有些学生家长和邻近群众也来观看。当时的演出，由校长赵振海和郁乃尧老师担任编导，舞台布景、灯光、道具等由周其生、朱天铭等老师负责，演员有娄乃文、张中民、刘鸿彬、林安宁、黄广源、王安琛、孙贞一、朱宝刘、陈荣禧、娄家骅等老师，连最年长的龚祖绳老师也参与其中，还有郭次仪、宣慧敏、刘初雄、范正慧、袁沧洲、杨绵梅、傅麟征、祉姊妹、汤纪胜等学生积极分子协助工作。整场演出参与人数众多，不胜枚举，而服装、化妆大多是大家相互解决，很少花钱。记得当年演出的节目，曾有《年青一代》《万水千山》《向秀丽》《十送红军》《雨花台下》《荷花舞》《长征组歌》等。尽管大家都是非专业人员，且限于物质条件，舞美、音响等都很简单，但由于台上台下彼此朝夕相处，十分熟悉，合作默契，演出的效果非常好。这样的活动既增强了全校师生员工的凝聚力，又起到了思想教育作用，而且在校外也扩大了影响，记得曾有专业人员慕名前来观看和指导，还曾有电影制片厂导演来挑选演员……那都是1960年前后数年内的往事，至今回忆，仍然感到很亲切。

其实我校的课外活动远不止于此，文艺活动只是一鳞半爪，还有体育、科技等各方面的活动。综合起来，潜移默化，润物育人，实是素质教育的一个有机组成部分，数十年来的历届毕业生的进步成长过程，就是最有说服力的证明。

“桃李芬芳夙愿稠。”今日的四中，正继承和发扬了这个优良传统，以“创重”作为对“百年庆”的献礼，必将再接再厉，再振雄风，再铸辉煌！

二

二十世纪五六十年代的高中学生中，有不少是天文、航模、小火箭、滑翔机、无线电等课外科技小组活动的爱好者，他们的辅导老师有许鹏年、冯允瑜、胡恩葆、陈荣禧、周其生等。该小组每星期有固定的活动时间，组内活动氛围活跃，并取得了优异的成绩，得到市里有关部门的重视、支持、表彰和奖励。按当时章程，只在高校学生中发展会员，普通高中学生还不够资格，四中学生是首先得到“破格”优待的。

当年的种子，终于在多年后开花结果，许多人都先后考进全国重点大学，日后成为各行各业的卓有贡献的人才，如贝公亮、曹宏炜、沈成之、李仁、喻显荣、金士尧等。有耕耘，才有收获，这些都是当年母校育才树人的成果！

三

数年前的某一天，在美国举行的某个国际学术会议上，两位年近花甲、双鬓花白的中国教授不期而遇。他们彼此相视，似曾相识，直至互相动问，才知原来竟是苏州四中1958届的同窗！他们不禁兴奋地握手，诚挚问候，彼此有说不尽的话语，交流不完的回忆，真是感慨万千！

他们中的一位是邓学蓥校友，当年从母校考入北京。数十年后，他成了北京航空航天大学副校长、教授、博导。另一位是郭宽良校友，当年从母校毕业后，在高校继续深造，是中国科学技术大学的首届毕业生，后来成为工程热物理领域专家、教授、博导，20世纪90年代在美国定居，任美国阿拉巴马大学教授。

这次，邓校友到美国参加会议之后，应邀去郭校友家做客，两个人开怀畅谈。纵然身在海外，远在万里，但他们对祖国、对母校的深情，让他们的心紧紧地连在一起，毕竟是中华儿女啊！

注：作者写于百年校庆前夕。

作者简介：

冯允瑜 苏州四中物理教师、物理教研组长及教导处主任。

守正创新，开拓发展，办切实适用之学校

张剑华

我于2001年通过苏州市教育局直属单位公开招聘校长考试，并于当年9月赴苏州四中就任副校长，分管德育条线。在此之前，我在苏州六中担任政教处主任。

我到任后，四中给我的第一印象是这是一所百年名校，名师荟萃。老教师专业水平高，干劲足，勇挑重担，语文严人杰、俞瑞榕，数学张家瑞、黄广源、黄志璧，英语汤纪胜、郑思源，化学李中华、李敏，政治刘毅、金介昌、胡桂芳等，积极做好传帮带工作。一大批青年骨干教师正在成长起来，教师队伍建设欣欣向荣。

四中给我的第二印象是学校特别重视教职工代表大会（简称教代会）建设。凡是涉及学校重大发展和教师切身利益的事情，都经过教代会讨论、审议和决定通过，充分发挥了教师的主人翁精神。教师参加学校民主管理的积极性很高，学校发展呈现出上升的势头。

四中给我的第三印象是学校勇于改革创新。四中与中国民航大学合作，创办了全国第一个普高空乘教育基地班，从课程建设到培养目标及师资培养，学校借助中国民航大学，立足自身建设，逐渐形成一套空乘办学的体系，并在办学中取得了一定成效。

我接任四中校长是在2010年。从2004年的空乘办学到2008年的十中联办班建设，从骨干教师的严重流失到老教师退休后的青黄不接，其中，有办学的成绩，也有办学的困惑和问题。为此，我们发动教师，集思广益，从百年办学的历史中总结经验，以“品格教育”作为学校教育长远发展的主题，以深化学校内涵建设为重心，以拓展学校发展外延为渠道，全面推进学校教育工作。

传承百年传统，培养优良品格

学校以“培养高尚纯正之品格、切实适用之学诣”为办学宗旨，是当时著名的学府。

学校早期的品格教育注重对学生两个方面的教育，一是主张“与人为善”，

从经典中获取传统的美德，以阅读和参加各类活动丰富自己和提高理解世界的能力；二是它源于杜威的实用主义思想，强调知识对社会与个人的切实性和适用性，这在当时对我国的教育具有一定影响。

基于丰厚底蕴和历史渊源，学校从自身发展、教育方针和时代精神出发，把品格教育作为学校教育长远发展的主题，以传承百年品格教育，深化学校发展内涵，并将其贯穿于学校的德智体美劳等教育的各个方面，培养既有知识能力，又有高尚品格的社会主义事业建设的可靠接班人。

学校把办学宗旨与学生发展核心素养相对应，丰富其内涵，培养学生发展的必备品格和关键能力。对于品格教育来说，在学校，可以体现于课堂教学，即必备品格和关键能力的研究，通过培养学生的学科素养提高学生的品格；在家庭，可以通过日常的生活教育培养学生的良好品格；在社会，可以通过具体的公益性活动提高学生的品格。

其一，通过调查问卷和学生访谈，确立爱的教育、尊重教育、关心教育、宽容教育、纪律教育、诚信教育、责任教育和道德教育等 8 个主题。其二，以参加社会活动培养学生的社会责任感。其三，以丰富的教育方式培养学生的优良品格，如以阅读经典传承文化精华，提升学生的人文素养；以社团活动丰富学生的生活，培养良好的道德情操等。其四，以培养学科素养丰富品格教育内涵，如语文学科以阅读鉴赏培植人文素养，数学学科以教学建模培养生活运用素养，历史学科以爱国教育塑造民族精神等。

学校通过一系列实实在在的活动，培养学生做有社会责任的人，实现“三个飞跃”，即从个体人到集体人的飞跃，从集体人到单位人的飞跃，从单位人到社会人的飞跃。

品格教育使学生的行为习惯和思想品德有了质的飞跃，讲文明礼仪蔚然成风。他们自爱、自立、自强，尊重教师、尊重家长、尊重长辈，有爱心、有责任、有担当，爱学习、勤努力、有恒心；同学之间团结友爱，互相帮助，形成了“团结、奋斗、创新、进取”的良好风气。

学校还成为苏州市中小学文明礼仪指导中心，指导和示范各级中小学文明礼仪活动；周末在市区重要路口和活动中心设立文明礼仪岗，组织和开展文明礼仪活动；积极参加国内外重大活动的文明礼仪服务工作，受到了社会各界的高度赞誉，成为苏州市推广文明礼仪活动的一道风景线。

加强师资力量，深化内涵建设

教师队伍建设是学校发展的关键。针对大量骨干教师流失、教师队伍青黄不接的情况，学校想尽办法，开展各项活动，积极引导、鼓励和推动教师专业发展。

一是组织学习培训。结合学科和岗位实际,以提升信息技术应用能力为核心,制订青年教师区级培训计划,并明确规定,参训教师必须回校做一场专题汇报和教学展示。坚持以区级名师工作室为依托,以问题为导向,采取集中与自主、校内与校外、网上与网下相结合的方式,强化校本培训,扎实开展示范教学、同课异构、专题研讨等校本教研活动,并将研学情况记入教师成长档案。通过定目标、定对象、定考核,变"培训"为"发展",变"要我学"为"我要学"。

二是实施青蓝工程。学期初,指定名师、骨干教师与新招教师结对"传帮带",并建立培养档案,实行动态管理、捆绑考核。师徒结对坚持从严从细从实,师傅要做到"三带",即带师德、带师风、带师能;徒弟要做到"三学",即学思想、学做人、学本领。结对教师每周一次谈心交流,每月一次教学展示,每学期一次综合考评。组织专班定期检查方案落实情况,重点看师傅对徒弟的教学方法、教学设计、课堂组织和教学反思的指导是否到位、有效,并针对出现的问题,帮助分析原因,找准对策,改进方法。学年末,对考评优秀的团队进行表彰。

三是开展教学比武。以夯实教学基本功为核心,春秋两季坚持组织课堂教学展研月活动,通过示范课、公开课、师徒汇报课等,搭建比武擂台,让课堂成为青年教师展示能力、展现风采的舞台,助推青年教师快速脱颖而出。以教师"个个会""堂堂用"为目标,坚持立足课堂、立足学生、立足学科,推进"一师一优课、一课一名师"活动,通过校内"赛课"推动网络"晒课",促进现代教育技术与课堂教学的融合,促成"人人用资源、课课有案例"的教学环境。

四是外出培训,提升专业素养。选派教师参加继续教育培训,跟岗培训和主题研修活动。培训结束后,这些教师会把外出学习的点滴体会与感悟及时制作成图文并茂的活动简报分享给大家学习、交流,并上传网站开展后续的学习与研讨。这些外出学习、培训、学术交流的机会,提供了名优教师切磋技艺与研讨的平台,开阔了教师的视野,更新了他们的教育理念,提升了工作室团队的专业素养。

五是多元评价激励教师专业发展。采用过程性评价与综合性评价相结合的评价机制。对每次活动材料和活动简报的质量及活动效果都要做翔实的、客观的量化评价,并在年底对照专业化发展目标逐项考核论文发表、优质课比赛、课题实施、教学成绩、"传帮带"等完成情况。对完成好的成员,工作室予以表彰奖励;对没有完成的限期整改,督促成员专业化发展进程,促使成员都能快速成长为学者型、研究型、专家型教师。

通过努力,师资队伍建设有了很大发展。张志峰、张剑华、王高才、马忆兰四位教师先后被评为苏州市学科带头人,陈广山、侯雪君、张艺、万倩等十多位教师被评为区学科带头人，一大批中青年教师在国家、省市级比赛中频频获奖；学校年年高考有新突破，获得苏州市科学提高教学效果进步奖，多次被评为市文明单位，两次被评为省文明单位。

创新办学渠道，拓展办学外延

在重视师资队伍建设的同时，学校客观地意识到，原有的办学渠道和专业比较狭窄，必须扩大与其他高校的合作，先后与广州民航大学、郑州民航大学等全国各地的高校合作办学，由原来单一的"乘务专业"扩展到"乘警专业""地勤专业""机电专业"，以满足学生多元发展的要求和社会对人才的需求，由最先的空乘班级辐射到普高班级，实现了普通高中与职业教育相融通的教育。

学校制订了以"素质培养，文化关怀"为主调的三年计划与教育策略，并结合专业教学的特点，制定了发展性的阶段教育目标和学生个性化的培养目标，建构了"切实适用，特色鲜明"的课程体系，创立了"学识素养，融合并进"的课堂教学模式，制定了《苏州市第四中学特色班学生综合素质考核暂行办法》，建立了"人事相适，同频共振"的管理制度，精心营造浓郁的文化氛围，强化组织纪律、团队观念和行为规范教育。

锐意改革，给学校带来了发展的勃勃生机。空乘班创办 18 年来，毕业生已有 1 500 多名，参加高校空乘专业面试合格率为 97.8%，空乘高考文化成绩和专业成绩双达线率为 97.2%，空乘班高考录取率为 98.3%。目前已有1 000 多名学生翱翔蓝天，展示苏州空乘人员独有的品格和风采；300 多名学生走上了乘警、地勤、机务等工作岗位。良好的升学率和就业前景，给广大学生增添了自我选择和发展的渠道。

创新办学渠道，提升了学校教育质量，使学校走上了发展的新台阶。学校经中国教育科学研究院调研，被认定为"普职融通高中"的典型并被收编进"最有发展前景的学校"之一，成为苏州领先、江苏知名、全国有影响力的特色教育品牌。

▶▶ 作者简介：

张剑华　苏州市桃坞高级中学校长。苏州市学科带头人，苏州市优秀教育工作者，江苏省教育先进个人。在全国中文核心期刊、省市刊物及中国教育报上发表 30 多篇文章，主编《中学品格教育的实践与探索》一书。主持教育部、省市级课题多项。

踏上科学征途之前

张青莲

我的故乡在苏南。父亲是我的启蒙老师，他从“人、手、足、尼、刀、尺”开始教我识字。我六岁进入小学二年级。校长是位秀才，廉明谦和，为学生所敬。学校环境清静，运动场的一边种有四棵挺拔的梧桐树，象征着为人也要那样正直高洁。

小学毕业后，我上了两年补习班。在家里父亲教我语文，主要教材是一部括苍本《战国策》，有几篇能背诵，像“风萧萧兮易水寒”这类名句，至今还印在脑际。他还教我数学，一本《算术游戏》学得尤熟，虽然七十年过去了，当时苦思求解的情景，至今记忆犹新。

星期天，父亲会带我去野外田间，采集狗尾巴草、荠菜花、红石蒜等植物，捕捉蜻蜓、蝴蝶等昆虫。我家的庭院里有三棵大树，玉兰春放，枇杷夏熟，桂花秋令飘香。炎夏晚间乘凉，我仰观天象，北边有“大熊”“小熊”，南有“天蝎”，银河隔开了牛郎织女，偶尔流星划破长空，萤火虫也像流星那样，不过飞的是曲线。暑假随父进城探亲，便有机会爬虞山，采集岩石和树木标本。总的来说，生活环境和对大自然的广泛接触，使我对自然科学产生了浓厚的兴趣，因而在以后高中分班时选读了理科。

在小学读书时，虽然农村自然经济型的江南小镇带有宁静的田园气氛，然而国际风云和军阀混战给中国社会带来的灾难和动荡不安，使我天真幼稚的心灵受到震撼。1914 年第一次世界大战爆发，接着是 1915 年北洋政府签订卖国条约。我参加了学校组织的游行示威等活动，第一次受到爱国主义教育。

十一岁时，我进城寄居祖姑母家，上高小二年级，校长也是一位秀才。亲戚从事酿酒工业，聘请绍兴师傅以稻米制作黄酒。我常到作坊去玩，从而学到一些生产的知识。

十四岁时，我远离家乡，乘小轮船到苏州，考取了桃坞中学，住校学习。初中二年级，该校按中英文讲授的课程分班。由于我在入学前读过一年英文专修课，不久进入了一个英文班。但在中文班里，我总是写不好作文，考试只得六十多分，勉强及格，老师的批语常常是“乏味”两字。到了毕业前一年，校长找我谈话，希望我能用一个暑假补习一年功课。父亲领我拜一位秀才为师，在他的精心教诲下，我挥汗拼搏了两个月，读了《史记》等指定的古籍，写了一百多篇作文。秋季回校，我便考得八十多分。

当时桃坞中学的师资水平很高。有一位举人教国文，记得我曾写作一篇《虞山赋》，他给我修改的一处病句是："岚影晨鲜，旭日丽松篁之翠；烟波夕映，皓月添梅柳之光。"升华精练，何让六朝徐庾？有位外籍牛津大学硕士教英文，用的课本是《旧约圣经》，取其文学。英语课还要求流利地进行日常生活的对话。因此我在中学时期已受到中英文的基本训练。此外，有一次化学老师做钠与水作用的课堂实验，因切下的那块钠太大，引起了爆炸，水溅满面，至今让我印象深刻。这教育了我，要驾驭自然，必须掌握其规律。

那时的中学教育，既严格又活泼。教师着重引导启发，培养学生的自学能力，鼓励学生劳逸结合，参加文体活动，如参加足球比赛、旅行游览等。

我在学校做过干事、秘书、理科级长，积累了社会工作经验。从小学到大学乃至研究生整个学习体系中，高中三年非常重要。这时的学科爱好和职业选择大多已经定向，而道德品质和人格也基本成型。高中毕业意味着青年人在各方面已经初步形成独立的思考能力，遇分歧能做出判断，遇困难能去克服。从此，我踏上了从事科学的征途。

▶▶ 作者简介：

张青莲 1926届高中毕业。中科院院士，北京大学教授，质普学会理事长，我国稳定同位素学科的奠基人和开拓者。

1925：桃坞中学足球队夺锦标

诸家瑜

1925 年，桃坞中学足球队“得苏州中学足球联赛锦标”。这是一段距今将近一百年的体育运动往事，至今已鲜为人知了。有关这段往事，《苏州体育志》《苏州体育史》里均未见记载，唯独 1995 年 1 月出版的《苏州市志》在第五十一卷第一章第一节“学校体育”里有所介绍，但语焉不详，仅十几个字。

那么，1925 年举行的苏州中学足球联赛概况如何？要了解的话，必须先从“足球”这个体育运动项目讲起。

足球，分为古代足球和现代足球。其中现代足球，被称为“世界第一运动”。苏州“近代足球运动开展较早者，为光绪二十九（1903）年东吴大学堂踢球班”（《苏州市志》第五十一卷第三章第二节“球类”），又称“足球班”，有队员 14 名。当时这批运动员还留着辫子，球队的教练是美国人司马德（《苏州体育志》第三章“竞技体育）。之后，在“东吴”影响之下，现代足球在苏州各教会学校、官办中等学堂中流行起来，活动相当活跃。当时，桃坞、晏成和东吴附中等教会中学几乎各年级都组织足球队（《苏州市志》第五十一卷第一章第一节“学校体育”），还各自组建了代表学校出席各类球赛的足球队。

20 世纪 20 年代初，活跃在苏州足球场上的教会学校足球队主要有 5 支：振声、萃英、桃坞、晏成和东吴附中。1925 年秋，这 5 支球队都参加了苏州中学足球联赛，结果是桃坞中学夺得锦标。

桃坞中学足球队，是由就读于桃坞中学的学生组建而成的。当年出征苏州中学足球联赛的队员有 14 名，他们是：许振国、薛元衡、丁桂元、张桂林、莫祥骏、顾鸿霖、宁攸达、赵汝功、瞿兆凤、姚桂根、吴松儒、刘文标、顾树勋、邹允华。球队的教练员是胡维谷。

胡维谷，20 年代初就读于东吴大学。据《苏州体育史》近代苏州体育篇第七章之四“远东运动会上的苏州国人”中从张信孚到侯成之介绍：胡维谷，第五届、第六届远东运动会田径国手。1921 年 5 月，胡维谷以东吴大学的学生身份，代表中国参加了在上海举办的第五届远东运动会。胡维谷参加的是跨栏比赛，未能取得名次。李骏耀，第六届远东运动会田径国手。1923 年 5 月，东吴大学学生李骏耀和梁官松、胡维谷一起，被选为第六届大阪远东运动会的中国田径队队员……胡维谷在这届运动会上只获得高栏的第三名。苏州大学体育学院网“校友风采”栏目“胡维谷”“李骏耀”两条目里，亦如是介绍。据《江南晚报》2010年3月30日《快拆迁了——徐祥巷能不能留下“浇炮里”》一文介绍，胡维谷是无锡人，他的故居在今无锡市滨湖区蠡湖街道长桥社区徐祥巷内，基本保留完好。

当年，为迎战苏州中学足球联赛，教练员胡维谷制订了一套细致、周密的训练方案，重点以步法、球感、控球等多种训练方法强化练习，以此帮助队员们夯实基本功，提高整个球队的作战能力。桃坞中学的队员们利用课余时间和休假日，在学校的外操场上接受严格训练。功夫不负有心人！在这次联赛中，队员们不负教练厚望，最终取得了四战四捷的辉煌战果。

接下来，介绍一下桃坞足球队在这场足球联赛中比拼的概况。

第一场比赛，“桃坞”以19比0的绝对优势大败“振声”，赢得了比赛胜利。

第二场比赛，“桃坞”迎战“萃英”。“萃英”以1比4败北。“桃坞”以二战二胜的优势顺利进入半决赛。

第三场是半决赛，“桃坞”与素负盛名的“晏成”相遇。结果，“桃坞”以3比0的比分将“晏成”踢出了决赛局。

第四场是决赛，“桃坞”遭遇劲旅“东吴附中”。当天，《苏州明报》派记者专程赴现场采访，决赛实况于赛后见报。在此，将全文内容摘录于下：

> 桃坞东吴决赛足球纪
>
> ▲桃坞以二与〇之比胜东吴
>
> 苏州中学校锦标为桃坞夺得
>
> 十一月二十八日，即夏历十月十三日星期六，桃坞中学与东吴附中作“苏州中学校足球锦标”决赛于城外萃英中学球场。于时，则天高气爽，寒风冽冽，洵足以励健儿之志；于景，则士女济济，童冠攘攘，亦可以壮壮士之气。天时人事，咸欲玉成诸健儿，早于斯时征之矣。
>
> 下午三时，号召铃鸣，于是双方战士载欣载奔，相与入场。既而接战令下，始则按部就班，继则超风逐电，各负敌忾之雄心，各充果敢之豪气，奔走追趋，纵横进退，桓桓然，赳赳然，群骋惊乎场中。有顷，桃坞宿将薛元衡单骑直冲，如入无人之境，大有赵子龙血战长坂坡之慨。东吴合力抗御，卒被攻入。一时唤呼声大起，并喊“薛元衡”姓名，以资勉贺而助声威。嗣继续作战。东吴前锋奋勇猛攻，桃坞几濒于危。当是时，东吴自右角向桃坞击去，而前锋又混集桃坞阵地，观者意疑必入，而桃坞守门员丁桂元反从容击出，若无其事，叹为观止。双方乃各奋精神，冀得攻入，而桃坞进攻尤力，然

东吴内卫亦颇不弱。及停战令下，结果仍为一与〇之比。桃坞胜。

稍憩，号令又作，双方球员复屹立场中，勖初志，鼓余勇，冀全再接再厉之手续，俾免三战三北之缺憾。一转瞬间，东吴丁人健将球冲入桃坞内地，卒以无援失效。而桃坞薛元衡、许振国、张桂林等，复施以猛击。其倏也，如轻燕之翔风；其鹬也，如大鹏之敛翅。东吴内卫尽力合抗，亦克厥职。是时，桃坞某君忽力乏退出，理应以预备员补充，而桃坞乘战胜余威，雅不愿补足人数，即复宣告续战。酣斗良久，桃坞左翼薛元衡忽盘旋前进，蹴至东吴腹地，适桃坞许振国已乘时而进，东吴猝不及防，至又被攻入一球。及至休战，结果为二与〇之比，桃坞岿然大奏凯歌矣。欢呼之声，上彻云衢；锣鼓之响，喧腾耳鼓。

——《苏州明报》1925 年 11 月 30 日第二版

桃坞中学夺得联赛锦标后，一鼓作气，又在第二年(1926 年)举办的第二届江浙私立中学联合运动会球类项目比赛中获胜，荣誉再度载入史册。

作者简介：

诸家瑜　1968 届初中毕业。中国民间文艺家协会会员，中国化工作家协会会员，中国东方文化馆馆员，江苏省民间文艺家协会会员，苏州市民间文艺家协会会员，苏州民间文艺网技术总监。

我的中学时代和英语老师梅乃魁校长

过邦辅

一

半个多世纪已经飞逝，但回忆仍似一瞬间，中学的学生生涯仍历历在目，甜蜜的回忆带来了我的青年时代。

我是在1931年跨进苏州桃坞中学预科成为一名住读生的。当时我才十一岁，既要料理生活，又要拼搏学业，艰苦程度可想而知。1937年我高中毕业，并考取了上海圣约翰大学医学预科。我之所以到今天能成为一名医生，并在骨科事业中略有成绩，与我在中学时期打下的坚实基础是分不开的。我要感谢我的母校和我的启蒙老师对我的精心培养，没有他们对我的塑造，我不可能有今天的成就。

有两件事让我印象深刻：其一是梅乃魁校长的英文读音教学。他教导我们学习英语的发音规律，告诉我们看到英文单词，首先要知道重音应在哪个音节，重点音节的元音字母应读得非常清楚，而非重点音节字都可读成近乎“u”的声音。例如，record，作为名词时，“re”为重点音节，短“e”读成“埃”，要非常清楚，不可模糊；作为动词时，“re”就不是重音节，所以“e”读成近乎“u”，而“cord”的“o”则是清楚的“o”长音。又如喉音字母b、c、d、v，后面的字音即使是唇音，也要跟着读成喉音。p、k、t、f，后面的字音即使是喉音，也要读成唇音。这样，就不会同一个字内又是喉音又是唇音。当然还有很多其他规律。从这两个例子，我们懂得规律是进入另一天地的一把钥匙，任何事不只是就事论事，还要掌握规律。

其二是全面发展。梅校长教导我们，读书不是死抠书本，而是广览书海。例如读英文，不仅要读课本，还要求看许多小说、杂文、小品文等；不但要求会看，还要求会写、会讲甚至会唱。经过中学时代的英语训练，到读大学时，英文就不再是难题而是应用提高问题。

除读书外，他还要求我们参加体育运动、游览山水，学会体验和总结各种生活内容。记得在毕业典礼前一周，梅校长请毕业生去他家中聚餐，吃饭的同时还提出问题要学生回答。所以教学是多方面的,教学中有娱乐,娱乐中有教学。

学校每年还有各式各样的背诵竞赛、数学竞赛、写作竞赛等,分初中和高中两级,以鼓励同学之间良性竞争,相互学习,共同提高。除竞赛外,学校还有歌唱团,这使我们的中学生活丰富多彩。今天回忆起来,犹似发生于昨天的情景。

在此,我对预科 29 位同班同学致以深深的怀念,数载同窗之情永铭心间。我不禁想到桃坞中学校歌的最后一句:“桃坞中学是我们的母校!”

二

虽然梅乃魁先生的晚年生活是清贫的,但他还是很乐观的。我是在美国看到他的最后一个学生。那是 1949 年 9 月,我在离美去英的前夕,专程去拉伊城拜望他,同年 10 月,我在英国伦敦接到到其小儿子的一封信,知道梅先生已与世长辞。在他的书桌上留待回信的信札中有我的一封信,由他的小儿子代复,未能接到他的最后手书,我深以为憾。

我去看他时没有事先与他约好,他没有准备,我也算是个不速之客。他孤孑一身,住在一个礼拜堂钟堂的小斗室内,显得非常孤单。看到我去,他很高兴,那次会面只有两个小时,但给我的印象很深。据我所知,梅师母已去世,单靠他的一些退休金是无法生活的,他只能去礼拜堂做助手。然而,他为人正直,不喜欢美国的种族歧视,所以在做礼拜时坚持要有黑人进唱诗班,不能分有色和白色人种。这遭到教堂董事会的拒绝,最后他只好离开那个教区,来到他现在所住的小斗室里去。可见,他是一个充满正义感的人。

这次拜访时,我虽未吃饭,但说谎说吃过了。之所以事先没有打招呼,是因为我想要看看他吃什么。他的小儿子在纽约图书馆工作,但下班后要乘一个多小时的火车回来陪伴梅先生,晚饭是两个人吃的。吃什么呢? 每人一块牛肉饼,两片面包,我在旁看他们两人吃,吃饭时还给他们说了笑话。

饭后他们已预约好去看电影,我也只好告辞。我们一起走出来,梅先生还是健步如飞。到了马路中间,有一个警察拦住来往车辆,让我们三人走过去,梅先生高兴地笑起来,告诉我,他还是这个警察儿子的证婚人呢! 我与他们在电影院门口分手,途经火车站,我回过头来看了他的身影,满意地离开了。这是我最后看他一眼。

时间过得真快,几十年过去了,但这一幕仿佛还在眼前,如发生在昨日,他的音容宛在。今天回忆起来,这就是我的启蒙老师,他品格高尚,正直、刚直、爽直。他为我国培养了多少幼苗,而这些幼苗已茁壮成长,已树林成荫,而这些树又正在培养新的幼苗,为祖国建设贡献力量。梅乃魁先生的身影和功绩将永远铭刻在桃坞校友的心中。

注：原为作者20世纪90年代写的《三十年代中学生涯回忆》和《梅乃魁先生的晚年》两篇文章。编者把两篇文章一并收入，取现题名。

▶▶ 作者简介：

过邦辅 1937届高中毕业。著名骨科专家。1963年，受到周恩来总理亲切接见。曾任国务院学位评定委员会医学组委员，中华骨科学会副会长、荣誉会长。

我的中学

潘祖德

我读的中学是苏州私立桃坞中学，在苏州桃花坞大街。相传唐伯虎的家就在此桃花坞。我在上海读完五年级后，就由父亲安排，跟随大哥建德一起来此就读补习班，相当于小学六年级，班里一共只有 7 个同学。补习班及格后，我们便可升入初中一年级。

当时是 1934 年秋，我差一个月满十岁。我很佩服我大哥的能干，14 岁的他带着 10 岁的我及箱子和铺盖坐黄包车（人力车）到上海北火车站。结行李票后，我们坐特快蓝钢车用时 1 小时 20 分钟到达第一站——苏州，领行李后坐黄包车，由平门入城，到阊门内的桃花坞大街尽头，就是桃坞中学。在每年春假或圣诞连元旦假回沪时，行李较少，我们可从北站起点站坐五路有轨电车的拖车（拖车容许带行李上车），到终点站老西门，然后再坐黄包车到小西门尚文路首府衙门的家里。

桃坞中学是上海圣约翰大学的附属中学之一，毕业后可直升该大学。其他可直升的中学，除圣约翰大学附属中学以外，尚有圣玛利亚女校、中西女校和扬州美汉中学，全是美国基督教会办的学校。

我与桃坞中学有较深的渊源。先是父亲在等候公费留学名额时，在桃坞中学教过一年书。叔父永春也到此读过书。然后潘氏的下一代男孩子全部进桃坞中学就读。1937 年，我在苏州读完初二年级时，抗日战争全面爆发，苏州沦陷，学校停办，就在上海的清心中学借读了初三。1938 年，苏州桃坞中学的教员大部分迁居上海租界，就在南京路与山东路路口的慈淑大楼四楼复校，改名为上海苏州桃坞中学，由毛克忠牧师任校长，顾厚鼎老师负责办公室工作，我回校继续读高中一年级。之后，我在圣约翰大学化学系毕业后，又回到母校教化学、数学和物理学。

桃坞中学总共只有 200 多名学生，其中 70% 以上来自上海，住读生占 80% 以上。私立学校的学费较高，当时为每学期 20 银票，再加住读的膳宿费用，就读的成本很高。校内多数是上海学生的原因，一是教学质量高，而且可直升入圣约翰大学；二是苏州民风淳朴，家长较放心；三是学校管理较严，在读学生的外出时间有严格规定。凡补习班初一和初二的住读生，每隔一周周六午后可出校门，在晚饭前必须回校，出门前要到校行政楼门前的名牌板上取下有自己名字的竹筹。训育主任沈雨霖老师早将有过失不准出校门者的名筹去除。学生出校门时将名筹交给门房，回校时须将名筹挂回校行政楼前的名牌板上。初三学生每周六下午都可出校门。初中生每晚要集中在大教室内自修，有老师轮流监督。每晚熄灯后，舍监要巡视十分钟，平时他们太闹时，也会出来管。做过我们舍监的有邓述昭、曾糜如和吴教官。高中学生则每周六、日的下午都可出去。我在苏州住读的三年是在补习班、初一和初二，都是每两周才上街一次。每次总是走到苏州的“大马路”，逛逛观前街附近最好玩的北局。此小广场四周有大光明、苏州和青年会三个电影院，以及一个苏州最大的百货公司。当时电影的票价是两角。我们可以看完电影后再去玄妙观集市买些小吃，或到学校附近的点心店吃炒面，每客约一角钱。

学校每六周小考一次，若有两门功课不及格，在70分以下，就要被罚在六周内不准外出（走读就无法处罚）。我对历史缺乏兴趣，所用的课本又是文言文，在小学中从未学过，所以常要不及格。数学则是我的强项，一直名列前茅，不料有次竟然失手不及格，之后六周不能出校门。

桃坞中学的校园占地二十余亩。进入校门是一园子。正对面是朝南的教学楼韩堂，其楼下是教室，二楼的大房间是补习班和初一学生宿舍，东侧小房间是病房，另有楼梯上下，西侧小房间由舍监住用；三楼是初二同学用的大房间。韩堂的西侧是钮堂，只二层，下面是教室，二楼是高中宿舍，都是小房间。韩堂的东侧是理堂，因里面有理化实验室和理化阶梯教室而得名。理堂的楼下有大教室，可容纳全校师生，是每日晨会、夜自修或聚会用的地方；二楼是图书馆和高三同学宿舍；三楼则是初三同学大宿舍。北面的校门旁有一处健身房，用作篮球场或排球场，室内墙上有拉绳举重器。韩堂后面是较新的行政大楼，共两层，下面是总务和训育室，楼上是校长和教务长室。再后面便是教师饭厅和办公楼。钮堂的旁边有一平房，其一半是绘画教室，另一半是小卖部（上午十时课间休息一刻钟，可买点心吃）。其他的辅助用房有大饭厅、厨房、厕所、发电机房、校长住宅、外籍教师住宅和教堂。此外，有一草地小足球场加煤屑跑道，以及两个较小的板球场。教堂即在板球场旁的沿街高地上。学校另在城墙旁有一个校外操场，要出校门走五分钟到达，其内有标准的大足球场和跑道，跳高、跳远、撑竿跳用的沙坑，以及两个网球场。

学校的教师水平较高，教学又认真。我记得的老师有校长梅乃魁牧师（教英语语音课），教务长毛克忠牧师（教英语、宗教），纽永清（教语文），王乘六（教语文、中国历史），屈锡熊（教语文），邓述昭（教英语、生理卫生），岳铭成（教英语），顾训丹（教代数），姚剑初（教数学、物理），曾糜如（教数学、体育），龚祖绳

（教化学、大代数），顾原最（教地理、图书馆长），钱燕云（教外国历史地理），陈仲夔（教图画），朱剑青牧师（教宗教），还有校医余生佳和管总务的张志鸿老师，等等。学校迁至上海后，除毛克忠、王乘六、夏星阶、邓述昭、龚祖绳、顾厚鼎和钱慕云继续执教外，又有蔡铭沅、毛克仁、李兰轩、沈郁华、汤山源、吴祖德等老师参加教学。

在抗战期间，大家的生活是极艰苦的。教师的工资低，工作又辛劳，便有人另谋他就。1945 年 1 月，我刚自圣约翰大学化学系毕业，毛校长就因有老师离职，来聘我担任教师，教化学、大代数、三角和解析几何。每周上课二十多个小时，再加批改作业和备课，十分辛苦。当时不断有通货膨胀，纸币贬值，校长就用工资购买较平价的黄金以便保值。于是我曾拿到一钱重的金戒作为一个月的工资。

桃坞中学是一所教会中学，学生须上宗教课和做礼拜。每日的全校晨会上有早祷，星期日上午在教堂做礼拜，学生一定要参加。圣诞节上午做完礼拜后就开始圣诞假期，至翌年 1 月 2 日学生返校。春季学期则有春假一周。学校并不勉强学生信教，对信徒和非信徒一视同仁。

桃坞中学的毕业生被圣约翰大学视为优等生，不用入学考试即可直升。学生的英语程度较好是因为大多数的课本是英文原版书，像初二的生理卫生课用的是“Our Wonderful Body”，高中除语文外，全部用英文课本。

住校的学生出校门的机会少，他们更多的精力易向运动方面发展，加上学校运动场地、设施齐全，有不受天气影响的健身房可打篮球、排球等，有内外两个操场，可踢足球、打棒球、打垒球，打门球、打网球等，而且全部田径项目的器材都有，所以学生在课余时间更积极参加运动。学校每年举行运动会一次，分甲、乙、丙三组比赛。每组设年级总分奖和项目个人奖，均取前三名。年级奖是奖状一纸，个人奖是绶带，分红、绿、黄三色，上面写着某项目第几名。大家热情很高，力争上游。在分组方面。体重 100 磅以上归甲组，75 ~ 100 磅是乙组，75 磅以下是丙组。丙组的运动员不多，只要参加，必定得奖，还能替班级夺得奖状，获得绶带就夹在书中作为书签。因此，大家就尽量设法减磅，如禁食、奔跑出汗等都用上了。我是年龄小，体重一直在 75 磅以下。此外，苏州的男子中学包括东吴、晏成、桃坞和苏州中学，有校际球赛，，各校轮流比赛。

学校的其他活动尚有演讲比赛和辩论会等，也有歌咏班，唱的是“One Hundred and One Best Songs”。我当时对用五线谱的外国歌没有兴趣，但总听得到他们的歌声，因此对曲调都很熟悉。

学校的伙食尚可，八人一桌，两荤两素一汤。大饭厅内由沈雨霖训育主任带领。他按两下铃后全体起立，祷告之后大家开始用饭。

每年校内余生佳医师替全体同学做一次体格检查。学生生病也由余医师诊治。梅校长常去探望生病同学。

教会办中学，男女并重，同时设立男中和女中。在东吴中学旁有景海女中，晏成中学对面有慧灵女中，桃坞中学附近有显道女中。男女学校没有什么交往。桃坞中学的校规是不准女子进校的，但显道女中的学生要从我校后门进来，穿过操场到礼拜堂做晚祷，此时我们是可以看到的。

梅乃魁牧师在苏州多年，学会一口苏州方言，带着些外国腔，平时一直用苏州话讲道和交谈。他教英语发音，学生获益良多。全面抗战开始后他离开苏州，再也未回。

我很尊敬我的英语老师岳铭成先生。他是武汉人，笃信基督教。我就读圣约翰大学时，他也在该校的神学院深造，立志做一名牧师，终生传道。夏星阶老师曾考有功名，大家都尊称他为夏老师，其他老师则一律称先生。夏老师讲到他欣赏的课文时会读唱，我仍记得他诵唱《三十年前好用功》的音调。

王乘六老师是章太炎的弟子，学识渊博，善讲古文。我们在练习写作时，他常常在教室内踱方步，口中念念有词，在背诵古文。王老师于新中国成立后在华东师范大学当教授，得以发挥所长。

顾训丹老师教代数条理清晰，深入精髓，学生得益极大。他戴着金丝边眼镜，两眼炯炯有神，非常严厉，学生都敬而畏之。顾厚鼎老师精通历史、地理，学生在背后给他雅号“顾百科”，意为百科全书，无所不知。他上课的教室，墙上有许多卷落的图。上课时他在黑板上画地图讲解，不用看课本或笔记，讲课清楚而吸引同学。

钱慕云老师教高中历史，用的教材是 *The World History*，此书最厚，携带最不便。他又教世界地理，往往闭着眼睛，头抬起而讲。他讲课喜欢插些笑话，苏州人叫“说死话”，以免学生打瞌睡。钱老师数十年如一日，从苏州教到上海，再回桃坞，又继续教书。1952 年 7 月，桃坞中学改为苏州市第四中学后，他任教务长直至退休。

陈仲夔老师教图画，他往往摆静物写生，画水彩画，凡静物是香蕉等食物时，不到下课已被学生偷吃。他是一位好好先生，有酒糟鼻，学生在背后叫他“红鼻头”，他的两个儿子都是我们的同学。桃坞中学因为是教会学校，教会牧师的儿子在此就读的很多，有的升入圣约翰大学，有成就的也很多。

在抗日战争胜利后，上海苏州桃坞中学就迁回苏州。许多学生也到苏州续读。1952 年，当地取消所有教会学校，在桃坞中学的校址上成立了苏州市第四中学。

▶▶ 作者简介：

潘祖德　1941 届高中毕业，其他不详。

饮水思源

张乾源

我在苏州桃坞中学读书的时候,当时学校是双语制教学。英文课读的是《双城记》(A Tale Of Two Cities)和《悲惨世界》(Les Miserables),厚厚的两本书。这让我想起,当年我曾代表桃坞中学参加苏州市的英文演讲比赛,汤山源老师和哈比森(Harbison)老师尽心尽力指导我的情景。

在高三尚未进行毕业大考时,我因品学兼优,已提前被几所教会大学录取,其中有圣约翰、金陵、之江等大学。在毕业典礼时,我取得了两张文凭, 其中一张是写着英文的"HONOR"的品学兼优的荣誉证书。注册处姚小姐说我已被经济系录取,但读土木建筑系还要再考物理和数学,要我去见圣约翰大学赵修鸿教务长。教务长看了我的高中三年的成绩单和荣誉证书后,即刻签了"All Excuse"两字,就是全免考,我真高兴极了。

我由桃坞中学直升圣约翰大学进入暑期班就读,后又入杭州之江大学建筑工程系读完大学。在大学读了三年,我读完的学分已超出毕业要求,所以陈植系主任同意我1950年就参加工作,同时完成毕业论文。

1951年我服从国家统一分配进入设计系统工作,由于勤奋努力、刻苦钻研,攻克技术创新难题,于是1955、1956、1957年连续三年被评为"上海市劳动模范",1956年又被评为"全国建筑业劳动模范"。这对于一个出身不好,又从教会学校毕业的技术人员来说,要连续几年成为劳动模范真是奇迹。

我在1956年荣获中国新民主主义青年团的奖状(据说发得很少,郝建秀也得了一张)。1958年,我又获得中国共产主义青年团的奖状,听说建筑业还有李瑞环、张百发得此奖状。同年,我还获得"苏联劳动模范"金质奖章。此外,我还被评为"先进生产者"。

改革开放以后,国务院谷牧和黄华两位副总理派我去瑞典留学,作为访问学者,我回国后汇报成果,谷牧副总理批示成绩很大、为国争光。1980年我被委任为上海电视机一厂引进彩色电视机生产线副总谈判,我以英语和日本人谈判,从3 600万美元谈到1 275万美元,最后由我负责的设计项目荣获国家银质奖,受到中央和上海市领导的嘉奖。

我主持设计建造上海第一座花园式现代化旅游旅馆龙柏饭店，由于采用先进技术，中西结合、开拓创新，获得国家优秀设计一等奖、国家银质奖、国家科技进步奖，还被载入英国出版的《世界建筑史》。我又为上海设计了第一个外资项目上海联谊大厦，从设计、打桩施工、开业，仅用了14个月，名扬国内外。我因配合政府引进外资，因此上海商城波特曼酒店（2亿美元）、锦江花园饭店（1亿美元）、日航龙柏饭店（6 000万美元），三项外资工程都请我为技术咨询总顾问，为国家收入外汇约600万美元。

我成了最早获得批准的正教授级高级建筑师。

1988年我到了香港，58岁开始重新创业。我在香港做了设计工作，又做了室内装修，又成了房地产开发商，并且我担任三所香港投资公司的总经理和总建筑师。在浙江省宁波市的国际村、江苏省太仓市的工业区，一直到上海建造最豪华的外销住宅“金苑”，我自己负责设计、施工、销售和管理，取得了丰收。此外，我还兼任上海大学的建筑房地产专业访问教授，并担任香港金裕国际投资有限公司董事总经理、香港登福投资董事总经理、香港泛亚医务投资集团（上海）经理、香港生科医药集团馆事、香港华盛国际工程设计有限公司执行董事兼总建筑师、大源街易发展有限公司董事总经理、中外合作美佳家具有限公司执行董事，以及上海金裕房地产有限公司董事总经理。

我现在再分析 一下我所取得的荣誉和成就，是和桃坞中学的培养分不开的，因为我在桃坞中学高中二年级时，就随洪永燔（凡）学长参加地下学联的进步学生运动，在思想上有很大的提高，坚定了我热爱祖国、热爱人民的信念。在桃坞中学求学都要70分才及格，所以学生有扎实的学业知识，才能得到品学兼优荣誉生奖状。其“老师出众、教育严谨、循循善诱、启蒙培植、打好基础、学以致用、诚信学风、勤学苦练”的办学特色使我们获益匪浅。无论我在以后读大学、出国留学，还是为建设祖国到中国的东南西北和世界的各个角落，桃坞中学的双语教育总在发挥着它的作用。

我曾获得团中央委员会奖状，以及“上海市劳动模范”“全国建筑业劳动模范”称号，并获得了全国设计竞赛最高奖；获得国家科技奖两次，国家优秀设计奖多次，上海市优秀设计奖十余次，上海市住宅设计最高奖，被任命为第一位正教授级高级建筑师。此外，我为国家引进外资三十多亿元，又为国家创造众多财富。我旅居香港后，虽已年届花甲，但仍然在昂首前进。

饮水思源，根在桃坞中学，我永远心怀感谢。我要告诉苏州四中的同学：福在四中、勤学苦练、打好基础、德体兼备，与时俱进、开拓创新、诚信为人、一定成功。

作者简介：

张乾源 1948届高中毕业。后升入上海圣约翰大学学习。曾是上海圣约翰大学校友会副会长、上海市政协常委。曾任华东建筑设计院副总工程师（总建筑师），兼任上海锦江集团、新亚集团、中国信证公司顾问。

编著的《建筑综合论》是我国第一部具有中国特色的建筑学著作，书中突出了“低碳、环保”等理念，被美国麻省理工学院、明尼苏达大学、普林斯顿大学、加州大学伯克利分校、华盛顿大学图书馆收藏。

对母校的深切怀念

刘元方

我在1942年进入桃坞中学就读初一，至1948年高三毕业，在母校整整度过了六年。在离校后几十年的教学和科学研究生涯中，我能对国家做出一点点贡献，饮水思源，深感在很大程度上应功归于母校对我的培育。

在这六年的学习中，我受到了很强的英语训练，记得在高三时举行的全校英语演讲比赛中我荣获第一名，这为我今日广泛地参与国际学术交流创造了很有利的条件。母校的英语老师汤山源先生等的教学水平是很高的，尤其是从汤老师的教课中我得到了极大的教益。还有，王乘六老师是国学大师章太炎先生的门生，教我们古文课；许鹏年老师教的物理课；毛克仁老师教的数学课；等等。他们的教导都对我打好学业基础起了启蒙和引路的作用。

当年的苏州私立桃坞中学是美国基督教圣公会办的一所教会学校，这难免使得它蒙上一层向学生传教的宗教色彩。但从历史的观点分析，它仍不失为一所给青少年以严格的良好教育的好中学，一所蜚声中外的好学校。学校拥有一支业务修养较高、作风正派的师资队伍，按校规、校纪对学生进行严格的管理。这对培育和熏陶青少年的品格和学风都起到很好的作用，我自己也深受其惠。

回首当年，我十分留恋在母校的生活：浓厚的学习氛围，融洽的师生关系，深厚的同窗友谊，幽静的生活环境，还有那美丽而古朴的姑苏城，多么令人向往！

今天我深切怀念曾谆谆教诲我成长的老师们。想到不少老师，如王乘六、许鹏年、毛克忠等先生早已作古离去，我伤感不已。

作为一个已离校这么多年的老学生，我衷心祝愿母校苏州四中在继承优良传统的基础上，更加生气勃勃，为正在改革开放大道上前进的祖国，培养和输送更多的优秀人才。

作者简介：

刘元方 1948届高中毕业。中科院院士，北京大学教授。国际化学联合会放射化学与核技术委员会原主席。

“桃坞”琐忆

顾建国(乐真)

今生有幸,见证了三个母校(南京国立师范第一附小、桃坞中学、北京大学)的百年华诞。在桃坞虽然只有三年,但这是人生中的关键之年,她使我这个不懂世事的顽童,走上了正确的人生道路。

一个“备取”的插班生

1945 年抗日战争胜利时,我还在南京,年底才迁回苏州外婆家,为此耽误了学业。

那时,我们住在皋桥西街戈家弄。最近的一所中学 ,就是桃坞中学。1946年春,学校招少数插班生。对桃坞,我多少有点胆怯。一是教会学校 ,收费较高,记得每学期是一石八斗米。二是较为严格,每门功课要 70 分及格。但因为离家近,还是去考了,结果以“备取生”资格插入初一下学期就读。教会学校也有好处,因我是学校附近平民,学费减免三分之一。

初一的教室在大楼边的一所大平房里,隔壁是个小小的消费合作社,门口有棵大树,与其他教学楼比起来,这个教室有点寒碜。班上 40 多个同学都是男生。学生大概分成三类:一是抗战时桃坞在上海办学时的上海学生,大多是富裕家庭子弟;二是苏州四乡学生,但能在桃坞住读,当然也不是等闲人家;三是像我这样的本地学生,有开小商店的,大多是平民家庭。这三类学生,除同室上课外,平时很少交往。

因为是插班生,我的学习基础较差,国文、代数、历史等还能跟上,负担最重的就是英文课。桃坞的学生英文基础较好,而我在插班时,英文字母都不识。我在学校上的第一课是《开明英语读本》第一册第十六课,一首关于黑山羊的英文诗。

教英文的是教务主任汤山源先生的妻子郭老师。她上课时,先教几个生词,然后朗读。而对我来说,每个词都是生词。一上课我就忙着在书上注上汉字读音,如“巴巴—勃拉克—西普”(Ba Ba—Black—Sheep)。这种笨拙的学习方式,使我手忙脚乱,难以应付。所以,我的英文课总是不及格,偶尔得个 58 分就兴高采烈了。到初二,换了个沈老师(上海圣玛利亚女校毕业)也没改变惨状。到初三,学到《一千零一夜》时,我更惨了。

我对代数、几何、化学、物理的悟性也较差,由于教代数的龚老师和教化学与几何的何老师(同学叫他“阿基米德”)善于诱导,还勉强能应付。但到初三上物理课时,学校聘请了刚从国外回来的一位年轻老师,戴着副金丝边眼镜,人很潇洒,学问亦好,只是他讲课的方法不适合初中学生。他从不“照本宣科”,只是侃侃而谈。学生们则前后翻书,不知道他讲到哪里了。所以考试时不少同学(包括我)都交了白卷,老师则每人“赠送”20 分。由于学业跟不上(虽每年暑假去上海补习英语),人又调皮,因此,我在初二时已经累计了 7 个“过”(按学校规定,记满 30 个“过”开除)。于是我在初二时留了一级,我这个“备取生”始终也没跟上去。

三个国文老师

初中时,我的国文和历史尚好,作文常在“甲等、乙等”之间。先后三个国文老师给我留下了深刻的印象。

初一国文老师是淳朴敦厚的陈宗良。他终年穿着一套灰色长衫,儒雅文静。他教学的第一课是明末周容的《芋老人传》,讲得鲜明透彻,使人读后久久不忘。

初二的国文老师是个师范学校毕业的年轻人——汪稚青。他西装革履,神态严肃,使人望而生畏。由于他安徽口音较重,学生有点听不懂,课堂秩序就有些不稳,有的偷看小说,有的乱扔粉笔头,我也是其中惹是生非的一个。但在一次讲授《祭妹文》时,情况发生了变化。《祭妹文》)是清代袁牧的杰作:“乾隆丁亥冬,葬三妹素文于上元之羊山,而奠以文曰:呜呼!汝生于浙,而葬于斯……”汪老师先吟诵一遍,再一句句解释。学生越听越入神,老师则越讲越动情,以致声咽唏嘘而不能讲下去。后来听说,汪老师的慈母不久前方驾鹤西去,故而有所触动。

汪老师的孝心感动了我们,此后上国文课,我们再也不吵闹了。我也十分尊敬汪老师,毕业后多年,我们书信不断,始终保持着良好的师生关系。

初三的国文老师是单大声。他有点秃顶,常穿着件长衫,一副文人的气质。有次,一位同学拿着份《苏州明报》,指着副刊上的一首新诗对我们说:“你们猜这‘疾呼’(作者笔名)是谁?就是我们的单老师!‘大声疾呼’嘛!”于是,大家抢着看报纸。乖乖,真了不起,他居然能写诗!而单老师从来没有谈起过他的写作!

单老师布置的作文,很少是命题作文,大多是让学生自己命题以利于发挥想象力。但有次却和我产生了一点误会。我爱看文学作品，所以作文较好。一次，我随娘舅在茶馆喝茶时，邻桌正谈“壮丁”买卖。我了解个大概，就写了篇作文《出卖身体的人》交上去，谁知道老师发火了，看也没看，当堂撕了，羞得我下不了台。后几经辩解，这是写买卖壮丁的事，单老师才息了怒。我最后得了个“乙等”，实在是这题目容易引起误会。

“桃坞”教我一首歌

桃坞的课程以英文为主，每周上六课；国文其次，每周上五课。其他如数、理、化、史、地，样样皆有。初一时还有公民、宗教课。公民课即讲三民主义，记得是介绍各种合作社。宗教课，大家也没多大兴趣，但教课的是汤山源先生的老父亲，为人慈祥谦和，明知同学没多少人听他的，仍然是敬业教授。我并不信教，但看到每年圣诞节教徒都能领到一包救济品，颇为羡慕，就向汤老先生提出愿意入教。讲定星期日上午在学校的小教堂做礼拜。但到了星期日，我却忘得一干二净。此事我有点不安，怕老先生训斥，但下次上课时，他没提起此事，大概知道我“动机”不纯了。

体育老师张福生，终日笑眯眯，没一点脾气，常年穿一套唐装短衫裤，宛如一个菜农。他通常先讲童子军教材，然后开始体育教学。他教体育多数是把同学分成三个队，轮流踢小足球，输了的就下场。这多少培养了我们对足球的兴趣。（桃坞的足球队是颇有名的！）

教美术劳作课的是一位文绉绉的先生，姓陈，穿长衫，戴黑边眼镜。他常亲自画些水彩画叫我们临摹，如“野渡无人舟自横”，有时也叫我们自由作画。劳作多为在青砖瓦或竹片上刻字，但到初三就没有了。最让我印象深刻的是，入学开始，由汤山源先生的妻子郭老师教的音乐课。她先教简谱，后教五线谱，三年多来教了不少歌，大多为世界名曲，如岳飞的《满江红》、李白的《清平乐》等。我一直在哼唱的两首歌，一首当时叫《毕业歌》，实际上是李叔同的《送别》，就是以后有着脍炙人口的歌词“长亭外，古道边，芳草碧连天……”的这首歌。

还有一首歌名忘记了，但我常哼起它自勉：“黄金的年华过时才知道从前铸成大错，潇潇两鬓皤，徒唤奈何；瘦影已婆娑，徒唤奈何！雄心壮志早消磨，夕阳景，已不多，深悔蹉跎！”最后是重句。这几句歌词就像岳飞的“莫等闲白了少年头，空悲切”一样，教育我们珍惜青春年华，不要老来悲叹蹉跎！

我的学业基础差，23 岁才跳过高中上大学，功课比不过别人。这首歌就常常激励我要“笨鸟先飞”、勤能补拙，不要将来为“黄金的年华虚度过”而后悔。桃坞教我的这首歌，让我终身受益！

“顽童”与“三巨头”

在桃坞时，我算是个“顽童”，英文老不及格，又常打架，但打架是“被迫”的。我说话口吃，有些同学就欺侮我，叫我“楞子”（结巴）。我发急了，越急越结巴，反使得他们哈哈大笑。我就只能和他们打架。欺负我的人都比我高大，我打不过他们。但我抱定“宁愿给你打三拳，我也要打你一拳”的想法，于是打架就出了名。老师点完名，常会给我带来一张训育处的小纸条：“下课后到训育处一趟！”去训育处没有好事，训一顿，甚至要“关夜学”，也就是放学后要在训育处“思过”两个小时。

训育处长许鹏年，个不高，矮矮胖胖，总背着一双手，不苟言笑，十分威严，即使不训你，也让人有几分畏惧。

当时学校的校长钱慕云，修长的身材，脸上总堆着笑容，他平时和学生接触不多，只是每周一次在体育馆兼作礼堂的周会上讲话。

教务主任汤山源，一副学者派头，与终年身着长衫的校长不同，总是西装革履。我和他也没打过什么交道。只有一次，在上音乐课前，有人在黑板上写了“汤山芋配红萝卜”几个字，郭老师一进教室就生气走了。同学们都有点慌，赶忙擦掉黑板上的字，安坐在教室里不动。一会儿，汤先生来了，显得少有的激动，整整把同学们训了一节课。我们知道这事情做得也太过分了，所以个个不敢抬头。实际上，做错事的只是某个人，但黑板上的字大家都看到了，没人制止，我们也是有责任的。1992 年我回苏州专门打听了郭老师的住处，送上两盆仙人掌，登门看望，也算是为班上同学的无知道歉。

裘万年与原野图书馆

初二时，我留了一级，遂与因病休学的裘万年同学认识了。当时，我不好意思地坐在最后一排，正好与裘万年坐在一起。那时，我家已搬到了久福里，而裘家住在东角墙，两家仅一墙之隔。裘万年患有白血病，行走不便，我们便约好每天一起上学，这样我们就成了好朋友。

1947 年暑假，裘万年在他家的斗室里办了个暑期读书会。当时，他有一书架的文艺书，就以此作为读书会的读物。

我在小学时爱看演义小说，到初中后看些张恨水的言情小说和程小青的侦探小说，如今看到鲁迅、茅盾、巴金、曹禺，还有高尔基、果戈理、雷马克等的书，我几乎傻了眼，原来除《彭公案》《啼笑因缘》外，世界上还有这么多好书！

整个暑假，我都泡在裘万年的斗室里，开始进入一个新的天地。读书会的成员不多，除我和裘万年是初二的，大多是桃坞初三的同学，潘传春、郁乃尧、沈春元、钱鹏、刘旗明等，总共七八个人。

暑期过后，大家不舍得散摊，就以裘万年为首，以读书会成员为基础，办起个原野图书馆。每人把自家的书都搜罗来放入图书馆，甚至还向亲友借了一部分书，馆址就设在潘传春家所在的西街41号。入门房间是个皮匠室，二进是图书馆，东厢房是借书处，西厢房算作办公室，大厅放两张桌子，桌上摆着几本图书目录。刚开办时图书馆仅几百本书，后搞了一次"捐书运动"，由桃坞师生捐书、捐款，充实了一批书，有了《新民主主义论》《李有才板话》，也有《中国之命运》。开始时是我们几个基本读者当工作人员，轮流值班，以后发展了一些桃坞和其他学校的同学作为工作人员。

当时的读者多数是桃坞同学，也有附近的店员、手工业者和家庭妇女。读者的借书费是每月一个大饼的钱。

后来书多了。书的来源除捐赠外，还有大家一起购买。裘万年原是上海文化出版社的基本读者，平时有钱就寄去选购图书。后来，我们都成了出版社的基本读者，一有零用钱，就存在账户中。为了不重复，根据各人的爱好分工，谁买小说，谁买散文、诗歌等。我专买戏剧方面的书，这对我以后从事戏剧工作有很大的影响。

此外，图书馆还办了个油印32K的文学刊物《原野》。主编当然是裘万年，封面也是他设计的。我们自刻自印，每期印50～70册，就放在图书馆大厅里卖，居然也出到了第七期。作品大多是桃坞同学写的。我写了第一篇小说《阿K正传》，讲述中学生阿K迷恋文学，弄得神魂颠倒的故事。

那时，苏州有三个民办图书馆，最大的叫"文心"，据说是中共地下党举办的，其次是"大地"，是平民置办的，第三就数"原野"了，都是桃坞的学生。"大地"的人曾找裘万年，提出合作。但当时我们以不问政治为由拒绝了。

新中国成立后，图书馆参加过防汛救灾义卖（纸扇）等活动。但这时，有一些人，如潘传春、郁乃尧等，都参加了市团校学习，我也去上海当学徒了。大概在1949年底，图书馆就自动解散了。当时将私人书归还后，图书馆约剩下400多册书，悉数捐赠给了苏州图书馆，他们还在《新苏州报》上登文鸣谢。

"原野"虽然没有"背景"，但她是桃坞的女儿。裘万年毕业后因病一直没有参加工作，1953年夏秋之交，病故于上海。当时我正在上海灯泡厂工作，遂由我代为操办丧事。我飞函"原野"同人，大家都寄来了不少钱。我以后每月为母亲寄钱时，都另寄一份作为裘母的赡养费直到她去世。

参加"军大"的波折

1949年6月，华东军政大学在苏州招生，不少同学都偷偷报名投考了。但那时要有学校证明,而学校为了负责起见,要有家长的签字盖章才能开证明。

那时我父母住在南京,我寄居在姐姐家中,而母亲顾王氏的木章就在我处。我写了张假条用它盖了章,然后拿着学校的证明去考了。但刚考上,学校就给每家写了信,说是“贵子弟已开证明去××学校”。信落在我姐姐手里,于是姐姐姐夫又找来娘舅轮番劝说,硬拖着不让我去报到。待母亲回来后,就把我带到上海当学徒了。

这事使一些同学的“计划”破产了,就恨学校不该“告密”,实际上是“破坏”同学“参加革命”。时值暑假毕业,一些同学(包括我)就以砸学校的玻璃窗泄愤……直到1950年2月,我从老板处逃跑出来,还是桃坞同学潘传春帮我开了市团校的证明,才考上了苏州行政干训班。从此,我离开桃坞,桃坞也开始了一个新的时代。

但我砸了学校的玻璃,这债我是一定要还的!

桃坞中学是一所严肃的、负责任的学校。我在步入社会前,得到桃坞的教诲,这使我懂得了做一个人应尽的责任。

2002年6月15日于广西中医院

注:作者写于百年校庆前夕。

作者简介:

顾建国(乐真) 1949届高中毕业,后考入北京大学。研究员,退休前任广西文化艺术研究所所长,享受国务院特贴专家。

回忆中学生活

刘祖年

一

我是苏州桃坞中学1950届的高中毕业生。光阴荏苒,转瞬离开母校已70多年了。回首往事,在母校五年的愉快的学习生活,历历在目,难以忘怀。母校重视双语教育,尤其高中课程,勃台物理、勃康化学、两氏平面解析几何、范氏大代数、世界历史等,均用英文原版课本,部分老师也用英语授课。英语课程更是重中之重,语法、阅读分开讲授,每周各三节课,另加两节英语口语,由美籍教师担任教学。英语课本,我在初三年级已学《天方夜谭》,高二年级学《莎氏乐府本事》。我们的学长在高三年级即读《双城记》等名著。

每一学年学校都要评选优秀学生,颁发荣誉证书。其中有一个硬指标,即每门学科必须80分以上,包括体育、音乐、美术各学科。同时,用"加权平均法"统计全校学生每一学年的总成绩,对高、初中前三名学生,予以重奖。我在初二、初三、高一学年,都获荣誉证书,并在高一年级荣获高中部第三名。由于母校要向当时的江苏省教育厅办理立案,我们进入高中后,理科教材一律改用中译本。在高三时,苏州已经解放,母校紧跟中国共产党,与时俱进,英语教材选用《论人民民主专政》英译本,以及新华社《每日电讯》英文稿等,收到良好的教学效果。

当时母校老师的教学方法,注重启发式,激励学生求知欲望,强调学就是要问。这样的教学方法使我终身受益。语文王乘六老师是国学大师章太炎的弟子。他在讲授《枫桥夜泊》时,先领着我们一起朗读一遍,然后让学生提问。我即提出"霜不可能满天"。王老师问我应该如何写,我就模仿当时流行的打油诗,改成"月落乌啼霜满屋,江枫渔火对愁哭,姑苏城外寒山寺,夜半钟声到木渎"。王老师首先表扬我能积极发言,然后指出错误,再开始引入正课,同时板书。他教导我们,七绝有平起、仄起两种格式,必须押平声韵。绝句如此,律诗亦然,律诗更应注意颔联和颈联的对仗。写诗要有诗意,什么是诗意？这一周的课讲的都是诗。红花对绿叶是好对,父母不能对爹娘,这是大忌。王老师为此编了顺口溜:“记住,动对动、名对名……;切忌,天地宇宙之乾坤、关门闭户掩柴扉……”这个顺口溜言简意赅,至今不忘。

英语汤山源老师,授课生动活泼。一次他提问,“无风不起浪”如何中译?我举手回答“No wind, no wave”。汤老师指出,这是“Chinese English”。于是他详细讲述翻译成语的要领后,给出答案是“No fire, no smoke”。翻译毛泽东同志在全国政协讲话的英译稿时,他还特别指出,为什么“代表”一词要用法语翻译,等等。

数学吴祖德老师讲授平面几何时,往往只板书命题,不用教具,徒手画出简图,引导学生从何处着手思考,是否需要添辅助线,最终由多位学生完成解题全过程。我们学生听数学课,个个兴高采烈,不觉枯燥乏味。这也是对我终生从事中学数学教学工作的启蒙教育。20 世纪 80 年代,我能参与英文原版《龙氏平面解析几何》的中文翻译,正受益于这三位老师的综合教导,真是师恩难忘。

不只主课如此,美术课陈老师喜欢命题作画,板书一个“风”字,要求我们画一幅水彩画。音乐课姜老师与学生一起,边讨论,边谱曲,一节课已经写好一首简谱歌曲,兴味盎然。体育课张老师早上 7 时前,在外操场开设网球兴趣课。地理周老师、世界史钱校长上课更是妙趣横生,满堂一片笑声。这些趣事,不胜枚举,是我在母校五年学习生活的冰山一角。今仅举数例,以感谢母校培育之恩。又与同窗好友一起思考,回忆青少年时代的学习情境,鼓励后生。

二

抗日战争胜利后,母校桃坞中学立即在苏州复校,当时只有初中三个年级各两班及高一年级一个班,共七个班。1946 年秋季学期开始,母校在上海慈淑大楼的临时校部师生,全体迁回苏州,配齐六个年级。由于上海籍学生很多,因此宿舍满员,每当用餐时间,食堂内欢声笑语,一片祥和景象。翌年,欣逢建校四十五周年,学校停课三天,举办纪念活动。大批老校友,特别是上海校友,相约返校,参加庆典,盛况空前。学校为校友们妥善安排食宿,许多后勤工作由我们在校学生担任,能为前辈、学长服务,我们都非常高兴。校庆当日,校友发言,精彩纷呈,特别是龙门书局蒋总经理的讲话,更是妙趣横生,令人捧腹,据说他在校时是个“皮大王”。正当大会进行之时,忽然收到来自美国梅乃魁老校长的贺电:Long Live Soochow Academy! 顿时全场欢呼,掌声雷动。

晚上,上海校友京剧票房带来两台京剧:《汾河湾》《二进宫》。演员全部化妆着戏服登台,生、旦、净、丑,一应俱全,乐队齐整规范。演出过程,高潮迭起,喝彩之声,响彻礼堂(健身房)。次日上午,学校举行篮球、足球友谊赛,校友队对阵学生队。汤山源老师、吴祖德老师等参加校友队。当时校学生足球队在苏州名列前茅，守门员华权、左后卫沈燮根、中场陈孝同等都小有名气，所以，学生足球队胜得轻松。会后，校友们决定：发起捐款，为母校建一栋校舍，取名“梅堂”，向老校长致敬。学生本人没有经济力量，我们就动员家长参加。我利用外祖父在苏州商界的影响，争取到校刊上发几份广告，以尽绵力。梅堂奠基之时，在大楼左边地底下埋有铁箱一只，内装大量校史资料，包括校友、学生名册。楼上是图书馆，书库、阅览室分列东西两边。梅堂建成之日，我们高三与初三各两个班的学生有幸在楼下学习。我们就在“梅堂”举行最后一次班会，离别母校，各奔前程。回首往事，母校之恩，终生不忘。

三

1950 年春夏之交，苏州解放刚满一年，百废待兴，但是在党的坚强领导下，一切都已步入正轨。学校教育也启动改革。当时，我就读苏州桃坞中学高三年级，正面临毕业升学的关键时刻，不仅没有丝毫紧张气氛，而且参加了下乡捕捉螟虫活动。因为在上学期，学校来了一位政治辅导员吉同志，取代过去的军训教官向国泰。虽然时间很短他就受命继续南下工作而离开学校，但是，他的思想教育工作对我们帮助很大，让我们初步懂得知识分子要与工农相结合。所以，我们全体师生参加为期一周的下乡劳动时，都热情高涨。

每天清晨，我们在学校集合，在校外河边登上小船，出阊门水城门，赶往观音山麓，每艘木船乘坐十人，两位船工一人在前面撑杆，一人在后面摇橹，沿途风光迷人，两岸柳树成行，眺望田野，麦浪翻滚，菜花金黄，稻秧初长，牛羊成群，鸡犬相闻，奏响了“田园交响曲”，一片丰收在望景象。

在劳动中，我们虚心向农民学习，认识螟虫，在幼嫩的秧苗上细心捕捉，一天下来，成果满满，喜悦之情溢于言表。中午时分，我们食用自带午餐，饭后在山间“童子门”休息，凉风习习，心旷神怡。傍晚收工，我们登舟返城，已是万家灯火时矣。事后小结，畅谈收获，大部分师生都得满分，我和汤山源老师被扣几分，因为我们师生二人的午餐不约而同带的是牛奶、面包，受到委婉的批评，从此，我们引以为戒，终生牢记。弹指一挥间，65 年过去了，往事并不如烟，好像就在昨天。

作者简介：

刘祖年　1950 届高中毕业。后因院系调整在上海圣约翰大学经济系肄业，在上海财经学院毕业。曾在上海北郊等中学任教，后曾任钟山等中学校长，上海经贸学院副院长。曾任虹口区十届人大常委会委员，七届民盟虹口区委副主委。

忆桃坞

王仁农

离开母校桃坞中学屈指算来已50多年，当时的一切还历历在目，使我终生难忘。母校坐落在明代才子唐寅故居的桃花坞西端，校门外就有一条小河，登小船经阊门水门去山塘街、虎丘，甚至大运河、太湖。校内环境优美，教学设施齐全，良师荟萃，人才辈出。出校门沿河桃红柳绿，美不胜收。流水声、小船的摇橹激水声，伴随着河滩石阶上的击衣声、淘米声，同吴侬细语构成一幅流动的画面，使人陶醉。沿街许多民居，内种各种树木花草，四季飘香。校内绿树成荫，花草丛丛，彩蝶飞舞，每日清晨不断传来学子的读书声。要回忆的事实在太多，我只能择其中较深刻的事略叙如下。

忆钱慕云校长

钱校长是位平易近人的好教师，一生都献给了祖国的教育事业。1945年抗战胜利后，桃坞附小恢复招生，我就报考了该校。发榜那天，我怎么找都没有我的名字，显然是落选了。这使我惊呆了，直奔校长室。我认为我在公立学校成绩很好，怎么报考一个私立小学能落选呢？在我的“申斥”下，钱校长找出了我各科的考卷，他看后说，国文、英文、常识等考得不错，就是算术不及格。他将算术考卷的背面指给我看，还问我这些题怎么一道亦没有做。这时，我才恍然大悟，悔恨自己太粗心了。钱校长对我说做好题后要详细检查一遍，甚至多遍，切记不能马虎大意。在耐心教导我后他说，再给你一次考试的机会，说着他就出了一些题要我当场答。我在他要求的时间内交了卷，这次他微笑着说，成绩不错，你被录取了。接着他又说，榜上不能标上了，这是一次教训，你要永远记住。确实，钱校长的教诲使我终生受用，以致以后在军队里当报务员时，不论在什么情况下我都认真对待拍发或抄收密电码，无一差错，甚至还立了战功。

初中时，钱校长又教我们中国地理，第一堂课就讲高山剥蚀、洼地堆积的外力作用，以及北宋沈括有关沧海桑田的思想，还有明代地理学家徐霞客的事迹等。每讲一个省，他就要求我们绘这个省的主要山川、湖泊、城市、铁路、公路、省界等。如果不下功夫好好学习，很容易将这个省同与其接壤的省绘错，为此，他还编一些顺口溜来教我们记住一些地名或山川。如讲湖南省的四水时，一般教科书均以其流域及长度来划分先后，故称湘、沅、资、澧四水，钱老师在黑板上从右向左划了个半圆，依次写成湘、资、沅、澧四水，再告以沅水是四水中排名第二，他这一个半圆记起来既上口，又易让人将四水的位置记住；当讲到四水附近的风土人情，特别提到湘西凤凰山城的沈从文时，以他从一个只有小学文化的青年，经过自学成为大学教授的经历来激励大家。又如讲到江西省南昌市的滕王阁时，谈到当地太守同王勃的典故，他又诵读了王勃的名句“落霞与孤鹜齐飞，秋水共长天一色”，其语调及神态使人难以忘怀，既使学生记住了滕王阁的位置、典故及王勃的名句，又激起学生对国土的热爱。钱老师还在地理课上说过这么一句话：“在我这里学地理不可能得 0 分，亦不可能得 100 分，因为你不可能一无所知，亦不可能全部知晓。”回想来，这句话确实意义深刻。

新中国成立后学校成立了校务委员会，学生代表二人，由全校学生进行选举，我和已去世的校友陆德新当选，工友代表王佐才。桃坞中学历来学费昂贵，一学期收费几十大洋，同学及家长意见很大，为此学生会提出降低学费的要求。我们力诉己见，据理力争。那时物价不稳定，降低学费涉及教师的收入，钱校长有他的难处，但最终他还是接受了我们的意见。还有那时社会活动较多，如全市性的集会，还有取缔银圆贩子等涉及全校停课的事，向他请假或申请发布告，他还是支持的，看来他亦是一位比较开明的校长。

我记得有一次市学联号召高年级同学下乡治螟救灾。我们为了响应号召，向钱校长请假，他不仅同意全校停课一周，还发了布告，称学校将雇船把我们送往农村治虫害，并派出医务人员陪同以防不测。出发前严万里老师介绍了螟虫的成长史，以及消灭的方法。学生会将一些身强力壮的同学组成突击队，陈仲夔老师还设计了一枚突击队员的徽章，徽章为圆形，底部红色，中下部为一只螟虫，上边写着“桃坞中学治螟突击队”。记得朱蒸学长还为我们拍摄了许多照片，90 周年校庆时展出了一张多人坐在船上、稻草堆上去治螟的照片。校史室亦有一张那时下乡的照片，校旗下拿喇叭的我正在集合队伍。可惜许多照片都在“文革”中作为“四旧”而被毁掉了。治螟一般要在夜间用灯光吸引螟虫自投网，或者用网拍捕捉。而找虫卵就方便多了，只要在水稻叶上寻找即可。不过不论用什么方法捕捉，亦不管捕捉什么，都要在水田中操作。最讨厌的是要防止水蛭刺伤皮肤，以防感染。这次下乡治螟组织得好，取得了优良的成绩，许多同学受到市学联的表扬，我还被评为“市治螟模范”，获市里颁发的奖章一枚。

自养父去世后，我因交不起学费，除在寒、暑假期间绘扇面挣些钱(绘一个扇面亦不过挣两个大饼的钱，也就是几角钱)外，开学后就在胡维谷老师的指导下磨黄豆、挤豆浆，再煮成可食用的豆浆，供住宿生早餐用。这项工作既辛苦又费时,但每月约有10元的报酬。我每天早上4时前要到校,那时门卫的梅伯伯给我开门,天长日久,暑去冬来,他怕我影响健康及学业,就建议钱校长让我住在学校里。我是走读生,当然不可能住学生宿舍,为此钱校长给我在那时的钟楼顶层找了个地方住下。这一决定对我帮助很大,我至今还很感激他及梅伯伯。钱校长对我一直寄予很大的希望,我参军离校时他在我自制的签名本上写着:“希望你永远做事积极,仁农同学,钱慕云1950.6.26。”离校后我曾在1956年报考大学时去看望过他,但后来中断了联系。直到改革开放后,我才去看望钱老师,他那时好像已退休,而且早已调离桃坞中学,在另一个中学教英文,还被评为优秀教师。那时他还为出国留学的学生辅导英文,听说经他辅导的学生不仅笔试取得优秀成绩,而且在留学接受外国大使馆或领事馆口试时亦顺利通过。钱校长的学生很多,可说桃李满天下,此时他若地下有知,一定会为母校的欣欣向荣而高兴。

忆义务小学

抗战胜利后桃坞中学还办了义务小学,内设四、五、六三个年级,每个年级开设国文、英文及算术课。每周一至周六的下午4时到6时上课,老师由初三至高中部的品学兼优的学生担任,每周每人均授课六小时。学生为学校附近的贫苦子弟,不论男女,经考试编班上课。学校校规严格,但这些学生都很努力学习,成绩优良。义务小学办学经费由桃坞中学校方及学生募捐、义演等收入资助,经费主要用以购置课本、练习本及铅笔、橡皮等学习用具。期终考试不及格者要留级,对不守校规者有勒令退学处分,但对成绩优秀者亦发奖状及奖品等以资鼓励。义务小学深得附近居民的赞扬,为此越办越好,我是该校第二任校长,教六年级语文课。王永宽是第一任校长,他为义务小学的发展打下了良好的基础,使我们这些后继者费力不大就能将学校办好。我至今还有当初六年级学生赵懿珠在我离校时赠我的相片,她若健在的话亦已年过花甲。回顾当“小先生”的经历使我感慨万千!

想不到桃坞中学还培养和锻炼了我的口语表达能力,以致我已年近古稀,尚能不用讲稿,在一些国际会议及全国性的会议上做学术报告。听说在我离校后桃坞中学还办了夜校,我想很可能是从义务小学演变及发展而来,后又并入桃坞中学,成为其一部分,正确与否,有待知情者指正。说起口语表达能力,我还得感谢母校老师对我的教导,记得我在桃坞附小读书时,老师常让我参加一些演讲比赛(毛维翰常参加一些英语演讲比赛),还常提醒我演讲时要注意仪表及手势动作。我步入中学后,汤山源老师也常派我同陆德新同学参加市里或学校间的演讲比赛,均取得了一些优良成绩。

回忆往事，桃坞中学师长给我的教诲实在太多了，比如许鹏年老师教的几何，以及龚祖绳老师教的代数，使我打下了扎实的数学基础，以致在大学里学投影几何时，同学们称它为"头痛几何"，而我却不觉费力。我从事地质工作后，涉及矿点、钻孔的投影，还有矿层的厚度计算时，我就用投影几何及三角等中学学到的知识，提出了"单斜孔定岩层产状的计算公式"及"倾角换算表"等，受到了嘉奖。

逝去的岁月已很遥远，追忆的往事又实在太多，我在母校度过了美好的童年和少年时代！同学间虽有贫富差异，但他们都不歧视我这个穷学生，相反我还历次被选为级长，同学们亦支持我的工作。

新中国成立初期，我被评为品学兼优的学生，曾两次获得市教委的甲等奖学金，每次奖励大米 200 斤。我感到这些都是师长及同学对我的鼓励，希望我做出更大的成绩！

回首往事，我感到非常惭愧，因为我离他们的期望相距甚远。不久前，我返回母校看到学校欣欣向荣，又步入市重点中学之列，感到很欣慰。如今，一代新人正在茁壮成长，他们一定比我们这些 50 年代初期离校的同学强。我深信不远的将来将有更多的院士、教授、高工、专家从四中走向全国乃至世界！

文中回忆之事因年代久远，恐有错记之处，望学友们纠正。

注：作者写于百年校庆前夕。

▶▶ 作者简介：

王仁农　1950 届高中毕业。同年，参加中国人民志愿军，赴朝参战，转业后考入北京矿业学院（今中国矿业大学）地质系。高级工程师，曾任原煤炭部地质普查队总工程师，并荣获"全国煤田系统先进工作者"及"优秀科技干部"称号。

在激情燃烧的日子里

顾 翔

在庆祝母校百年华诞之际，回顾往事，特别是想起那激情燃烧年代的日日夜夜，我心情激动，思绪万千。

1949 年 4 月 27 日，这是一个永远难忘的日子，苏州解放了！古城新生了！

中国人民解放军入城，街道上欢呼声、鞭炮声响彻云霄，人民群众欣喜若狂，整个姑苏城沸腾了。

苏州解放不久，军管会同志进入桃坞中学，受到师生们的热烈欢迎。他们穿着粗布军装，态度和蔼可亲，虽然是第一次见面，但好像是早就认识似的，亲如一家人。同学们说，解放军同志真好！军管会同志经常深入同学中来，给大家讲解放战争的胜利形势，指导学校进行改造，教导同学们要关心并积极参与学校的大事等，他们还鼓励同学们提出问题。同学们都活跃起来了，打破了往日的沉闷，呈现出一片勃勃生气。

经过军管会同志细致的指导，学校撤销了训育处，设立了生活辅导处；停止了宗教课，开设了政治课；改变了旧的管理制度，鼓励学生参与学校大事；等等。学校发生了变化，出现了不少新气象。

苏州解放前，这里的教会学校学费昂贵，加上货币贬值，交学费不以钞票计算，而是以大米计算，大米天天涨价，学生家长不堪负担，有的学生因此辍学。青年团苏州市的同志来学校发动师生和家长与校方一起协商降低学费，使更多的学生特别是经济困难学生可以上学。我当时作为学生代表参加了会议，经过反复协商达成协议，校方同意降低学费，师生和家长们兴奋地说：解放了，学生都可以上学了，真好！

新学期开始了，同学们投入新的学习生活，并积极地参加各项政治活动。1949 年 10 月 1 日，在北京天安门广场举行中华人民共和国开国大典，全国各地举行盛大庆祝游行活动，苏州市民倾城出动，我校广大同学也都参加了彩旗队、秧歌队，载歌载舞，通宵达旦。我们还认真地学习形势任务和党的方针政策，参加土地改革大会等。我当时担任学校团支部书记兼学生会工作，我们积极组织广大同学投入革命和建设的洪流，并在实际斗争中发展壮大青年团组织。

苏州教会学校很多,为了改造教会学校,以及团结教育广大青年学生,团市委利用1949年寒假,举办“学园”,发动各教会学校同学参加,地点设在桃坞中学。这是苏州解放后教会学校之间首次大规模活动,前来参加的同学很踊跃,盛况空前。“学园”成立一个学生大队,我担任大队长,大队下面设分队,每个教会学校为一个分队,设分队长。

“学园”活动内容丰富多彩,有形势报告、上街宣传、举行义演、篝火晚会等。

形势报告是请市领导同志来讲,非常精彩,同学们听得,不仅了解了当时的形势任务,而且懂得了不少革命道理。报告后我们就组织同学上街宣传形势任务和党的政策。许多群众都围着听,还跟着一起喊口号,气氛非常热烈。有的同学是第一次参加这样的宣传活动,情绪高涨,精神振奋。通过活动,同学们受到了一次深刻的教育,有的同学表示要进一步参加青年团。

学园里举行的义演,由我们自编、自导、自演。根据土改大会听来的材料,我们写了一个剧本,讲的是地主压迫、剥削农民,农民起来反抗、斗争的故事。我们还上街销售义演戏票,所得钱款上缴国家,支援建设,此举深得社会各界的支持。在学校体育馆公演的那一天,我们十分投入,声泪俱下,效果很好,有的老年人感动得掉下眼泪。连演几场,场场爆满。

1950年夏,我高三毕业即到团市委参加革命工作。组织分配我联系教会学校的工作,我又有机会经常来到母校。我欣喜地看到,在党和人民政府的领导下,母校天天发生着变化,随着时代的步伐不断前进,改造旧的,建设新的,终于新的苏州市第四中学在欢呼声中诞生了。

我们这一届高三毕业生是新中国成立后的第一批毕业生,我们感到幸福和自豪。同学们相互倾听着各自的心愿和理想:我们是新中国的青年一代,我们肩负着建设新中国的重任,我们愿将自己的青春年华和毕生精力贡献给伟大的祖国和人民。

从桃坞中学毕业至今,50多年来,我就读于高等师范学校,从事高等师范教育工作,这与中学读书时母校老师对我的教育和影响是分不开的。

在庆祝母校百年华诞之时,我回到了母校,校园里有许多新建筑、新设施、新风貌,展现在眼前的苏州四中是一所新型的高质量的市重点中学。我对母校几乎有点认不出,因为她发生的变化太大了;我对母校又是那样的熟悉和亲切,因为她是我学习成长的地方。我感谢母校和老师对我的教育和培养,我衷心祝愿苏州四中开拓创新,与时俱进,培养出更多更好的投身社会主义现代化建设的优秀人才。

注:作者写于百年校庆前夕。

▶▶ 作者简介：

顾翔 1950届高中毕业。曾任上海师范大学副校长、党委常委、副研究员。任教育部国家督学。上海师范大学老年大学校长。

滋养我成长的摇篮

金　炎

刚欣赏完关于桃坞河与中市河的视频，我感到异常的亲切，内心十分激动，久久不能平静！

这让我这个过早离开故土的东太湖边上的草根学子，有幸又回到了70年前的美丽而静谧的桃花坞——1952年我考入了刚由私立桃坞中学更名而来的苏州市第四中学读书。

现在，我从视频中看到的桃坞河两岸的市井风貌，已今非昔比了！

桃花坞呀，你变得美丽了，变得更加清新和时尚了！然而，四中门前的那座宝城桥，依然静静地跨越在清澈见底、波光粼粼的桃坞河上。那石拱桥在河中的倒影，依然显示出婀娜多姿的妩媚。所有这一切都没有变，仍是我70年前初市四中时的模样呀！

我所熟悉的学校西边墙通往四中外操场的石幢弄，依然显得那么宁静。而学校东边墙的宝城桥弄，在当年是很不起眼的一条小弄堂，如今却变得热闹起来了。

变化最大的还是学校大门前原本很狭窄的那条街道，现在已变成了能通行大小汽车的宽阔马路了。宝城桥街，好不气魄呀！

还有更值得一提的是，原本与东中市街相平行、向东通往人民路北寺塔的那条桃花坞街，如今已被拓宽成一条通衢大道了，并改名为桃花坞大街。各路公交车行驶在其上，还可让你饱览姑苏老城的风采。据说，出生在吴县的清朝末代状元陆润庠的故居，就在这附近下塘街10号的“怀鸥舫”。我在苏州四中学习、生活、成长的三年，为我后来赴京深造、就业、成才奠定了坚实的基础。苏州—桃花坞—四中，你们是滋养我成长的摇篮，我将永远铭记你们！

1985年仲夏，我曾携妻和刚初中毕业的女儿，一同回四中探望当年教导我的老师和亲如手足的一些同学。当我妻子和女儿看到这充满欧陆风情的校园，错落有致的教学楼、实验室、图书阅览室、健身房等巴洛克式的楼宇和厅堂，还有那满园青葱欲滴的苍松翠柏和绿草如茵的操场、花苑……不由地惊呆了，连声叹道：我们真为你能在这里接受良好的初等教育，感到由衷的庆幸和自豪。

此后每逢抵苏，我总要抽暇前往母校，久久不肯离去，尽管在那里已很难见到当年教我们的那些可敬可亲的老师了。

2012 年 9 月中旬，为参加母校创建 110 周年的庆祝活动，我偕妻专程从北京赶到苏州，约了当年班上 20 余位同学前往母校去拜访学校领导。校党支部书记马忆兰老师亲切接待了我们。她同我们这些年逾七旬的老校友一起座谈交流，还热情地陪同我们一起参观了母校校史展览室。这使我更加感到母校的伟大。

在这 120 年中，学校先后培养出了数不胜数的院士、专家、教授、学者、艺术家等各行各业的人才，为我中华民族的发展壮大做出了巨大的贡献！

就我们班而言，有南京大学电子科学与工程学院博导杨森祖教授、物理学院博导张世远教授，扬州大学水利科学与工程学院的金兆森教授，铁道部常州戚墅堰机车车辆制造厂副总工程师、荣获“全国劳动模范”称号的范广荣，在小学执教 38 年、桃李满天下的黄汕生老师……

苏州四中，您了不起呀！我作为您培养出来的学子，深感无上的光荣和自豪！

桃花坞呀，桃花坞，您是明代“吴门四杰”之一，集诗词、书法、绘画艺术于一身的唐寅（唐伯虎）的居住地。您是民国初年苏州耶稣圣公会的所在地，苏州圣公会教堂就矗立于此；您是清末美国基督教会于 1902 年在东亚创建的第一所中学——苏州私立桃坞中学，如今已为“苏州市桃坞高级中学校”的所在地；您是苏州木板年画的发祥地呀……

桃花坞，桃坞中学，苏州四中，我将永远怀念你们，我将永远感谢、感激、感恩于你们！

在欢庆母校创建 120 周年之际，我作为四中的学子，衷心祝愿母校更好更快地发展壮大，为党、为国、为中华民族，培养出更多更出色的青年俊才！

2022 年 5 月 4 日书于北京

▶▶ 作者简介：

金炎 1955 届初中毕业。1965 年毕业于北京水利水电学院水力发电工程专业，系工程师。先后在中国水利水电科学研究院和水利水电第十工程局工作。曾参与黄河三门峡水电站改建工程建设，参与过黄河小浪底水库工程的设计工作。1979 年被调入水利电力出版社，历任编辑、室主任、副编审、副总编辑、总编辑、编审。1995 年，荣获国务院特殊津贴。

忆母校，最忆师长

朱　屯

1957 年，我从四中高中毕业，从初中入学算起已经超过了半个世纪。但是至今回想起来，学校里的实践楼、新华楼、民主楼等，操场旁边的一棵枫树，学生食堂前的金钩子树等，无不历历在目，更不用说环绕外操场的小河和远处的姑苏城墙，以及宝城桥前十字架高耸的老教堂等深具历史烙印的建筑了。虽然我从来没有在校园里摄影留念，但是它在我脑海里的深刻印象比照片上的影像，更能经受时光流逝的考验。因为我们在那儿度过了青少年时代最重要的岁月，发生过那么多难以忘怀的故事。

不过，回忆母校，最为刻骨铭心的还是当年师长的教育。我入学时正是开始抗美援朝之时，教会学校收归国有，也就是从桃坞中学改为四中的时期。当时学校的教师十分重视提高学生的政治觉悟。

随着形势变化，许多原来的教材都需要重新编写。记得首先改的是历史，开始讲授“美国侵华史”，可能是因为边编写边发行，教师上课前的第一件事往往是先分发讲义。

历史老师是陈退思先生，他戴一副黑边近视眼镜，总是那么认真、耐心，要大家把历史事件和年代一起记忆，可惜，我们还是经常搞混。

最为难的当是英文老师。虽然也已经采用了新的教材，但是因为有人几乎把反美帝国主义和反对学英文联系在一起，再加上包括我在内的一些孩子本来就怕背单词，巴不得不学，所以教英文课困难重重。我们英文老师是郭惠麟先生，她是一位极其能掌握学生情绪的教师。在这种困难情况下，她运用丰富的语言知识，采用非常生动的教学方法，使我们打下了一定的英语基础。可惜，初三时学校停止了英文课，高中开始学俄文。几年后，当大家在大学里又重新上英文课时，才后悔没有能多上几堂郭先生的课。

匆忙编印的教材难免错误很多，一次语文课，沈文风先生改了五处错误。我举手报告说还有五处，都是些排版印刷错误。沈先生很高兴，说我看书很认真。

初三时陆德新先生担任我们的班主任，他当时才高中毕业，根据学校要求，放弃上大学的机会，留校工作。他和学生相处得如兄弟姐妹一样，以他的朝气、热情感染大家，带动整个班奋发向上。1954 年上高中时我们的班主任是钟正浩先生，他教语文，分析课文准确、深刻，批改作文一丝不苟，对于写得好的文章会要求作者在班上朗读。有一次，钟先生说我写的一篇文章能够结合自己的思想，让我给大家朗读。钟先生常常教导大家写文章要结合新思想，他通过这种方式教育、鼓励学生多思考。

我在高中的最后一位班主任是施应霆先生。施先生阅历丰富，他讲的地理课最生动。高中毕业时，他十分重视每个学生的自愿选择。我当时心血来潮，一心想考新闻专业，提前参加人大等学校的招生考试，幸好听从施先生教导，马上又调转回头，潜心复习，最终考取南京大学化学系。

说起化学就想起龚祖绳先生，我曾参加他的化学兴趣小组。始终记得，他为了提高我们对实际问题的认识，特地设计酒酿中蒸馏酒精的实验。这是我第一次把课本上的化学知识和实际联系在一起。没有想到，后来一辈子和化学结下了不解之缘。

许鹏年先生，他博学，厚积薄发，把物理讲得如此生动，以至我们班上许多学生都打算选择物理专业作为一生的事业，我就是其中的一个。有一次，许先生课堂提问，要求说明电的用途，我从生产、生活、科研三方面概述，得到先生的鼓励。但有一次做实验，我毛手毛脚动了精密的螺旋测距仪，受到先生的训斥。

杨奎钧先生教我们立体几何，我对这门课很有兴趣，成绩还比较好。但是有一次课堂提问，杨先生出了题，我没有认真思考，却恰好叫到我。我从座位上站起来，一边向前走，一边抓紧思考。到黑板前的时候我感到，在黑板平面外面加一条辅助线就可能解，但是匆忙中最终未能做出这道题。第二天在上学的路上，碰见杨先生，他告诉我，我昨天加的那条辅助线是对的。先生治学的认真、对学生的真诚，令我终生难忘，以致我多年来在与自己的学生相处中也始终尽力以诚相待。

王安琛、孙贞一、殷小沅诸先生都是杰出的数学老师，他们对数学的深刻的逻辑分析，不仅使我们掌握了高中的数学内容，还引导我们逐渐学会了科学的思维方法。王先生发明的数学棋和他高超的棋术，令所有同学折服。我始终记得他背向棋盘，我们几个人还是下不赢他的情景。

单大声先生，因博学和笔力苍遒的大字令学生佩服。他的历史课一点不枯燥，是我最盼望上的课。在四中受教于许多老师，不能一一记述。不过从初中到高中，始终任教于我们班的也仅有张福生先生一人，跑步、体操、单双杠，他无不教授，做完示范，又马上指导学生做动作，从不知疲倦。

毕业之后，我很少回苏州，更少到母校。因此除了大约 1964 年孙贞一先生随苏州教师访问团到南大，我和另外一位同学去见过他，其他老师几乎就再也未能见过。只有前几年严万里先生来北京看望儿子严子刚，子刚和我不但是高中同学，现在又在一个研究所工作，因而得以见到严先生。他虽然已经八十多岁高龄，但仍精神矍铄，十分健谈。严万里先生教过我动物课，后来他是总务长，不再讲课。

50 年的岁月，当年师长都已经至少年过古稀，有的不幸已经作古。在纪念母校百年华诞时，回忆当年，最忆师长。

注：作者写于百年校庆前夕。

▶▶ 作者简介：

朱屯 1957 届高中毕业。中国科学院化工冶金研究所研究员、博导，享受国务院特殊津贴专家。

我在母校的两次执教经历

张有光

有件事不知大家可知道，我作为桃坞的毕业生，有过两次回母校执教的经历。

第一次执教的时间是1961年新学年开学后的9至10月。1958年从母校高中毕业后，我们班级有10个人被江苏师范学院（今苏州大学）录取，其中，化学系5人，物理系4人，数学系1人，我也是这幸运者之一。1961年，我正读大三，按照惯例，此时便到了教学实习阶段。我所在的那个教学大班［共120人，分为两个“行政”小班，何文祥是我们丙（1）班的班长］一共有14个人被分配到当时的苏州四中实习，其中就有何文祥和我。在教学系统工作的人大都知道，师范学院选择学生实习的学校是有条件的，一要有好的教学传统，二要有优秀的师资队伍，三要有上乘的教学设施。为此，那一年江苏师范学院物理系在苏州、无锡、常州各地挑选了一些名校作为实习基地。当年母校能够一下接纳14位师范本科实习生，说明母校在那个时候的苏州市教育系统中是有地位的，用现在的标准来衡量，就是所谓的市重点学校，或者是四星级学校。

到了四中，我见到了久违的高三班主任冯老师，如今他已是教导主任了，还见到了其他好多当年的师长，这让我有一种特别的亲切感。根据分配方案，我被派到高一年级实习，指导教师是张中行老师。除了冯老师，对于我后来执教中学物理，有很大影响的就是张中行老师。他的课很有特点。有一次，他用斜槽实验验证运动学中的一个规律：初速度为零的匀加速运动位移与时间的平方成正比，用打音乐拍子的节拍器计时，他的口令“3、2、1、0、1、2、咚”至今我还记得很真切，随着“咚”的一声，沿着斜槽滚下的小球撞到了标志物，它在3单位的时间里走过9单位的路程……

大学毕业后，我被分配到江苏省常州高级中学，第一年教高一物理时，我就用上了这个案例，居然开了省常中的先河。退休后，我被返聘到常州外国语学校（省常中分校）。2005年，我指导一位青年教师获得省教学一等奖，得奖者要在全省上一节汇报课，她拿到的课题涉及伽利略斜槽实验的思想，我做教学指导时再次搬出了这个案例。那天在无锡梅村上课（现场有100多位教师听课），课后很多人竟然对这一实验很感兴趣。当然，一个原因可能是中学物理教材几经变动，有关内容消失多时了，大家感到新鲜，但也说明张中行老师这个教学设计是很有创意的。

此外，让我记忆深刻的还有张老师讲自由落体运动。张老师制作了一个落棍实验装置，很巧妙地设计一个碰撞开关来切断电源，解决了棍子启动和毛笔在棍上画出第一条线的同步问题。我到省常中工作时也用上了。1964 年沈仰石在《物理通报》上发表了一篇论文，看到之后激发了我的创作欲望，一时冲动我就将这个实验写成文章投了稿。不知怎么回事，稿件到了江苏师范学院许国梁教授手里，他审查后给我来信，要我修改一下，准备发表。此时我却觉得不妥当，创意是属于张老师的，怎么可以由我来发表呢，于是这件事就搁下了，但由此也说明张老师这个实验设计是很有价值的。

见习期满后我正式实习上课的时间前后大概有一个月。因为有张老师的引导，所以学生对我的讲课反映还比较好。到实习结束分别在即时，我实习教学的高一(2)的团支书和班长找到我，谈话的中心意思是挽留我，说他们准备向学校领导打报告请示云云。当然，这是不可能的，但学生这一份天真的心意，使我获得了很大的满足。在实习鉴定的座谈会上，张中行老师更是给了我很高的评价，他甚至说："只要你努力，你要出名的。"

我在这里提起这些往事，没有要夸耀的意思，实在是想说明，因为在母校的这次执教经历，对于巩固我的专业思想，对于我后来争当合格的人民教师，起到了不可磨灭的作用；加上这次经历使我在教学业务上得到指导和历练，完全可以说是母校对我的再次教育培养。

第二次回母校执教，正好时隔 40 年，是在 2001 年母校 100 周年校庆前夕，由冯老师一手促成。冯老师当时是校庆筹委会成员，他写给我一封信，告诉我校庆活动中安排有 10 个专题，请范广荣和我各承担一个。给我的专题出于母校师资队伍建设的需要，内容包括给母校的青年教师上一节示范课和做一次讲座。范广荣是常州戚机车辆厂总工，回母校去做报告无可厚非，但我怎么够格位列 10 个项目之中？所以，我本能地回信推辞。谁知冯老师很快写来一封长信，针对我的说辞做我的思想工作。冯老师在思想工作方面的说服力是大家都清楚的，我的感觉是他对许多大道理是作为一种信仰来看待的，使你不得不接受他的诚意。真所谓"师命难违"，我只能答应了。于是就有了我第二次回母校执教的经历。

那天，冯老师亲自到苏州火车站接我到宾馆。到了宾馆才知道，那是一个我既熟悉又陌生的地方，它的位置在出母校往右向阊门方向的一个弄堂(我叫不出名字)里，在四中读书时我经常路过它的门口，印象中是高墙大铁门，有卫兵把守,给人很神秘的感觉。现在我终于有机会一睹它里边的风采,原来是许多西式的别墅组成的大院。我一个人住一个大间,房间的模样我描述不好,你不妨想象一下西方小说里常有的那种带壁炉的客厅。不怕大家笑话,到晚上我都觉得害怕。平生第一次享受这样的接待,真有消受不起的感觉。

住宿地安顿好之后,回到了阔别多年的母校。母校的许多建筑面貌一新,但总的格局没有太大的变化,一种如回老家的亲切感油然而生。想当年,我在这里度过了三年美好的时光,校园内的每个角落都曾留下我的足迹;如今,再次漫步在这熟悉的校园里,我已是老头子一个了,真所谓物是人非、恍若隔世啊。

上课的地点在青年楼和实验楼之间,大概是后来盖的一个演示教室。教室外挂着一条横幅,上面写的是“热烈欢迎校友特级教师张有光来校指导”,猛一看见,只觉得脸红耳臊,母校给我这样的礼遇,使我激动,又让我感到十分的难为情。除此之外,冯老师处理事情的周到,实在使我感叹不已。或许怕我一个人寂寞,抑或是考虑到我的不自在,他请来了何文祥全程陪我,这确确实实减轻了我精神上的压力。何文祥待人至诚,他放下了自己的事情,耐心地陪同我参加了全部活动,直到最后送我上回程的火车。他的为人和与他的友情我是会永远铭记在心的。

第二天,我就正式上课,很巧,又是高一(2)班,课题是“动量守恒定律”。不知怎么回事,苏州教研室知道了我上课的事情,于是来了几十位听课的老师,加上母校的青年教师,那个阵势着实使我紧张。总算老天保佑,我最担心的一个定量实验(电子计时器的精度千分之一秒)一次成功,使课程得以顺利结束。至于课程能不能达到示范的目的,是否符合母校原定的要求,50 位学生是不是有收获,这就不是我能评价的了。

当天下午,开了个座谈会,我向母校领导和青年教师汇报了我作为一名中学物理教师成长的历程,以及我对物理教学的一些观点。说的都是大实话,是不是有失偏颇,我同样不能评价。会后,冯老师和何文祥一起送我到火车站,我搭了软卧回到常州。

这一次回母校执教,给我的感触很深很深。一直以来,我常常有一种莫名的自卑感,总觉得我这一生只是一个平凡的劳动者,没有突出的、耀眼的作为。忽然母校召唤我时,我第一直觉就是愧对母校的培养,是冯老师的再一次开导,才给了我完成任务的勇气。而在这一次经历之后,我得到了一种全新的感受:正如天下的母亲都认为自己的孩子总是好的,母校也以同样的眼光看待她的每一位学生。另外,我只是一名普通的人民教师,母校给我的礼遇,充分地体现了尊师重教的精神。最后,我十分感谢班主任冯老师,感谢他对我的信任,感谢他对我的教育,也感谢他给了我一次绝好的机会,使我能够向培育我的母校汇报我的工作和我的成长历程。这真是一次令人难忘的经历。

2010 年 5 月 30 日于常州

▶▶ 作者简介:

张有光 1958 届高中毕业,同年考入江苏师范学院物理系,大学毕业后分配至江苏省常州高级中学任物理教师,后被评为省特级教师、省名教师。在长期的教学与研究工作中,在《江苏教育》《物理通报》《试题研究》《物理之友》《中学生学习报》《高考试题研究》等刊物上发表有关物理教学论文 40 余篇。主要论著有《高中物理教材教法参考资料》《高中物理练习》《物理一题多解》《名师指点 ABC》《高中物理教学指导》等 29 种。

母校为我创造的人生机遇

毕玥年

我的少年时代，因母校四中的一次举荐——当上了飞机跳伞运动员，而充满着激情和挑战，并且对我的人生影响深远。

母校的“体育强校”盛名

1958 年我上高中时，正值中国掀起“大跃进”，各行各业争先恐后，体育也不例外。原江苏省国防体委的“跃进”形式，即组建省飞机跳伞队，在全省中学范围选拔运动员。

母校毫不犹豫地举荐了我。当时母校的德智体全面发展的教育，尤其校园体育，在苏州市颇负盛名。我被举荐并非偶然。从高一到高二，从苏州市至江苏省中学生运动会，我连续代表母校参赛，屡屡获得女子少年组田径、体操奖项。

母校注重体育教育，源于学校前身——桃坞中学的“桃坞校训”，体育强校声名鹊起。1956 年我从市二中（今市十六中）初中毕业时，适逢优秀生可免考保送高中，选择四中就是慕其名，甚至不惜违背父母让我去他校的意愿。进入四中校园，自小爱好体育的我如鱼得水，竞技体育有了长足进步。

我是母校唯一推荐去跳伞的人选，但全市参选学生不下数十，经过层层筛选，仅我一人入选。记得同时还有其他体育机构到四中选才，可见母校之盛名。

跳伞运动为我励志

“跳伞是勇敢者的运动”，千真万确。谁参与，谁就能获得千载难逢的励志机会。

1958 年 9 月，我告别四中，奔赴山东济南跳伞基地，进行为飞机跳伞打基础的伞塔训练。跳伞队教练都是空军转业军官，每天军事训练与空军无异。负重越野、举重、技巧体操、旋转翻滚……挑战极限的运动迅速强化我们的体能。

上伞塔跳伞，从数十米高的塔台上往下跳，在以秒计算的时间内，完成操控伞绳的动作，让自己的身躯准确地降落在地面显示的中心点。每人每天上去跳下十多次，每次双脚与地面的撞击力达二百多公斤，跳伞高度越高，撞击力越大。如此高强度运动，对一个体重不足 45 公斤的花季少女来说，早已是超极限。我每天累得连思念爸妈的精力都没有，但是还得咬牙挺住。

伞塔训练两个月后，我们移师徐州市九里山空军基地。我第一次上飞机实战体验，是搭乘空军喷气式战斗机，翱翔天空的感觉真是新鲜又刺激。第二次乘坐的是跳伞教练机——双翼安-2 飞机，在 800 米高空从机舱跃出，由此开始我的飞机跳伞训练。第一次悬在空中，感觉心快跳了出来，我只想尽快回到地面上。

1959 年 3 月，我跳伞着陆受伤了，是因为在一次 1 500 米高空跳伞中无力应对气流干扰，跳伞历程因此被终止。一位战友没有我幸运，连人带伞落进了一处湖底，再未醒来。

有了教训才会明白，跳伞真是勇敢者的运动。6 个月的跳伞训练，确实极大地增强了我的体能和毅力，令我终身受益。

难忘老校长的关爱

因母校推荐我去跳伞，我与老校长赵振海有了较多接触。在校长办公室，他亲手交给我那份跳伞队录取书，并说，母校以我为荣，希望我听党的话，为国防体育发展做贡献。“你出去了还是四中学生，有难处来找我”，这句话让我铭记一辈子。

老校长说到做到。1959 年 4 月，我跳伞受伤离队，很郁闷，不敢告诉父母，就写信向老校长倾诉。很快我收到了回信，是由教导主任杨老师执笔，代表母校向我慰问。信中转达老校长为我量身定制的复学方案，让我重返母校，由杨主任负责我的复学事宜，包括指派老师单独辅导，补上离校半年的课程，与原届同学一起参加高考。阅信后我感动得直掉眼泪，自己仅是离校的普通学生，何以受老校长如此抬爱！

这份倾注老校长爱心的复学方案，最终未能兑现，是因为我家中飞来横祸。收到母校来信的第二天，我被一封加急电报震蒙：“母亡，速归。父”。

母亲的去世令我悲痛欲绝，难以决断何去何从。原江苏省国防体委在我奔丧时发来的急电，促使我做出抉择。此电告知，我已被新华社江苏分社录用，他们急需培养一名女摄影记者。

去新华社报到前，我到母校向老校长告别。他已得悉一切，对我母亲离世表示哀悼，让我珍惜新华社记者工作，只字未提复学之事。

这是我最后一次见到老校长，距今已半个多世纪，他对我的关爱让我难以忘怀。是他代表母校给我创造了跳伞机遇，让我演绎了别样人生，大起大落、跌宕又出彩。

▶▶ 作者简介：

毕玥年 1958 届高中毕业，新华社高级编辑。主编《台湾，祖国的宝岛》（中英文本）等作品。

高中生活散忆

朱伟如

高中阶段,同学当中,流传着一句话:"伲学堂里先生咯名字当中,有三六九咯。"这句话里的"先生",即是现在的"老师"。当年学生对教师一律以"先生"相称,当面、背后均如此。不像现在,一律以"老师"相称。对于这种"改口",我至今还没有完全适应。比如每次高中同学欢乐聚会,见到应邀光临的冯、叶两位先生,顺应潮流,称冯老师、叶老师时,总觉得不如当年的称呼来得亲切,真可谓积习难改了。如今,"老师"的称呼早已不再是教育界的专利,已慢慢延展到其他界别中。凡年龄相对小、资历相对浅者,对年龄比自己大、资历比自己深者,亦称"老师"。在拘泥传统者看来,"老师"之称,已呈泛滥之势,只能徒呼奈何了。

再回到本文开头这句话。这是指当年苏州四中的教师、职员中的这样三个名字:姜贡三、王乘六、蔡穗九。姜贡三先生,只知道他供职于总务处,其余情况,对我而言,属于盲点,不妨归入"无可奉告"范畴。

王乘六先生的大名,总让我联想起佛教。不知他的大名是否与佛教存在某种关联。对他的情况,则略知一二。南京大学中文系丁帆教授在其撰写的随笔集《江南悲歌》中,曾从学术角度提到过王先生。书中写到,王先生为国学大师章太炎的嫡传弟子,曾将自己的听课记录整理为《章太炎先生国学讲演录》书稿。此书稿保存了章太炎先生的学术见解,成为章太炎先生留给后人的学术遗产,弥足珍贵。可见王先生绝非碌碌之辈。

20 世纪 50 年代,王先生曾居住于桃花坞大街 138 号。那是一座清代老宅,屋宇俨然,庭院深深,前后有七进。这是何氏家族的房产。在 20 世纪 90 年代,老宅因房产开发被拆除。作为何氏家族的一员,我妻子在学生时代就居住在此宅,与作为房客的王先生朝夕相见,至今对王先生存有印象,也能说出王先生的一些逸事。他个头高高,为人古板;衣着朴素,经常穿一件蓝布长衫;好学,记忆中有他一边走路一边看书的情景。他结婚很迟,婚后,先因无子领养了一个女孩,后其妻生了一个男孩,膝下共子女二人。他在苏州四中任教时,还经常有一些考入大学的学生,在寒暑假前来看望他。他后来被调入华东师范大学任教,还将自己的藏书捐献给国家。1967 年国庆节，我返回苏州结婚，新房就设在王先生夫妇曾经租住过若干年的楼上，这大概也是我和王先生的一种缘分吧。

当年在母校执教的语文教师，凡我直接接触或间接了解的，均堪称优秀。如沈文风先生，在讲到《杜十娘怒沉八宝箱》一文（选自《警世通言》）中小舟“剪江而渡”一句时，对“剪”字的分析，颇为精当；在讲到《严贡生与严监生》一文（选自《儒林外史》）中严监生临终的场面时，对严监生这一人物所做的分析更是丝丝入扣。

又如袁桂云先生，在讲授《人民日报》的社论文章《不平常的春天》时，对文中六个“明明说过”所做的范读和分析，令我在五十余年后的今日，还留有深刻印象。我至今记得，戴着深度近视眼镜、瘦瘦个子的袁先生，用一只手举着课本，凑到眼镜前，在我们课桌的行间，一边缓步行走，一边用带有明显家乡口音的普通话，声情并茂地朗读课文的情景。此时的袁先生，已完全沉浸在课文之中；而听课的我们，耳中唯有袁先生的朗读声，心中也唯有袁先生了。

再如单大声先生，尽管他没有教过我，但我知道，他在学生中口碑甚好，他曾先后教过我的胞弟和我的妻子（分别为 1959 届、1960 届）。他们对单先生交口称赞，评价颇高，让我对单先生顿生向往之情，并私下在心里滋生“最好能去听一次单先生授课”之念。然直至毕业离校，我也未能聆听单先生的教诲，这成为永远的遗憾。单先生写得一手漂亮的毛笔字，当年学校颁发的各种奖状，大多留有单先生的墨宝。我那 1960 届的胞弟就曾接受过由单先生亲手书写、又由单先生亲手颁发的奖状。

至于教过我四个学期语文课的蔡穗九先生，相对于我只是耳闻、没有亲见的姜、王二位先生而言，我对他的了解就较为翔实了。

蔡穗九先生是母校优秀语文教师群体中的一员，更让我在语文学习上获益多多。在 2005 年 7 月出刊的班刊《联谊通讯》第 3 期上，我在《高中生活散忆·同学篇（一）》一文中曾说过在作文方面我从蔡先生的授课中获得的教益。那是指用白话重写陶渊明的《桃花源记》一事，那篇作文写于 1956 年 6 月 4 日。现在再说说另一篇作文——《开始了崭新的生活》，此文写于 1956 年 11 月 7 日。那年暑假，因患肠梗阻，我接受了手术治疗，直至 10 月 11 日方重返学校。在这篇书写重返课堂深切感受的作文中，我用了“化险为夷”这个成语。在后来的作文评讲课上，蔡先生对这一成语的运用，专门予以肯定。蔡先生给我这篇作文打了最高分——5 分（当时评分采用 5 级分制）。篇末的总评为：“在叙述中能充分表达出一个大病初愈的人的思想感情，叙述得也很生动。”

在此后的悠长岁月中，每当想起蔡先生的这一鼓励，心中便总会生出一份温暖。这种温暖，在我提笔为文时，便总会让我增添一分信心。从中，让我悟出，对学生而言，教师的鼓励有多么大的力量，其力量又能持续得多么久远。后来，我也成了教师。在漫长的教师生涯中，我总学着蔡先生，努力从学生的作文中发现闪光点，及时予以肯定，并尽量加以鼓励。我在心里有一种奢望，企盼有朝一日，自己也能像蔡先生那样，留在他们对学生时代的回忆中。

当年在母校执教的教师，均注重仪表、衣着。20 世纪 50 年代中期，西装尚未流行，男教师中，尽管在高一、高二时（1955、1956 年）还有穿长衫者，但穿中山装者居多；女教师中，则有始终穿旗袍者，如任教我班英语课达两年之久的胡恩葆先生，无论春、夏还是秋、冬，总是一袭旗袍。但在满眼的中山装中，赫然有一个"西装群体"格外引人注目。他们西装革履，领带鲜明，气宇轩昂，风度翩翩，成为校园内一道风景，令学生眼前一亮。至今存留在记忆中的这一"西装群体"的成员，有任教高三物理课、后任副校长的许鹏年先生，有任教高三数学课、后任教导主任的杨奎钧先生，有连任我班班主任达两年之久、任教我班平面几何课和三角课的殷小沅先生，有从高三起任我班班主任、任教我班物理课的冯允瑜先生，有任教我班化学课的叶飞龙先生，可能还有任教我班中国现代史课的施应霆先生。

蔡穗九先生亦是这一"群体"之中给我留下深刻印象的一员。记忆中，上课铃响后，蔡先生身穿一套有细条纹的深蓝色西装，疾步走进教室，给我们授课。西装里，洁白的衬衫外，得体地系着一条深色领带。整个着装让他显出一种儒雅的气质。他微黑的脸上，胡子永远刮得干干净净。唯一有变化的，是蔡先生的衬衫和领带，今天与昨天永远不一样。应该说明，尽管西装穿起来显得很精神，但毕竟不是当时的主流服装，况且比之新中国成立初期流行的列宁装，西装总带有几分"洋气"，与"革命"、与"无产阶级思想"，总显得不那么协调，乃至有点格格不入，在当时有些人眼中，是被归入服装中的异类的。因此，当时穿西装需要有一点"反潮流"精神。好在当时在知识界、教师界、医学界及演艺界等，对穿着还比较宽容，穿西装者时有人在，似乎还不至于有多少压力。直至二十多年后，进入改革开放时期，西装流行起来，逐步取代了中山装，一举成了不容忽视的主流服装。此时，反观母校当年的"西装群体"，不能不承认，在服装领域，他们是开风气的先行者。注重仪表、衣着的蔡先生，注重仪表、衣着的母校教师群体，在仪表、衣着方面对我的影响，一直延续至今。

▶▶ 作者简介：

朱伟如　1958 届高中毕业。

“长征”之忆

张　帆

在纪念红军长征胜利六十周年的日子里，我应邀来到曾经任教的苏州四中进行采访。学校大操场临时搭起了舞台，这里正在举行文艺会演，有合唱、朗诵、舞蹈、器乐合奏……最令我难忘的还是歌舞《十送红军》，除了师生合唱，还伴有乡亲送别红军的舞蹈表演，“秋风细雨”“梧桐叶落”，使师生不禁沉浸到悲壮的历史岁月中，也使我回忆起多年前的事。

那年我大学毕业被分配到城北这所中学工作时，头发花白的老校长带着我在校园里兜了一圈。只见掩映在绿树丛中的一幢幢教学楼都是西式建筑，图书馆就是那高大的教堂。最后走到校门口，老校长指着进门路上用白瓷砖嵌成的“长征”两个大字正要说什么，忽然有人叫他去听电话。他临走时说，以后你会逐渐了解的。

老校长是随南下的解放军来到苏州的。苏州解放后，他奉命接管了这所原来由美国人创办的教会学校。一位伟人的话给了他启发：全国解放，只是万里长征走完了第一步。十年树木，百年树人，要把教会学校办成人民的学校，用来培养建设新中国的有用人才，这也是“长征”啊。老校长深感肩上责任重大，他看到进校门是 一条泥路，窄小而高低不平，就想整修一下。他发动高三学生和教师勤工俭学，大家一起动手筑路。师生们挖土的挖土、运砖的运砖、平路的平路、砌砖的砌砖，连续两天，干得热火朝天，最后，在路中央拼嵌成庄严的两个大字：长征。竣工的时候，老校长激动地举臂高喊：“这是我们学校的长征路！”

随后，学校把靠近长征路的教学楼定名为“长征楼”，同时把其他教学楼分别定名为“五爱楼”“三好楼”“学习楼”，还创办了铅印的《长征报》，这在当时的中学中真是凤毛麟角。

我到这所学校时，《长征报》已经停刊，改出长征黑板报，就在长征楼底下的走廊里。记得那时每年都要请老红军来讲红军长征的故事，是分管政治思想教育工作的教导副主任王其玺去邀请的，那位老红军 60 多岁，名字也是巧得很，叫王尔玉。王其玺曾对他笑着说：“我就是仰慕你才改成现在的名。”也不知道这是真的，还是巧合。

弹指一挥间，几十年过去了。老校长已经离休，王尔玉、王其玺已经离开了人世，我也早已离开了这所学校。学校经过几次整修，校园里已是新楼幢幢，处处花荫。虽然“长征路”已经不复存在，“长征楼”也已经因白蚁肆虐而拆除，然而就在长征楼原址，师生们栽种了三株青松。那青松长得挺拔苍翠，蓬勃峥嵘，犹如长征精神的不朽化身。每当新学年开始，新生总要在老师的带领下去校史展览室参观，那“长征路”、“长征楼”及《长征报》铭刻在一批批学子的心中，那不怕雪压霜侵的青松正昭示他们去塑造火红的青春。

作者简介：

张帆 1964年毕业于南京师范大学中文系，曾任苏州四中语文教师，后调入苏州人民广播电台，为主任记者。

情系母校五十春

——中学生活琐忆

袁沧洲

榜上有名

1953 年 8 月的一天上午，我来到四中校门东边清水砖墙前，挤在人堆里驻足翘首，终于在一长列红纸黑字的名单中搜索到自己的名字——我被录取了！

如今重温当年那欣喜若狂的一幕，多少有点“怀旧”，而令人饶有兴味的却是那个年代的我们，那种小学毕业后自己择校报名、自己复习应考、自己到学校门前看榜的那份“自主”心情，是那种升学考试无须老师烦心、没有家长施压、不受不良风气干扰、完全是公平竞争的那种宽松的社会环境。也许，这正是我们那个年代的“中考机制”吧！

春风化雨

我从 1953 年 9 月考入四中念初一，到 1959 年 7 月高中毕业，在校整六年，度过了终生难忘的中学时代。

当我回忆起母校，那有着红楼绿树的美丽校园、和蔼可亲的老师、相处相知的同窗，无不让我沉浸在绵绵无尽的思念之中。跨进四中校门，首先映入眼帘的是一座二层结构大楼——新生楼，大楼屋顶正中镶嵌着一座圆形大钟。每天上学，走进校门第一眼就是抬头望一望白色大钟面上的几点几分。大钟，不仅是我每天上学报到的忠实记录者，更是我日后养成惜时的良好习惯的监督者。

在新生楼北面有一座用清水红砖砌成的西式二层楼——“和平楼”，这是教师的办公楼。在大楼的二楼扶梯转弯处，镶嵌着一面擦得锃亮的大镜子，有一人多高，一肩余宽，从左下方落款可知，这是桃坞中学毕业校友当年赠给母校留念的礼品。在教师办公楼的醒目处树立这面镜子，其用意当是古人所谓“以镜为鉴，可以整衣冠”吧！于是，老师们在“衣冠镜”前的一举一动，做学生的都看在眼里、记在心里。这无言的身教，让我从此开始懂得：做人，就是要堂堂正正！

在新生楼前东南处有一大片学生活动场地。就在这片场地中间有一棵需两人合围的大树，枝繁叶茂，浓荫蔽天，一枝像手臂般横伸出去的粗壮树干上挂着一口不大的铜钟，悠扬的钟声昭告着全校师生的生活作息。

“当——当——当”下课钟声响了，同学们带着笑容十分满足地走出教室。这准是数学孙贞一老师或者物理冯允瑜老师的课。孙、冯两位老师讲课概念清晰，逻辑严密，语言简洁，尤其为同学们称道的是讲课从不拖堂，每堂课总是“结束语音落地时，恰闻下课钟响声”，这在同学中被誉为美谈。我在四中求学六年，听了那么多老师讲课，可以说各门课程都能列举出教有所长、术有专攻的名师来。正是沉浸在这样的教育氛围里，我们不仅贪婪地享受着知识的滋养，同时更感受到了老师们的人格魅力，犹如沐浴在“润物细无声”的春风雨露下。

火红岁月

1956 年，这是我中学生活中尤其难忘的一年。

我忘不了，国家发出了“向科学文化进军”的伟大号召，教育领域因此也有了一系列的教学改革；我忘不了在老师的带领下，我们走出校门、走上社会，到农村去开展扫除青壮年文盲的活动，到苏州火车站去参加铁路建设工程的筑路劳动；我忘不了，同学们怀着为祖国而发愤学习的抱负，课外争相去听知识讲座，听王安琛老师介绍的统筹学，介绍华罗庚教授怎样把线性规划应用于劳动生产实践践中；我忘不了，一份在知识界颇有影响的大型期刊《知识就是力量》在同学中争相传阅，我们如饥似渴地从中汲取最新的、前沿的科学知识营养，学习运用先进科学文化知识武装自己的头脑。

身处那样的火红年代，亲历那样的育人环境，同学们意气风发，激情飞扬，真有一派携手阔步丈书山，并肩击水探学海的豪情呢！

1956 年 11 月，我光荣地加入中国共产党！

益智健身

四中的课外活动开展得生气勃勃，同学们可以按照自己的兴趣爱好报名参加任何一项活动。

如对时政或数学有兴趣，你可以去听知识讲座，可以参加各种的友谊赛；也可以参加长征万米跑接力赛，有人参加了中学生航模兴趣小组活动，也有人参加了中学生小口径运动步枪的培训班；我们还在语文老师的指导下，排演话剧《万水千山》（选场），师生同台演出《向秀丽》。

丰富多彩的课余生活，为同学们长知识、长身体、长才干提供了广阔天地，从而涌现出了当时在师生中颇有影响的活动积极分子，我依稀记得的有：中学生航模新星李亿湘，女子高塔跳伞选手毕玥年，鞍马高手齐炳祥，足球健儿刘初雄，中长跑健将张建喜，有声乐天赋的独唱爱好者郑会棣等。

绵思永远

六年中学生活在人生道路上毕竟是短暂的，然而我对母校的那缕情思却是那样的悠长绵远。每每念及母校，终觉得有什么让我牵挂着。啊！原来那里曾经是我人生接受启蒙、猎取知识的神圣殿堂，是催化我孕育美好理想憧憬的温床，是我在红楼绿树间烙下青少年生活印记的乐园；原来那里有我真挚无比的师生之情，有我纯真无邪的同窗之谊……而维系母校学子间的深情，当为永恒！

作者简介：

袁沧洲 1959年苏州四中毕业。苏州大学副研究员，曾任苏州大学副校长。

母校百年开新局　寒窗六载忆旧事

张承宗

我的母校苏州四中已经有一百年的历史。从历史演变的长河来看，她诞生于戊戌变法失败后的晚清新政时期。从旧式私塾向新式学校转变，是社会转型的需要。农业文明要转向工业文明，迫切需要建立近代教育制度。桃坞中学经历了辛亥革命、新文化运动、五四运动与抗日战争的考验，并迎来了新中国的诞生。母校前五十年培养了一大批学有专长而具有爱国心的卓越人才。至今仍为母校学子引以为傲的文坛泰斗钱钟书先生，与钱钟韩、张青莲、刘元方等好几位中科院院士，大多是在前五十年中就读于母校的。

我进入母校初中学习开始于1954年9月，后来又考入高中，到1960年7月毕业，整整六载。我还有一个妹妹、四个弟弟、一个侄女都曾就读并毕业于母校。对于母校后五十年的变化，我是亲历者。同时，我又从亲属中陆陆续续了解到后来其各个阶段的不少情况。尤其是"文革"中母校所受的破坏，以及改革开放后的重新振兴，始终牵挂着我的心。我殷切期望母校能克服困难，发扬优良传统，再创辉煌。这就是我为什么要写这篇文章。

20世纪50年代，母校是苏州市的名校之一。无论对学生还是对家长，都有很强的吸引力。母校的健身房、图书馆、实验室等在当时都堪称一流。1952年7月改为公立学校后，收费低廉，每学期学费初中7元，高中9元(后来改成初中8元，高中11元)；而当时苏州一般的私立中学，每学期学费初中就要21元。所以，工薪阶层与贫寒人家的子弟，都以能考入母校为幸运、为光荣。如果家庭生活确有困难，还可减免学费，或得到人民助学金的资助。我与妹妹都曾得到母校老师的关爱。我上初中二年级时的班主任、语文老师龚铭蓥先生，在得知我当时因父亲失业难以坚持学习时，及时减免了我的学费，对此我感激不尽。我原来的语文成绩并不好，初中一年级时因不会写作文，常受到语文老师的批评。正是龚铭蓥先生的一片爱心使我把学习坚持了下来，并在语文方面突飞猛进。

到初中三年级时，沈立人老师担任班主任和语文老师。沈老师很有文艺才华，写字龙飞凤舞，极其流畅，而又清晰可辨。他喜欢唱歌与朗诵，上课常带头吟诵，有声有色。有一次讲鲁迅先生《为了忘却的记念》，他示范朗读课文，读到

“惯于长夜过春时”的诗句时，忽然引吭高歌，十分悲壮，给我们留下了很深刻的印象。他十分重视语文的课外阅读与课余写作。他经常在班上组织诗歌朗诵会，让我们自己写诗，自己登台朗诵。我敢于到大庭广众之下讲话，以及对诗歌的兴趣就是从此开始。正是老师生动活泼的教学方法调动了我的学习兴趣，我的语文成绩当时已在班上进入前几名的行列。到我上高中时，沈老师依然担任初中语文教师，未有升迁。后来不知什么原因，他突然被解聘。听说他没有学历，原来是新华书店的营业员，在校内仅仅是临时的老师。从此，我再也没有见到他。

1957 年的升学考试特别难考，母校当时初中毕业班有 6 个(2 个女生班、4 个男生班)，约 300 多名学生，后来考上高中的大约只有三分之一。进入高中学习后，由于担任学生黑板报的编辑工作，我经常要组稿、写稿与修改来稿，所以写作能力得到很大锻炼。

高中阶段对我影响较大的是两位历史老师，后来我走上历史教育与史学研究之路，主要是受这两位老师的教导。一位是佟飞老师，高中二年级教我们历史课，上课特别善于分析，引人入胜，而且时间掌握极准确，总是讲完内容，按时下课。我当时是历史课代表，课代表主要是做师生之间的沟通工作。因此，我与佟老师的接触较多，他借给我看艾思奇的《历史唯物论、社会发展史》与列昂节夫的《政治经济学》，引发了我的理论兴趣。1959 年暑假后，他被调到天津历史研究所工作，我们仍保持联系。1975 年初，我从山西到天津看病。师生再次见面时，真是无尽感慨。当时，我们谈了许多，几乎彻夜未眠。我们都在为国家的前途与命运担心。当我离开天津，在北京转车回山西时，晚上在候车室听到广播四届人大胜利闭幕的消息，我才长长地舒了一口气，并期望与佟老师有再见面的机会。后来，我进入中国社会科学院研究生院学习，毕业后执教于苏州大学。1983 年我去北京，又特意到天津看望他。他当时担任天津历史研究所资料室主任，又在为新时期开创历史工作的新局面而默默奉献。

还有一位对我影响较大的老师，是高中三年级教我们历史课的傅泽瑛老师。她给我们讲中国近代史与中国现代史，政治性与政策性很强。她总是认真备课，一丝不苟，而且讲话很有分寸。我当时仍担任历史课代表，与傅老师接触较多。她借给我看《毛泽东选集》一、二、三卷，对于我后来的学习与工作起到了重要的指导作用。我大学毕业后在山西太行山上工作，后来调到淮阴工作，条件十分艰苦。每次回家探望父母，我都要到石幢弄探望傅老师。她总是给我鼓励，给我加油。我在研究生学习阶段，曾向她借阅《中国史学史》，还是 20 世纪 40 年代的版本，一般很难找到。我执教苏州大学后由于傅老师迁居彩香新村，我平时工作又忙，就没有再到她的新居看过她，心里总感到内疚。我只是把自己编的《青峰学记——柴德赓教授纪念文集》和《江南文化与经济生活研究》赠送给她，请老师指正，并表达我对她的敬意与问候。

回顾我自己的成长与治学历程，我深深感到中学阶段对于人生的重要性。一个人的行为品德、兴趣爱好，基本上形成于中学阶段。中学老师的言传身教，对学生起着潜移默化的作用。好的老师，是学生的表率，是学生学习的榜样。母校之所以能取得如此辉煌的成绩，关键在于有一批默默奉献、辛勤耕耘的老师，同时，还必须要有一个好的社会氛围，使老师们能正常工作，学生能正常学习。

注：作者写于百年校庆前夕。

▶▶ 作者简介：

张承宗 1960年苏州四中毕业。苏州大学历史系教授、中国历史文献研究会理事、中国魏晋南北朝史学会理事、江苏省六朝史研究会副会长。

戎更生老师用英文为我题词

詹得雄

1958年我考入苏州四中读高中，教我们英文的是戎更生老师。戎老师那时正值中年，身材瘦小，戴一副深度近视眼镜，上课认认真真，对人客客气气。后来才知道他是上海圣约翰大学的毕业生。那时我们根本不知道桃坞中学是圣约翰大学的附属中学。

我们读英文的时候，离改革开放还有20年，西方把中国封锁起来，所以读英文的积极性大多不高。戎老师却极力要我们学好英文，单数复数，动词变化，长句分析，主句复句，不厌其烦，真是诲人不倦。看得出来，他对我们颇有点恨铁不成钢的味道。戎老师除了教我们，还在校外担任培训年轻教师的工作。

我对外文还是喜欢的，还自己买来语法书看，可惜总觉得学不到家。1961年高中毕业，正值三年困难时期，饭都吃不大饱，那一年高考我落榜了，被分派到一所小学去当代课老师。上不了大学，我总觉得心有不甘，于是一边教书，一边复习。复习英语时遇到一些不懂的东西，便记下来，与金年满同学一起于星期天去戎老师家里求教。戎老师热情接待我们，一一讲解，十分耐心。那时的师生关系十分简单，我去请教，他来教我，好像是自然而然、理所应当的分内事，脑子里面也从没有是否要带点礼物之类的想法。这样上门请教次数虽不多，但让学生增强了信心。

第二年我再次参加高考，大大出乎意料，竟被北京大学东方语言文学系录取。系主任是季羡林先生，对考生的英文成绩是很看重的。我能考上，说明戎老师教出来的学生是优秀的。我拿到录取通知书后，拿了一个日记本，兴冲冲地到戎老师家报喜，并请他写几句鼓励的话。他略想一想，便写了“I come, I see, I conquer”（我来了，我看见了，我征服了）。戎老师为什么写了这句话送给我？我想大概一是祝贺我考上北大，很不容易；二是鼓励我要不畏艰险，勇往直前，去争取今后的胜利。

我上了大学后学的是印地文，教我的老师英文底子都很好。有一次一位老师要我念一段英文给他听听，我念完后，他笑道：“嗯，是地道的，不是野路子。”我想，这句话夸的是戎老师吧。那时学校规定要念到大学四年级才开第二外语，结果我读了三年"文化大革命"开始了，所以我在大学没有读到英文，很是遗憾。

1970年，我被分配到新华社参考新闻编辑部从事翻译英文外电外报的工作，我学的那点印地文实际没用上。我的英文程度，还是戎老师给打的底子，开始颇感吃力，但苦学苦练一二年后就比较上路了，这说明戎老师给我打的底子是结实的。

有一年探亲假回苏州，我约了金年满同学一起去看望戎老师，发现他老了。他看见我们竟问："你们两位？"我们自报姓名，他马上想起来了，还说："哦，詹得雄，蛮专的。"苏州话里"詹"与"专"是一个音。

他见了我们很高兴，谈了一会儿，我拿出了几份我们部门出的《英文参考》送给他。《英文参考》是内部刊物，只向在北京的外国驻华机构发行，虽然并非保密刊物，但一般人看不见。他低头看了几行，老师的本色马上显露了出来，说："咦，为什么没有大小写？"我解释说，大约是为了赶时效吧，讲究快，就不分了。他连说："这也好，这也好。"

戎老师对我的鼓励确实伴随我求学、工作的各个阶段。一个好老师给你的不仅是知识，更宝贵的是精神的力量。戎老师早就离开了人世，我今年也79岁了，记下这段师生情缘，作为对他的纪念，祝他在天堂快乐。

2022年3月30日

作者简介：

詹得雄 1961届高中毕业。1962年考入北京大学东方语言文学系，学习印地语。1970年底被分配到新华社参考新闻编辑部工作。1979年到1983年在中国驻印度大使馆文化处工作。回国后在《参考消息》报编辑部工作，历任编辑、总编室主任和常务副总编辑。1989年至1993年任新德里分社社长兼首席记者，回国后继续在《参考消息》工作，2000年任《参考消息》编辑部副主任。2004年退休后任新华社世界问题研究中心研究员。著作有《印度散记》《印度归来答客问》《西方民主怎么看》《走走 看看 想想：詹得雄新闻作品自选集》等，译作有《尼赫鲁写给女儿的信》等。

可爱的龚先生

赵国平

我于1957年进入四中初中部，1960年经入学考试继续在母校高中部就读，直到1963年毕业离校，至今已经快60年了。

时过一个花甲，许多往事印象已淡漠，然而当年许多老师的奕奕风采，我仍清晰记得。

高三年级化学课开讲有机化学，记得当年的教课先生姓龚，名字好像是祖绳。他是位资深教师，在高年级学生中口碑很好。龚先生毕业于本校——之前叫桃坞中学，是苏州很有名的私立学校，由美国圣公会兴办，被称为教会学校。当年学校收费昂贵，能进桃坞中学读书，家境一定说得过去。龚先生留校任教，当是成绩优秀，堪以重用。到了20世纪60年代，因资历老，桃李满天下，已属四中的知名老教师，出任四中化学教研组组长。

龚先生身材魁梧，一团和气的圆脸型，没有丝毫凶相。大约五十岁光景，丝丝银发更丰满了他忠厚长者的慈善面相。他是苏州本地人，一口儒雅软糯的苏州腔，听了非常舒服悦耳。记得他跟同学做介绍说，我姓龚，但苏州人不叫“龚”（gōng），而读“jiōng”。他那亲切随和的自我介绍，我至今还留有印象。

有机化学是化学课中的另类，与之前学的无机化学截然不同。有机化合物分子式的表达方式也很怪异，过去从来没见过。有机化学课基本上不做实验，如果教师讲课不能做到深入浅出、风趣幽默，学生们听了乏味，都会摇头，不感兴趣。龚先生却能别开生面，硬是把枯燥无味的教学内容讲得生动活泼，引人入胜。

讲课中，先生总是结合实际，日常生活中能遇到的物品，凡是与有机化学有关联的，就做一番详细介绍，使知识点能深入学生的心中。记得讲授“酚”一节的时候，先生列举了“药水肥皂”的例子，说其中就含有酚的成分，还说医院常用的消毒水——来苏水，气味独特，它的主要成分中也有酚。

最有趣的是，先生开讲“苯”，首先提醒这个字的写法和读音，是草字头，读“běn”（本），“你们千万不要写成‘竹’字头，读作‘bèn’（笨）呀，人家要说是龚老师教的，太笨啦！”先生的一番“噱头话”，引得同学们哄堂大笑，活跃了课堂气氛,无形中使同学们极大增加了学习兴趣。寓教于乐的教学方式,龚先生真正做到了！此虽是小事一桩,但我牢记了六十年！也许,关于苯的知识,日后也没有派上什么大用场,然而,中学老师们的精彩教学方式,足以丰富我今后一辈子的人生。

离开母校后,再也没有见过龚先生,但他的音容笑貌却一直深深镌刻在我的脑海中。

▶▶ 作者简介:

赵国平　1963届高中毕业,考取清华大学水利系。在祖国各地参加水电站建设。1978年入军籍,后转业,从事房地产开发工作。

高中生活侧记

俞瑞榕

我在四中念高中的三年，正值国家从困难时期走出来，经济开始复苏的三年，也是全民学雷锋、学董加耕的三年。这三年除紧张的文化知识学习外，我们的课余生活也是丰富多彩，这里且不说各个班级的男子篮球队，也不说学校的业余射击队、航海俱乐部，只说说学校生活中三件难忘的事。

军事野营

高一那年的暑期，我和同年级的十来位同学一起参加了市里组织的军事野营。报到的第一天，教官就告诫我们：进了野营驻地，就要以军人的要求规范自己，一切行动听指挥。

三伏天，骄阳似火。人即使坐在荫处，摇着蒲扇，尚且大汗淋漓，何况在烈日下，练队列，练操枪，练射击。片刻，大家的衣裤便湿了又干，干了又湿，衣服后背更是一片白花花的汗渍。正步走、持枪、扛枪，每一个动作，谁都不敢马虎，一抬腿，一伸臂，一个个做得认认真真。

练射击，更是辛苦。伏在地上，头上烈日暴晒，身下大地烘烤，托着笨重的日式“三八大盖”枪，瞄着百米外的胸靶，额上的汗淌进眼中，苦涩涩的，淌进嘴中咸溜溜的，不一会儿，眼中便金星直冒，但是想起教官“平时多流汗，战时少流血”的教诲，同学们一个个用手背抹抹汗，又精神抖擞地举枪瞄靶，心中谁不想练个百发百中。

实弹射击那天，谁知天公不作美。靶场上空，铅灰色的天空压得低低的，虽没了平日的烈日暴晒、大地烘烤，但气压偏低，人不免感到胸闷气急。这不是一个理想的射击天。

突然，哨声响起。我们一溜十位只得提枪进入靶场。考核科目是卧姿“3 + 5”，即 3 发试枪，5 发考核。

我按平时练习要领，“三点一线”，装弹瞄准，且将枪托紧紧贴在肩窝，手指轻扣扳机，也许是第一次实弹射击的原因吧，不由地心怦怦跳。只听“砰”的一声，弹头应声飞去。眯起眼细看百米外的胸靶，报靶员举杆画了个圆圈，我一看，完了，第一发即脱了靶。但我并不甘心，望了望两侧的同学周某、李某，只见这两位“眼镜兄”，今天竟一人戴了两副眼镜，双眉紧蹙，一眼开一眼团的神态，心中有了底。

砰、砰、砰，靶场上枪声不绝。

不一会儿，我们十人均射击完毕，持枪起立，待报靶员报完中靶数，我们竟也考了个“良好”，我还中了两发靶心——十环。心中喜滋滋的，心想没有平日单调的练习，哪来今天的成绩。

当我们唱着“日落西山红霞飞，战士打靶把营归……”的队列歌，肩扛“三八大盖”返回营地时，一个个精神抖擞，雄赳赳，气昂昂。

秋收秋种

高二那年秋天，学校安排我们去阳澄湖畔的农村参加秋收劳动。秋天，江南的田野一片金灿灿，望不到边，微风中夹杂着阵阵稻香，醉人心扉。傍晚，当晚霞染红了整个天空，那微微起伏的稻浪由远而近地翻动，怎不令人喜悦。

第二天一早，我们全班在老农的带领下走向稻田，一下子，几十个人全被望不到头的稻浪淹没了。大家学着老农的样子，弯腰跨步，挥镰割稻，起先，看着沉甸甸的稻棵随着镰刀的挥舞一排排躺下时，心里乐滋滋的，连额头淌下的汗珠都顾不得擦一把。可半天下来，我们一个个早就直不起腰，迈不开步了。心中直嘀咕，真窝囊。

傍晚，我们将割下的稻捆扎着挑到场上时，却又忘记了腰酸肩肿。和满场的男人、妇女一起，用老式的脱粒机、原始的手工摔打法将一颗颗饱满的稻谷打下，一下、二下……金黄稻谷，即刻就堆满了周边。我望着全场男人、女人的笑脸，听着他们的嬉语，我知道经过了前几年的自然灾害，今年的丰收意味着什么。

夜幕慢慢落下，满天的星斗和丰收的农民一样喜悦。打谷场上，灯光闪烁，欢声笑语不绝，田野里一片清脆的蛙声。

接连几天，我们终于将所有的稻割完了，并送上场，脱了粒，扬了谷，利用好天气不断地在场上翻晒。

割了稻棵的田野，虽不是一片光秃秃，但那些留下的稻根，远远望去，参差不齐，像刚学会理发的人给人剪的“板刷头”，完全失去了往日那醉人的金灿灿。唯有那微微湿润的土地散发着诱人的泥土芳香。

但第二天，当我们挥起铁耙，将一块块黑土翻起、击碎、整平时，当娇嫩的手掌被耙柄磨起一个个大水泡时，我们才真正意识到盘中餐“粒粒皆辛苦”的含义。

一个月的秋收秋种，我们这些城里的学生，不仅晒黑了皮肤，磨出了掌茧，更体味到农业劳动的艰辛。

倒马桶

高三那年的寒假，我们在学习北京掏粪工人时传祥的热潮中，去金阊区环卫站体验了生活——倒马桶。

记得那是大年夜，凌晨三四点钟，我们三个一组、四个一伙地随环卫工人出发了。

黎明前的苏州城，大街小巷静悄悄的，一串串的街灯在夜色中忽隐忽现。我们拉着平时见了要掩鼻而过的黑色粪车，开始走街串巷。大街小巷家家门口堆放着各式各样的马桶，有大有小，有提柄的，有手端的，成了这座南方古城夜幕下的特有一景。

当我提起第一只马桶，揭开盖时，一股酸臭的恶味直扑鼻腔，我本能地皱了皱眉，硬着头皮，将粪便倒入粪车张开的方口里，"哗"的一声，溅起点点粪水，有的竟毫不客气地溅到脸上、口中，嘴中只感到一股咸涩涩的，引起一阵恶心。紧接着，我们几个就这样挨家挨户地提桶、揭盖、倒粪，机械地重复着这一串动作，时不时还相互逗上几句笑话。

黎明悄悄降临，大街小巷中开始出现几个早起的人，此时，我们不由涌起一股难堪之情，生怕有熟人看见我们这副狼狈相。然而，看看跟在后面的师傅，正平平淡淡地笑着望着我们，我们的脸上瞬间浮起一丝羞色。

终于，在天亮之前，在古城重新欢腾之前，我们拉着粪车满载而归。想到老师平时说的"大粪并不臭，真正臭的是头脑中瞧不起掏粪工人的思想"时，才感到身上、衣上透出的丝丝臭气。

三年的高中生活结束后，同学们各奔东西。然而，这三年高中生活给予我们的一切，却永久地印记在我们心头，流淌在我们的血管中，我们初步地感悟了生活，感悟了人生。

▶▶ 作者简介：

俞瑞榕 1965 届高中毕业，中学高级教师，江苏省写作学会会员，曾任苏州四中语文教研组长。

追忆恩师冯允瑜

赵滌生

记得当时在赵振海校长治理下的四中，语文、数学、英语、物理等教研组都有一批优秀的教员，可谓群英荟萃。

冯允瑜老师是我们四中二十世纪六七十年代众多出色的老师中的一员，是当时的中学物理教员中的佼佼者，是我们这些高中毕业生的出色指路人和优秀的启蒙师长。

本人由初中进高中，一直到高三快毕业都对文学有深厚的兴趣和爱好，语文学习成绩一直遥遥领先于其他学科，所以我的高考志愿理所当然选择的是文科，报考意向是复旦大学新闻系，我想当一名新闻记者。

但在填报高考志愿的前夜，我们的班主任冯老师和我进行了一次促膝长谈。他认为我选择医科更为得当，因为我心思缜密、心地善良，适宜学医，能为民众做出更大的贡献，而且我的两个堂兄均是四中毕业考入上海医学院（二堂兄赵敏顺后在中国医学科学院工作，三堂兄赵德锠后在中国人民解放军军事医学科学院工作），可谓家学渊源。

冯老师委婉地告诉我，文学完全可以作为业余爱好来发展。就这样，在恩师的指引下，我重新修改了高考志愿，填报了上海第一医学院（今上海医科大学），并顺利考取该校，做了一名医者。

几十年过去了，我治人无数，救人无数，每每收到患者及其家属的感谢时我就想到，正是冯老师让我改文从医，我才能悬壶济世。

说起冯老师，我们1965届高三（3）班的同学无不对他敬仰有加。冯老师是物理老师兼我班班主任，讲物理课深入浅出，丝丝入扣；做同学们的思想工作，能够因事因人而异；给同学讲人生哲理，更是妙不可言。他的课堂使同学们终生难忘。

冯老师是个好物理老师，是个好班主任，同时他还是个好棋手。冯老师极爱下围棋，而且围棋棋艺超群，业余时间，常常与名家“手谈”，担任过苏州棋院院长。

冯老师毕业于上海圣约翰大学，在我们所有同学的印象中冯老师永远是那么温文尔雅，待人彬彬有礼，而且对我们每个同学都如同待自己的孩子，所以我们虽然毕业了，但始终和冯老师保持着师生情谊。

记得冯老师70寿辰，我们班全体同学还专门为他举行了一次生日宴会。冯老师居然在宴会上送了我们每人一本书，勉励我们继续学习。书我珍藏至今，然而尊敬的冯老师已驾鹤西去。

晚年的冯老师因脑血管病变入院救治脱险，基本正常后迁往护理院，我们班的同学常常三五成群地去探望他，连他夫人严老师都和我们这些老学生相熟了。

每每我们去看他，他虽已口不能语，但见到我们都高兴地连连点头，并熟识我们每个人。

斯人已驾黄鹤去，白云千载空悠悠。冯允瑜老师虽已作古，但他在我们这些同学心中永远是那么和蔼可亲、可敬可佩的师长。

作者简介：

赵滌生　1965届高中毕业，考进上海第一医学院医学系医学专业，毕业后从事医疗工作至今已有半个世纪。退休前，在内科主任医生的基础上，又进一步学习了心理咨询专业，取得了国家二级心理咨询师的资格。目前，仍利用自己的专业技术为患者和求助者服务。

你们的老师都是最好的

柯继承

"你们的老师都是最好的",这是老校长赵振海从我的话中听出一点不满意后,再次重复的一句话。

那一天谈话,我讲的基本都是"好话",唯独对那位在初中部任教的化学老师有点看法。不知为何,在我们高二物理老师请假时,学校竟安排他来代教物理课。当时同学们就有点不高兴,化学与物理,压根儿不搭界啊!记得是讲大气压问题,这位老师在讲了一通原理后,举了高山上烧水做菜的例子,这本来很平常的事,他竟说:"所以山上老和尚烧肉,要把器皿塞子塞得紧紧的。"(边说他还用右手夸张地做着按塞子的动作)言下之意,若不按紧塞子肉就烧不烂。天啊,和尚吃肉吗?哪个烧肉的器皿不用盖而是用塞子?同学们哄堂大笑,而那位老师居然笑眯眯地直把这节课讲完。事后,一说到这位化学老师,同学们就会提到"老和尚吃肉"。但赵校长却笑吟吟地说:"或许他讲的是西藏高原地区的喇嘛吧?高原地区的僧人不吃肉,吃什么呢?"看来,赵校长早就知道"老和尚吃肉"这事了,而且还为十多年前的这个故事做了最好的解释。

正如赵校长所说,我们各科的任课老师都是优秀的,或许有同学当时不一定持这种看法,经过十来年的时间冲刷,留在我们脑海中的都是一个个尽心教育、具有鲜明特点的教师形象了。

我的三位英语任课老师,当时年纪似乎都是五十岁左右。一位女教师沈淑,人很瘦,肤色白皙,音色特别明亮,上课很严肃,要求相当严,学生都有点怕她(我有时常把她与西洋小说中教堂里的修女形象联系起来),稍有不慎,就会被她训起来,课上训到课后。但我们都知道,其实她是个非常善良的老师,她很强调英语词汇的积累,我至今还能识几个英语单词,恐怕与她的要求有关。另一位女教师胡恩葆,是留美归来的,总是一身旗袍,令人印象深刻。她上课,就像与人谈话,轻轻地,带着微笑,一下课,马上走人,从不含糊。但如果有人上门求教,她也从不拒绝,非常热情。而让同学们感到最和蔼可亲的,还是男教师陈退思,他年纪虽已超过五十,但腰背直挺,衣着淡雅,脸长肤白,戴着一副金丝边眼镜,风度翩翩。他上课,最喜欢朗读,那声调,那语气,那十分到位的肢体动作，令人神往。最有意思的是，他把英语“有时候(some-times)”先念成上声，稍顿一下，然后从“t”开始一路下声念到 s，跌宕起伏，几乎就像把他的姓名念唱一遍。于是，每每见到他，同学们就学着他的声调念着“some-times”，同时也算作是招呼他了。而每当此时，他就会高兴地略弯下腰，张大嘴，说着“好好好”(念成“哈哈哈”)并点头……

几位数学老师中，许世煌教高一立体几何，张留根教高二代数。两位都很年轻，前者儒雅，后者活泼，但板书都一样的端正、清晰，既有数学的缜密，又有艺术的匠心。但相比起来，给人印象最深刻也最“权威”的，要推教导处副主任孙贞一了，他是我们高三时的代数老师。他身材比陈退思老师更瘦(甚至显得有些“干瘪”)，常在校园里沿着路边踽踽独行，一身洗旧了的中山装，给人十分“清贫”的形象。他讲课时，语调平缓，音量低，但总有一种磁性，把同学的思维引向公式与数据的变换之中。有意思的是，他常常会找机会与同学聊上几句，谈的往往又不是与学习有关的，而是天南海北。

我们的教导处主任是后来担任过四中校长的杨奎钧老师。当时，教导处主任在学生眼中就是校长之下第一人，地位好像比副校长都高。事实上，学生的事，包括学习或其他活动，甚至偶尔发生的学生打架等事件，好像最后都是由教导主任处理的。在学生心目中，教导主任是管理学生的最高长官，而校长，似乎是管老师的，一般情况下不会管到学生。

杨奎钧清瘦干练的形象及清晰的嗓音(总是一口软糯的苏州话)，常赢得高年级学生的好感。而他的“绝对权威”，体现在学校的开学典礼或结业典礼上。通常在这时，他的平常十分软和的音色会多变(当时还没听说有“百变”一词，若有的话，一定能用上)，一会儿软糯如春风，一会儿严厉如雷鸣，一会儿循循善诱，一会儿训斥有加。他激动时，脸色绯红，音量提高到麦克风都沙沙作响，说一两个小时标准的普通话，根本不会打顿，也不见他喝口水。后来，各教室都用上有线喇叭，学生们通常不再集中在那个挺大的健身房听报告了，但他的“风采”，似乎还能通过喇叭吸引着同学们竖耳倾听。

最让我折服的是，一次开学典礼后，为了在“长征”黑板报刊登他的发言，我们去找他。他听说来意后不禁一顿，略带歉意地说：“没有发言稿，只有提纲，要么你们把我讲的补上几句?”接着他拿出一纸片(只相当于通常 32 开纸的一半大)，上面只有他用钢笔写的四五行字。天哪，那一个多小时的吸引所有人注目、条理清晰的、有血有肉的精彩发言，竟然是从这一二百字当中发挥出来的?惊得我们几个校刊编辑你看看我，我看看你，佩服无比，都把这视为神话。

当时学校的总务主任是严万里，人长得矮小，但记忆力超强，而且什么事都能干。他没有上过我们的课，但是大家都知道，他是学校的总管(除教育以外)。

我们学校的教育楼就是他设计的。据说第五中学的一栋教育楼，也就是根据他的这张图纸建的。有一次我就看见严主任跟赵校长在长征楼前计议什么，他手里拿了一把对数计算尺，抽来抽去。当时我们数学课才学习对数，知道使用计算尺必须查对数表，而他不查表，只心算一会儿，就能报出数据来，看得我目瞪口呆。

我高中的语文老师，高一是郝用冲，高二、高三是沈文风。当时语文教研组中，比较出名的好像还有单大声，但他没教过我。单大声个子不高，微胖，声音洪亮。他是著名的书法家，当时教堂“天恩堂”已移用作图书馆与阅览室，阅览室牌匾上三个浓墨行草大字，就是单大声老师写的，每个同学看到这三个字都惊叹不已。

而郝用冲老师与沈文风老师，正好是两种相反气质的人。

郝老师不是苏州人，人不高，肤色略黑，所操口音近于苏北，但也能讲几句苏州话，还夹着上海腔（郝师母是上海人）。郝老师绝对是个感情充沛、才华横溢的老师（复旦大学中文系毕业），同学们暗地里称他为“激动分子”。因为一上课，他绝对神采飞扬，思维敏捷，声音洪亮。他讲课以分析散文见长，抒情起来，语言敲金击玉，非常有感染力。课余时，他很随和，同学们都与他很热络。

郝老师的钢笔字特别漂亮，他为学生的作文写下的评语，语句好，字体美，十分艺术化。郝老师给我印象最深的，是一次讲座时介绍和分析革命小说《红岩》。他把《红岩》的几个情节声情并茂地讲述出来，大约两个多小时演讲，气贯长虹，同学们都听得如痴如醉，无一离席，那场景，在我后来所听的讲座中，再也没有遇到过。

与郝老师相反，沈文风老师人长得瘦高，快到退休年纪，讲得一口苏州话——据说当时是苏州（或四中）唯一允许上课不讲普通话的语文老师。他是吴江人，书香门第出身（“吴江沈氏”后裔），古典文学造诣极深，我班高二、高三的语文课都是他任教的。他刚接手我班语文时，我们还不习惯，激情洋溢的郝老师忽然换成了学究式的沈老师，而且态度严肃，上课有点无味。只有难得讲到古典诗词、文言文时，才显露出他的本领来，真是精辟透彻。但无论是分析课文还是谈写作，他都讲“含蓄”。对于当时年轻活泼的我们来说，尽管都很佩服他的古文底子，但对他的讲课，反而没有郝老师那样印象深刻。

我在四中高中部就学的三年，每一学年换个班主任，高一是许世煌，高二是张留根，高三是蒋耀庭。前面已述，许世煌、张留根都是教数学的，蒋耀庭是物理任课老师。三位班主任，可说是三种类型。

许世煌老师作为我们高一的班主任，大家都说他是“好人”（特别是家长），人又长得白净，整天笑眯眯“与人为善”样，但与我们学生之间似乎总保持着一段距离,客客气气,非常和蔼。不像其他班级的三位班主任(当时一个年级有四个班)那样严厉(有个班的班主任甚至被人形容为“凶神恶煞”)。后来大家逐渐知晓,许老师的父亲就是我们学校当时的副校长许鹏年,许副校长曾是桃坞中学的训育主任。许老师温文尔雅,做事谨慎细微,尤其关心学生成长的家庭环境,几乎每一位同学的家庭,他都走访过。而且,他主动替家庭生活困难的学生申请助学金。据赵校长回忆,我的助学金申请因为家庭成分被卡住,最后许老师直接找到赵校长解释情况,才被批准。

张留根老师与蒋耀庭老师都是当时学校重点培养的青年才干。与许老师相比,他们的性格开朗得多。作为班主任,他俩对学生的政治教育抓得更紧一些,与学生间的来往也相对多一些。即使退休后,张老师家住吴江,蒋老师家住北京,但与我班同学仍有来往,甚至作为学生的我们也都退休了,可是他俩只要方便,还会赶来参加我们的同学会。

吴德安是我们的高一物理老师,不单与我班同学,与其他班学生的关系也是挺密切的,可以说,在高中部的所有同学中,他都有着较高的威望。当时,他还只是一个普通教员,从江苏师院附中(今苏州市第十中学)调来的,一来就任我班的物理老师,主讲“力学”。他个子挺高,待人接物极富涵养。但一上讲台,一下子就把同学们的思维紧紧集中起来,随着他幽默风趣的口吻,在“物理”的世界中畅游。只要他一开讲,全班就鸦雀无声,他每讲一条力学原理,无论是条理的剖析,还是据此解题推断,都清晰得惊人,而且常用生活中的实例巧做比喻,把枯燥的定义,结合生动的现实,分析得清清楚楚。

上他的课,实际上在掌握原理、学会解析解题的同时,还享受了他的风趣与阅历,因为他的语言也十分风趣老到,许多词在他口中说出,更显得生动活泼,如“隔靴搔痒”“五斤哼六斤”“南辕北辙”,都会在他的“证伪”过程中或下结论时被说出,令人回味,令人折服。

吴老师不仅课上得好,还业余爱好广泛。他不仅关心时事,关注世界科技发展,还是个体育爱好者——喜欢打篮球,又喜欢文艺——特别是苏州评弹,无论哪一种他都有一群具有相同爱好的同事与学生。以至于几十年过去了,他仍与许多爱好一致的学生保持着特殊的友谊。

我们的体育老师是谢胜亮。谢老师是归国华侨,身体十分健壮,篮球、足球样样都精。也许年龄不比我们大多少吧,与我们同学关系亲密得就像朋友一样,无话不谈。有一次他带我们到后面新操场上足球课,我冲得猛,把他撞倒了,他跌得很重,膝盖都擦出血了,我也吓呆了,他一骨碌翻起身,却安慰我说:踢足球就要这样,这叫“合理冲撞”。

再有一些老师,如龚祖绳、秦况贻、张迪、傅泽瑛、戎更生、顾心佩、汤纪胜、徐佩兰、陶福祈等，都德高望重，深受同学们喜爱。化学老师龚祖绳是东吴大学首届化学系毕业的高才生，据说当时已过了退休年龄，因为教育水平特别高而被留用的。龚老师在阶梯教室上课上多了，经常把头抬得高高的，我们的学长给他起个雅号叫“龚抬头”。英语老师汤纪胜，他实际上只比我高两届，毕业后留校任教。汤老师的英语水平相当高，据说，他年幼在家时，与父亲讲话都是用英语的。

还有一些老师，或没教过我，或印象还有点，如冯允瑜、张天民、周其生、钟慧暎、林安宁、董友竹、武梅、陈光华、陈炳松、朱绮伯、黄广源、朱天明、陈荣禧、金川、吴海泉等，还有比我高一届毕业而留校为师的，则有戈坚忍、俞瑞榕等。

回顾以往，我更觉得我们的老校长赵振海所说的是非常有道理的，“你们的老师都是最好的”。也许有人觉得赵校长说得夸大了，其实他也是很有感触的，而且隐含了他当年的一个广育人才的目标。

时光荏苒，现在回想起来，母校一直在为实现赵校长的目标而努力，而且取得了很大的成绩。“老桃坞”的声誉在，老桃坞的希望在，老桃坞的文化一直在传承，我相信母校一定能“凤凰涅槃”，美好的愿望总是可期的。

作者简介：

柯继承　1966届高中毕业。作家、文化学者，现为中国民间文艺家协会会员，苏州市方志文化建设专家库成员，苏州市地名委员会咨询专家，苏州大学中国文哲所特聘教授，苏州市文联艺指委委员。

主要著作有《苏州园林趣谈》、《艺圃》、《室内绿化植物》、《苏州老街志》、《桃花坞历史地标》、《运河名城——苏州》（主笔）、《苏州望族秘事》、《吴语》、《大明苏州》、《园林花笺》（与柯怡雯合著）等十余部。

参与编审、统稿的有《唐诗赏析辞典补编》、《李白诗歌赏析集》、《中外名诗赏析大典》、《苏州市志》、《苏州邮电志》（主笔）、《苏州楹联集成》、《拙政园志》、《狮子林志》等。

难忘班主任

诸家瑜

我这一生,正正经经上学读书,屈指算来总共才7年,其间经历过4任班主任,而最为难忘的,就是我考入苏州四中后遇到的班主任朱绮伯老师。

1965年9月1日,新学期开学,我从小学跨进中学,被分配在初中一年级(1)班。我们班级设在青年楼二楼最东面的一个教室里,共有52名同学。给我们上第一堂课的是一位30多岁的女教师。她站在讲台前做了自我介绍:我是你们这个班的班主任,姓朱,叫朱绮伯……

朱老师有一颗慈母般的心,育人有道,教书有方。这是她留给我最深刻的印象。下面讲两则发生在我身上的小故事,以此印证。

故事一:我自幼有频繁眨眼睛的习惯性动作,即不管什么场合,两只眼睛都会不听使唤地眨个不停。这个小毛病是小时候出痧子时见到了风而落下的后遗症。我在念小学时,因上课频繁眨眼睛而常常遭到老师误解,以为我在做小动作,不认真听课。班主任为了帮助我改正这种“不良习惯”,经常登门“家访”反映情况。善意的“家访”换来的却是母亲“恩赐”于我的一顿“生活”(挨揍)。

到了中学,我眨眼睛的习惯却受到了班主任的喜爱,这使我感到十分意外。在同学面前,朱老师经常夸赞我:“眨眼睛主意多,是聪明的表现。”她的一席话,使我从长期的苦恼和自卑中走了出来,自信心也增强了,而且同学们再也不对我的“缺陷”说三道四了。

故事二:朱老师知识丰富,教、授兼备,耐心引导,深入浅出,且动手能力特强,如解剖青蛙、鱼类等。她主讲的是生物课,绝大多数的课程是在实验楼上的。每次上她的课,我们都会自觉安静下来。那时的我们,对植物、动物充满了好奇,学得亦特别认真。

1969年4月下旬,我下乡到了苏北一个农场。一年多后,领导将我提拔为连队植保员,说是提拔,实为政治考验。因为农业植保这行当马虎不得,一旦某个环节出现差池,那就会殃及我的“政治生命”!所以在任职期间,我是小心翼翼地做着这项工作。九余年里,我所负责的植保工作一直都得到主管部门的表扬和称赞,这得益于当年朱老师传授的生物知识为我打下的良好基础。

毕业后的几十年里，有关朱老师的音讯全无，但她那慈祥和蔼的面容始终浮现在我眼前。我思念她，因为她在我心目中，永远是一位可敬的师长。

终于，在1992年母校90周年的庆典活动上，我见到了她，她已是一位霜染两鬓的花甲老人。回首往事，彼此感慨良久。我向她诉说了20多年里所走过的路。未几，我登门探望她，恭恭敬敬递上我花了几年心血与人合著的《中华谜书集成》。"谢谢朱老师的栽培！"我紧握着她的手，把藏在心里20多年的这句话说了出来，老师热泪盈眶，欣慰地笑了。

转眼间，日历翻到了2022年，适逢母校120周年大庆，故撰此文诉衷情，并借此机会，谨祝我的班主任朱绮伯老师，平安吉祥！健康长寿！

作者简介：

诸家瑜 1968届初中毕业。中国民间文艺家协会会员，中国化工作家协会会员，中国东方文化馆馆员，江苏省民间文艺家协会会员，苏州市民间文艺家协会会员，《苏州民间文艺》网技术总监。

母校的眷恋

戴立健

满树和娇烂漫红，万枝丹彩灼春融。在一片融融的春色里，迎来母校120周年华诞。得此喜讯，我激情澎湃地歌唱，欢欣鼓舞地忆往事。

美丽校园我的家，家在校园到出嫁。忆往昔峥嵘岁月，曾经依偎在您绿色的草坪上，曾经把笑声填满您的胸膛，我深深热爱的母校。母校的一草一木、一砖一瓦，老师的一颦一笑、一举一动，仍使我记忆犹新，历历在目。

我爷爷奶奶很早就在桃坞中学工作，他们承包着学校师生的一日三餐，后来爸爸妈妈也都在学校工作，直至光荣退休。据说当时学校食堂可容纳很多师生用餐。我们兄弟姐妹从小就生长在那美丽、绿色的校园里，它是我眼中的一个纯洁的乐园，是我心中一道永远不可磨灭的绿色风景，无限美好。

之后，我们的下一代也在四中学习、生活。四代人的情怀，无限的眷恋。这正是我永远的青春。

还记得教室里书声琅琅，还记得年少的天真无邪，校园总在记忆深处。

每当铃声响起，我们就往学校跑，我们就往教室跑。

教室里，听王震老师的“二氧化碳”；听许世煌老师的“勾股定理”；听张伯勋老师的“None study hard and make progress every day”；听张永良老师的《师说》……

无论是数学和化学，还是英语和语文，每一位老师都是资深的教育者，他们的课堂精彩纷呈，生动有趣。桃坞中学的师资力量堪称一流。

那时放学后，我们首先一定先把作业做好，然后再与其他老师的孩子一起玩躲猫猫、爬竹竿、泼井水等。特别是到了暑期盛夏，我们几个孩子会搬几张课桌到通风处做好当天的所有作业，然后到学校南面的操场，手拿着蒲扇去扑蝴蝶、抓蜻蜓、爬树干、摘葡萄、荡秋千，欢乐地玩耍。

有时候手划破了，或者平时有个头疼脑热，我们就去学校医务室找热心的俞医生。俞医生是一位有着50多年党龄的老党员，政治觉悟高，责任心强，她对待学生就像慈母般的温柔，体贴、关怀，平时我们有许多同学有事无事总会去她那儿走走，取取“暖”，讨讨“爱”。

我们住在学校整体的中间，左边是机器间，靠右边不到百步，就是学校的大食堂。家门口有一口天然大井，要用水，就用手打扶柄摇几下，摇上来的水清澈微甜。水井旁边是一大片叶连着枝、枝连着叶的葡萄树，每年盛夏，葡萄树上挂满沉甸甸的大葡萄，预示来年学校教育又能丰收。

在我记忆里，学校还隆重承办过全国篮球比赛，当时也曾引发学校篮球爱好者的激情，观赛的人们挤满整个球场。

母校厚德心底藏，栽培恩泽永难忘。在学校的培养教育下，我茁壮成长。从班长、团支部书记，到学校团委成员，快乐的学校生活给我带来无限希望。

我记得每逢暑假，市教委、学校团委都会举办团干部学习班，集中学习，互相交流。我很荣幸得到过比较多的学习机会。

再来说说四中团委班子成员，汤纪胜、俞瑞榕、陈欣生老师等，他们科学、严谨的教风，优良的教学态度，春风化雨般的施教，使同学们受益匪浅。当年学校团委学生干部，后来有的成为医学专家，有的是学校教育的骨干，他们都在不同的工作岗位上闪光发亮，发挥先锋模范作用，这些都是母校的教育成果。

由于从小耳濡目染，浸润在教书育人的大环境之中，因此我也爱上了教育事业，踏上了教育岗位，辛勤奋斗三十余载。退休后，我继续为学校做一些力所能及的事，为老教师服务，配合学校党总支做好离退休人员党建工作。

往事如歌，今年母校迎来120周年校庆，想要说的心里话好多好多，千言万语也说不完。我对母校有着深深的感恩之情、眷恋之意，正是您的给予，才会有我的今天。学校的培养，老师的教导，一颗感恩之心，一份真诚之情，永驻我心。

今天，我为您骄傲，为您自豪。亲爱的母校：祝您年年桃李满天，岁岁芬芳向阳，再次诚挚深情地亲吻我的母校！

2022年3月20日

▶▶ 作者简介：

戴立健　1974届高中毕业，苏州市第二十四中学教师。

圆梦蓝天的地方

黄颖超

2004 年，经过笔试、面试层层考核，我有幸考取四中空乘班。接到通知的那一刻，我想我是幸运的。时间转瞬即逝，自 2007 年毕业，眨眼间已经十几年了。

在我的学习生涯中，母校素以治学严谨、注重人文精神培养和英语教学见长而著称。作为首届空乘班学员，母校给我们新开设了外教课程，提升我们英语口语水平。如今，这依然令我们受用无穷。那一本本厚厚的讲稿、那一次次深入浅出的讲解，无不凝聚着老师们多年的工作经验和严谨、认真、负责的治学精神，这些经验值得我们好好汲取，这些精神更值得我们好好学习，是我们受用一生的宝贵财富。

同时，我们还有丰富多彩的课程安排，如形体课、化妆课、礼仪课、才艺课等，提前为每个学子应对毕业后的面试做好充分准备。空乘班的学习，不仅开拓我们的视野，提升我们的素质，更为我们未来的发展打下了坚实的基础。

毕业后，我始终谨记母校教诲，勤奋工作，开拓创新，以饱满的精神、昂扬的斗志、良好的作风，满腔热忱地投入到工作中去，在自己的工作岗位上做出突出的成绩。我先后加入四川航空、浙江长龙航空，以优异的成绩取得精品航线、国际航线、空客 A330 宽体机型、头等舱等乘务员资格，航空广播员资格，高技能人才大赛之航空服务技能大赛团体一等奖，以及“优秀乘务长”称号等。

2018 年 4 月 30 日，我有幸回到母校担任学校的空乘面试官，看着自己的学妹学弟就像看到曾经对蓝天充满期待的自己。现在的四中，校园更美，氛围更浓，硬件设备更新，呈现出勃勃生机。教师敬业，个性专业成长；学生进步，文明修养内化。无论你是有蓝天的梦想，还是对自己有成才的期望，四中都会与我们一起努力，给我们奋进的力量。

回首过去，满满都是对学校的留恋、对老师的不舍。值此母校建校 120 周年之际，作为第一届空乘班学子，我倍感自豪，也真诚祝愿四中母亲生日快乐，桃李芬芳。

作者简介：

黄颖超 2007 年第一届空乘班毕业，现在浙江长龙航空公司担任乘务长。

桃坞情怀

郑思源

20 世纪 80 年代末，我从吴县木渎中学调到苏州四中，因其前身是桃坞中学，而且地处古老的桃花坞大街，所以四中的老师们都自称桃坞人。对于这样一所百年老校，我只能算是一名新桃坞人，当我融入其中后，我发现这里不仅是一所教书育人的学校，更像是一个温暖的大家庭。

岁月悠悠，尘封不了那些动人的美好记忆，当我第一次迈进校门时，好像进了一座民国时期的园林。这里没有高高耸立的教学大楼，只有郁郁葱葱的花草树木和那一幢幢并不高的民国红墙建筑。这些红墙建筑，形态各异，老师的办公室设在其中，三四人一小间，宁静而舒适。

我左腿有疾，调任四中后，由于我家和四中之间没有公交线，上班便成了问题。当初年级组安排一位高三学生，每天早晚用自行车接送我，但这毕竟是权宜之计。一天我偶然谈到想学自行车，于是有位热情的同事就帮我借了一辆女式自行车，安排了两位学生，利用午休时间，在操场上教我骑自行车。刚开始这两位学生扶着我的车，跟在后面跑得满头大汗，几天以后，我就能独立骑车了，但无法上下车。就在一筹莫展之际，一位女同事根据我的特点，给我示范一种新的上车方式，经过半个月的训练，我终于学会了骑车的要领，学会了独立骑车。后来学校安排我担任班主任，多亏我学会了骑自行车，有许多个晚上或周末我骑车穿梭于苏州的大街小巷，到一个个学生家中进行家访。回忆往事，不由觉得学会自行车竟成了我人生中的一件大事，它使我获得了行动自由，解决了我工作和生活中的后顾之忧，我永远也不会忘记曾经鼓励我、教会我骑自行车的桃坞师生们。

当然，让我发自内心感谢的绝不仅仅只有学骑自行车这一件事，往事历历在目、念念于心……

我调到四中后不久，有一天晚上，我夫人感到身体不适，本以为休息一下就会好的。第二天上班后，我和我们当时高三年级组组长谈及此事，她听了我的描述后，马上带领一批没有课的老师，赶到我家，把我夫人送到医院，由于得到医生的及时救治，最终转危为安。后来我们去复诊，医生说幸亏送得早，否则会有生命危险。我想多亏了同事们的鼎力相助,才避免了我家可能发生的不幸。

21 世纪初,为了便于教学研究,学校高中部改为教研组办公。四中的英语教研组也是一个温暖的集体。教研组老组长不但带领大家传承了桃坞时期的英语教学风格,而且营造了一个互帮、互学、互敬、互爱的教研氛围,大家在致力于教学的同时,不少老师还发表了教学论文,其中由各类出版社出版的英语专著也多达十几本。后来因为工作需要,我也接任过英语教研组组长,为四中传承英语教学风格尽过一点微薄之力。

在四中这个大家庭里,能有这样团结和谐的人际关系和教学氛围,也和领导班子的领导作风有关。有一年春节前,学校给每位教师发一只鸡和一条鱼,但在运输过程中,有的鸡死了,最后学校决定,领导和党员拿死鸡,把活鸡分发给全体教师。记得有位老教师曾说起一件往事,一次他在上班途中遇到了校长,校长马上从自行车上下来,和这位教师边走边聊,一起步行到学校。直到现在,四中的校长、书记等领导还是这样平易近人,他们尊重老教师,关爱中青年教师。由此,四中领导为教师服务的风气也一代一代地传承了下来。

我能在不惑之年融入四中这个温暖的集体,成为一名桃坞人,这是我的荣幸。我在这个和谐的大家庭里得到的种种关爱和帮助始终萦绕在我心中,愿这种桃坞风格代代相传、天长地久。

▶▶ 作者简介:

郑思源 英语教师,教研组长,苏州市劳动模范。发表 500 多篇文章,出版《英语真题透析》《高中同步阅读与训练》《高考英语短文改错突破》《题型优化设计与结题》等近 20 本书。

校门变迁的意蕴

万　倩

2002 年 8 月,我大学毕业,到苏州四中工作。四中给我的印象特别深,一是师资强,二是学生好,三是环境美。这里,我想说说四中的大门。多年来,我进出校门无数次,都没有很在意。这两天,我拜读了校友的回忆文章,对校门的历史产生了浓厚的兴趣。

一

现在,校园的建筑和场地还是我刚到学校时的样子。校门是欧式铁制的两扇头门,当然,我进校时是手拉门,前两年改成了电动门。我了解到,四中的校门至少换过三次。

桃坞中学创办时是木门,与大户人家的门差不多,石条门檐正方位还刻有“圣公会”三个字。

学校当时尤其以英文教学为特色,由美籍教师亲自教授,教学内容涉及众多西方文学作品。除了在教学方面中西结合自成一套,当时的桃坞中学在学生课外活动组织方面也颇具特色。学校组织丰富多样的活动以培养学生的实用能力,如建有“学生会”“文学会”“青年会”三大课外组织,其目的在于研究学术,练习口才,以期养成思维灵敏、举止活泼之青年。此外,学校还开展各类文体活动,各班级学生根据各自爱好组成中西乐队、歌咏队、口琴队等,利用课余时间开展娱乐活动,陶冶身心。

桃坞中学属于那时的贵族学校,读书的学生都出自有家底的人家。学生进出,黄包车接送,很平常。大文豪钱钟书,中科院院士钱钟韩、张青莲、刘元方等杰出人才就是从这扇门走出去的。正如刘元方院士在回忆录中所言，学校良好的教育为他们将来的发展打好了坚实基础。

二

1952 年，苏州市政府接手桃坞中学，将其更名为苏州市第四中学，并把旧门扩大改成了宽约 4 米、高约 3 米的木制黑门。此时，平常人家的孩子也开始进入学校读书。

桃坞中学的名师钱慕云、赵振海、许鹏年、汤山源、王乘六、王安琛、孙贞一、殷小沅、王其玺、胡恩葆、龚祖绳、单大声、杨奎钧、施应霆、张福根等依然留在四中从事教育工作，钱慕云、赵振海、杨奎钧还先后担任校长；后来，汤山源、王乘六等还被调到大学从教。可见，他们的学术水平之高。王安琛等教师还著书立说，把教学内容与生产实践相结合，直接服务社会。

那时，学生的课余活动丰富多彩，如文艺表演、戏曲欣赏、文学创作等。有不少学生是天文、航模、小火箭、滑翔机、无线电等课外科技小组活动的爱好者，每星期有固定活动时间。而天文观测小组被市科协破格批准为苏州市科普协会会员单位。

在此期间，中科院院士姚熹、山东大学原校长潘承洞院士和他的弟弟潘承彪、北京航空航天大学原副校长邓学蓥、内蒙古大学原副校长许柏年、浙江省政协原副主席丁德云、中国社会科学院副院长汝信、国防科技大学一级教授金士尧等一大批杰出人才都毕业于母校，很多学生都考取北大、清华、南大、复旦和同济等重点大学。

三

第三次木制黑门换成了铁制的黑门。这扇门是“文革”结束，20 世纪 80 年代初建的。1981 年，学校重建健身房，向东拓展，校门也向东移六七米，偏离钟书楼同样的距离。那时，经过社会主义的洗礼，读书的大多都是人民群众的孩子，“贵族”子女也都被改造思想，成为人民群众的一分子。

很多老师都是全市名气响当当的人物，各个学科都有，那时只要市里有公开课或出卷任务，必有四中的名师。他们是物理的吴德安老师、徐锦林老师，化学的张迪老师、王震老师，英语的张伯勋老师、汤纪胜老师、郑思源老师，数学的黄广源老师、张家瑞老师，还有生物的孙再兴老师，体育的谢胜亮老师，等等。

那时候，学校强调德智体全面发展，学生都感受不到课业的压力和负担，一般下午都有体锻课和课外活动。老师与同学们常常在一起打球。市里面的足球队经常到学校外操场进行专业比赛，或与师生们打友谊赛，大多数师生都会一起去观看。

学校还组织学工学农学军活动。每年有的班级会支农一周，到农村去割稻、打扫谷场等；有的班级会去工厂劳动，实习一周；有的班级会去部队体验生活，进行军事训练。

20 世纪 80 年代中期，正值改革开放，学校创办电子元件厂，开门办学，产学结合，发展生产，改善教职工条件；同时，抓紧教育改革，成为苏州市首批双语实验学校；初中教育在全市教育系统成绩斐然，名列前茅，尤其高考成绩显著，一批又一批学生为国内一流大学录取，成为改革开放的先行者。

进入 21 世纪后，大家迈步走进了小康社会。在原有的基础上，学校对这扇门做了改进，变手拉门为电动门，为广大家长们开车接送孩子提供了方便。学校还改制为全日制普通高中，继续大力改革创新，率先在全国创办高中空乘基地班，成为全国普职融通的办学典型，为高中多样化办学开创了一条新的道路，从而多方位、多渠道培养社会需要的各种人才。

现在，学校里还完整保存着理堂、钟书楼、梅香楼、沁馨楼、解放楼和新华楼。理堂原用作实验室和图书馆，现为教师办公楼；钟书楼，原名韩堂，现依然用作教师办公楼；沁馨楼原为教师宿舍，现为医务室；解放楼和新华楼，依旧为学生宿舍楼。学校为苏州市重点文物保护单位。

近年来，学校坚持“守正”和“创新”并举，传承百年品格教育，把育人与教学相结合，构建“立德树人”的新教育模式，不断探索，勇于进取，进一步探索一条符合学生个体发展和社会进步需要的办学之路。学校年年获得苏州市科学提高教学效果进步奖，多次被评为市文明单位，两次被评为省文明单位。

作者简介：

万倩 特色办公室主任，英语教师，区学科带头人，苏州市优秀教育工作者，多次被评为优秀班主任。参与多项省市级课题，发表多篇文章。

三代人的桃坞缘

余　嘉

1996年,我大学毕业被分配到苏州四中工作。我拿到通知书的那天,父亲很高兴,一方面单位离家很近,步行只需十分钟;另一方面,“你祖父在四中工作过,你孃孃也曾在四中读书,真是太巧了!”我父亲笑眯眯地说。

对于祖辈,我之前知之甚少,从未想过会和我的祖父有血缘、家庭以外的联系,甚至,除了照片我都没有见过他。而在我父亲后来陆陆续续的讲述中,我逐渐了解到我祖父、我孃孃和我,延续了三代人的奇妙桃坞缘分:我的祖父20世纪30年代曾在此工作,受邀兼任过当时桃坞中学的校医;我的孃孃60年代曾在此读书,度过最亮眼的青春时代;而我更是扎根于此,从90年代一直工作至今。

后来,因为校庆的机缘,我在桃坞中学的历史档案中,赫然看到祖父“余生佳”的名字被列在教职工的名录里。他到学校兼任校医的轨迹也逐渐清晰起来。

我祖父1893年出生在上海的法租界。他从中学毕业后,考入杭州的浙江医学专门学校,一年后,又转入北平医学专门学校,成为中国自己培养的第一批西医。他边学习边行医,在行医中结交了从苏州来北京求医的苏州金融巨子洪少圃。1917年,祖父于医校毕业,洪少圃就极力邀请他来苏州,在现混堂弄里开设了“树德医院”,后又搬迁至张广桥下塘的吴家墙门,更名为“持德医院”。

1927年,祖父又去欧洲求学,获得博士学位,还先后在德国和奥地利的大学里担任医师。之后,他从欧洲学成回国,运载了许多当时先进的医疗设备,并开设了高级助产学校。这些设备也为他后来兼职校医工作和救治奔赴抗日一线战场挥洒热血的战士们提供了医疗保障。

那时,祖父也是热血汉子,曾参与武昌革命。他得知桃坞中学有不少投身爱国运动的学生,且学校对学生参与爱国活动并不限制后,毫不犹豫地接受了聘请。校友潘祖德在回忆文章中提到,“每年校医余生佳医师替全体同学做一次体格检查。学生生病也由余医师诊治”。

1937年,淞沪会战爆发,桃坞中学的爱国学生积极踊跃参加抗日救亡运动。

祖父则担任吴县红十字伤兵医院总院院长，组织和主持救护工作，大力救护抗日伤员。新中国成立后，他被任命为苏南康复医院（今苏州市广济医院，当时主要收治朝鲜战争的志愿军伤病员）的院长，继续为救治伤员的工作而任劳任怨、竭尽全力……

又过了十多年，我嬢嬢余志芳也踏入了四中的大门。她是四中1965届的高中毕业生，因为成绩优秀、开朗大方，高中三年里都担任了学生会工作，得到了康月芳老师、董友竹老师等众多老师的喜爱。遗憾的是因为家庭成员身份问题，她与大学失之交臂，于是她毅然报名去新疆支边。按照当时的政策，苏州知青的一般去向都是在江苏省内，但她主动要求去往祖国的边疆，这在当时引起了轰动，苏州市的某位副市长亲自接见她，和她结成了知青对子。而十几年后，当恢复高考的消息发出，她得到消息时，距离考试只有十一天了，她一边赶路，一边复习，用十一天的时间，一举考上了北京大学经济系。消息传回四中，母校的老师无不为她感到高兴，纷纷给予她鼓励。

1996年，我被分配进四中，进校报到的时候遇到陆祥麟副校长，他就笑眯眯地说："嗯，余嘉，你嬢嬢是余志芳哇！"开学后，老教师们看见我，总会一脸理所当然地对着其他老师介绍说："嗯！她是余志芳的侄女啊！"还有一次，我嬢嬢的老师，当时已经退休很多年的冯允瑜老师受邀到学校来参加座谈，还特意跑到我的办公室看我，对着办公室的其他年长者诚恳托付说："嗯，余嘉是余志芳的侄女，请大家多多帮助她啊！"

现在，我自己也已经是个工作二十多年的老教师了，但是，我还清晰地记得：工作伊始，学校给我安排的师父张芝芳老师，她的严谨认真；同一学科的蒋荣坤老师，他的才华横溢；同是张老师徒弟的殷燕老师，她的积极热心；说是同事，却对我如师父般知无不言的左芸老师，她的架构清晰；当过"最年轻教研组长"、后来主动让贤于年轻人的张艺老师，她的真诚心意；还有老四中、惜哉英年早逝的俞瑞榕老师，他的深厚笔力；等等。他们对我耐心指导、无私帮助和亲切关怀，他们每个人让我想起来，都会有满心的敬佩和感动！

我们三代人，或是校医，或是学生，或是老师，但都有同在一所学校的经历，都对桃坞中学充满感情，都对人、对事、对工作充满敬畏，都将"问心无愧"当作立身处世的重要底线，这是怎样的缘分！并且，这些精神品质，在我所接触过的校友们的身上，也几乎都无一例外地具备，或许，这就是桃坞人的共同精神吧！

作者简介：

余嘉 语文教师。江苏作家协会会员，文史学者，姑苏区第三届政协常委。苏州大学中国近代文哲研究所特聘教授、文哲研究所楹联创研中心副主任。中国民盟苏州市委委员、民盟文化工作委员会副主任，苏州市地名委员会地名咨询专家，以及苏州市吴文化研究会会员，苏州市陶行知研究会理事等。

央视《百家讲坛》特别节目“今古话苏州”的主讲人，著有散文集《烟火间》等，参与《地名词典》、《相城人物》及《中国国家地理·风物中国志》系列等十二本书的采编撰写工作。近年来，先后在《人民日报》《中国教育报》《解放日报》《上海文学》《读者》《意林》等报刊发表作品40多万字。

忆张家瑞老师

陈广山

张家瑞老师是数学组的老组长,2000 年初就已经退休,距今也有 20 多年了,算算现在该八十多岁了。正值学校建校 120 年,回顾往事,一下子就想起了这位德高望重的老先生。

张老师退休时,我工作也没几年,而且那段时间我主要在初中部任教,办公室与他不在同一幢,所以交流并不是特别多,除非在教研组活动的时候。记得在一次活动中,张老师谈到要转变观念,摒弃“教书匠”思想,要善于在教学和解题中发现问题,加以研究,反思总结,形成论文。没过多久,他就组织印刷了一本校内小册子,供大家交流讨论,后来还动员学生参与进来,教师和学生的交流天地就形成了,一时间好不热闹。虽说是小册子,倒也有封面,有目录,有美工,在网络并不发达、手机都不多的当时,每次推出来,竟也成了抢手货。我有幸也截留了几期,保存了下来,然而几次搬办公室下来,汇聚许多心血、留有时代印记的小册子连同其他物品竟不幸丢失了。

后来才知道,张家瑞老师很热爱钻研也很善于钻研。记得他退休后,有次去拜访他,竟发现他家里餐厅和客厅边上都堆满了各种期刊,一些久远的,用线装订起来,糊好牛皮封面,再一年一年地标好日期,宛如进了图书馆看到的古旧书籍般,有的放在书架上,有的堆在地上,足足有半人高。至于书桌上,摊着的是近期阅读的书籍及一叠写满蓝色圆珠笔字的稿纸。原来,就算退休,他还是喜欢思考,喜欢写作,有时一写就是大半夜。关键他还不太熟悉电脑打字编辑排版,写的手稿也极易丢失,要出版发行变得极为艰难,但他多年来就是这样一直坚持下来。张老师一个劲说“家里乱”,看着脸上堆满笑容、精神矍铄、瘦小而又满头白发的他,我内心生出无限的敬仰与崇拜。

张老师是个埋头干事的人。现今,在中国知网查他的文章就有 19 篇,他还以张斑竹等笔名发表文章,总量上怎么算也有近 30 篇。这些文章大都发表在 20 世纪 90 年代,在那个文章发表量极低的年代,实属不易,但直到退休 10 年后也依然能看到他发表的文章。他还参编了 20 多种书籍,主编出版了多部专著,我知道的就包括《中学数学教学指导》《中国高考数学试题题典》《立体几何的问题和方法》等。我没有统计过其他老师发表文章的数量，但在我的教师生涯中，他算一个高峰应该不为过。

现在读起他当年的文章，我仍能感受到他钻研的深度，特别在立体几何和圆锥曲线等问题上的探究，竟然就是现在的高考热点和典型题型。张老师注重数学思想方法的教学，但他绝不是空洞地说教，而是注重通过对具体问题的剖析，逐步抽象归纳，提升概括，积累渗透，通过具体的数学解题方法，春风细雨般融入数学思想方法，做到润物无声，使学生自觉地将数学思想方法化为数学素养。张老师是个业务水平极高的人，他的许多研究对中学教师、学生都有重要的参考价值，其中一些成为奥林匹克竞赛教学和练习的资源。当时市里的教改组，几乎没人不知道他，每次活动都希望他能说几句，指点迷津。他看到一道习题，能够说出五六七八种解法，能够说出它的前世今生，仿佛脑中安装了搜题软件。当时四中的年轻教师，近水楼台，都得到过他的悉心帮助，一批教师都成长为学校的骨干。

张老师也是普普通通的人，平和得学生都喊他“阿爹”，平常得都忘记他退休已经20多年了。然而一个学校的历史就是由这些普通的老师和千万个普通的学生书写的，也正是这些普通的人生生不息地传承着属于自己的和深深烙下四中印记的精神，激励着后辈不断奋进。

百年老校见证着每个人的来去，或青春飞扬孜孜以求，或言传身教呕心沥血。来时懵懂少年，去时已学有所成；来时意气风发，去时已桃李满天下。我们每个人也见证着学校的发展，你风雨兼程，与时俱进；你秉承传统，大胆创新；你不忘初心，硕果累累。忽然想到，在来去之间，如何留下彼此的记忆呢？我不忘记你，你不忘记我。

作者简介：

陈广山 数学教师，教研组组长，苏州市区学科带头人。多次获得市级、区级评优课等业务教学比赛一、二等奖。十多篇论文发表或获奖。获得“苏州市指导学生自学先进教师”“直属学校优秀交流教师”等荣誉称号。

我的恩师俞瑞榕

夏元晔

今天正好是一年一度的父亲节。每逢父亲节，我都会感慨万千。在我儿时，父亲对我来说，是最高大的，坐上父亲的双肩，我成了离天空最近的人。转眼间，我已经是两个孩子的妈妈，而父亲的头发白了，挺拔的脊背弯了，让我有些伤感。老话说：父母在，人生尚有出处；父母不在，人生只剩归途！

感慨之余，我又想起了我的恩师，除父母之外我最亲近的人——俞瑞榕老师。俞老师已经离开我们两年多了，但是，他对我的父亲般的爱，我永远铭记在心里。

1999 年 8 月，我从大学毕业就被分配到苏州四中担任语文教师。第一天，我兴冲冲地到四中报到，最先见到的就是我的师傅——语文组组长俞瑞榕老师。俞老师器宇轩昂，英俊端方，特别亲切和温和，对我关怀备至。初来乍到，我在远离父母兄长，孤身来苏以校为家的日子里，生活异常艰苦。当俞老师了解到我住宿有困难时，他立刻联络多位老教师，一起去跟校领导交涉，解决我们年轻教师的后顾之忧。

俞老师既是我师傅，又是我半个亲人。从工作到生活到为人处世，多方照顾，不让我在苏州有孤独感。每逢节日，我不回家，他就会让师母做好饭，请我去家里吃饭。三餐加四季，点点滴滴，记忆犹新。

有一年冬天，特别冷。有天早晨，我上完早读和第一、二节课回到办公室，那时还没有空调，见到办公室好几个老前辈都在，围着躺在躺椅上的师傅，我赶忙上前，师傅说他加入了钱老师、刘老师、张老师的队伍，血压偏高，开始吃降压药。嘴上说老啦老啦，可是第二天他又容光焕发地穿着西装侃侃而谈，颇有老夫聊发少年狂之态！

师傅写得一手好字，潇洒飘逸。在他的带领下，语文组青年老师都兴起练字之风，大师兄束富强老师的字就是组内数一数二的，我在当时是小师妹，这些称呼就被政治组老师戏称为“笑傲江湖”。

看到组内每位老师都多才多艺、能言善辩，我顿时有点懵，一改大学热情开朗的性格，变得束手束脚。俞老师在没人的时候和我谈话，提出他的看法。当我说我的字不如谁谁谁好的时候,他问我是不是练过字,我说大学时练过颜真卿字帖,他就跟我谈颜体的特点,说我已经有了颜体的风格,而且笔力刚健,颇有风骨。这真是大大的意外,获得师傅的肯定,我看自己的字也更自信,毕竟俞老师的字在四中有目共睹,是最好的。我结婚纪念签名册就是俞老师题写,现在想来倍感珍贵!

他退休后,每次党员外出活动,我都能见到他,总觉得异常亲切。有一年,去常州爬山,我看师傅走路有点累,就自然而然地上去搀扶,没想到没聊几句,他就甩开我的手,赶上前面的大部队!师傅就是这样一个不肯服输的人,对自己要求甚严,总是期望以最好的姿态出现在大家面前。

从我入校时的两鬓花白,到退休后修校史时的头发全白,师傅一直跟我说起,他这一生都没有离开过四中,哪怕是脑袋别在裤腰带上干革命的岁月,也会偷偷回到母校看看。我现在想起,每每垂泪。他是老四中人,从初中到高中,再到工作都在四中,可谓真正的"从一而终"了。

2002年,正值四中百年华诞,师傅精心编写的校史也如期付梓。摸着簇新的校史纪念册,看着校史馆一位位名人画像,我仿佛看到师傅一个人专心致志地在图书馆三楼格子间抽烟码字,耐得住清贫,经得住寂寞,看得轻得失,熬钝了目光,染白了头发。他常常激励我们,说:"长江后浪推前浪。"正是有他那一辈老教师们鞠躬尽瘁、死而后已,我们新生代的青年教师才成长起来了。

如今百廿校庆,当初的青年教师已成中年骨干。学校又新进许多年轻人才,起点很高,大多是重点院校毕业的研究生,语文组也是学士、硕士、博士齐全。距离百年校庆整整二十年,新的起点,新的征程,吾辈定当继续努力!秉承"高尚纯正之品格,切实适用之学诣"的百年校训,做好学生的点灯人,百廿桃坞的守灯人,让学生的理想照耀中国大地,把学习的幸福传到千家万户!

2022年6月21日

作者简介:

夏元晔 语文教师。在全国省市各级各类报纸杂志发表论文十一二篇,多篇论文获省级、市级一等奖。

做一个心里有爱、眼中有光的老师

刘璐瑶

怀揣着一份初心与希望，我从独墅湖来到桃花坞。三年时光里，我经历着自己的蜕变，也见证着孩子们的成长。感谢相遇，让我和四中结下了美好的情缘。

烈日炎炎，微风轻拂。我初到学校，就和我的第一批学生一起开启了军训之旅，大家都是初来乍到，满眼新奇地憧憬着高中生活。我从军训日记里慢慢了解了学生每一天的喜怒哀乐，并逐渐适应班主任这个角色。陪伴学生军训的那些天，是我入职以来睡得最早、入睡最快的日子。初来四中的开学篇，我感觉好陌生、好累，而一切又都那么新奇。

时光在不经意间流走，我在四中的第一批学生中，只有10人左右在高二分科之后依然留在了我的班级，开学又见到他们，骤然涌现出一种亲人的感觉！

“知恩于心，感恩同行，做德智体美劳全面发展的人”，是我们一直以来形成的班级理念。我们用无声的朝夕相处的陪伴，战胜了春困、夏倦、秋乏、冬眠，取得了高二合格性考试6门通过的好成绩。四中奋战高二篇，我感觉很充实、很开心。

高三，高中最重要的一年，承载了太多的责任与使命。时间不紧不慢地推动着我们向前，教学相长，相得益彰，从青涩到成熟，从懵懂无知到意气风发，我们在四中这片土地上留下了成长的足迹：有班级群里成千上万条消息，有一节课接一节课的学习，有写不完的作业，有在操场拼搏的运动会，有上、下午准时到位的课间操，有每周必穿必查的校服，有每天到校后你们置放自觉上交手机的保险柜。还有你们背着我做的那些事：私藏一下手机，早读课偷懒，课上偷偷睡个觉、唠个嗑，课余时间下下棋等。当然还有你们背着我准备的节日惊喜：有鲜花，有礼物，有视频，有才艺表演，还有你们的欢歌笑语。真好！站在高三的分岔路口，我觉得日子过得漫长又短暂，有喜，有忧，有感动，有收获。

毕业许久，我又回到了校园，从事教师这份天底下最阳光的职业，这真是一种幸运。在这里，我结识了一群志同道合、和蔼可亲的同事，与他们的交流让我受益匪浅；在这里，我陪伴一批又一批学生茁壮成长，见证他们的青春年华；在这里,我接触到了很多新生事物,拓展了自己的视野,打开了自己的格局。在学科教学中,通过集体备课、听课、评课,我认识到认真备好、上好每一节课的重要性;通过教学和反思,我认识到自己的不足,及时弥补;通过向组内前辈学习,我更加关注学科核心素养,注重质的提升,将学科的育人功能与学科价值有机结合,提高教学实效性。总而言之,是四中激发了我献身教育事业的一腔热血,是四中点亮了我前进方向的明灯,并让我在成长中不断成熟起来。

教师是一种职业,也是一种情怀。站在新时代的起点上,我对这份职业有了新的理解与认知:与时俱进,不断调整自己已有的知识结构,提高职业素养,打造新型的师生关系,建立新型的和谐融洽的家校氛围,提升教师的教学能力;教师的幸福源于自身的付出、学生的喜欢、家长的认可和同事的支持。为此,我一定不忘初心,砥砺前行,持之以恒,永不懈怠,做一个心里有爱、眼里有光的人。

▶▶ 作者简介:

刘璐瑶 政治教师。2019 年毕业于苏州大学,在国家省市级刊物上曾发表过 7 篇文章。

我与三个“活宝”的情结

朱清清

我到四中工作已经有十多年了，在这十多年中我与学生们结下了很多情缘。要说最难忘记的还是这一段做班主任的工作经历。

2021 年 9 月，我接受了高二(5)班的班主任工作。这是一个“两差一多”的班级，即课堂纪律差，学习成绩差，任课老师抱怨多，是全年级倒数第一的班级。这对于我来说，是一次挑战，也是一次机遇。

我一上任，就抓常规纪律，如迟到早退、作业完成情况和上课纪律。一开始，每天上学迟到的有七八人，不交或迟交作业的有十多人，教师告状的也有五六个。这些看似容易做好的事情，但由于对象是一个“两差一多”的班级，我还是有些心有余而力不足。每天，我早上七点钟就进教室，督促出勤，清点作业，旁听上课，晚上六点后才回家。说得明白一点，我就是做“警察”，维持秩序。

经过我一个月的努力，“两差一多”情况有了根本好转，问题集中到三个“问题学生”身上，老师们称他们三个为“活宝”。他们时不时地违反课堂纪律，迟到早退，不完成作业，与教师顶嘴，并且屡教不改，充满抵触情绪。我就与他们磨时间，讲道理，与他们家长联系，并且据理力争，赢得广大同学的支持。功夫不负有心人，他们逐渐有了转变。

“活宝”一：霸王龙男孩

第一个“活宝”，我们现在都叫他“锦宝”。开学一个月，各科老师都到我这里来投诉，他是被投诉最多的。终于，我没忍住，直接联系了他家长。我们关系一度不和谐，直到校运会，他主动来到我面前：“朱老师，我要整活我们的入场式，你同意吗？”我看他不是开玩笑，当然得同意。这是孩子的请求，想要证明自己的时候到了。但是，我得冒着出乱子的风险，除了音乐方阵我能看到，其他通通保密直到正式入场。

虽已是初秋，阳光却热辣得很，就像十六七岁的孩子们，走到哪都放光。直到运动会开幕，我才终于看到“整活”道具，一个充气霸王龙。瞬间，全操场都热闹起来，欢呼声一片。我透过道具的两个小孔，看到了那双欢乐而闪光的小眼睛。看到其他人脸颊上汗珠已经渗出，我问他会不会太热，他表示没问题，还举起霸王龙的小爪子比了个心。

这一刻，前一个月的不痛快都过去了。孩子更热衷于他热爱的事务，并且毫不疲倦。最后我们以最佳入场式收尾。孩子脱下充气霸王龙道具时，已是浑身湿透。我们得接受我们孩子在分数上的平庸，但不可抹杀他对生活的热爱和对班级工作的热情。从此以后，他变得更加关心集体，经常助人为乐；学习也认真起来了，成绩逐渐提高，老师们的表扬也多起来了。

“活宝”二：棉花糖大帅哥

第二个“活宝”是我班一个帅气的男孩。天渐渐冷了，他经常因为各种事情迟到，而家长建议老师可惩罚他做值日生。劳动是最光荣的，怎么变成惩罚的方法了呢？不行！我让孩子想一个法子，来弥补迟到的错误。正好遇上爱心义卖，他走到我桌前：“朱老师，我可以负责一个项目，需要你给我供个电，其他都我来。”我还有点担心安全问题，但想着，孩子这么笃定，如果有事，顶多我背个锅，于是点头说着“行！”

义卖当天，一个棉花糖机器，百来根竹签，一包包白砂糖，水杯，等等，一应俱全，摆在操场上。一通电，一根根甜蜜的棉花糖从他手中传递出去。很快同学们都围拢过来，我们班成了最受欢迎的义卖点。我隔着人群，朝他跷起大拇指，又弯起双手搭在头顶，他开心地笑了，停下来，举着棉花糖朝我走来，说着“谢谢您”。从此以后，不管是五黄六月，还是寒冬腊月，他再也没有迟到过。

我在想，每个人都有巨大的潜力，一旦这种潜力被激发出来，其正能量会大于我们的预想。而这种潜力更需要用真心和爱护去感化和激发，尤其对于一个性格坚韧的孩子。

“活宝”三：淘气男孩“摇一摇”

第三个“活宝”是“摇一摇”，是我班一个淘气的男孩。一次家长会后，我走到“摇一摇”妈妈的身边，俯下身对她说：“你儿子真优秀。通得人情世故，做事有条不紊，大方又大度，真是班干部的好苗子。”

结果，他妈妈瞪大眼睛：“朱老师啊，你认错人了吧。九年来，一开家长会老师就开始向我告状，你是第一个表扬他的人啊。”

在与“摇一摇”的交流中，我知道他缺少关爱，但是他妈妈的话还是让我感到震惊。于是我把孩子对我说的悄悄话也告诉了他妈妈：“早上家长只能送一个，两个来不及。你们总是照顾弟弟，没人来管他。孩子虽然个头比你还高，却依然想有父母的爱。”孩子妈眼眶有点湿，向我诉说了家庭生活的琐事和不易。

没过几天，孩子高兴地跑到我面前："朱老师，今天我爸爸送我上学了，到了校门口这边的面馆，还带我吃了碗面。呵呵呵……""摇一摇"的分数确实不如人意，但绝对不能缺少父母的爱。我在想，有时候孩子们叫的"宝宝心里苦"，也许十五六岁的孩子真苦，苦在家长说他们已经长大了，但他们却还是个孩子，依然想着被疼爱。

因为这三个"活宝"，一学期来，不知多少次有任课老师说"朱老师，这个班级真头疼，我真快被气晕了"。虽然是气话，却也是老师们的真实感受。在我眼里，他们的确一直小错不断，需要时间改正过来，并逐渐长大成熟起来。现在，三个"活宝"已经成为我这个班主任工作上的好帮手。

从他们身上，我看到了班主任工作的重要性，不仅要重视学生的学习成绩，更要重视他们的思想动态；不仅要重视他们的校园生活，更要重视他们的家庭生活，用大爱和责任去无私地关怀他们，帮助他们成长，从而真正成为他们的良师益友。

经过全班师生的共同努力，尤其是三个"活宝"的出力，我班获得了多项德育活动奖，如大合唱第二名、朗诵第一名，还被评为"学校文明班级"。

▶▶ 作者简介：

朱清清　地理教师。获苏州市中小学教师专业素养竞赛高中地理二等奖，苏州市青年教师基本功比赛二等奖，苏州市中小学班主任基本功竞赛三等奖，苏州市直属学校主题班会评比二等奖，所带班多次被评为"校文明班级"。

在“五老峰”下长大

薛宏伟

2001年,我在四中开始了我的教师职业生涯,至今已有21年。在这21年里,我从一名稚嫩的青年教师成长为一名成熟的中年教师。这都离不开五位老前辈的指导、帮助和爱护,他们是黄广源、张家瑞、倪兆昌、仇介生和黄志璧。

黄广源老师,中等个子,头发有点秃;讲起课来,声音洪亮,显得潇洒倜傥。他讲课从不看书,一张嘴巴,一支粉笔,就能让学生们津津有味地听完一节课。黄老师教导我,作为一名学科教师,必须站好讲台,一是要专业水平过硬,二是要教学技能娴熟,三是要因材施教。备课要备教材、备学生和备自己,要以学定教,不要拘泥于教学大纲和课程标准,要适合学生的发展。我的备课笔记,他都会检查,发现问题,及时纠正。听我讲课前,他总是会先进教室,与学生交流,了解学习情况。听课时,他十分专注,不时在笔记本上书写,或点头,或蹙眉,一举一动,无不体现他对我的关爱。课后,他更是会循循善诱地开导我,并身体力行,上示范课,帮助我等青年教师提高现场解决问题的能力。

张家瑞老师,个子不高,背有点驼。他讲课总是一丝不苟,每一个环节都细致入微,深入浅出,技能娴熟,而且他勤于思考,著作颇丰。张老师教导我,教学与教研是同步的,没有教研,教学就不会进步;没有教学,就谈不上教研。教师的教研主要在课堂,解决课堂上的问题是教研的首要任务。在他的指导下,我开展课例研究,一学年下来,我写了一百多个课例,有些课例还发表在公开杂志上。后来,我还进行课题研究,科研水平有了长足的进步。

倪兆昌老师,长期担任班主任;中等身材,语气温和,和蔼可亲,耐心细致,还特别幽默,有他在的办公室总是一片欢声笑语;而且,他打乒乓球也很专业,还担任过女子乒乓球冠军郑敏之的比赛裁判。我的乒乓球爱好更是因为崇拜他而开始的。

仇介生老师,中等身材,带着副眼镜,一副学究气派。他是位老党员,严以律己,以身作则,特别关心我的生活和成长,一直是我敬重和学习的榜样。

黄志璧老师,中等身材,端庄严肃,不苟言笑,给人以肃然起敬的感觉。其实,他是一个非常热心的人,学习和生活中遇到的无论大事小事,只要有求于他，他都会竭尽全力帮忙。

仇老师与黄老师，他们都会主动旁听我的课，传道授业，给予我指导和帮助！他们都有自己的一套教学方法。仇老师喜欢温故而知新，强调学习与巩固，坚持基础第一。他挂在嘴边的话，叫“高楼大厦要打好地基，否则，不牢固，就要坍塌。”黄老师则强调系统思考，触类旁通，他教导我说：“知识不是单一的，而是有联系的。在教新知识时，必须联系学生已经学的知识，强调知识的联系性，从而逐渐建立一个学习的知识体系。这样就可以稳固和发展学生的知识。”

于是，“温故而知新”“系统思考”逐渐成为我教学工作的重要方法，并贯彻于教育教学工作的始终。我平时除了认真备课、上课及从事教育科研工作以外，还根据学校班级同学的具体情况，每学年都要精心编写各类有针对性的高质量的试卷讲义近百份。我对每一位学生学习方面的关心更加细致，切实制定好指导每一位同学的系统计划，并建立指导学生学习小组，制定课业完成进度表，给予班级同学合理的建议和安排。

我一直把数学组的五位元老比作学校附近“五峰园”里的“五老峰”，雄壮巍峨，令人敬仰。他们都是在苏州教育界里响当当的人物。那时，市里需要出卷或者举办公开课时，都会请四中的老师。可以说，四中名师荟萃。

光阴似箭，21 年过去了，我担任了 16 年的班主任工作，8 年的年级组长工作，以及两个班的数学教学工作。其间，在教学上我不断努力进取，取得了一些成绩。我带的 2013 届高考班级本科达线率为 90% 以上，本二达线率为 40% 以上，本一录取率为 10%；2014 届高考班级也取得了不错的成绩，多名同学被名校录取。此外，我还三次承担学校高三十中联办班的教学重任，并出色完成了任务，我的教学成果和教学质量受到教科院专家的一致好评。21 年来，我多次获得学校“先进德育工作者”的称号，被评为“苏州市优秀班主任”，还获得苏州市海外联谊会周氏德育奖等多项奖励。

现在，五老已经退休十多年了，但是他们的教导成为我教育教学工作的座右铭。他们就像那高高挺立在我面前的“五老峰”，永远指引着我奋发图强、勇攀高峰，争取为学校的教育事业做出自己最大的贡献。

▶▶ 作者简介：

薛宏伟　数学教师。苏州市优秀班主任，苏州市直属学校优秀德育工作者，第二届苏州市爱生模范，苏州市区指导学生自学先进教师。获得苏州市海外联谊会周氏德育奖等多项奖励，多次获得学校“先进德育工作者”称号。主持和参与多项省、市级课题，在国家、省、市级刊物上发表十多篇文章。

四中相伴我成长

俞 菁

2004 年,我从大学毕业被分配到苏州四中教书,至今已有 18 个年头了。在近 20 年里,我完成了教育学硕士的进修,还成为一名中学心理教师,培养了一批又一批学生,从一位新手教师逐渐成长为骨干教师。在成长的过程中,我经历了一些令我难忘的事,至今记忆犹新。

初次与四中相遇

四中位于古城西北久负盛名的桃花坞,毗邻江南才子唐伯虎的住所。在桃花坞的尽处,便是我工作报到的地方。校园里,古木参天,鸟语花香,绿树红墙,井然有序,环境优美。校门左侧赫然挂着“苏州市第四中学”的校牌,仔细端详,原来是文学泰斗钱钟书的墨迹,崇敬之心,仰慕之情,油然而生。

负责接待的老师把我们引入校门,沿着中央大道北行,东为理堂,西为健身房,北为钟书楼。我们在钟书楼前的花圃右转,绕过假山,便来到了一幢两层的红色洋房前,门檐正上方挂着“梅香楼”的匾额。我们跟随引导员上了转弯楼梯后,进入二楼的会议室。

校长董彬先生早已在会议室等候。在欢迎仪式上,他做了热情洋溢的讲话:“欢迎各位新教师加入我们四中的队伍中来!四中是一所具有悠久历史的名校……你们是四中的未来、四中的希望,学校一定会尽一切努力帮助你们、支持你们,希望你们一起努力,共同为学校创造一个更美好的明天。”

随后,我们参观了校史室,知道了四中前身系美国圣公会于 1902 年创办的教会学校,上海圣约翰大学附属中学。文学家钱钟书,中科院院士钱钟韩、张青莲、刘元方、姚熹、潘承洞等一大批杰出人才都曾在这里接受过良好的教育。

…………

半天的参观使我开阔了眼界,增长了知识。校长的鼓励、学校的深厚底蕴,让我感到身为四中人的自豪,更坚定了我从事教育和做优秀老师的信心。

从新手到骨干教师

第一次进课堂上课时，我的课恰巧排在开学第一课，虽然课前做了很多准备，师傅也指导了很多，但是，当我一个人走进教室，还是感到心里没底，特别紧张。

好在是高一新生，他们对高中教学不了解，于是我故作镇定，根据老教师传给我的经验一五一十地讲了起来。学生们都安静地听课，眼睛都高度集中地关注着我这个新教师，好在我预先写好了讲稿，边读边讲，最后终于等到了下课。

回到办公室，我坐在椅子上，有一种从未感觉过的累，庆幸自己总算熬过了第一关。我真没想到上课这么紧张，压力这么大，身心这么累。以前老师教我们的时候，都是头头是道，深入浅出，驾轻就熟。看来，所谓“台上一分钟，台下十年功”，一点都不假。于是，我暗下决心，虚心向老教师学习，一年站稳讲台，两年站好讲台，做一名学生喜爱的老师。

从此以后，我每天都听课学习，做好学习笔记并认真备课，写好课后反思，及时改进自己的教学方法和提高自己的知识水平。学校领导为此还在全校大会上表扬我，说我认真踏实有干劲，课后反思写得好，号召大家向我学习。

我那时想，我是个新手，一切都要从头学起，我的这些努力无非是“笨鸟先飞”罢了，想不到学校领导在这么大的场合鼓励我、表扬我，我的干劲就更足了。虽然我是个新手，我会主动要求开课，听取大家的批评意见，改进自己的课堂教学方式；虽然我是个新手，但我会与学生一起讨论教与学的方法，努力做到因材施教、教学相长。经过一年的努力，我被学校评为“优秀青年教师”。

作为一个四中人，我遵循学校“培养学生高尚纯正之品格，切实适用之学诣”的宗旨，变单一的学科教学为既教书又育人；我知道，让学生乐于学习，健康生活，是我的责任；我也明白作为一个有知识的中国青年教师身上所担负的对知识传播的责任。

另外，我还十分重视实践活动，把教学内容延伸到课堂之外，锻炼了学生的动手实操能力。

每个学生都是一颗种子，用心浇灌，都会开出别样的精彩。为此，我针对学生实际开展分层教学，创设了不同的回家作业，安排了师评、生评、自评等多种评价模式，旨在鼓励每一个学生，为他们的进步创设条件。分层教学实施以后，学生学习的积极性更大了，在三个不同层次的学生群体内，都会有被表彰的学生，学生有了更明确的目标，学习成绩也有大幅度提高。一位毕业 2 年的学生，回母校看望我时说：“俞老师，分层教学让我看到了希望，想不到我这样在别人看来是差生的人，却成了您评价中的‘优等生’，这让我重新树立了信心，终于考取了自己理想的大学……”

从说教到相伴成长

一个好的教师要走近学生，仅仅靠说教作用并不明显，只有走进孩子的内心，打开他们的心扉，才能有效地教他们做人、学习。为此，我主动报名了苏州心理教师培训，又自费 1 万多元外出学习心理实操中最实用的沙盘、OH 卡，认真帮助学生做好心理工作和未来发展规划工作。在分班和选专业时，我又做学生的咨询师，一起探讨职业规划，让学生们更自信、更快乐、更充满希望！在做班主任的那几年，和学生们朝夕相处，学生们都亲切地称我为“俞妈妈”。

班里有一个非常调皮的男生被其他同学排挤，他每天闷闷不乐。我就亲切地把他叫到办公室，传授了他一个“秘诀”。于是，他每天都会第一个到学校，主动帮同学们一起打扫卫生，同学们逐渐接受了他，改变了原来的看法，他还被公认为我们班的劳动模范。可见，把握学生的心理，陪伴学生成长，交给学生打开“秘诀”的钥匙，是我们教师做好工作最重要的因素。

当然，做教师，也会遇到困难，最突出的就是学校与家庭的两难境地。老师常常从出门到学校工作，再放学回家，离开家庭的时间近 12 小时。有时孩子病了，会手忙脚乱；有时老人住院了，会六神无主……2011 年，我担任高三年级组长，正好遇上高三期中家长会，我突然接到了父亲的电话，他遭遇了交通事故，但是，我又无法走开。两个小时的家长会结束后，我急忙赶到医院。父亲因为没有及时得到救护，在床上足足躺了 4 个月，我至今心里一直很内疚。

教师被誉为“人类灵魂的工程师”。我们只有用高尚的情操，才能塑造美好的心灵；我们只有把无私的奉献精神投入到教育事业中去，才能培养出建设祖国的栋梁之材。四中是我工作的地方，她给我提供了良好的成长环境，她把我从一个稚嫩的新手培养成了一位成熟的骨干教师，我将把我的一生献给四中最壮丽的教育事业。

▶▶ 作者简介：

俞菁 生物教师、教研组组长。中学心理教师、心理沙盘师、心理 OH 卡执行师。参与多项省、市级课题，在省、市级刊物上发表十多篇文章。

刚进四中那几年

王　华

2011 年 8 月我大学毕业就加入四中的大家庭中，至今已有十多年。正是这十多年，四中让我从稚嫩的青年教师成长为一名成熟的骨干教师。其间，我经历了一些难以忘怀的事情，尤其是刚进四中的那几年，我至今记忆犹新。

一接到四中的报到通知，我就很兴奋。四中是一所百年老校，大文豪钱钟书就毕业于四中。我还了解到四中的历史教师在全市很有名望，尤其是以前的老教研组长章锡龙老师，德高望重，学术水平极高，经常参加各类学术会议，在核心期刊上发表了很多文章，他还培养了很多了不起的教师。

虽然章老师退休了，但他还会来教研组指导工作。他平易近人、和蔼可亲，其学者风范，让我肃然起敬。为了向他讨教，我查阅和学习了他的很多文章。他的学术论文，有深度，有见解，有独到之处；他的教学论文，切合实际，注重方法，细致入微。有了这样的学习和教学保障，我上课就有了底，从容不少。

章老师每次来教研组，总是强调："没有教研的教学，只是一只脚走路，高高低低，步履艰难；只有加上教研这一只脚，两只脚走路，教学步子才会走得稳，才会进步快。"在他的谆谆教诲下，我主动参加了省重点资助课题品格教育课题组。我结合新课程标准和核心素养，在历史课上融入学校的品格教育，并运用"课堂教学的五环节"开展教学实践，教研与教学相得益彰，取得了较好成绩。我的文章还被收入《中学品格教育的实践与探索》一书。

我进校那会儿，感觉张剑华校长在全校大会上总是很威严。后来，我才发现他对人很亲切。每次在路上碰到他，都是他先打招呼。有一次统考成绩刚出来，张校长在校园巡视的时候见到我，很远就喊住了我："王华，你这次带的班级考得不错啊，工作做得很好，继续加油啊！"我当时又兴奋又激动，我的劳动终于有了果实。张校长是一位明察秋毫又"亲民"的校长。我这样一个默默无闻的年轻教师，他都看在眼里，记在心里，还给了我很多的鼓励。在这样工作环境里做教师，我觉得特别幸福。

马忆兰书记是教历史的，与我在同一备课组。她不但教导我的专业知识，还经常关心我的生活。她时常来听我的课，及时给我教学上的指导；她平易近人,经常谦虚说她是来学习的。有时,我在人际关系上遇到了问题,她也经常找我谈心,开导我,鼓励我。在马书记的帮助下,我在心理上和教学上逐渐成熟起来。

只教书,不育人,肯定不是好教师;而要体现育人最显著的,就是做班主任。从某种意义上来说,没有做过班主任,还真的算不上好教师。记得有一次我在班级上课,有个男生在看课外书,我当场把他的书收了。他当时一声不响,我一下课准备找他谈话,结果,他悄悄先出了教室,想不到的是他竟然打电话报警了。

警察在办公室找到我时,我惊慌到不知所措。年级组长薛宏伟老师,赶忙上前问询,并把警察和该学生请到另一间小办公室。警察在了解事情原委后,对学生进行了教育,"学生在课堂上做违反纪律的事情,如暂时保管学生的小说等,是教师工作的合法权利……"学生认识到了自己的冲动和不当行为,并向我致歉。薛老师的处事不惊、稳如泰山,让我感到羡慕和敬佩!

在最初几年的班主任工作中,薛宏伟老师一直是我的年级组长。每次遇到问题,我都会向他请教,他都会不遗余力、毫无保留地向我传授他的经验,他特别有想法、有创意。在他的带领下,我逐渐胜任了班主任工作,得到校领导和广大家长的认可,而且有一年我带的班还被评为"校文明班级"。

…………

难忘最初几年的工作经历,学校领导给了我那么多支持和鼓励,同事和长辈给了我那么多及时的指导和帮助,家长和孩子们给了我很多支持和磨炼的机会……点点滴滴,我都铭记在心,它们一直在激励我不遗余力做好四中事,教好四中孩,做好四中人!

作者简介:

王华　学生处副主任,历史教师。苏州市区优秀德育工作者,并获得苏州市海外联谊会周氏德育奖等多项奖励。多次在校内外开设公开课,多篇论文在省级刊物上发表。

我这十五年

宋 佳

时光匆匆，我在四中已经工作15年了，从一个新手成为一个经验丰富的骨干教师。虽然大学读的是师范专业，但我之前总是觉得自己不太适合教师这个工作。庆幸的是，我在四中的工作中每年都有新的认识，我越干越觉得有意义。回望15年岁月，点点滴滴，原来我还收获了那么多，成长了那么多。

初入

我是2007年8月到四中工作的。刚刚工作，我信心十足，然而一切并不如想象中美好。作为一名新老师，刚来学校，就被安排教初二。我还记得第一次以班主任的身份进班，学生们高声议论着，谈笑着，逗闹着，尽管在我的大声呵斥和敲击讲桌下，他们有所收敛，我还是一下子就感到了"这个班级不好带"。

下课，回到办公室后，我忍不住向我的师傅孙卫星老师诉说困惑。我记得当时他拍拍我的肩膀，安慰我说："他们都是孩子，我们也都是从那时候过来的，谁那时不淘气？如果通过我们的教育能使他们有所转变，甚至改变他们接下来的人生，那才是我们当老师的最大成就。"他语重心长的话，不禁使我想起了自己的初中时代，顿时茅塞顿开。

苏霍姆林斯基说："一个好的教师意味着什么？首先意味着他是这样的人，他热爱孩子，感到跟孩子交往是一种乐趣，相信每个孩子都能成为好人，乐于跟他们交朋友，关心孩子的快乐与悲伤，了解孩子的心灵，时刻都不忘记自己也曾经是个孩子。"在师傅和其他初中部的老教师的帮助下，我懂得了教育孩子要从爱开始。从此，我以老大哥和朋友的身份和他们交流，关心他们的学习和生活。最终，我的第一届学生全员顺利毕业，李好同学还被苏州中学录取，这在当时看来是非常了不起的成就了。

眨眼间，当年气的我血压飙升的捣蛋鬼，如今也都为人父母了。他们现在都是我的朋友，遇到问题拿不定主意时常常打电话给我，希望我能给他们参谋参谋。每逢寒暑假、教师节，他们成群结队地来看我，他们始终惦记着我，而他们也成了我一份不变的牵挂。其实，我只是当了他们两年的班主任和任课教师，然而我们心灵相通，他们是我从教伊始的收获与骄傲。

成长

作为一名新老师，如何才能尽快地站稳讲台是我当时面临的首要问题。孙卫星老师经常教育我“年轻人不要怕吃苦，没有哪个人天生就会当老师，做得好一点无非就是比别人更认真罢了”。

“一个好教师，必须要站好讲台。一是要上好课，学生钦佩、崇拜；二是要做好班主任，成为学生的知心朋友，这才称得上‘良师益友’。”董彬校长在新教师欢迎会上的话时刻提醒和勉励着我。

当时，初中班主任16点30分就可以下班了，可我时常会在办公室加班到晚上8点。因为我没有班主任经验，教学上初中内容和大学期间学习的知识也有很大不同。所以我既要多思考班主任的管理艺术，也要多熟悉教材，多熟悉教参。我从网络上搜集到了大量视频和课堂实录，边看优质示范课，边记录下那些优秀教师上课时的用语，以便运用到我自己的课堂中。看完课堂实录之后，再回过头看教材和教参，结合我搜集到的课例教案，最后再形成属于我独特的课堂。

我虽然每天都很累，但是政治课教学和班级管理能力却突飞猛进。我开始收到不同的家长给我的电话，感谢我对同学们的严格要求和辛勤付出。初中部的领导和同事们也对我予以了高度肯定。我第一次感受到了做教师的幸福，深刻体会到了“给，比拿更加幸福”的含义。

15年来，我不懈努力，钻研教材，钻研课堂，钻研班级，钻研学生，取得了很大进步。我从一名青年教师成长为优秀班主任、年级组长、学生处副主任、安保处主任，直到现在负责综合高中班管理工作。

这么多年来，我一直坚持以校为家，始终在一线教学，并在学校德育管理、安全维稳等方面积累了丰富经验。在教育局和学校的肯定和关心下，我也荣获了“苏州市优秀德育工作者”“苏州市教育局直属学校教坛新秀”等荣誉称号。

感恩

一个人的成长离不开良师益友。工作以来，我遇到了很多关心帮助我的领导和同事，这不得不说也是我的幸运。

我的师傅孙卫星老师，也教政治。不笑的时候很严肃，最早我有点怕他。长期相处后发现，他正直、可靠、能力强，且总愿意帮助青年教师。我上公开课前，他会一遍一遍帮我磨课；公开课结束后，他会在众人面前夸奖我的优秀，私下里提点建议，但还是以夸奖为主。这让当时刚工作的我有了教学自信。

当时的董彬校长会关心我刚工作时住的地方有没有落实，要不要学校帮助解决困难；黄婴老师会叮嘱我管理初中部小朋友的要点；政治组的同事们会在我转来高中部后分享他们高中教学的心得，使我尽快完成从初中教学到高中教学的转变……

遇到这么多的好同事是我的幸运，这也是我校能蓬勃发展不可或缺的原因吧。

15年，弹指一挥间。人来人往，岁月更迭，唯一不变的是我们四中人不懈的奋斗和追求。百廿桃坞，回眸过去，历经沧桑，奋发图强；展望未来，前途似锦，英姿飒爽。

▶▶ 作者简介：

宋佳 政治教师。安保处主任，综合高中班管理负责人；获“苏州市优秀德育工作者”“苏州市教育局直属学校教坛新秀”等荣誉称号。

我在四中当老师

邹　妍

做老师是我从小的心愿。叶圣陶先生说:“如果我当老师……要使学生能做人、能做事,成为健全的公民。”我带着这样的信念,来到了苏州四中报到。入校之前,听母亲说,这所学校很优秀,我的阿姨就是这所学校毕业的,高中毕业后考上了西安交大。看来我和这所学校很有缘分。

一

2001 年,我有幸加入了一个温暖的大家庭,遇到了一群认真而努力的同事,一批专业更敬业的前辈。踏上讲台的第一年,他们就为我树立了标杆,让我在今后的教学工作中始终保持兢兢业业的态度,不敢有丝毫懈怠。

当时,我所在的初三年级组办公室就在现在理堂二楼的大办公室。整个初三年级组的老师和睦友爱,教研氛围浓郁。我的师傅李敏老师和单振亚老师,他们对教学的严谨、对学生学习上的严格和生活上的关爱、对我专业上的指导,让我印象深刻、终身受益。还有胡桂芳老师、蒋荣坤老师、韩挺老师等,他们对教育的热情、对学生的耐心,深深地影响着我。

年级组长马忆兰老师对我说,教师对待教学的认真态度是学校一贯以来的优良传统。还记得进校后我第一次开设公开课时,虽然有认真备课,准备演示实验,但还是遇到了一些问题,正在我懊恼沮丧的时候,化学教研组长施宣萍老师和吴玉明老师都主动给了我很多指导和帮助,不仅和我一起研讨遇到的问题,还帮我一起准备学生实验。我终于顺利完成了教学展示课,并获得了听课老师的好评。

二

转眼间,我已经在四中工作了 20 年。其间,学校在不断进步,蓬勃发展。我也从一个青涩的年轻教师成长为一个有了一定教学经验的“老”教师。从之前老教师口中的小邹,变成现在青年教师口中的邹老师。我担任过三届学生的班主任,自己的教育理念也在工作中不断清晰和完善。就像叶圣陶先生说的,“为要使学生的存心和表现切合着某种德目,而且切合得纯任自然,毫不勉强,我的办法是：在一件件的事情上，使学生养成好习惯。……凡希望学生去实践的，我自己一定实践；凡劝诫学生不要做的，我自己一定不做”。这也是我至今仍然为之努力的方向。

2021年冬至，我接到了唐浩的电话，他与我讨论关于教育的一些想法，分享他的一些感受。他是我当班主任带的第一届学生，自他毕业后，我们一直保持着联系，亦师亦友的关系。他一直感谢我当初对他的耐心教育，而我确也受到他的鼓励，坚定了我的理想，享受着老师这份职业带给我的幸福感。能收获学生的认可，我想这是任何一位老师都觉得最幸福的事情吧。

三

2009年，学校与十中联合办学，第一届联办班成立。一学期后在分班的调整中，学校领导让我接手这个班级的班主任工作。我既高兴又担心，高兴的是学校领导对我的信任，担心的是这个任务很艰巨，怕自己做不好。当时张剑华校长找我谈话，他鼓励我勇敢接受这个挑战，并表示如果有什么问题，学校一定会全力支持。就这样，我带着首届联办班的学生一起进入了十中校园，在学生成长的过程中，我也成长了不少。

2013年，我参加了苏州教育局举办的青少年毒品预防课比赛，很荣幸获得了进入决赛的资格。但是一听到是去云南，还是全国比赛，当时的我有点胆怯。王高才副校长鼓励我说，机会难得，也要相信自己，这既是一种挑战，也是一种锻炼。索性我最终参加了比赛，在教育局和禁毒大队专家的辅导下，通过自己的努力，我最终在比赛中荣获了高中组全国一等奖。

在20年的工作中，学校为我的成长搭建了很多平台，帮助我把工作压力转变为动力，满足我对教师职业的很多幻想，让我不断自我增值，保持一种积极向上的心态，并通过亲身实践实现自己的教育理想。

每次走进校园，我都会有一种舒心的感觉。校园里葱郁的树、古朴的红楼、多姿的假山，都令我感到愉悦；一群群朝气蓬勃的孩子，迎面而来，簇拥着我，又给了我满心的喜悦和充沛的活力，置身其中，有一种无处不美的享受！

我爱四中，我更爱在四中当老师！

▶▶ 作者简介：

邹妍 化学教师，教务处副主任，区学科带头人。主持和参与多项省、市级课题，发表十多篇文章。获得青少年毒品预防课比赛高中组全国一等奖等奖项。

百年树人，桃李芬芳，喜看今日之四中

张志峰

苏州四中是我的母校，我在这里学习了五年，三年初中、两年高中。后来，我又回母校教书，前后相加近半个世纪。值此建校120周年之际，我就亲眼所见和亲身经历写此文以作纪念。

名师荟萃，术有专攻

我，祖籍苏州，出生于苏州。从小学到高中毕业，我一直住在桃坞街道宝城桥弄。四中的围墙就在我家西侧，从家到学校步行不超过三分钟。1971年，我7岁，入桃坞小学读书。五年级毕业那年，正逢小学改制为6年，故而我于1976年小学毕业，直升四中。

当时，小学升中学，按地段招生，一般而言，小学毕业生都能就近升入中学读书。我们这一届学生在当时算是特别多的，初一年级一共有18个班级，每个班级都在45人以上。我被分入一年级(6)班。

我最先正式见面的中学老师，是我们初一六班的班主任郭文生老师。他戴着一副金丝边的眼镜，脸庞消瘦，小分头，头发梳得根根发亮，身材修长、偏瘦，黑色西装，红色领带，白色衬衣，脚穿一双发亮的黑色皮鞋。坐在下面的学生，都安静地听他发话。他把学生花名册凑近眼睛开始一个不落地报着学生的姓名，他的苏州普通话特别有味道。当他念道"田妹妹"的时候，大家再也忍不住笑了起来……而郭老师却是个严肃的人，不苟言笑。于是，大家低着头，一声不响地听，直到他把最后一个学生的名字点完。

郭老师是教我们数学的，后来转教化学。他上课有条不紊，思路清晰，讲解透彻。他的字体也有特色，捺和钩很明显。那时候我们才初一，因此化学实验也都由郭老师演示,我记得当时有镁燃烧和氧化反应等实验。

教我语文的是张永良老师。他戴着眼镜,头有些大,身材魁梧,慈眉善目,待人温和,是个好好先生。他上课比较投入,常常沉醉于课文阅读的场景里。他对《孔乙己》一文对主人公的刻画分析得细致入微,使学生对孔乙己的迂腐、愚笨和诚实、善良的两面性有了深刻的认识。课后,一些学生也学着孔乙己的样子去小店品尝了茴香豆的味道。

教我政治的是施基炳老师,也戴着眼镜,个子很高,身体厚实。他讲课常常结合现实生活。当讲到价值和使用价值的时候,他就会以皮鞋和大饼的买卖关系为例,以至于一些顽皮的学生背后叫他“皮匠”和“大饼”。但是,他们又很害怕他的威严,他上课声音洪亮,几乎整幢楼都能听到他的声音,同学们都要等到下课才能松一口气。

教我英语的是张振培老师。他是我的英语启蒙老师,那时,小学不开设英语课。他个子不高,戴着眼镜,西装革履,手上戴着金色表带的手表,显得特别精神。他十分重视情境教学,强调在对话和运用中学习英语,课堂教学有声有色,与同学们十分融洽,大家都很喜欢上他的课。下课时,同学们也喜欢簇拥着到他办公室去背书。应该说,我学习英语的兴趣是从那时开始的。除课堂学习以外,我还跟着江苏人民广播电台学英语,初中毕业的时候,我就拿到了中级英语结业证书。

那时候,我们除了上课外,一般下午都有体锻课和课外活动。老师们与同学们常常在一起打球。那时,学校的课外活动丰富多彩,市里面的足球队经常到我校外操场进行专业比赛,下课后我们都会一起观看;而学校内则经常举办排球赛、乒乓球赛、棋类比赛等,当然还有读书会、文学社、戏剧表演等。学校强调德智体全面发展,做又红又专的好学生,学生都感受不到课业的压力和负担。

学校还组织学工学农学军活动。每年有的班级会支农一周,到农村去割稻、打扫谷场等;有的班级会去工厂劳动,实习一周;有的班级会去部队体验生活,进行军事训练。另外,在学校里,各个班级也都有公共卫生保管区,每天都要打扫,保持干净。那时候,大操场和小操场各有一个厕所,各个班级也要轮流打扫。有时,各班也会被安排到外操场去打扫卫生或在那里参加小农场的劳动。

1980年,我升入四中高中部,教我数学的是吴海泉老师。他是一位才学很高的老师,毕业于南京大学数学系,据说他的同窗当时都是大学教授了。他个子不高,戴着很厚的眼镜,脸型瘦小,有点轻微驼背,头发比较散乱,经常不刮胡子,看似不修边幅。老师们开玩笑叫他"绍兴师爷"。他讲课的特点就是精讲多练,他讲得少,学生练得多,几乎每个学生都要被叫上黑板做题或被叫起来回答问题。他很能讲话,学生们只要把题做错了,或站起来回答错了,就会受到他"严厉的批评"。

教我语文的是李剑鹏老师,当时他从哈尔滨文工团调到我们学校才一年多。他的普通话特别标准,朗读课文时特别讲究语音语调,还经常对外上公开课。我们那时的教室设在理堂最南边的阶梯教室,每次晨会课,李老师总是要我们朗诵诗歌,而且必须要当场背诵,有时是一首,有时是三首,学生们感到有点压力。有时学生会有背错和漏背的情况,而李老师一个都不放过,必须人人过关才可以。

…………

四中还有很多我一直难以忘怀的老师,他们是高中教我英语的从十六中退休的、七十多岁的金老师,给我留下至深印象的、外校借调我校的、和蔼可亲的、教语文的刘老师,外交部副部长章文俊的堂弟章鸿超老师和南开大学英文系毕业的施美芬老师,以及教我数学的孙贞一、毕瑞英、黄素玉、唐伯龄老师,还有音乐老师林安宁和朱俊复,政治老师陈旭东和康有芳、金川,历史老师傅泽瑛和荣建华,地理老师宋振芳,物理老师吴德安与徐锦林,化学老师李中华,体育老师黄大兴和刘芯根,生物老师孙再兴等。他们的形象都被我一一记在脑海里,他们都是我一生学习的榜样!

亦师亦友,情深意长

在四中,有很多我敬重的老师,汤纪胜老师就是其中的一位(下图后排左一)。汤老师,我读初中时候就知道,他是一位有名的英语教师,只是我没有上过他的课,我听说他是四中毕业并留校任教的。他的英语水平之高令我膜拜。有幸的是,我要毕业的那年,汤老师被请来教授我们口语。

汤老师上课一丝不苟，总是在上课铃声响之前就已经进教室了，虽然他有些轻微的跛足，但是腰背笔挺，声音洪亮。他很注重语音语调，每堂课都要求学生朗读正确并与之对话；没有轮上的，下课还要去他办公室补上。记得他曾经多次纠正我的语音，让我好好回家练习，再到他那里面试。其间，我还真努力！那时，观前街友谊商店经常有外宾进出，我就与同学一起去与外宾练习口语……

后来，我又回到了母校教书。一开始，我在初中。我们当时是按年级组坐的，办公室有同年级的各学科教师。其中，物理尉迟老师对我说，汤老师的严厉是全校出名的，他对书写格式要求非常高，划线不能有一点歪，本子页面不能有一点褶皱，否则就会要求学生及时纠正。我下决心要像汤老师那样严格要求，循循善诱，认真上好每一堂课，努力教好每一位学生。

教了几年初中后，我被调到高中教英语。那时，按教研组坐，我与汤老师坐在一个办公室。早出夜归，我都会与汤老师打招呼，他总是客气地回应我"张老师早！""张老师再会！"我真是惶恐得很！汤老师，五官端正，眉清目秀，长得特别英俊。他穿着很整齐，很干净，总是穿着中山装，或青灰色，或藏青色；天热的时候，就是白衬衫、青灰色或藏青色的长裤！从我做学生的时代到我与他成为同事，一直如此。

在我的记忆里，汤老师是个学识渊博且非常谦和的人。凡是教师们有问题请教他，他总是有问必答，解答总是耐心细致，大家都把他称作"活字典"；而且他对问题的解答从不模糊，知之为知之，不知为不知。有一次，同事向他请教"the same as 与 the same that 后跟从句的区别"，汤老师直接告诉他，还没考虑过这个问题……

汤老师平时看起来是个严肃、不苟言笑的人，但是，他心底里又是一个非常热心、助人为乐的人。那一年，我初来乍到，学校食堂安排年夜饭，与我同桌的大多都是我的老师，还有个别的老师则是我不熟悉的同行。在老师们面前，我还是有些拘谨，不太说话。汤老师就坐在我边上与我聊天，还帮我夹菜，我心里有一种亲切的感觉。

斗转星移，岁月如梭。转眼间，汤老师已经接近退休的年龄了，因为身体欠佳，他力不从心，提前两年告老还乡。我一直与他保持着联系亦师亦友。他来学校时总要来看我；我不在校的时候，他还会到我家里来看我，对我关心备至。最让我感动的是，有一次他竟然不顾自己的身体来医院看望我这个学生。

汤老师品格高洁，永远是我崇敬和学习的榜样。他把自己人生中最宝贵的两个多小时的路程献给了我这个默默无闻的学生，我铭刻在心，终生不忘。

守正创新，继往开来

我与四中的渊源很深，从小学到中学，到毕业后又回到母校教书至今有四十多年了。其间，有八年我在其他学校教书，但始终与母校保持着联系。我记得当时回四中是我的英文老师张振培受王震校长之托，亲自来我家联系，我很感动！在工作期间，王校长、张老师、教务主任沈荣林、教务副主任邹伟志和陈建华、工会主席朱丽英和副主席胡桂芳及刘毅等老师都给了我很多的关怀，英语组汤纪胜、郑思源、缪金康和黄炳元老师等都给了我很多照顾和帮助，我没齿难忘！

进入21世纪后，这些老教师都纷纷退休，但他们对我的传帮带作用一直在延续。2001年，我通过全国统一考试，进入了苏州市第一批教育硕士进修队伍（共计33人）。三年后，我从华东师大毕业，成为新中国成立后学校第一位拥有硕士学位的教师。自此，我不仅重视自身专业发展，更加关注学校教育发展，对生源质量下降、骨干教师流失等问题，以及办学方向等进行观察与研究，为学校发展提供决策咨询，并在北大核心期刊和《中国教育报》上发表了一系列文章。

2010年10月，学校建立了以张剑华校长为核心的领导班子，在总结办学经验的基础上，提出了以品格教育作为学校发展的长期主题，制定了学校教育发展的长远规划，深化学校内涵建设，大力拓展学校外延，加快教育发展步伐，为再铸辉煌奠定基础。

其一，深化学校内涵发展，即传承"培养学生高尚纯正之品格、切实适用之学诣"的办学宗旨，把品格教育与德育工作、课堂教学、社会实践结合起来，并以课题为抓手，成功申报了由我执笔、张剑华校长主持的江苏省教育科学规划重点资助课题"中学品格教育的实践与探索"，开展了一系列重大活动。

学校每年展示"品格教育大课堂"，彰显师生风采；传播传统文化的精华，塑

造当代中学生的品格典范；评选“桃坞杏坛月度人物”和“桃坞月度英才学生”，营造品格校园文化；内部发行《品格教育专刊》，编写品格教育系列读物、品格教育故事集、品格教育德育案例集、品格教育课堂教学案例集、学科品格教育主题选集等；2017 年 10 月，《中学品格教育的实践与探索》一书由苏州大学出版社出版，2020 年 12 月，获得“第五届江苏省教育科学优秀成果二等奖”。

学校还成为苏州市中小学文明礼仪指导中心，指导和示范各级中小学文明礼仪活动；周末在市区重要路口和活动中心设立文明礼仪岗，组织和开展文明礼仪活动；积极参加第三届全国大学生运动会、世界滑板锦标赛、上海世博会等数百次的全国各种大型活动的文明礼仪服务工作，在社会服务中展示了良好的形象，赢得了社会各界的高度赞誉，成为苏州市传播精神文明建设的窗口。

其二，拓展学校发展外延，即通过空乘特色办学，拓宽学生多元发展渠道，适应社会多元人才的需要。我们客观地意识到，原有的办学渠道和专业比较狭窄，必须扩大与其他高校的合作，先后与广州民航大学、郑州民航大学、海南民航大学等全国各地的高校合作办学，由原来单一的“乘务专业”扩展到“乘警专业”、“地勤专业”及“机电专业”，以满足学生多元发展的要求和社会对人才的需求，由最先的空乘班级辐射到普高班级，实现了普通高中与职业教育相融通的教育。

今天的四中，空乘教育打开了特色教育一片天。《中国教育报》及其他报刊和媒体以《错位发展，学校各展其长》等标题对学校办学和课程建设进行了 50 多次报道，学校还被中国教育科学研究院认定为“普职融通高中”的典型和“最有发展前景的学校”，成为“苏州领先、江苏知名、全国有影响力”的特色教育品牌。

今天的四中，高考成绩年年创新高，每年都获得苏州市科学提高教学效果进步奖，1 500 多名毕业学生走上工作岗位，翱翔蓝天，取得了普高与空乘融通办学的双丰收。苏州市教育局在我校成立了苏州市中小学文明行为礼仪指导中心，文明礼仪中心工作推广到了苏州地区的各级中小学，成为苏州教育的一道亮丽风景。

今天的四中，一代新人正在不断成长，他们是传统优势科目的生物组俞菁、姚炜雯、王萍等老师及他们的带头人计华老师；他们是语文组的王惠梅、许祯和余嘉等老师；他们是数学组的陈广山、薛宏伟、薛荣明等老师，他们是英语组的李长英、王兰、曹爱雅等老师，他们是物理组的张建、邹晓川、巫建芬等老师，他们是化学组的邹妍、姚旻、张蕾等老师……在全体师生的共同努力下，古老的四中又焕发出了新的生命活力。

▶▶ 作者简介：

张志峰 英语教师。苏州市学科带头人、苏州市教育科研先进个人、苏州市优秀教育工作者、江苏省叶圣陶教育思想研究所兼职研究员、苏州市教育科学研究院兼职教科员、全国基础教育研究先进个人。主持或作为核心组成员参与教育部课题、省重大课题、省重点资助课题及省规划课题十余项；在北大中文核心期刊、国家和省级刊物及《中国教育报》上发表文章一百余篇；获得国家级、省级优秀论文一、二等奖二十多次；获得2020年第五届江苏省教育科学优秀成果二等奖；著有《教师专业发展及其工作体验与校本教学研究》等作品。

下篇

杰出校友生平事迹

为了传承办学的优良传统，全面推进百年品格教育，我们以培养合格的新时代好公民为根本目标，通过价值教育、课程文化和示范教育，帮助学生实现“三个飞跃”，即做一个热爱班级的学生，从个体人到集体人；做一个积极向上的桃坞学生，从集体人到单位人；做一个有社会责任感的人，从单位人到社会人。

其中，示范教育是一项极其重要的工作。本篇收编了丁德云、金士尧、邵政康、钱钟书、钱钟韩、张青莲、刘元方、汝信、潘承洞、姚熹等校友的生平事迹和重大贡献，激励广大师生学习、传承、发扬光大和奋发图强，以引领和促进学校的教育发展，为祖国建设需要培养更多的栋梁之材。

始终走在为人民服务的路上

——记浙江省政协原副主席丁德云先生

张剑华

丁德云，男，出生于1931年，苏州吴江人。1945年，就读于苏州私立桃坞中学（系苏州市第四中学的前身），1948年毕业，同班同学有中科院院士刘元方等；同年，被保送上海圣约翰大学医学院求学。1954年毕业于上海第二医学院医疗系；历任浙江医科大学附属第二医院神经科主任医师，浙江医科大学教授、副校长；历任民进中央委员、浙江省委副主任委员；历任浙江省第五、六届政协副主席。擅长神经生理学和脑血管病的防治，在国内较早用脑血流图压脉带动试验成功，合编著作《脑血管病的临床》。

2021年6月27日，我们从苏州出发，驱车前往杭州拜访老校友丁德云先生。我们到达目的地时，丁老先生与他的秘书已经在会客厅等候多时。丁老先生虽然已有九十岁高龄，但是他精神矍铄，眼睛炯炯有神，而又语气温和，带有绵软的、浓厚的苏州口音，使我们倍感亲切。他轻言轻语，思维敏捷，条理清晰，记忆力强，能清晰地回忆起就学时的情景，让我们深深地感受到他对母校的那种深厚的怀恋之情。

母校情结，终身受益

丁老先生回忆说："记得全面抗战时期，桃坞中学的学生转移到上海就读，我属于插班生。抗战结束后,1946 年我随同钱慕云校长带领的学生一起第一批回到苏州桃坞中学读书,随后还有第二批学生。当时的在校生有 400 余人,那时属于规模比较大的学校。”

他接着说:“桃坞中学给我的记忆非常深刻。一是学校管理严格,作息制度严。学校实行住宿制度,星期六、星期天放假;平时不得迟到早退和随意请假。我当时住在苏州的亲戚家,每逢周六可以回家。当时同住宿舍的有刘元方院士,他是广东人,口音特别重,还有一个记不起名字了。二是学校考试要求严。学生必须取得学科与英文两张文凭才能毕业。”

丁老先生继续回忆说:“记得有一件事给我的教训特别深刻。我平时一直不怎么重视历史和地理,很少花时间在上面,谁料有次考试两门都不及格,当时被训育主任许鹏年老师狠狠批评了。他的严厉是学堂出名的,当时学生看到他,都很怕他。”

在感叹之余,他随即风趣地告诉了我们一个小秘密:“桃坞中学起初都招男生,后来在学校校舍中辟出一角,也招女生。四周围以矮墙隔开,男女生虽在同一校门内出入,但内部互不相通,不得有任何交往。大家戏称我们是‘和尚班’,她们是‘尼姑班’。”说完,他又爽朗地笑了起来。

然后,他接着说:“给我印象最深的还有名师执教,英文见长。桃坞中学教师中有不少都是牧师,都是美国人,大多有硕士学位。大多学科都用英文授课,学生一年过后都能用英语交流。我的英文老师是汤山源,是位牧师,也是教务主任,看上去很慈爱。记得他给我们上莎士比亚戏剧时,我们都会穿上各种角色的服装进行表演,生动有趣,既增强了语言能力,又满足了表演欲望,当时的情景至今都记忆犹新。”

丁老先生虽然说有过考试不及格,但是自从那时起成绩相当出色,他还是学校该届保送上海圣约翰大学的五六位学生之一。1948 年,他升入上海圣约翰大学医学院就读,那时桃坞校友、全国著名骨科专家过邦辅担任他的老师。新中国成立后,上海圣约翰大学分为多个院校,医学院改为上海第二医科大学,其他有复旦大学、交通大学、光华大学、华东师大等。

医术精湛,贡献卓著

1952 年,丁老先生毕业于上海第二医学院。1953 年,全国医学院校师资严重短缺,原卫生部委托上海第一医学院所属华山医学院培养十名神经精神科教师(上海一医和二医各五名),丁老先生入选。

1954 年,他提前从上海二医毕业,被分配到浙江医学院。当时,浙江的神经内科尚在创建阶段,医学院开始按国家统一教学大纲进行神经精神病学的教学工作,设置教研室,一共三人,丁老先生是其中之一。

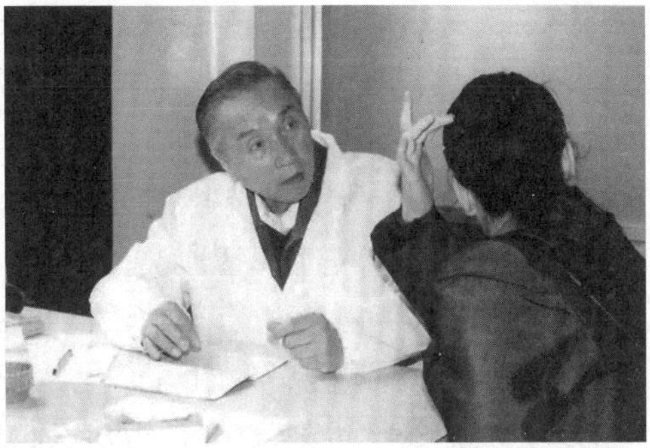

丁老先生的任务,一是编写教材,二是筹备开设门诊与病房。在丁老先生和他的同事的努力下,1955年到1956年,门诊与病房先后开始收治病人。这标志着浙江省第一家神经科教学与临床基地建立起来了。

为了改变当时有限的、落后的医疗条件和技术水平,丁老先生把绝大部分精力放在提高自身和同事的专业水平上。丁老先生回忆说:"当时医生宿舍就在医院边上,也不分上班、下班,有需要紧急处理的病人,总是随叫随到。上课要带学生,碰到的问题不一定都回答得出来,课后就拼命翻书。"

他对每一个病例都要进行探索和总结,积累经验,博览群书,探究新的临床治疗方法,并记录和整理临床病例,汇编成册,供大家学习、参考和借鉴。1982年,经过近30年的实践与探索,他与张扬达合编了《脑血管病的临床》一书,由浙江科学技术出版社出版。1984年,丁德云被调入浙江医科大学任副校长,负责筹建了临床药理研究所并任所长,为浙江省医学事业做出了重大贡献。

参政议政,为民造福

1985年,丁德云当选浙江省政协副主席,当时他才54周岁,是政协负责人中最年轻的一位,分管文卫体。在担任政协副主席期间,他深入基层,了解民情,经常解决一些老百姓关注的问题。20世纪80年代,正值恢复高考和科教兴国的高潮,老百姓对学习知识具有热切的期望。但是,他在调研中发现,原有的浙江图书馆是新中国成立前建造的,建筑面积较小,不少图书无法放置,甚至借用附近菜市场的仓库,以致大量的图书没有得到良好的保管,受潮损坏,叫人痛心不已。于是,丁老先生组织调研小组,进行调研考察,并写成调研报告,建议政府扩建和重建浙江图书馆。经过丁老先生和调研组的奔波和努力,浙江图书馆得以立项重建,满足了人民群众对丰富知识和精神财富的需求。

丁老先生还是民进浙江省委会主委。他十分关心机关建设。当时党派机关经费少，社会上流行办企业搞创收，省委会机关也试着办企业，但因为没有经验，陷入了经济纠纷，影响到日常工作。他连续主持召开了好几次常委会议，统一大家的思想，明确这事在当时来说出发点是好的，并专门引进懂得经济管理的人才，最终解决了问题。

离退后，他依然多次奔赴贫困地区，送医送药；经常开设义诊，解决百姓看病难的问题。丁老先生深情地说："一生中记忆最深的是母校对我的栽培，这使我在今后的学习和工作上有了永无止境的动力；从医60多年来，一生中最快乐的就是治病救人，减轻病人的痛苦，恢复病人的健康，为人民服务；一生中最期盼的就是我们的学生刻苦学习，用知识武装自己，将来为国家的强大做出贡献。我热切地期待着回母校看看，做点力所能及的事情。"

在归途中，我坐在车上一直在回想丁老先生对母校的深厚情感，思考着怎样才能不辜负丁老先生对我们的殷切期望，如何确立正确的办学方向，如何建设一支高质量的师资队伍，如何培养出更多建设祖国的栋梁……

▶▶ 作者：

张剑华 苏州市桃坞高级中学校长。

报效祖国，情系母校

——记国防科技大学一级教授金士尧先生

张志峰

2021年10月13日下午两点，天正下着瓢泼大雨，老校友金士尧教授一路风尘仆仆，从北京赶到苏州母校接受采访。虽然他已经80多岁，而且还赶了6个多小时的路程，但我们看不出他有丝毫的倦意。他身材魁梧，腰背笔挺，目光炯炯有神，面带微笑，声音洪亮，精神抖擞，神采奕奕。虽然他穿着一身便装，但还是藏不住一股军人的气息。采访时，他不时用地道的苏州方言与我们交流，让我们倍感亲切。

胸怀大志，为祖国强大而刻苦学习

金士尧于1937年9月出生在江苏苏州的一个中医世家，位置在阊门内西街62号。时值日本发动全面侵华战争，他的童年时代是在日军的铁蹄践踏下度过的。每次，他父母带他出城经过阊门的时候，他都能看到日寇肆意搜身、打骂中国人的暴行。他看在眼里，恨在心里，默默发誓，长大要为国家强大做出贡献。

6岁时，他进入桃坞中学附属小学，学校离他家比较近，步行10分钟就能抵达。他学习认真，好学多问，立志为中华崛起而奋斗。他小学毕业时，因品学兼优，被直接推荐升入桃坞中学学习。桃坞中学是一所由美国基督教圣公会创办的私立学校，创建于1902年，为上海圣约翰大学附属中学。学校以“培养高尚纯正之品格、切实适用之学诣”为办学宗旨，是当时著名的学府。

金士尧校友回忆说，入学时的校长是钱慕云，班主任许鹏年老师教物理。许鹏年老师浓眉大眼，中等身材，身体结实，是一位看起来比较严肃的老师，但是，对学生笑容可掬，谆谆教诲。他讲起课来声音洪亮，思维敏捷，概念清晰，层次分明。许老师讲课铿锵有力，至今深深地刻在他的脑海里。他告诉我们，那时候他很喜欢物理课，一有时间，就会待在实验室做实验，从而对科学研究产生了浓厚的兴趣。而数学老师孙贞一，个子高高的，背有点弯，很瘦，弱不禁风的样子，但上课起来胸有成竹、精神抖擞，从来不带书本，一支粉笔一节课，从来不带圆规和直尺等工具，一笔一画，与书本上印的一模一样，非常了不起！铃声就是命令，他从不迟到和拖课，教学内容安排紧凑，时间把握精准到一分一秒，令人肃然起敬。英语教师胡恩葆非常漂亮，一口流利的英语令大家赞叹不已……

还有化学老师龚祖绳的细致、语文老师单大声的博学、几何老师杨奎钧的机智、地理老师施应霆的风趣、体育老师张福根的执着……他一五一十、如数家珍地对我们徐徐道来。

非但如此，学校还有不少进步教师和学生投身到革命运动中去，参加地下党组织、抗日救亡活动及反帝反美反蒋运动等。在进步教师的教育和学生党员的引导下，金士尧就更坚定了报效祖国的决心。

1956 年，金士尧高中毕业的那年，正赶上哈尔滨军事工程学院（1978 年更名为国防科技大学）来校挑选人才，品学兼优的金士尧被列在名单之上。同年，他进哈军工预科学习一年。1957 年 7 月，他参加高考，并以出色的成绩被哈尔滨军事工程学院海军工程系无线电专业录取，牢牢地把握住了自己学好本领、报效祖国的绝好机遇。

锤炼品格，为祖国建设强实思想基础

金老校友告诉我们，对于他那样的南方学生来说，去哈尔滨无疑是一个巨大的考验。入读第一年，不仅要学习专业知识，还要到贫困的地方去学习锻炼。记得当年冬天，他们到一个贫困山村去锻炼，那时气温在零下 20 摄氏度以下。他们分成三个组，分别到上村、中村和下村去学习。他借住的那家，就一个十多平方米的茅草屋，一家五口人，吃、喝、睡都在一个炕上，那时，根本就没有暖气，甚至点的还是煤油灯。一到晚上，气温下降到零下 30 摄氏度以下，睡在炕上，盖着被子，冷得发抖，根本无法入睡；每天吃的都是杂粮和黑乎乎的窝窝头……他就在想，哈尔滨还是个省城，周围的农村就这么贫困，可想而知，全国还有多少落后地区又是怎样的情况。要改变这样的落后面貌，就一定要好好学习，用自己的知识和才华来建设好我们的新中国。

第二年暑假，又遇到罕见的洪涝灾害。他们班又积极投入到抗洪救灾中去。松花江的水位不断增高，他们哈军工的学生就奋勇战斗在第一线，水位涨多高，堤坝就增多高，决不让洪水威胁到人民的生命财产。“保卫松花江，保卫哈尔滨”的口号声响彻云霄，他们日夜坚守岗位，直到洪水退去，整整坚守了半个多月。那时，大家对革命工作热情高涨，而且哈军工管理特别严格，迟到半小时就会受到严厉批评。金老校友持重地说：“时代锻炼我们这批人，以党和人民的利益至上，时时刻刻为人民服务，永远是我们的座右铭。”

第三年暑假，再次遇到洪涝灾害，他与同学们又一次全身心地投入到抗洪救灾的工作中去。他说，学校当时规定，每年学生可以有一个假期，但是，为了支援地方建设，他与同学们三年都没有回过一次家。金老校友深有感触地说：“哈军工是个锻炼人的地方，我这个南方长大的学生，在那里得到了锻炼，牢固树立了爱党、爱国、爱社会主义和全心全意为人民服务的思想。”

鞠躬尽瘁，始终奋斗在报效祖国的路上

1961 年，当时我国没有电子计算机专业，由于国家需要，金士尧从哈尔滨军事工程学院提前毕业，并留校任教，创建计算机学科。他边学边教，在战斗中成长，自学成才。从学生到教师，从助教到教授，从战士到将军，他在我国的国防科技事业上奋斗了一生。

他回忆起走过的极其艰辛而又无比幸福的岁月时，心潮澎湃，难以抑制激动的心情。1966 年，党中央、国务院、中央军委发布命令，为提高我国海军作战能力，决定研制代号为“030”的鱼雷潜艇攻击指挥仪，这是我国最早一批采用国产集成电路的军用计算机。时年 29 岁的金士尧挑起了该工程总体组组长的重担。在试验过程中，他带领队员克服身体、条件的困难，反复数次下海进入密封的潜艇机

舱进行测试工作。经过三年顽强拼搏,金士尧和战友们胜利完成了这项国家级重点工程,开创了我国自行设计、制造集成电路计算机历史的新纪元。

随后,他与队友们又参与了“远望1号”测量船的研究工作,奋战10年,研制成功了百万次计算机。1980年5月1日,我国第一次组织海陆空特混编队远航南太平洋,他和战友们随“远望1号”中心测量船执行首次洲际导弹全程试验落点测量任务。“远望1号”测量船是由我国自行设计、建造的第一代综合性航天远洋测量船,他也成为中国航天远洋测控事业的先驱。1978年至2010年的32年间,“远望”圆满完成远程运载火箭、气象卫星、载人飞船等57次国家级重大科研试验任务,享有“海上科学城”的美誉,为国家和民族做出了巨大的贡献。

20世纪90年代,金士尧教授又作为第一负责人和总设计师,先后承担了国家重点科研项目——“银河超级小型仿真计算机”与“银河仿真Ⅱ型计算机”的研制工作。经过不懈努力,金教授团队于1993年6月研制成功了当时国际上最先进的仿真计算机系统,它的仿真计算能力比通用千万次大型计算机快5倍至50倍,其整体性能居世界领先水平。

21世纪以来,步入退休年龄的金士尧教授仍然参与了“北斗二号”“北斗三号”等国家重大工程项目的指导和研究工作。其中,“北斗三号”全球卫星导航系统在扩展区域导航系统35颗卫星的基础上,将服务区域拓展到全球,设计性能优于俄罗斯的GLONASS,与第三代GPS性能相当,在世界上处于领先地位。北斗-M1卫星在E2、E5、F6频段传输信号对民用服务开放,在2008年的汶川大地震救援工作中发挥了极其重要的作用。

在漫长的教学、科研生涯中,金士尧教授主持并参与研究完成国家重点工程科研项目9项,包括4个型号的仿真计算机,4个型号的军用信息处理系统,参与了我国首次洲际导弹全程实验落点测量(580)任务;荣获国家科技进步特等奖2项(集体奖),一等奖1项,二等奖1项,三等奖1项,先后培养博士后、博士、硕士百余名,发表论文200余篇,出版专著2部。他还多次受到江泽民等党和国家领导人的接见。

非但如此,为了国家重点工程建设的需要,金士尧教授从65岁延长到了75岁,后来又再次延迟到了80岁才退下来。他自豪地对我们说:“在国防科大的历史上,我的工作时间最长,达到了57年。”

虽然金士尧教授退休了,但是他每时每刻都在为党和国家做贡献。目前,他正在整理自己的研究材料和研究成果,准备出两本书,一本是《计算机系统高可靠性理论与实践》,一本是《系统论》。

金士尧校友长期在外地工作,但是,他从来没有忘记过母校,几乎每年都会回母校，看一看学校的变化。学校百十周年庆时，他为了表达对母校的深情，在进学校大门左侧花圃中竖立了一块刻有“门墙桃李，作育英才”的石碑。每天师生出入大门时，都能看到这醒目的八个大字，它们时时激励着我们四中人为祖国培养更多优秀人才而努力奋斗。

▶▶ 作者：

张志峰　英语教师，学术委员会副主任。

逆境勇进的“弄潮儿”邵政康

臧寿源

邵政康，苏州四中1968届初中毕业生，1978年毕业于上海外国语学院。先后获美国乔治华盛顿大学国际商务硕士、英国国际管理学院管理学博士学位。历任中国人民银行总行国际司处长，中国常驻联合国国际货币基金组织中国代表之一、外交一等秘书，中国光大集团董事会董事兼执行董事办公室主任，中国光大控股有限公司董事、总经理，中国再生医学国际有限公司首席执行官。

2018年8月26日，香港会展中心举行了隆重的颁奖典礼，获得“第十六届世界杰出华人奖”的共30人，有国学泰斗饶宗颐、中国量子之父潘建伟、钢琴大师刘诗昆……历届获此殊荣者有李政道、袁隆平、陈香梅、李昌钰、金庸……苏州四中校友邵政康以多领域卓越贡献亦跻身于此列，确实让我感到出乎意料，但细思却又觉得在意料之中。

我和邵政康于1967年初结识，那时我在苏州四中高中部，他在初中部，后来我听闻他父亲去世的消息。邵政康父亲邵满生是苏州市民族乐器厂厂长、劳动模范、省级先进工作者，“定音鼓”的发明者，但最终含冤自尽，年仅36岁。对于11岁已丧母的邵政康和他弟弟来说，遭此天塌般打击后，他们不仅一下子成了无援的孤儿，而且无形中背上了莫名“印记”。邵政康的遭遇引起我和学长冯立等许多同学的关切，邵政康也非常珍惜这份同学间的纯真友情。

我和邵政康成为莫逆，倒是在“上山下乡”之后。我于1968年12月插队落户吴县唯亭公社，邵政康于1969年4月奔赴苏北沂河农场（今五图河农场）。他给我来了信，他说最不放心的是他弟弟邵政伟，希望我回苏时能关照一下。他弟弟才读小学二年级，依靠居委会微薄补助生活，被托付于邻居老阿婆照应。受他嘱托，我每有机会回苏城，总抽点时间去看望他弟弟，然后把情况告诉他。

那年苏城突然搞“备战疏散”，他弟弟被列为“疏散”对象，我得悉后就把他弟弟带到我插队的村里，请求乡村小学收为临时插班生，等到学校来了通知才回苏读书。邵政康牵挂着他弟弟，这成为他和我书信往来必谈内容，同时我们也在信中互相勉励，直面境遇，畅谈体会，说苦道乐，我总能在第一时间得到他的点滴好消息。

邵政康能到农场很不容易，因此他非常努力，二三年就让人刮目相看了，成为农场连队骨干，当上了班长、副排长。当时连队将接收的刚成年的三个孤儿“小高邮”分配到他们排里时，邵政康负责教带，他说照顾他们顿时感觉自己真的长大了！邵政康能吃苦，也肯钻研。连队为提高水稻产量，把培育秧苗的任务交给了他们排，邵政康乘探亲机会在苏州书店里购买了有关育秧书籍，回去带领“小高邮”们扑在育秧棚里，为了便于随时随地要开闭育秧棚调节温度和调剂水量，以及昼夜观察秧苗成长做好记录，他们就在地头支个连腰都直不起来的塑料棚，铺上稻草，吃住在里面，边翻书学习边实践，一待就是半个月，浑身被虫子咬得全是肿块血痕。邵政康他们辛勤付出，取得了育秧的宝贵经验，受到了农场连队表扬。说实话，即便是在我们盛产水稻的江南水乡村子里，能掌握育秧技术的老农民也是屈指可数呀！邵政康脚踏实地勤奋工作，受到农场上下好评，不久被挑选到江苏生产建设兵团第一纺织厂工作。

难能可贵的是，在当时弥漫着“读书无用论”的气氛中，邵政康却怀有强烈的求知欲望，到了农场后一直坚持自学，为了自学英语，买了收音机收听英语广播授课，要我找出家里弃剩的英语课本给他，他探亲回苏时便去请教英语老师。他曾告诉我，农场经过选拔后报送他去南京交通学校，连队战友得悉后纷纷买了笔记本、钢笔等准备为他祝贺，谁知翘首等来的是领导上门安慰：这一次轮不上了……他没有气馁。机会总是给有准备的人，1975 年 4 月在全厂 2 000 人选拔中，邵政康以优秀的基础英语运用能力脱颖而出，成为全厂唯一被上海外国语学院录取的幸运儿，终于实现了大学梦！

求学期间，邵政康又将勤奋刻苦用在学业上，不仅被评为年级“三好学生”，而且先后担任过两个班的班长。1978 年 6 月，邵政康大学毕业，当时正值国家百废待兴，早在毕业的半年前全班同学已被国家部委、新华社等选拔一空，邵政康被分配到国务院机构中国人民银行总行

国际司。以前国务院各部凡有外事活动，都由外交部安排翻译人员，邵政康赶上了总行开始组建自备外事人才队伍，不久就被提拔为国际司副处长。为了增强国际经贸金融方面的专业知识，邵政康被选派到美国短期深造学习。

出国前夕，邵政康闻知他父亲得以平反昭雪，特地从北京赶回来参加苏州民族乐器厂“邵满生追悼会”。他一到苏州，执意要自己动手做一个花圈送到会场，买来彩纸扎纸花，为了采集柏树树枝，我陪他找到虎丘路一号桥黑松林土墩……对邵政康兄弟俩来说，父亲洗冤意义重大。

邵政康赴美学习回到北京不久，就被选入中国人民银行总行与外交部联合工作小组，参与中国恢复国际货币基金组织合法席位的特别工作。恢复席位后，邵政康即被派任国际货币基金组织首批中国常驻代表之一、外交一等秘书（正处级）。邵政康先后任职两次，致力于中国从国际货币基金组织及世界银行获得先进的技术援助和金融支持，有力地支持了改革开放初期国内的经济发展。随着人民币成为国际货币基金组织特别提款权的一篮子货币之一，人民币国际地位也得到了不断提升。1992 年，邵政康作为国际货币基金组织亚太区域的经济学家，被派往金边考察，参与协助柬埔寨战后的经济恢复，为柬埔寨政府制定了宏观经济运行框架，包括一系列财政和金融政策，因此得到了柬埔寨政府的高度评价。这期间，尽管国外工作繁忙，邵政康仍不忘抓住一切学习机会提高自己，先后获得了美国乔治华盛顿大学国际商务硕士学位、英国国际管理学院管理学博士学位。

1994 年，邵政康赴香港，出任中国光大集团董事会董事兼执行董事办公室主任。时值香港百业忙回归，中国光大集团受命收购英商控制的香港电讯有限公司，电信安全关系着国家安全。邵政康全程参与了多轮艰苦谈判，终于在香港回归之前，由他代表中方签署协议文本，成功收购了第一批“香港电讯”股份，“香港电讯”由此实现顺利回归。为了在香港试水中国金融业向海外资本开放，中国光大集团通过中国光大银行、光大证券参股，成立香港上市公司——中国光大控股有限公司，邵政康兼任中国光大控股有限公司董事、总经理，站到了金融开放的潮头上。光大控股在香港成功上市运作，开创了中国金融业对外开放先例。

2003 年起，邵政康又勇立当今生物医学前沿领域的潮头上，涉足人体组织工程和细胞治疗的生命科学开创性工作。邵政康出任中国再生医学国际有限公司首席执行官期间，组织和带领科研团队成功研制了拥有完整自主知识产权的生物工程角膜“艾欣瞳”，2015 年 4 月获得国家药监局的注册批准，成为全世界第一个能够医治角膜致盲患者，使其恢复光明的生物工程产品，具有划时代的里程碑意义，轰动了国际眼科医学领域。

2015年10月，邵政康参加了习近平主席访问英国期间的系列商务签署活动，代表中国再生医学与英国牛津大学签署了再生医学与细胞治疗科研合作协议，搭建起生命科学研究国际合作顶尖平台。2016年1月，在丹麦奥胡斯欧洲眼库年会上，邵政康首次代表中国再生医学向国际社会郑重宣布："中国自主研发的世界首创生物工程角膜'艾欣瞳'将走出国门，服务于全世界！"中国"艾欣瞳"给全世界角膜盲者带来重见光明的希望……

邵政康自从出国工作之后，几乎一直在海外奔波，可他常牵记着母校的同学老师、农场的同事战友，凡有机会回到国内，总会抽时间与大家聚首叙旧。提起母校，邵政康每每感慨地说："我能有今天，这辈子最要感恩张伯勋老师，对我来说张老师恩重如山！"当年"上山下乡"，邵政康因他父亲的缘故不符合"条件"去农场，是班主任张伯勋老师顶着非议压力，一次又一次向校革会、工宣队陈情力争，终于为邵政康争取来名额，此时他们班级大部分同学赴黄海农场已经一个多月了，邵政康和冯国权同学被另安排到相距百里的沂河农场，其余同学则去了吴县斜塘。邵政康去农场后，张伯勋老师又常去关怀他弟弟，不仅给他弟弟送衣送鞋，还督促、引导他弟弟学好功课……邵政康说，他对张伯勋老师一直心存感激。当年他对学英语产生浓厚兴趣，也是受到了张伯勋老师独特的英语教学启蒙，以至于到了农场还燃起学习欲望，暗自用张老师赠送的英汉词典和英语课本自学。每当他利用回苏探亲机会，去张老师家拜访请教时，张老师总是耐心指导，一再告诫："学习英语没有捷径可走，勤学苦练是唯一途径，学习贵在坚持！"当张老师得知邵政康被上海外国语学院英语系录取后，异常高兴，连声向他祝贺，又语重心长地叮嘱："你要抓好学习机会，不可懈怠，这才是你万里长征的第一步呀！"邵政康说，他一直铭记着张伯勋老师的教诲，时常鞭策自己，要走好每一步。

是的，少年时期痛失双亲、身陷艰困，邵政康是不幸的！知遇良师，学有所成，赶上改革开放好时光、中国崛起好机缘，邵政康又是幸运的！而邵政康自强不息、逆境勇进，敢做"弄潮儿"，可称校友佼佼者，抑或能启迪莘莘学子！

▶▶ **作者:**

臧寿源 亦名臧寿元。苏州四中1964届初中毕业、1967届高中毕业。中国红楼梦学会会员、江苏省民间文艺家协会会员、苏州市楹联研究会副秘书长、苏州市唐文治国学研究会理事、苏州市地名咨询专家组成员,曾任苏州市商业联合会(苏州市商业经济学会)副秘书长。《苏州市志》特聘撰稿,《苏州市丝绸志》特约撰稿,《运河名城苏州》三位撰稿人之一,参与编写《苏州文化手册》《苏州旅游经济大全》《苏州全国之最》《苏州老字号》等,主稿《苏州市商贸业改革开放40周年研究》(获省一等奖,载《江苏商论》2019年第02期)。

我国近代农教先驱严家显

蔡力行

严家显，江苏吴县人，1906 年出生于苏州木渎镇。祖父严国鑫是当时上海金融巨子之一，父亲严良灿是木渎首富，他的家族在当地有赫赫声望，其兄长曾为台湾政坛元老严家淦。他与严家其他子弟早年都就读于苏州桃坞中学。

1931 年，他从金陵大学毕业后，入燕京大学研究院继续深造，获理学硕士学位，后赴美国留学，获明尼苏达大学昆虫学博士学位，因学业成绩优异，两度获该校“金钥匙”奖。

1937 年夏，严家显获博士学位后。虽然校方极力挽留，但因此时正值七七事变爆发，国难当头，严家显毅然回国，成为二十世纪三四十年代中国最著名的昆虫学家之一。

全面抗战爆发后，他先后担任武汉大学、广西大学教授和广西壮族自治区政府技正、广西壮族自治区农业督导专员等职。1940 年，经时任福建省财政厅长的堂兄严家淦牵线搭桥，他前往福建永安黄历，在燕溪之畔创建了福建省立农学院（福建农林大学前身），时年 34 岁。1944 年 7 月他卸任农学院职务，并受聘为复旦大学农学院院长，携全家到重庆任职，抗战胜利后随学校迁回上海。

新中国成立初期，他参加筹建中国人民解放军军事医学科学院，并担任该院昆虫系主任。1952 年，严家显在奔赴抗美援朝前线之际，不幸因病逝世，时年 46 岁。他为教育沥尽一生心血，培养了众多农业科技人才，为新中国的农业教育奠定了良好基础。

他去世后，夫人王祖寿一力将五个女儿养育成才，并继承乃夫遗志，为促进两岸“三通”做出重要贡献。严家显的三女儿严隽琪，曾任上海市副市长、民进中央主席、全国人大常委会副委员长。

严家显一生从未以个人前途为追求，时刻以家国天下为己任，这是中国传统士人风骨的遗存，令人景仰。

一

1918 年，12 岁的严家显考入了苏州城里的桃坞中学，开始了长达八年的中学生涯。严家显在此得到了严格的基础养成和学术训练,英语成绩尤其优秀。

在这所学校,他遇到了堂兄严家淦。后者在1911年严氏分家后就跟着父亲严良肱移居城区,平时同木渎的亲戚极少往来,如今邂逅只比自己小十个月的堂弟,觉得分外亲切。两人在桃坞中学结下了终生友谊。

毕业后,严家显原本选择了东吴大学医科,其父却要他念法律。东吴大学法学院在上海,但1927年初的上海十分动荡,严家显只能回木渎等待时局平静后再做打算。正在此时,他遇到了桑梓好友柳支英。

柳支英仅用五年时间就读完中学,考取南京的金陵大学农林科生物系,进行昆虫学研究。柳支英知道严家显从小就酷爱扑虫弄蝶,跟自己一样热爱自然,于是劝他像自己一样转入金陵大学研究昆虫学。1928年初秋,严家显考入金陵大学,从此正式投入农林科学和病虫害防治研究。三年后,他入燕京大学生物系,进行硕士研究;1934年夏,又入明尼苏达大学医学昆虫系,赴美进行博士阶段研究。

1937年夏,严家显获博士学位。由于他成绩优异,求学期间论文就发表于美国的顶尖学术杂志上,因此校方和导师都挽留他留校任教。正在犹豫期间,七七事变爆发,这倒促使严家显下定决心,仅十天后,他就整束行装,登上了回国的邮轮。

二

1937年9月,严家显冒着抗战的炮火回到祖国,赴任武汉大学农学院教授。不过他在武大仅任教半年。1938年春节刚过完,武大就奉命西迁重庆,其农学院合并于中央大学。正在此时,严家显又接到了柳支英的召唤。

严柳二人,年龄、兴趣、禀赋都非常相似,出生、成长在同一座小镇上,一个西头一个东头,步行距离八百米。在前半辈子,柳支英对严家显的指导比较多。比如选择金陵大学就学和去美国明大留学,都是柳氏建议。

柳支英从明大留学归国后,先在浙江大学任教,全面抗战爆发后远赴柳州的广西农事试验场。刚刚安定下来,他就去函严家显,邀请他一起来为病虫害研究做贡献。

1940年初,福建省政府决定在战时省会永安成立福建省立农学院,时任财政厅厅长的严家淦推荐严家显为首任院长。永安,处于闽中和闽西交界处的群山之中,县城南郊的黄历村即是福建省立农学院的选址地。

严家显到任时间是7月初,仅用了三个月时间,从校舍建设到设备、图书采购,从教授员工招聘到新生入学考试,竟然规模初具。别人都说,严院长用三个月办成了其他人三年都未必办好的事业。

这固然同严家淦的全力支持有关，但主要还是靠着严家显自己惊人的意志和毅力。后来农学院第一届毕业生邀请严院长指示箴言，严家显便手题“自反自强”四字，这正是他自己的为人宗旨。

全面抗战期间，处于深山中的省立机关时有断粮之虞。严家显才同夫人王祖寿结婚，后者即使怀胎也仅以喝粥度日。然而严院长心里更有着学子的艰辛困苦。其父严良灿的表字是“子绚”，严家显就在农学院设立“严子绚先生奖学金”，以“纪念严子绚先生乐育英才，奖励清寒优秀学生”为宗旨，为原籍县政府证明家境确系贫寒的优秀学生免除了后顾之忧。

三

在永安黄历任院长的时候，除了设立奖学金以乐育奖贫，严家显还私下周济一些成绩未必拔尖但家境确实贫苦的学生。有位第一届的学生靠着严院长资助，断断续续用了七年时间才完成学业，以致他一直说，“没有严院长就没有我”。勤学苦练的基本功、艰苦创业的干劲、团结进取的精神，这三点被总结为“黄历精神”，至今还是福建农林大学的基本价值观，被后人永远铭记。

“他在敌机的轰炸声中，在穷乡僻壤筚路蓝缕为危难中的祖国培养人才，其学生中不乏日后致力于海峡两岸农业复兴的栋梁之士”，很多年后，严家显的三女儿严隽琪如此评论父亲。确实，严家显也是一名英勇的抗日战士。

1944 年夏，严家显接到教育部调令，任复旦大学农学院院长。由“省立”而“国立”这当然是进步，何况学校还在战时首都重庆。这也表明官方和学界对他的双重认可。离开永安的时候，他手书许多临别赠言，其中有一条是这样的：“士人第一要有志，第二要有识，第三要有恒。有志则不甘下流；有识则知学问无尽，不敢以一得自足；有恒则断无不成之事。三者缺一不可。”这其实正是他的夫子自道。

抗战胜利后，1946 年秋，严家显一家随学校回到上海。没想到，仅仅两年后，他又面临人生的重大抉择。

对此，严家淦的儿子严隽泰回忆道：“我印象中，仲扬叔叔 1949 年前来过一次台湾，看了不少地方，可能当时我爸是请他来实地考察一下，为今后来台发展铺路。爸爸总觉得仲扬叔叔聪明能干。他与亲戚们来往不多，对仲扬叔叔实在是例外。”

严家显表字仲扬，一般小辈都称他为“仲扬叔叔”。当时中国大地烽烟弥漫，许多知识分子尚看不清出路何在。而严家淦在台湾确实也需要信得过的人才参与地方建设。

但严家显私下对好友说：“我虽然不是共产党员，但对共产党救国救民的主张是认同的。”所以,正如严隽泰所言:“我爸是希望仲扬叔叔他们来台湾的,飞机票都买好了。但直到两岸封锁,就是没有等到他们。”

严家显留了下来,他要亲眼看到中国的新生。

1951 年春末,中央决定成立解放军军事医学科学院,严家显参与筹建,并任病虫室主任。次年初,在朝鲜作战的志愿军发现战场雪地上出现许多不明昆虫,中央立即做出了“反细菌战”的部署,密令严家显入朝参战。

然而,就在临行体检时,发现严家显罹患胃癌。当时柳支英还在浙江大学,严家显要求将其借调入军事医学科学院,并亲自叮嘱,要他代自己出征。其后严家显病危,又请求组织上让柳支英接替自己病虫室主任的职位。

1952 年 3 月 12 日,严家显去世,卒年 46 岁。

注:本文选自汇编《苏州第四中学名人风采录》,原文见《姑苏晚报》(2019－12－15),题为《严家显:木渎走出来的昆虫学家》,作者徐敬。

作者简介:

蔡力行 办公室主任,语文教师。

我国稳定同位素学科奠基人和开拓者张青莲院士

王高才

在苏州市桃坞高级中学的美丽校园内，有一栋高四层的建筑，2019 年整修时，被命名为“青莲堂”。这个名字，是为了纪念学校的校友，杰出的化学家、教育家张青莲。他是入选人民教育出版社 2000 版全日制普通高级中学化学教科书的我国两位杰出化学家中的一位，他的研究成果亦被国际采用，成为通用的标准。

从桃坞中学到清华大学，爱国、勤勉，学有所成

张青莲（1908—2006）出生于江苏省苏州市常熟县支塘镇的一个小康家庭。他的祖父张云孙经商，十分重视儿孙的教育；父亲张企贤，爱好文学、擅长园艺；母亲薛铭顺出身文人家庭，良好的家境与家教让张青莲从小就养成优秀的习惯。

1922 年，14 岁的张青莲考入苏州桃坞中学，即上海圣约翰大学附中，这是一所教风严谨、教学质量优异的名校，尤其重视学生的英文学习。张青莲学习认真刻苦，再加上良好的基础，先后在校内的中、英文竞赛中名列榜首。1926 年张青莲高中毕业，他的成绩十分优异，原可直升圣约翰大学，并且还可以免除学费，但是就在前一年，也即 1925 年，发生了圣约翰的美籍校长侮辱中国国旗事件，爱国师生纷纷愤而离校，另外择址组建了私立光华大学。张青莲支持爱国活动，放弃圣约翰大学的免费入学机会而考入私立光华大学。在光华大学他只用三年半的时间，就读完了所需的全部学分，毕业时以第一名获得银杯奖。

大学毕业后，张青莲曾在常熟孝友中学任教一年。1931 年考取清华大学研

究生院。当时，他看到中国无机化学人才缺乏，遂选择了无机化学专业，并以优异的成绩获得了公费出国留学的机会。

从师李森菲尔特，求知一流科学家，学有所长

1934年秋，张青莲进入柏林大学物理化学系。他师从无机化学家李森菲尔特，着力重水研究。张青莲在两年的重水研究中，首次提出了氢氧同位素在地球各界中的分布理论，对后来的实验及理论研究产生了重大影响。

1936年，张青莲获得博士学位。6月，他作为访问学者，随李森菲尔特离开德国到瑞典皇家科学院物理化学研究所工作，又共同工作了一年。他主要进行用气体混合物作为同位素混合气体的模拟物，通过膜壁进行扩散分离的研究。

在留学西欧的三年中，张青莲在做研究工作的同时，还从许多权威科学家，如化学动力学创始人博登斯坦、诺贝尔奖奖金获得者哈恩等的讲学中得到不少教益。他在柏林聆听了来访的一流科学家包括诺贝尔奖奖金获得者的学术报告，并在瑞典听取获奖报告；还参观了赫尔兹、斯维德贝格、西格班三位获奖者的实验室，以及著名的剑桥卡文迪什实验室和巴黎的居里镭学研究所。这些学术活动，都对张青莲献身于科学事业不断做出成绩而成为著名的化学家和教育家有着重要的影响。

受邀回国，重水研究新突破，享誉国际

1937年春，张青莲收到当时化学研究所所长庄长恭的电报，邀请他回国工作，并聘他为副研究员，充分显露出他作为科学家的素质和才华。

1937年7月，张青莲辗转回到上海。当时正值日本全国侵华战争初期，化学所被迫停止工作，张青莲遂借用位于租界的光华大学的实验室，进行多种络合物合成的研究，取得显著成果。

1939年，昆明西南联合大学补聘张青莲为教授。他取道越南赴昆明就职，与两名中英庚款研究助理一起，用从国外带回的110克重水和一些石英玻璃仪器，完成了重水性质的研究，纠正了当时文献中靠近此温度之下密度有一最大值的假设，首次精确地测得重乙醇的沸点和密度，此结果被收入拜尔斯坦《有机化学手册》中。

张青莲在西南联大工作期间，还综合了国内外所发表的重水论文撰写成《重水之研究》论文集一书，该书于1943年获得国民政府教育部学术二等奖。同时得此等级奖励的联大教授，还有王竹溪、闻一多等4人。

1946年清华大学迁回北平复校，他和助教首次将重水密度的测量温度提高

到95℃，并外延至100℃，所得有精密数据的论文，被英国自然杂志收录，在国际化学界产生了深远影响。

科研与教学并举，奠基无机化学，蜚声中外

1952年全国高等学校进行院系调整，张青莲任教育部课程改革委员会化学组副组长。在北京大学化学系试点设立无机化学教研室时，他任教研室主任，讲授无机化学课，组织了苏联涅克拉索夫所著《普通化学教程》一书的翻译和出版工作。

1955年，他又协助教育部组织并与戴安邦、严志弦、尹敬执合写了《无机化学教程》(高等教育出版社1958年出版)。这是中国化学家自编的一本基础无机化学教材，该书取材新颖、内容翔实，凝集了几位编者多年从事无机化学教学、科研工作的宝贵经验，不仅为各高等学校所普遍采用，对于青年教师的培养也起过重要的作用。

掌握重水和锂同位素的生产技术是中国独立自主地发展核工业的基础。张青莲受化工部委托，从1957年起多次赴有关单位主持或主讲重水生产方法的报告。在1960年讨论重水研制方案的会议上，他做了"重水的物理化学性质"报告。尔后参加现场会议，并提供工段分析用的落滴法。

1963年他设计了用浮沉子检测成品的部颁标准方法，并提供了一种Y5标准样品，后来发展为一系列标准样品，改用质谱测定法。在中国采用双温交换法后，他组织翻译出版了美国萨凡纳河达那重水工厂双温交换法的工作手册，为中型重水工厂提供了重要的参考资料。他还测定了双温法工艺条件下氘在两相中的总分配常数，并提供了电解工段的电解分离系数的精密数据。为表彰张青莲对重水生产的功绩，化工部于1990年授予他"全国国防化工先进工作者"称号。

20世纪60年代初，因苏联撤走专家和不再提供技术资料，锂同位素分离工厂一度陷于瘫痪。张青莲应邀到了工厂，在了解该厂情况以后，提出了可行的措施，担任了工厂技术顾问。他参加了锂同位素的研制任务，提供了工段分析中锂同位素丰度的晶体浮定快速分析方法。

当他1965年冬参加氘化锂-6成品鉴定会时，看到微带蓝彩的无色透明立方晶体，心中泛起了无比的喜悦。不久中国氢弹爆炸试验成功，仅距原子弹两年零八个月时间，世界为之惊讶。

1979年作为中国化学会5人代表团的成员，张青莲赴赫尔辛基参加第二十七届国际纯粹与应用化学联合会学术大会，成功地维护了中国化学会在该国际组织中的代表权，在会上做了题为"氢氧同位素丰度测定"的报告。1983年第

三十二届国际纯粹与应用化学联合会代表大会在哥本哈根举行,他以国家代表的资格参加原子量与同位素丰度委员会,在会议上以渊博的知识和精辟的见解赢得好评,被选为"衔称委员",他是中国第一个获得此荣誉的化学家。这一学术活动引起了他对原子量质谱测定的兴趣,发展成为他晚期的研究领域。

1981 年张青莲赴美国参加高尔登同位素学术讨论会,提出了两篇同位素丰度的墙报;同年又赴剑桥参加英国质谱学会第十届年会,提出了硼同位素质谱分析的墙报;1983 年赴法国萨克莱原子核研究中心讲学;1984 年任北京中日双边质谱学术会议的中方主持人,1987 年起任北京国际仪器分析学术报告会顾问。张青莲还曾任法国《无机化学评论》的编辑,现任美国《质谱评论》的顾问编辑,并撰写了有关中国有机质谱学的新进展的论文。

他于 1983 年当选为国际原子量委员会委员,主持测定了铟、铱、锑、铕、铈、锗、锌、镝几种元素的相对原子质量新值,被国际原子量委员会采用为国际新标准。

在张青莲的教育和影响下,他的长子毅然任该厂工程师,鞠躬尽瘁,忠于职守。为表彰张青莲的突出成就,中国核学会于 1990 年授予他"荣誉理事"称号。在他身上,人们看到了基础研究对提高新技术的作用,也看到了一位科学家的聪明才智和祖国人民的需要密切结合时所发挥的重要作用。

1978 年,张青莲担任《无机化学丛书》主编。该丛书分 18 卷,前 10 卷分论各族元素,后 8 卷属专题分支领域。他和张志尧、唐任寰合作撰写其中的《锕系后元素》。全书于 1993 年初写齐,历时十余年。80 年代后期,张青莲虽已迈入耄耋之年,但仍然为了丛书的完成不遗余力,为中国无机化学界做了十分有益的基础工作。

从宣传委员到学部委员,服务社会,造福人类

1950 年,张青莲任全国科联宣传委员会委员,次年参加中国人民第一届赴朝慰问团。回国后在全国各地进行宣传汇报,历时 5 个月之久。他在这一伟大的政治运动中思想上受到深刻的锻炼。

1951 年,中国化学会恢复活动,他任常务理事,次年被选为《化学学报》主编(1952—1956),建立了严格的审稿制度,经常亲自审阅和校对稿件,保证了刊物的出版水平。自《中国科学》和《科学通报》创刊起,他长期担任编委。他还

曾任原国家新闻出版总署化学组审查委员、文教委员会物理化学组名词审查委员，现任全国自然科学名词审定委员会委员。1980 年，他当选为中国科学技术协会第二届全国委员会委员。

1950 年中国科学院成立，次年他被聘为物理化学组专门委员。1954 年科学院成立学术秘书处，邀请张青莲担任学术秘书两年，参加组建数理化学部的工作。次年，他当选为数理化学部委员。在学部成立大会上，张青莲等受到周恩来总理的接见，倍受鼓舞。

1955 年，他参加筹建北京中国科学院化学研究所的工作，后兼任该所研究员及学术委员；1956 年参加全国科学技术发展规划会议；1981 年改任科学院化学学部委员兼常委、学部副主任，并参加学部有关国家重大科技问题的咨询工作。

1956 年，张青莲在原子能和平利用的宣传活动中被评为积极分子。1959 年，他应邀在中苏友协举办的俄罗斯化学家门捷列夫诞辰 125 周年纪念会上做报告。

1972 年，他参加珠穆朗玛峰地区综合科学考察会议（兰州），提出峰顶区雪水中氢氧同位素分布的报告；1975 年参加第一届全国同位素地质学会议（贵阳），提出天然水中氢氧同位素分布及分析的报告。

张青莲还积极推动中国质谱学的科研及应用工作，在 1980 年中国质谱学会成立时，当选为理事长（1980—1984），后任名誉理事长；同年任国家科委稳定同位素专业分组组长，负责召集全国性会议，交流经验和信息，并协调轻元素稳定同位素的生产任务。

张青莲对中学教育也十分关心，他认为这是大学教育的基础，曾多次与中学教师座谈，为他们做报告，并审改中学化学教材。为了推动中国教学和科研的进展，还为《中国教育报》撰写了《中国高等教育当前存在的问题》一文（1984 年 6 月 2 日）。

从 1935 年起，张青莲一直在进行重水和稳定同位素的研究，涉及十几种元素的同位素，是我国同位素学科的奠基人和开拓者。50 余年来，他在科学研究的同时，始终站在三尺讲台上，为祖国培养大量的优秀人才。为表彰张青莲多方面丰硕的科研成果，中国化学会于 1985 年为他举行了从事化学工作五十年的祝贺会。卢嘉锡、柳大纲等多位化学家前往致辞祝贺；中国科学院于 1989 年授予他“从事科学工作五十年”的荣誉奖状。2006 年 12 月 14 日，张青莲先生因病医治无效，在北京逝世，享年 99 岁。

张青莲为人正直开朗，严于律己，宽以待人，治学谨严，勇于探索。热爱祖国，忠诚于教育事业，工作勤奋，不计名利。他学识渊博，兴趣广泛，业余爱好遍及文学、艺术、园艺、书法、体育和旅游等方面，一生始终遵循他自己的信条，为人类文明的积累做贡献。

注：选自汇编《苏州第四中学院士风采录》。

▶▶ 作者：

王高才 副校长，政治教师。

我国热工仪表自动化专业创办者钱钟韩院士

李昊旻

钱钟韩，是钱钟书的堂弟，比钱钟书小一岁。1923 年，他与钱钟书一起从无锡到桃坞中学读书。钱钟书喜欢文科，而钱钟韩文理都非常出色。一次伯父（钱钟书父亲）曾让暑期回家的他们一起做篇作文，结果，钱钟韩的文章得到极大的赞赏，而钱钟书不仅被狠狠批评了，还受到了一顿“棍棒教育”。后来，钱钟书成为闻名中外的文学家，而钱钟韩则成为全国著名的科学家。

一

钱钟韩，1911 年出生于江苏省无锡市。其父钱基厚，是钱钟书的生父钱基博的孪生弟弟。1923 年至 1927 年，他与钱钟书一起就读于苏州桃坞中学；后转入无锡市辅仁中学。1933 年，他以全校第一名和历年平均成绩最优毕业于西安交通大学电机系（现西安交通大学电气学院）。同年，他又以总分第一名获得江苏省第一届公费留学名额，赴英国伦敦大学帝国理工学院攻读研究生。1937 年 1 月至 6 月到瑞典 ASEA 电气公司实习。

1937 年回国后，历任浙江大学、昆明西南联大、中央大学教授；中华人民共和国成立后，历任南京大学工学院院长；南京工学院（现东南大学）副院长、院长，自动化研究所所长，自动控制学科博士生导师，1988 年起任东南大学名誉校长。

他曾任中国自动化学会常务理事、中国工程热物理学会理事、中国动力工程学会理事、江苏省科学技术协会第二届主席。1980 年，他当选为中国科学院技术科学学部委员（院士）。他于 1951 年加入九三学社；1956 年加入中国共产党；还曾任九三学社六、七届中央委员（1979—1988），江苏省政协三、四届常委和五、六届主席(1983—1989);还是全国政协六、七届委员。

钱钟韩长期从事热物理学和热工仪表自动化的教学和研究,专业面广,机电结合,自成体系;善于为窑炉、锅炉、汽轮发电机组等热工设备建立数学模型和电气模型,并提出独创性的分析计算方法和仿真方法。他在新中国成立初期就创办热工仪表自动化新专业,培养出新中国首批电厂运行自动化专家;1962年成立热工自动化研究室,开始培养研究生。

在20世纪70年代,他指导了秦岭发电厂大型单元机组的模拟计算机仿真工作和原天津军粮城电厂监控自动化试点工作,并主办了原江苏省电业局电子仪表训练班,在当时都为首创。

此外,他在1963至1987年,任高等工业学校电厂热能动力装置专业教材编审委员会主任委员,兼热工仪表教材组组长;1981—1985年,成为国务院学位委员会工学学科评议组成员,兼自动控制学科评议组组长;还从事科学方法论的研究和指导自然辩证法专业的硕士研究生;1985年获美国南加州中华科学家工程师学会颁发的特别奖。

二

钱钟韩原来是学电机工程的,回国后因工作需要,接触了锅炉、汽轮机和热能动力厂的运行和设计,逐步形成了自己对动力工程学科的新观点:他认为过去各科教材往往分门别类,着重讲各项动力设备的内部构造和设计原理,只从稳态和孤立运行的观点来研究各项动力设备本身,没有抓住动力厂问题的要害。动力工程学科应该从动态运行和联合系统的角度,来研究热力系统整体运行的规律和不断适应外界需求的功能;要着重强调各项设备之间的相互联系和相互影响。为此必须把机械、热工、电气及检测仪表和自动化等多方面的专业知识结合起来。在他的讲学、教材和科研论文中都充分体现了上述观点,形成特色。

为了打破各门学科之间的森严壁垒,钱钟韩还提出了"方法搬场"的主张。二十世纪五六十年代,他成功地建立了窑炉、锅炉和汽轮发电机组的电模型,并指出:动力设备的联结方式实际上是双向作用的,因此可以用等效的无源电路来模拟它们的动态行为,比之通常所采用的、单向作用的传递函数分析方法更为方便合理。在国际上出现大型计算机之前,这是分析复杂热工系统的唯一可行方法,即使到今天,从直观性、实时性、整体性和形象化的角度来看,仍非一般的数学模型和计算机仿真所能企及。这亦为利用电气模拟线路对复杂非线性系统进行快速仿真计算,奠定了必要的理论基础。

他运用这种模型分析方法,有效地解答了当时工程技术界的一些重大争议问题。他首先提出"热流阻抗分析法",以解决高温旋转窑炉中间歇性热交换的难题。他还利用汽轮发电机组的电模型,阐明了电网功频调节系统发生振荡的条件和对象。关于强制循环超高压锅炉的压力稳定性问题,他评析了国内外专业文献(1975—1979),指出由于炉膛吸热和气流阻力的综合影响,这类锅炉不会出现压力不稳定现象,从而否定了国内外专家的一些悲观结论。这种见解已为后来工程实践所证明。

三

钱钟韩一直积极参加电力部门所举办的电厂热工自动化试点工作。20 世纪 60 年代初,电厂自动化正由各项热工设备的孤立控制转向整个热力系统的综合控制;而综合控制方案的安全性和有效性又必须事先在大型计算机上经过仿真考验。当时国际上所流行的有关热工设备运行特性的公式(传递函数)都是既脱离工程实际,又形式复杂,难于上机。而中国工业部门当时所掌握的计算机只有容量较小的模拟式计算装置,难以胜任大型热力系统的仿真工作。钱钟韩的主要贡献是提出一套系统的低阶近似模拟方法。他指出:各种形式的理论和经验公式都可以统一展开为级数表达式,再整理成为二阶或三阶有理分式。这种处理方法可以把数学模型的阶次和计算机仿真所需容量降低到一半以下,从而为在国内物质困难条件下完成仿真任务找到了出路。后来他又总结了模型降阶的机理,提出"中、低频段分别处理"和"有限信息资源合理分配"的原则,并由此提出了几种新的模型降阶计算方法。它们的计算方法比当时(1976—1979)国际文献中所提出的降阶算法优越得多。

在 20 世纪 60 年代至 70 年代初,钱钟韩还先后对原华东电管局望亭发电厂计算机监控试点、原北京电管局军粮城电厂自动化试点和原西北电管局秦岭发电厂 30 万千瓦单元机组的仿真工程进行了系统的技术指导。这些试点工程的技术骨干都是钱钟韩的学生。

此外,为了推广新型热工检测和控制仪表的应用,他曾几次主持过电厂技术人员培训班。他深入了解各种仪表的机电设计、运行功能和故障检修技术,由外行变成内行,深为学员们所钦佩。他还对高压蒸汽的热力学性质和状态方程式进行了系统、深入的研究,提出了一系列新的近似公式。他纠正了技术文献中没用的蒸汽流量计算公式,从而显著地提高了计量精度,并为高压蒸汽流量的在线测量提供了科学依据。

四

钱钟韩根据自身的成长过程和治学经验,提出了一系列富有启发性的教育改革主张。他认为:为了使中国立足于世界第一流科学大国之列,必须造就一批高水平的、独立自主的、有中国特色的知识分子队伍。高等学校负有使每个大学生“知识化”的重要任务。要使青年一代热爱科学、自强不息、开拓前进,才能克服导致“人才断层”的深层困难。

他又提出,为了适应飞跃发展的科技,培养出新时期所需要的开拓性人才,必须改变传统的教学秩序和师生关系,着眼于加强学生的学习主动性和自学能力。师生见面并非越多越好,要讲究效果,及时放手。在课堂讲课中,要着重方法论上的示范,并宣传本门学科的发展前景,吸引学生自己去探求。在答疑和辅导中要提倡师生各抒己见、平等对话的风气。这样才能培养出一批立志超过前辈的科技事业接班人,保证“青出于蓝而胜于蓝”,就不必为当前教师业务水平不高而过分担忧。

钱钟韩认为基础知识的重要性在于能在后续专业课程和业务工作中得到灵活应用。针对二十世纪五六十年代中工科大学基础课内容偏深偏多的倾向,他曾提出“为了加强基础,要削减基础课,加强应用指导”的主张。特别对于数学,他认为数学基本上是一种语言。在学习时,如同自然语言一样,既要掌握基本语法(运算规则),又要善于创造性地使用数学语言,用来表达自己的思路和个人的特色;另一方面,还要警惕对“数学证明”的盲目迷信,善于用客观事实和实践来检验它的可靠性。

钱钟韩一贯重视实验室工作。他认为:实践与理论相结合,是获得真知最快的方法。科研人员如果轻视实验室工作,把具体的实践活动完全交给助手去做,这将是一个严重的失误,多动手,可以加强形象思维和务实观点,亦可以拓宽解决问题的思路。他又说:“长远说来,实验设备的水平和功能,并不是取决于投资的大小,而是取决于实验工作人员的业务水平。”因此对贵重设备,不仅要精心维护保养,更要善于开发和改进,使其功能日新月异。

这些独特的教育思想和学术观点,在钱钟韩的课堂教学、实验室工作和研究生指导中得到充分体现。多年来,他培养出不少卓有成就、可以自立门户的人才,他们大多承认钱钟韩的治学方法对他们的深刻影响。

注:选自汇编《苏州第四中学院士风采录》。

作者:

李昊旻 数学教师。

我国核化学与放射化学领域开拓者刘元方院士

金　奕

刘元方,男,1931 年 2 月生,汉族,中共党员,浙江省镇海人;1942 年考入桃坞中学读初一,1948 年高中毕业,考入燕京大学;1952 年毕业后在北京大学任教至今,为中国科学院院士、美国工程学院外籍院士,也是我国核化学与放射化学领域的开拓者。

一

1952 年起,刘元方在北京大学任教,在核化学与放射化学领域做了大量开拓性的工作,在创立和建设中国第一个放射化学专业的教育事业中做出了很大贡献。

1960 年,刘元方领导建成了我国第一台 5 万转/分的浓集 235U 的雏形气体离心机

1980—1981 年,刘元方在美国国家实验室进修,师从诺贝尔奖获得者西博格(G. T. Seaborg)教授,并加入他的超重核组工作。这个研究组当时主要从事重锕元素的重离子核反应研究。刘元方相当独立地进行 97 号元素锫(Bk)的化学工作,解决了从几十种元素中快速分离纯 Bk 的难题,重制了 251Bk 的衰变纲图;同时还建立了从核燃料废液中提取 Rh、Pd、Tc 的优于当时国外的先进流程。

1986 年,他获得原国家教委科技进步一等奖。

1987—1988 年作为访问教授在瑞士 Paul Scherrer 研究所工作。

1991 年,刘元方当选为中国科学院化学部院士。

到 2009 年 1 月为止,刘元方仍然是北京大学化学与分子工程学院教授(1983 年)。

1993—1995 年,刘元方担任国际纯粹与应用化学联合会(IUPAC)的放射化

学与核技术委员会主席。这个委员会汇集了国际上有名望的放射化学家。委员会的主要职责是讨论和撰写反映放射化学和核技术领域前沿研究的课题报告，供各国同行参考，全部工作是没有报酬的。刘元方与委员会的成员们共同努力，完成了一批被认为很有学术价值和水平的报告，均已在IUPAC主办的《纯粹与应用化学》上发表。刘元方的三个研究报告获得较高评价，均已发表。

1995年，刘元方在中国开创热原子化学研究。

2001年以来，他积极从事纳米材料的生物效应研究。在国际著名刊物上发表论文约160篇，著有《放射化学》（科学出版社，1988）、《核化学与放射化学》（北京大学出版社，2007）等四种书。

他还兼任上海大学纳米化学与生物学研究所所长、原国防科工委高放射性废物处置专家组副组长，以及国际《放射化学学报》顾问编委等职；曾任中国核学会核化学与放射化学分会理事长、国际纯粹与应用化学联合会（IUPAC）放射化学和核技术委员会主席、中国科学院化学学部副主任。

二

刘元方院士工作繁忙，但他一直惦记着母校，不忘回母校探望。每次回母校，他都给师生做精彩的报告，还常常回忆起当年上学的情景，甚至坐在他当年坐过的座位上与学生们一起听课。他还在学校设立“刘元方奖励基金”，奖励有突出成果的教师和优秀学生。

根据《苏州市第四中学校优秀教育工作者、优秀学生奖励细则》的程序要求，经班主任、任课老师推荐，集体评定，以下同学被评为苏州市第四中学校2012—2013学年度校级优秀学生，获“刘元方院士品学奖”（13人）：

初二(1)　韩鑫梅　　初二(2)　胡嘉怡　　初三(1)　程天戈
初三(2)　王仁杰　　高二(1)　陶　诚、丁　楠
高二(5)　刘倩伊　　高二(7)　钱德良　高二(8)　马怡莎
高三(1)　钱　晔　　高三(3)　张文逸　高三(7)　马梓薇、印晓芸
……

学校 90 周年、100 周年校庆期间，他不顾年事已高，欣然前往。他对母校的眷恋之情一直激励着我们全体师生为再创学校的辉煌而努力奋斗。

三

刘元方的英语很好，这得益于他良好的中学教育。桃坞中学多数的课程采用英文授课。他是 1948 年全苏州市高中生英语演讲比赛的冠军。高中毕业后，他来到上海的沪江大学学习化学。1949 年，上海解放，刘元方和他的朋友希望到北方参加革命工作。由于沪江大学是一所教会大学，出于转学方便的考虑，刘元方选择了燕京大学——同样是一所教会大学。

“转学也是要考试的，要考英语，和现在考托福类似，考卷有几十页。”刘元方说。他很快地答完考卷。教务处的老师看过考卷后十分满意，对他说：“你可以来西语系读二年级。”他说：“我是来学化学的，我不学英语。”这也成为当时的一件趣事。

在刘元方的科研道路上，熟练的英语对他帮助极大。他还上过俄语速成班，自学过德语。在制造高速离心机时，国内没有这方面的资料，他凭借一份德文资料完成全部的设计工作。

1975 年，周恩来总理接待美国第一个高级科学家访华代表团，成员之一是诺贝尔化学奖获得者西博格教授。我国原子能科学事业创始人钱三强教授一时找不到既懂放射化学，又熟练掌握英语的人来当西博格演讲的翻译。有人推荐了刘元方。

尽管学习和研究工作在“文革”期间荒废了十年，但刘元方的学术根基和英语水平还是得到了西博格的高度赞赏。西博格（Seaborg），这位把自己名字印在化学元素周期表上（Seaborgium，化学元素周期表第 106 号元素，Sg）的放射化学巨臂对他说：“你学的是放射化学，我能不能请你到我的实验室来工作？”“能！”一次机缘，英语牵线，刘元方前往美国从事放射化学研究，并做出了突出的成绩。

注：选自汇编《苏州第四中学院士风采录》。

作者：

金奕 总务处主任，信息技术教师。

我国铁电陶瓷研究主要奠基者姚熹院士

张 建

姚熹院士一直牵挂着母校——苏州四中,始终把自己对母校的眷恋之情深藏心中。学校90周年庆和百年校庆之际,为了不惊动学校领导,他两次都无声无息地在校园的一角默默为母校祝福。2012年5月,学校领导获悉姚熹院士在上海某医院看病,便前往探望他。当学校领导婉言谢绝他参加110周年校庆之时,躺在病榻上的他却当即下床,表示自己身体还行,坚决要求参加校庆。

2012年10月,这位虚怀若谷的院士在"隐姓埋名"了20年以后终于被学校请上了110周年校庆典礼的主席台。

姚熹是国际知名的材料科学家,是国际陶瓷科学院院士。他曾为西安交通大学国际电介质研究中心主任,"电子陶瓷与器件"教育部重点实验室学术委员会主任,并担任教授、博士生导师。同时也是同济大学功能材料研究所所长,教授、博士生导师,中国科学院院士、美国国家工程院外籍院士。

一

姚熹,1935年出生于苏州。1953年毕业于苏州四中高中部。

1957年,毕业于交通大学电机系并随校西迁至西安,1957—1979年担任西安交通大学电机工程系、电子工程系助教、讲师。

1979年底,去美国宾州州立大学材料研究所进修,1982年获美国宾州州立大学固态科学博士学位,1982—1983年在该校继续进行博士后研究。

1983年,回国担任西安交通大学副教授,1984年由原高等教育部及国务院学位委员会特批晋升为教授、博士生导师。

1985 年,开始筹建电子材料研究实验室,该实验室于 1988 年被原国家教委和原国家计委批准为国家专业实验室,并被选定为全国重点学科发展计划的七个试点实验室之一,姚熹教授担任实验室主任。

1991 年,当选为中国科学院院士(技术科学部)。2007 年 2 月,当选为美国工程院外籍院士。

二

姚熹教授是原国家科学技术委员会“863”计划新材料领域专家委员会委员,国务院学位委员会电子与通讯学科评议组成员,原国家教育委员会、科技委员会电子材料学科组副组长,国家自然科学基金委员会材料工程与材料科学部委员,国家发明奖评审委员会电子学评审组成员。他被上海交通大学、四川大学、湖北大学、电子科技大学、西安电子科技大学等聘为名誉教授,还是中国科学院上海硅酸盐研究所研究员,并任上海硅酸盐研究所无机功能材料开放实验室主任、先进陶瓷与微结构实验室副主任。他是中国材料研究协会常务理事、中国陶瓷学会理事、中国电子学会学术委员会委员,还担任陕西省科学技术协会的副主任。

姚熹教授不仅是中国科学院院士,也是世界陶瓷科学院院士、顾问委员会成员,亚洲铁电学联盟主席,国际铁电学顾问委员会成员,美国电机与电子工程师协会(IEEE)高级会员和 UFFC 铁电学委员会成员,美国材料研究学会(MRS)、美国陶瓷学会(ACerms)会员。他于 1982 年因对铌酸锂双晶研究所做出的贡献获得美国施乐(Xerox)公司颁发的 Xerox 奖。1985 年由于他发现了晶粒压电共振现象而获美国陶瓷学会的 Ross-Coffin-Purdy 奖。1990 年他被法国国家研究中心固态化学研究所聘请为高级研究员,1995 年受聘为新加坡南洋理工大学访问教授。姚熹教授还是《铁电体快学报》、《欧洲无机化学杂志》及国内许多学报的编委或顾问。1997 年获“何梁何利基金科学与技术进步奖”。2001 年当选为美国陶瓷学会会士,2002 年姚熹获“美国 IEEE 铁电学成就奖”,2007 年当选为美国国家工程院外籍院士。姚熹教授曾经担任许多国际会议主席、顾问委员会成员、分会主席等。

姚熹教授自 20 世纪 50 年代末就开始了铁电陶瓷的研究工作,是我国在铁电陶瓷研究方面的主要奠基人之一,并被国内外同行看成是我国在这一领域的学术带头人和代表。在“七五”、“八五”和“九五”期间他主持并负责了国家自然科学基金重大项目、重点项目、面上项目和“863”计划新材料研究领域项目及国际合作项目二十余项，发表论文五百余篇，获准专利十余项，学术造诣深，知识面广，学术思想敏锐，研究工作洞察力强，在国内外学术界有相当的影响。

姚熹院士非常重视学校教育事业，设立奖学金，鼓励学生奋发学习、创造发明。“姚熹铁电奖学金”是姚熹教授在七十寿辰之际设立的永久性奖学金，以激励后来学子发愤学习、报效祖国。其奖励对象为西安交通大学铁电研究领域中积极创新、成绩优良的在读博士和硕士研究生。

注：选自汇编《苏州第四中学院士风采录》。

作者：

张建 物理教师。

我国著名数学家、山东大学校长潘承洞院士

马忆兰

从桃坞高中的校园里，曾走出过一位杰出校友：中国科学院院士、数学家潘承洞。他学术造诣深厚，专长于解析数论的研究，尤以对哥德巴赫猜想的卓越研究成就为中外数学家所赞誉，与当代著名数学家华罗庚、王元、陈景润一起被国际数学界称为“中国数论派”的代表。而作为山东大学校长，潘承洞又是一位出色的教育家，他一生治学严谨，学风正派，奖掖后学，忘我无私，为中国的数论及社会主义建设培养了许多杰出的人才。

从中学爱好数学到步入北大殿堂的数论研究

潘承洞(1934—1997)出生于江苏省苏州市一个旧式大家庭中。他的父亲名子起，号艮斋，母亲高嘉懿，江苏省常州市人，出身贫苦家庭。他们生有一女两子。父亲忠厚，母亲勤劳，他们的优良品德与严格管教使子女能够健康成长，并激励他们奋发图强。

潘承洞小时候十分贪玩，棋、牌、足球、乒乓球、台球……样样都喜欢，玩得高兴时就什么都忘了，为此上小学时他还曾留级一年。1949 年潘承洞从苏州振声中学初中毕业，这一年 8 月，他考入了苏州桃坞中学高中部。

在桃坞高中读书时，教他数学的是上海、苏州地区有名望的祝忠俊先生。一次，潘承洞发现了《范氏大代数》一书中一道有关循环排列题的解答是错的，于是做了改正，这充分体现了他不迷信书本，善于发现问题，进行独立思考的才能。因此，教了 20 多年书而忽略了这一点的祝老师对他十分赞赏。

1952 年高中毕业的潘承洞考入北京大学数学力学系。当时，中国高校刚调整院系，北大数学系汇聚了许多著名学者，如江泽涵、段学复、戴文赛、闵嗣鹤、程民德、吴光磊等，为学生们讲授基础课。潘承洞浸润在大师云集的学术氛围里，受到了良好的教育。在这里他接触到了数学学科的一个分支——数论。他

的老师闵嗣鹤对他循循善诱,引导他选学了解析数论专门化。在此期间,他同校毕业的弟弟潘承彪也考入北大数学力学系,兄弟二人于同一学校同一系科深造,并先后成为数学巨擘,成为中国数学界的佳话。

潘承洞于1956年大学毕业后,留北京大学数学力学系工作,翌年二月成为闵嗣鹤的研究生。在闵嗣鹤教授的指导下,潘承洞在解析数论的基础理论和研究方法上打下了坚实的基础,为后来的研究工作埋下了成功的伏笔。在学习期间,他还有幸参加了华罗庚教授在中国科学院数学研究所主持的"哥德巴赫猜想"讨论班,并与陈景润、王元等一起讨论,互相学习和启发。

潘承洞在大学与研究生期间完成的主要论文有:《论算术级数中之最小素数》和《堆垒素数论的一些新结果》。这两篇论文,对苏联大数学家林尼克关于著名数论问题 $P(q,a)\leqslant$ qlog2q 的证明结果 $P(q,a)\leqslant q\lambda$ 进行了本质的改进,先后得出 $\lambda<104$ 与 $\lambda<5\ 448$,这是一项重大成果。这一成果被国际数学大师哈斯作为一条定理收入名著《数论》中。

攻克"1+5""1+4"难题,为解决"1+2"奠定基础

1961年3月研究生毕业后,潘承洞被分配到山东大学数学系任助教。在授课之余,潘承洞全身心地投入到对"哥德巴赫猜想"的研究中。哥德巴赫猜想是具有伟大数学意义的世界著名难题,在国际上被誉为"科学女王王冠上的一颗明珠"。它源于德国数学家哥德巴赫在1742年给大数学家欧拉的一封信,哥德巴赫在信中陈述了他著名的猜想:每一个不小于9的奇数都是三个素数的和;每一个不小于6的偶数一定是两个素数的和。二百多年来,中外无数数学家对此做了多方面努力,取得了辉煌成就。至1937年,奇数的哥德巴赫猜想终于得出了无条件的基本证明,而偶数的哥德巴赫猜想至今尚未解决。

1962年,潘承洞通过对大筛法与"狄利克雷L函数"零点分布结论的改进,证明了命题"1+5",这是一个在哥德巴赫猜想研究领域具有决定性意义的重大进展。潘承洞的工作建立在他本人对算术级数中素数分布均值定理的改进上,后来朋比尼(E. Bombieri)对潘承洞的这一定理进一步改进得到朋比尼-维诺格拉多夫(Bombieri-Vinogradov)定理,获得菲尔兹奖。对此,后来的数论学家福尼(E. Fouvry)和因凡涅斯(H. Iwaniec)曾评论道:"朋比尼-维诺格拉多夫定理是

在林尼克、瑞尼、潘承洞、巴尔巴恩等人开创性工作的基础上得到的。”1963年，潘承洞又证明了命题“1+4”。这些成果使中国在哥德巴赫猜想的研究中处于世界领先地位，被国际数学界公认为实现了哥德巴赫猜想研究的关键性突破。

1973年，潘承洞提出并证明了一类新的素数分布均值定理，它是朋比尼-维诺格拉多夫定理的重要推广与发展，利用这一新的均值定理给出了陈景润定理——命题的最简单的证明，成为以后研究哥德巴赫猜想型问题的基础，证明了一类新的有关算术级数中素数分布的均值定理，给出了这一定理对包括哥德巴赫猜想在内的许多著名数论问题的重要应用。根据这一均值定理，潘承洞给出了对陈景润定理的一个简化证明，此证明被公认为全世界五个陈氏定理简化证明中最好的一个。国际数学界把邦别里-维诺格拉多夫定理、陈景润定理、潘承洞的新均值定理称为这一领域的三项最重要的成果。1978年潘承洞荣获全国科学大会奖，并获“全国科技先进工作者”称号。

20世纪80年代以后，潘承洞致力于哥德巴赫猜想的最终解决，他所提出的研究“猜想”的新途径，完全不同于经典的“圆法”，其崭新的学术思想为国际数论界所关注。1980年，潘承洞与胞弟潘承彪出版了专著《哥德巴赫猜想》，该书全面总结了哥德巴赫猜想研究六十多年来的大量杰出成就，受到了国内外数学界的高度评价。著名数学家彼得·肖指出，“该书不仅对中国初从事解析数论研究的数学家有重要影响，它的好的英文版本对西方世界亦具有同样的教益”。在随后的岁月里，兄弟两人互相切磋，完成了多部论著，双双成为一代大师。

从70年代末到90年代，潘承洞先后获得了“全国劳动模范”称号、国家自然科学奖一等奖，被评为中国首批有突出贡献的中青年专家，首批中国科学院学部委员和中国科学院院士。潘承洞为发展中国科学研究事业做出的突出贡献，得到了党和政府的充分肯定和高度评价。

全心全意，不遗余力，为办好学校鞠躬尽瘁

潘承洞，1979年任山东大学数学系主任，后又任数学研究所所长；1984年，任山东大学副校长，1986年11月，任校长。山东大学以文史见长，面临新科技的挑战，他以“文理并举，新老并进”的治校方针，在注重综合性大学的基础理论研究、发展原有重点学科的同时，积极扶持建设一批高新技术学科，使得山东大学的人才培养工作很快适应新的社会形势，学校的综合实力不断增强，办学水平显著提高。在任校长期间，潘承洞着重抓山东大学青年后备科研人才的培养和各学科教学科研梯队的建设工作，创造条件使青年学者能尽早地脱颖而出。

潘承洞对同辈、对同行无私坦荡，总是想方设法让尽可能多的人才，尤其是年轻人才脱颖而出。1987年，他拍板制定了给有博士学位的青年教师优先分配

二室一厅住房的政策，使青年博士毕业研究生都获得了较好的居住条件，为他们解决了一定的后顾之忧。这在当时中国各高等院校中都是不多见的，这一政策一直延续至今。

1992 年底，他又主持制定了"破格教授"政策，重视青年人才的培养，即 40 岁以下的年轻教师晋升教授职称可不占用所在单位名额，由学校统一筛选。这样，1993 年 3 月，学校一次提拔了 16 位 40 岁以下的教师为山东大学破格教授，最年轻的当时只有 30 岁。这些人后来都在科研工作中独当一面，成为各自领域的佼佼者，有不少走上了教学科研或行政工作的领导岗位。

在潘承洞的倡议下，山东大学提出了"面向山东、立足山东、服务山东"的口号，自 1994 年起，山东大学得到了来自教育部和山东省的多方面大力支持，为学校的长久可持续发展打下了良好的基础。

在潘承洞的努力下，山东大学顺利通过了国家"211 工程"的立项，为改善办学条件和提高学校的总体水平起到了关键的作用。

长期的辛劳损耗了潘承洞的身体。1997 年 12 月 27 日，潘承洞因肠癌转移于山东省济南市逝世，享年仅 63 岁。从 1984 年至 1997 年，他先后担任校级领导达 13 年，为山东大学的发展贡献了毕生精力。

现在，中外所有研究哥德巴赫猜想及相关课题的学者，都无一例外地参考和引用潘承洞教授的研究思路、方法和成果。他留下了具有永久价值的宝贵财富。

现在，潘承洞教授的弟子们正在中外数学界崭露头角，在数论王国接连取得高水平的成绩。后人继续着他未竟的事业。

作为数学家，他已经镌刻在了哥德巴赫猜想研究的年表上，镌刻在了数学巨星的璀璨长廊里！

作为教育家和校长，他已经矗立在了山东大学的校史上，铭记在了师生员工的感念里！

注：选自汇编《苏州第四中学院士风采录》。

▶▶ 作者：

马忆兰　党总支书记，历史教师。

中国当代美学家、哲学家汝信

倪　伟

汝信，中国当代美学家、哲学家。曾任中国科学院哲学研究所副所长；现任中国社会科学院研究员、副院长，国务院学位委员会委员，中华全国外国哲学史学会执行主席，中国现代外国哲学学会理事长，中华全国美学学会会长及国际哲学与人文科学理事会副主席等。著有《西方美学史论丛续编》，合著有《黑格尔范畴论批判》《西方美学史论丛》等。

求学时期：在学生运动中成为地下党员

汝信，1931 年出生于苏州市吴江区。他的父亲毕业于东吴大学法学院，后在上海租界地工部局任律师；母亲毕业于"东南体专"，是中国最早专攻体育专业的女性之一，毕业后曾在中学教授体育和语文，后放弃教育工作。汝信从小受到良好的家庭教育，从幼儿园到小学共读了两年，还请老师教授英语、数学和文言文。

1941 年，汝信报考圣公会创办的桃坞中学读初中。他英语和中文基础较好，通过考试即被录取。桃坞中学毕业要求很高，需要英文和中文两张毕业证书，且合格分数必须在 70 分以上。当时，大多数学科都用全英文教学，学生大多一年后都能做到听说自如。1945 年抗战结束，汝信和哥哥双双越级考入上海圣约翰大学，他主修政治学，副修经济学。

当时，虽是教会学校，但学校奉行自由和宽容政策，不强迫学生参加宗教活动。有的学生如桃坞中学的洪永燔（凡）等还秘密加入中国共产党，开展地下工作，组织学生上街游行、抵制日货等活动。在这些爱国进步活动的感染下，汝信大量阅读中外进步文学作品，他还参加地下党组织的"读书联谊会"活动，接触到了苏联的进步文艺作品和社科作品，如《钢铁是怎样炼成的》，并学习俄文。

1948 年，汝信成为一名中共地下党员。1949 年 5 月上海解放时，年仅 18 岁的汝信大学毕业。汝信读书求学的阶段虽然处在教会学校，但是学校的师资力量很强,教育质量很高,这为他以后的文学创作和美学研究打下了坚实的基础。同时他又参加了一系列组织活动,阅读了大量革命书籍,坚定了共产主义信念,成为一个有党性、有理想、有信念的革命者。

抗美援朝:在战争的洗礼中发现美学

1949 年,汝信大学毕业后主动参军,响应"打到台湾去,解放全中国"的号召。但是,此时爆发了朝鲜战争。汝信和战友们一起奔赴朝鲜战场。汝信在中国人民志愿军第九兵团担任政治部干事,后又成为司令部英语翻译、秘书。他虽不在最前线,但也非常艰苦。他目睹了战友们的牺牲。

和汝信一起从军的一位大学同学,他的英文非常好,放弃了优越的工作,毅然参军奔赴朝鲜战场。行军途中,遇到美军空袭,他坐的卡车被炸翻了,不幸遇难。战友们掩埋了这位同学后,继续行军。这让汝信感受到了战争的残酷,又深深感受到为祖国献身之举的壮美,深刻地理解了共产主义信念对于生命的意义。

随着战争的深入,"阵地战"开始,汝信在司令部做英文翻译,中间挤出了一点时间,断断续续地阅读随身携带的车尔尼雪夫斯基的书。那是他随身携带的唯一财产,用来自学在大学里刚打下基础的俄文。他逐渐被书中的哲学和美学观点征服了。"美的东西总是与人生的幸福和欢乐相连。"车尔尼雪夫斯基的话使他思考:怎样的美才永恒?是个人的幸福和欢乐重要,还是大众的?在朝鲜战争的战场上,他发现了为真理而斗争的美。他说:"一切真正美好的东西都是从斗争和牺牲中获得的,而美好的将来也要以同样的方法来获取。"

哲学之路:在信守真理中追寻美

朝鲜战争结束后,1955 年汝信转业到中国科学院干部培养部,从事行政工作,主要组织科研人员进行马克思主义理论学习;另一项工作是参照苏联副博士制度建立中国的研究生制度。在参与起草学位制条例的时候,汝信萌生了从事哲学研究的想法,并于 1956 年考取中国科学院哲学研究所研究生,师从我国著名的黑格尔研究专家贺麟学习黑格尔哲学。贺先生要求汝信系统阅读从古希腊到黑格尔的主要西方哲学名著,并要求他边阅读边翻译。在贺先生的培养和自己的努力之下,汝信很快成长为西方哲学研究领域的新秀,走上了哲学社会科学研究之路。1956年汝信在《文史哲》上发表了《车尔尼雪夫斯基的社会政治观点》,1958年在《哲学研究》上发表了《论车尔尼雪夫斯基对黑格尔美学的批判》。

他用马克思主义观点贯穿他的美学研究。1963年,他出版了《西方美学史论丛》一书,这是汝信叩开美学史大门的第一本代表作,也是中国首部以西方美学史为主题的综合研究专著。这引起广泛关注,汝信也被评价为这一领域的重要开拓者之一。

他用马克思主义立场分析了美学史研究的各种流派,认为只有马克思主义才能真正解决美学的根本问题。马克思把美学现象放到人类社会生活和历史发展的整体中考察,和人的实践活动及全面发展的远景联系起来研究,从而突破了传统美学的框架,为美学成为一门真正的科学指明了方向。他对马克思主义真理科学性的认识,是在步入哲学之门的努力中逐渐形成的。

1981年,他在哈佛大学做访问学者,开始研究存在主义先驱克尔凯郭尔。在当时,这几乎是个不被国人知晓的名字。一年后回国,他将10多麻袋哲学书籍托运回国,并撰写《看哪,克尔凯郭尔这个人》等著作,试图用马克思主义视角对这位哲学家做出恰当评价。

新中国成立后,尼采的思想一度被曲解,成为研究"禁区"。改革开放后不久,汝信较早发文打破这一坚冰。他的博士生周国平也走上了这条路。在为其著作《尼采,在世纪的转折点上》所写序言中,汝信态度坚定:"在历史的审判台前,只有弱者才需要辩护,而尼采却绝不是弱者。他所需要的不是辩护,而是理解。"

"历史的道路不是涅瓦大街的人行道",从不平坦、宽广。他以一个马克思主义者的坚定执着前行。20世纪90年代,已是中国社科院副院长的汝信一脚踏进了新的领域——世界文明对话。

1994年,他牵头成立中国社科院"世界文明比较研究中心"。数十位学者放眼世界,编撰出版了《世界文明大系》《世界文明通论》等,并定期组织国际学术会议。汝信说:"文明对话能够增进理解,避免战乱与纷争。对外来文化要有开放的心态和海纳百川的气魄,对自己民族的文化要有充分的自信和自尊。"他认为,人文学者的一大任务就是充当文化传统的"守护神",在全球化浪潮中保持自己的文化特性，并予以发展。

2004年，中央马克思主义理论研究和建设工程启动，他被遴选为咨询委员，审议工程成果、提出对策建议，还作为主要成员参与编写高校思想政治理论课重点教材《马克思主义哲学》。多年来，他毫不讳言马克思主义面临的挑战。这其中，既有敌对阵营从未止息的污蔑和攻击，更有飞速发展的现实生活提出的新问题。

他始终坚信社会主义，认为苏联和东欧的裂变是背离马克思主义的结果，绝不意味着马克思主义的终结。20多年过去了，中国的发展和坚守，有力地证明了他的正确论证。汝信觉得欣慰，对“历史的判断”更加充满信心，因为在通往真理的路上，他看到了越来越多的身影在站起，在集结，在前行。

参考资料：《汝信：信守真理追寻美》，作者王斯敏，光明网－光明日报，2014－02－10；《寻美求真七十年》，作者陈原，人民日报，2014－06－24。

▶▶ 作者：

倪伟 学生处主任，政治教师。

我国当代文学泰斗钱钟书

赵志强　张志峰

学贯中西的钱钟书先生闻名中外，他的同名小说电视剧《围城》更是家喻户晓。他少时在苏州桃坞中学接受过良好的教育，这为他日后成为翻译家和文学家打好了基础。

钱钟书于1923年考入苏州桃坞中学。与他一起从无锡到苏州读书的还有他的胞弟钱钟瑛和堂弟钱钟韩，在校史室的花名册上记载着他们的名字。与他们同在学校的还有严家淦、宋子文、张青莲等。

时隔60多年，1992年，学校90华诞，致信钱钟书先生。82岁的钱钟书先生体弱多病，无法成行，亲笔回信，表达了对母校的怀恋之情。1998年12月19日，钱钟书先生因病在北京逝世，享年88岁。当晚，江泽民同志亲自给钱先生的夫人杨绛打电话，对钱先生的逝世表示深切哀悼。在翌日新华社播出的新闻通稿中，出现"永垂不朽"字样。

2002年百年校庆时，为了纪念这位校友，学校将昔日钱老就读时的"韩堂"改名为"钟书楼"，并致信钱老夫人杨绛先生，杨绛先生欣然复信致谢；学校还在校史馆内设立了钱钟书专栏，陈列了当时的学校旧照、资料及钱钟书先生的作品等。

钱钟书生平及其重要贡献

钱钟书，1910年出生于江苏无锡的一个教育世家，伯父钱基成，父亲钱基博（子泉），叔父钱基厚（孙卿）。1923—1927年，他与胞弟钱钟瑛和堂弟钱钟韩一起就读于苏州桃坞中学，在校史室的花名册上记载着他们的名字。

1929年，十九岁的钱钟书考入清华大学外文系。入校不久就名震校园，不仅因为他数学只考了15分，更主要的是他的国文、英文水平高到让同学拜服的地步，其中英文更是获得满分。

钱钟书曾经留学英国和法国，博学多才，晓畅多种外文，包括英、法、德语，亦懂拉丁文、意大利文、希腊文、西班牙文等；晚年就职于中国社会科学院，任副院长。钱钟书在文学、比较文学、文化批评等领域卓有成就。

中华人民共和国成立前出版的著作有散文集《写在人生边上》，用英文撰写的《十六、十七、十八世纪英国文学里的中国》，短篇小说集《人·兽·鬼》，长篇小说《围城》，文论及诗文评论《谈艺录》。其中《围城》更有独特成就，家喻户晓，被译成多国文字在国外出版。而《谈艺录》融中西学于一体，见解精辟独到。

中华人民共和国成立后，钱钟书出版有《宋诗选注》《管锥编》《七缀集》《槐聚诗存》等，还参与《毛泽东选集》的外文翻译工作，主持过《中国文学史》唐宋部分的编写工作。他的《宋诗选注》在诗选与注释上都有高明识见，还对中外诗学中带规律性的一些问题做了精细的阐述。《管锥编》则是数十年学术积累的力作，曾获第一届国家图书奖。

钱钟书的治学特点是贯通中西、古今互见，融汇多种学科知识，探幽入微，钩玄提要，在当代学术界自成一家。因多方面的成就，其被誉为“文化昆仑”。60 年来，钱钟书先生致力于人文社会科学研究，淡泊名利，甘愿寂寞，辛勤研究，饮誉海内外，为国家和民族做出了卓越贡献，培养了几代学人，是中国的宝贵财富。

学在桃坞的钱钟书

1. *在桃坞中学当编辑*

钱钟书与钱钟韩一起于 1923 年到苏州桃坞中学读书，那时他十三岁。桃坞中学是美国圣公会创办的教会学校，大多学科都采用全英文教学，由外籍教师授课，设初中部和高中部，中英文分班上课。钱钟书入学时，没有英文基础，且数理等课薄弱，在初一上课；而他国文和历史较强，则进入初二上课。

由于国文较好，他被选为《桃坞》学期报的编辑。据校史记载：“期刊社创立于 1918 年，出版发行学期刊，十六开本，用中文字编写，内容有时论、课艺、译林、杂看、笔记等，每册二角，对外发行。每年出版一卷，初期为季刊，每卷出版四期。后改为学期刊，每卷出版二期，共出版十余卷。”

编辑部分中文编辑部和英文编辑部，钱钟书在中文编辑部，其他成员还有顾鸿霖、张源、邵宗文等；中文总编辑王德文，顾问王彦孙。其间，钱钟书在期刊上发表了一些文言、白话、译作等不同形式的文章，如《进化蠡见》、《天择与种变》（译作）与《获狐辩》等。现摘录几篇，供欣赏。

获狐辩

月之某日，女佣某氏，获一小狐于仓。以为鼬也，杀之。迨夜，长嗥起乎庭中，声惨以厉，彻晓不息。家人聚而谋曰："是狐鸣也。昨所杀者，殆雏狐也。噫！狐，灵物也，能祸福人者也。倘使女佣祝而谢焉，陈其误而非故焉，或者免于戾矣。"女佣如其言，迄无恙。家人曰："狐恕之矣。"钱子曰："是不可以不辩。"

常言曰："人为万物之灵。"吾不信也。何则？雊雉见之《商书》，石言著乎《左传》。武王渡河，火流为乌；汉高起义，白蛇见杀。逮夫今日，蛇也狐也，莫不以为神灵之所凭依，而崇拜焉。则是物灵于人，而人为万物之灵云乎哉？且以狐之灵，而不能自藏其身，致为厮养所歼，灵物顾如是乎。夫狐出不以时，死宜也。既杀之，又从而拜之，果何为者耶？斩关之盗，人不责其穿窬；杀人之囚，律不科其斗殴，何则？以斩关方穿窬，小罪也；以杀人概斗殴，细故也。狐而有知，宁以一拜而杀其子哉？作《获狐辩》，以解家人之惑。

《桃坞》第10卷第1期
1927年

《新学生的第一夜》跋

赵君颐年以其新作《新学生的第一夜》见示，中述一学生初离故土思家之状的，是知个中甘苦者语，非外人所能道。回忆儿时，亦尝读一与此相类之小说，名曰《相思》（作者已忘）者，内写一旅人，远戍不得归，念家成疾事。时余童骇，未知作客之苦，以为夫夫者，殊之须眉之气，家果何可恋哉？后游学斯校，因离家远，一年仅四度得归，夫然后始知家之可爱。而每睹床前明月之光，闻火车汽笛之响，辄油然勃然起莼鲈故乡之思，盖不知其来之何从焉。顾尤以假期后到校两三日为甚，固不只如赵君所云"新学生的第一夜"已也。揆之他人，谅亦如斯矣。赵君喜谈电影，嗜文艺，尤好作美国风之 Free Verse，第颇有时下欧美之二分投稿家（Two-Cent Contributer）习气，是亦白璧之瑕也。

《桃坞》第9卷第2期的"小说栏"
1926年5月2日夜

《吴中招提记》序

王君君纲，劬学老，刚毅木讷，宣尼所谓近仁之器者，庶乎几之。然而豫逸篇章,从容文讽,同学多士,莫之或先也,又岂特斯人斯德,为吾党之良而已。尝读杨衒之《洛阳伽蓝记》,心焉慕之,故吴人也,仿作《吴中招提记》,第遣词用意,了不相似;吐言天拔,自成佳什,殆所谓谢朝华于已披,启夕秀于未振者耶?强矛序之,于戏,学愧子夏,何益葩经,识逊元凯,胡补左氏,将笔汗颜,匪遑底宁,殊难为地也。

《桃坞》第10卷第1期

1927年

2. 钱钟书少时作文"突飞猛进"的原委

要说钱钟书先生的英文在桃坞中学学成,这点没有可质疑的。当时的桃坞中学,大多是外籍教师,都用英语授课,钱钟书进桃坞中学前没有学过一点英文。至于说他的写作也是在桃坞中学打好基础的就令人疑惑,不过杨绛《记钱钟书与〈围城〉》中提道:钱钟书文章写得好,并真正得到父亲的称赞,也是在上桃坞中学以后,还详细记录了以下这么一段话:

钱钟书上桃坞以后的一年暑假(1926年),在清华任教的钱基博回家,第一件事就是命钱钟书和钱钟韩各做一篇文章,结果钱钟韩的一篇颇受夸赞,而钱钟书的一篇不文不白,用字庸俗,他父亲气得把他痛打一顿。这顿打虽然没有起"豁然开通"的作用,却也激起了发愤读书的志气。钟书从此用功读书,作文大有进步。他有时不按父亲教导的方法作古文,嵌些骈骊,倒也受到父亲赞许。他也开始学着作诗,只是并不请教父亲。……钟书考入清华之前,已不复挨打而是父亲得意的儿子了。

要说这一转变与其父钱基博的"棍棒教育"有关不假,不过更与钱钟书入桃坞中学后接受的良好教育有关。学校有很多首屈一指的名师执教,如胡维谷、王祖年、毛克忠、钱慕云、顾训丹,还有当时著名作家范烟桥等,以及各地主教前来讲学,而且钱钟书还担任学校《桃坞》学期报的中文编辑。这对他的写作进步起到了很大作用。杨绛《记钱钟书与〈围城〉》中的叙述,着实可见他在写作上的突飞猛进。

当时期刊上面发表的主要是桃坞中学初高中学生的作品,钱钟书也在上面发表了文言、白话、译作等不同形式的文章。苏州档案馆目前还存有当年的刊物，收录了钱钟书在《桃坞》发表的三篇文章：《进化蠡见》（《桃坞》第 9 卷第 1 期，1926 年）、《天择与种变》（译作）（《桃坞》第 9 卷第 2 期，1926 年）与《获狐辩》（《桃坞》第 10 卷第 1 期，1927 年）。这些文章已经显露了其在写作上的才华和天赋。

当时桃坞中学还有“文学会”“青年会”“学生会”三大会社在全市颇具盛名。钱钟书和他的胞弟钱钟英（银行家）、堂弟钱钟韩（中科院院士、曾任江苏省政协主席）都参加了“文学会”；还有后来成为台湾政要的严家淦与他的胞弟严家显，以及宋子文、著名骨科专家过邦辅、中科院院士张青莲等仁人志士。

3. 杨绛致谢信件

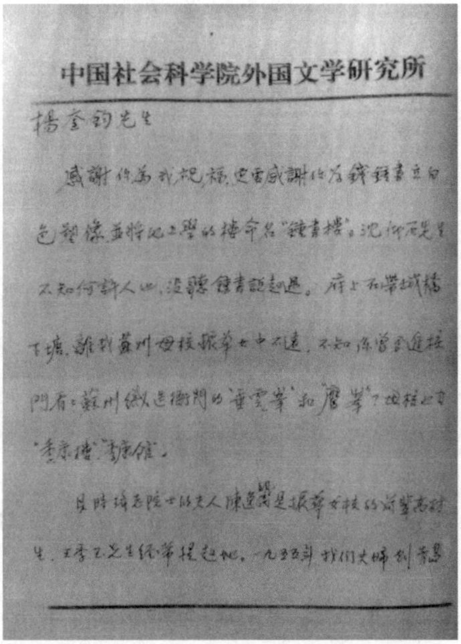

中国社会科学院外国文学研究所

杨[illegible]先生

感谢你为我祝福，更要感谢你为钱锺书立[illegible]塑像，并将[illegible]的楼命名“锺书楼”。[illegible]先生不知何许人也，没听锺书说起过。府上[illegible]下塘，离我苏州母校振华女中不远，不知你曾否进校门看看苏州织造衙门的“[illegible]”和“[illegible]”？[illegible]“[illegible]”。

当时[illegible]院士的夫人陈[illegible]是振华女校的[illegible]生，王季玉先生经常提起她。一九五五年我们夫妇到青岛

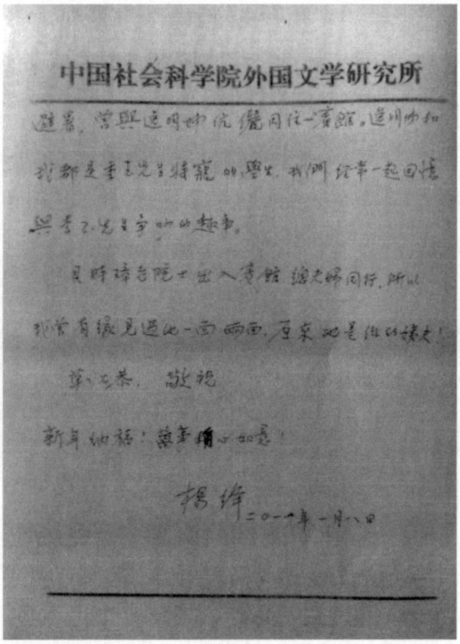

中国社会科学院外国文学研究所

避暑，曾与这对[illegible]伉俪同住一宾馆。这对[illegible]知我都是季玉先生特宠的学生，我们经常一起回忆与季玉先生[illegible]的趣事。

当时[illegible]院士出入宾馆总夫妇同行，所以我曾有缘见过她一面两面，原来她是你的[illegible]！

草草不恭，敬祝

新年如福！万事顺心如意！

杨绛 二〇一一年一月八日

注：选自汇编《苏州第四中学名人风采录》。

▶▶ **作者：**

赵志强 语文教师。

张志峰 英语教师，学术委员会副主任。

后　记

我们学校办学120年来,培养了一大批投身祖国建设的杰出人才,同时也培养了数以万计的工作在祖国各条战线上的劳动者,他们都是我们学校的宝贵财富,都是我们学习的榜样和楷模。

在编写过程中,我们查阅了很多资料,认真学习了校友的回忆录及相关著作。更令人欣喜的是,我们的编写工作还得到了很多校友的支持和帮助。很多二十世纪五六十年代毕业的校友多年都在我校举办校友会,北京、上海等地的校友会成员也多次来学校聚会,共商学校发展大业。对于校友们的热情支持和极大帮助,我们表示最诚挚的感谢!

本次《百廿印象:苏州市第四中学/桃坞中学(1902—2022)》的编写,只是我们此项工作的开端。今后,我们还会继续编写更多的人才读物,我们会继续与各届校友保持联系,希望能够得到大家更多的支持和帮助!

张志峰

2022年6月20日